本书编著人员名录

主　编
黄兴国

副主编
曾垂刚　钟富春　金瑞峰　覃　珺　张俊辉

编著人员
（以姓氏笔画为序）

王开达　王相礼　王晓斌　王　溢　邓　利
叶祥凤　付　艳　付晓静　李春艳　余　平
余永涛　余治平　邹　恒　张　明　陈　虹
陈　莹　罗　文　罗华勇　罗应莉　罗　凯
周　平　祝长龙　祝华斌　秦　晴　唐弘容
谢利萍　谯　宏　滕　丽

本书学术指导专家名录

李家成　张　永　马丽华　朱　敏

成都市
社区教育发展报告蓝皮书

成都市教育局　成都开放大学／编著

四川大学出版社
SICHUAN UNIVERSITY PRESS

图书在版编目（CIP）数据

成都市社区教育发展报告蓝皮书 / 成都市教育局，
成都开放大学编著 . -- 成都 : 四川大学出版社，2024.
10. -- ISBN 978-7-5690-7425-3

Ⅰ. G779.2

中国国家版本馆 CIP 数据核字第 2024DF3133 号

书　　名：成都市社区教育发展报告蓝皮书
　　　　　Chengdu Shi Shequ Jiaoyu Fazhan Baogao Lanpishu
编　　著：成都市教育局　成都开放大学

选题策划：唐　飞
责任编辑：唐　飞
责任校对：王　锋
装帧设计：墨创文化
责任印制：李金兰

出版发行：四川大学出版社有限责任公司
　　　　　地址：成都市一环路南一段 24 号（610065）
　　　　　电话：（028）85408311（发行部）、85400276（总编室）
　　　　　电子邮箱：scupress@vip.163.com
　　　　　网址：https://press.scu.edu.cn
印前制作：四川胜翔数码印务设计有限公司
印刷装订：四川五洲彩印有限责任公司

成品尺寸：185 mm×260 mm
印　　张：20.25
插　　页：2
字　　数：492 千字

版　　次：2024 年 11 月 第 1 版
印　　次：2024 年 11 月 第 1 次印刷
定　　价：88.00 元

扫码获取数字资源

四川大学出版社
微信公众号

本社图书如有印装质量问题，请联系发行部调换

序
PREFACE

重视教育就会赢得未来。习近平总书记对此有着简明有力的论述："教育决定着人类的今天，也决定着人类的未来。"社区教育正是这样一种面向未来的、蓬勃发展中的教育形态。以1972年《学会生存——教育世界的今天和明天》报告为发轫，以1996年《教育——财富蕴藏其中》和2015年《反思教育：向"全球共同利益"的理念转变》为续篇，数十年间汇聚全球各方共识，主张多次性、个性化的教育与学习贯穿人的一生的理念从纸面走入实践，而社区教育就是这一探索的重要承载平台。在社会发展的视域下，正如习近平总书记所指出的"要不断促进教育发展成果更多更公平惠及全体人民"，社区教育成为实现教育公平的重要助推器。

党的十八届三中全会审议通过的《中共中央关于全面深化改革若干重大问题的决定》指出要"拓宽终身学习通道"。党的十九届四中全会审议通过的《中共中央关于坚持和完善中国特色社会主义制度、推进国家治理体系和治理能力现代化若干重大问题的决定》明确提出要"构建服务全民终身学习的教育体系"。"建设全民终身学习的学习型社会、学习型大国"成为党的二十大报告的明确指示。这些重要的政策标志着党中央、国务院对社区教育工作的高度重视，同时昭示着我国社区教育事业不仅作为教育的一种形态，更成为一种社会治理路径和文化符号，其发展前景之光明不言而喻。

教育强则城市强，教育兴则城市兴。成都拥有4500余年的城市文明史、2300余年建城史。如果说"李冰治水"让成都平原有了水旱从人、不知饥馑的物质基础，那么"文翁兴学"则让成都人民浸润丰盈厚重、生生不息的文化滋养，塑造了"至今巴蜀好文雅"的历史文脉，为成都社区教育发展奠定了深厚的文化基因。当前的成都，正在坚持以习近平新时代中国特色社会主义思想为指导，高质量建设全面体现新发展理念的公园城市示范区。成都作为一座富有雄心抱负的城市，必然胸怀兴学重教的远见卓识。从这个意蕴上看，成都于2019年成为我国第三座荣获"全球学习型城市奖"的城市，正是对成都社区教育"善学促善治"的最佳注解。

从20世纪80年代发展至今，成都社区教育快步走过了从零星试点到系统发展之路，《成都市社区教育促进条例》首开国内城市社区教育立法之先河，成都社区教育"上下联动，品牌迭出，各美其美，美美与共"的图景在国内长期享有盛誉。"能者为师""市民游学""社区微学堂""社区雏鹰"等项目构筑了社区教育的成都范式；"尚学龙泉""瞿上生活美学课堂""武侯自主学习团队"等探索成为当地市民终身学习文化的亮丽名片。怎样才能全面展呈成都社区教育生动实践，进一步科学推动成都社区教育的发展呢？带着这样一颗初心、一份责任、一种使命，这本《成都市社区教育发展报告蓝皮书》就此应运而生。

但是，当我初次见到本书样稿之时，我首先感到的是诧异和震惊：这到底是怎样一本"蓝皮书"呢？它既没有像通常的"蓝皮书"那样注明年份，又比一般意义上的"蓝皮书"显得"大部头"许多！带着这样的困惑，我仔细地浏览全书，也顿悟了本书编著者的良苦用心。首先，这本"蓝皮书"内容统括了成都社区教育从20世纪80年代至今的整个发展沿革演进，而并非基于某个年份的分析报告。这应当是本书不标明年份的首要考虑，因为这份成果是成都社区教育近40年工作的梳理、归纳、总结和反思，也是成都社区教育首次以发布"蓝皮书"的形式展现和固化历年工作成果，本书的内容厚重也成为应有之义。其次，这本"蓝皮书"的体例设计不落流俗，书中既包含扎实的社区教育基本理论，又包括成都社区教育丰富的实践案例。尤其是本书中的社区教育调研的统计建模分析和社区教育理论的成都本土化探索与反思，是其他"社区教育发展报告"中难得一见的"干货"，这些精华使得这本"蓝皮书"在具备相当高水准的理论和实践价值的同时，也大大丰富了本书的体量。最后，本书的理论分析与模式展望更是别具一格：理论分析并非仅仅停留在空泛的宏大叙事，模式展望也不拘于总结提炼已有的历史经验；而是将两者进行有机的衔接，使得两者在具备学术研究高度的同时，又能处处回归映照成都实践，对于成都社区教育下一步的发展起到现实指导作用。大抵是编著者对于这本"蓝皮书"在指导价值呈现上的反复打磨，以至于对诸多的论证引申实在"难以割爱"，又使得该书的内容显得更加丰满。

从具体内容上说来，《成都市社区教育发展报告蓝皮书》共分为四个篇目，分别从发展沿革、区（市）县实践、调研分析、发展展望等方面全面展现成都社区教育发展的历史经纬与特色亮点，突出成都社区教育的理论高度与实践丰度。全书在内容上力求实现各方面的均衡。在总体基调严谨稳重的基础上，采用灵活视角展示成都社区教育全貌；在提炼总结成都社区教育全局发展的基础上，全面展呈各区（市）县的特色亮点；在社区教育有关理论分析的基础上，回观阐述成都社区教育探索路径；在解读社区教育感性现象的基础上，扎实开展统计研究和定量分析实现有关对策提出的科学化。这些努力，使得本书内容呈现犹如成都社区教育的鲜活实践那样精彩纷呈。这份成果必将成为研究社区教育的学者、教育专业师生和长期关怀支持成都社区教育事业人士的精神盛宴！

在本书即将付梓之际，我谨向成都社区教育同仁表达由衷的钦佩。我由衷赞叹你们所取得的成功，并将非常荣幸地邀请广大读者共同分享你们的智慧！

华东师范大学上海终身教育研究院执行副院长

李家成　教授

2024 年 9 月

目　　录

第一部分　发展沿革

第二部分　区（市）县实践

第三部分 调研分析

第四部分　发展展望

第一部分

发展沿革

社区教育内涵与发展

第一节　社区教育基本概念与内涵

一、社区教育的基本定义

不同学者和机构对社区教育有着不同的定义，从不同角度和层面阐述了社区教育的本质属性、功能与价值。

（一）相关学者的概念界定

国内有关专家学者对社区教育的定义有不同表述。叶忠海认为"社区教育是指以社区为范围，以社区全体成员为对象，同社区民众利益和社区发展需要紧密相连，旨在以建设和发展社区、消除社区的社会问题、全面提高社区成员的素质和生活质量为目的的教育活动综合体"[①]。厉以贤认为"社区教育是旨在提高社区全体成员素质和生活质量以及实现社区发展的教育活动过程"[②]。梁春涛认为"社区教育是以社区学校为主体的一种形式化、组织化的教育形态"[③]。黄云龙认为"社区教育是在一定区域范围内，按照教育发展的内外部规律，通过政府主导和社会参与，将教育与经济、社会发展紧密结合的一种教育体制"[④]。

海外学者对社区教育的定义和理解也呈现出多样化的视角。马丁认为社区教育是提供教育机会给每一个人，以便达成更充实更有益的生活；社区教育是修正现存的教育系统，以益于一些不利者或被剥夺者；社区教育是社会上一些弱势者的凝聚行动，使他们能分析其情境，并且达成政治的改变。[⑤] 这一观点为社区教育赋予了社会改革的使命，

① 叶忠海. 社区教育基础 [M]. 上海：上海大学出版社，2000：24.

② 厉以贤. 社区教育本土化 [J]. 中国远程教育，2004（2）：70.

③ 梁春涛. 21 世纪中国社区教育前瞻 [J]. 天津教科院学报，2001（1）：17—20.

④ 黄云龙. 用生活教育理论构建社区教育的科学基础 [J]，教育研究，1996（1）：54—58.

⑤ Martin J. Community Education：Towards a theoretical analysis [C] //Allen G，et al. Community Education Milton Keynes. London：Open University Press，1987：19.

为深入探讨社区教育在社会公平和权力分配中的角色提供有价值的视角。大村隆史则从实践性和地域性出发，认为社区教育有助于解决社会问题，促进社会进步，具有双向性、实践性、多元性和地域性的教育特征。[①] 志贺文哉认为社会教育弥补了学校教育和家庭教育的不足，不仅为人的终身学习和全面发展提供了平台，也为地域社会的发展做出了贡献。[②] 穆哈马杜恩认为社区教育是一种推动社区发展和社会转型的重要力量，它需要与社区发展相互促进，应关注行为改变，采用参与式方法，并考虑当地文化因素。[③]

综上所述，上述学者的概念界定展示了社区教育在不同理论和地域背景下的多样性和复杂性。国外学者的定义强调了社区教育的社会改革使命和广泛的教育实践，而国内学者则更关注其在提高社区居民素质、生活质量和满足社区发展需求方面的实际作用。不同学者的定义从不同的角度展示了社区教育的多重功能和广泛影响。例如，国内学者方面，叶忠海强调了社区教育的综合性和多目标导向，关注其在提升社区居民素质和生活质量方面的作用；厉以贤注重教育过程和目标的实现；黄云龙则认为社区教育是与经济、社会发展紧密结合的一种教育体制。国外学者方面，马丁赋予社区教育社会改革的使命，强调其在实现社会公平中的作用；大村隆史强调了教育的实践性和地域性；志贺文哉关注社区教育对传统教育的补充作用；穆哈马杜恩则注重教育的终身学习和社区发展功能。总体而言，这些概念界定提供了社区教育在社会变革和公平方面的深刻见解，也从实践和地域的角度强调了其在社区发展的实际贡献。这种多维度的理解共同构建了对社区教育的全面理解，涵盖了其在社会变革、社区发展及实际应用中的作用，为社区教育的实践和进一步研究提供了宝贵的理论支持和操作框架。

（二）国内相关部门的概念界定

2001年，教育部在开展全国社区教育实验区建设之时，明确提出社区教育是"在一定地域范围内，充分利用、开发各类教育资源，旨在提高社区全体成员整体素质和生活质量，促进区域经济建设和社会发展的教育活动"[④]。教育部职业教育与成人教育司对社区教育也有一个比较明确、完整的论述，认为"关于社区教育，即在一定区域内利用各种教育资源，以区域内的全体成员为基本教育对象，不分年龄、性别所开展的，旨在提高社区全体成员整体素质和生活质量，以服务区域经济建设和社会发展为主导的各种教育活动"。定义中提到的"利用各种教育资源"反映了社区教育的资源整合能力和灵活性，表明社区教育不仅依赖传统教育机构，还能结合社区内部的多种资源，如志愿者、社区专家和企业等。社区教育的目标导向则在于提升成员的整体素质和生活质量，

---

① 大村隆史. 社会事业的社会教育の实践构造に关する史的考察：金沢市方面委员の活动と学习を事例として一[J]. 社会教育学研究，2019，55（0）：11-20.

② 志贺文哉. 社会教育の地域社会における役割と意义：新称号の创设と关连して[J]. とやま発达福祉学年报，2022：133-137.

③ Muchammadun M Exploring the integration － interconnection paradigm in the indonesian context of community education and practice [J]. Ulumuna, 2020, 24 (1)：57-76.

④ 中华人民共和国教育部. 全国社区教育实验工作经验交流会议纪要 [Z]. 2001：11.

同时服务区域经济建设和社会发展，强调了社区教育不仅关注个体的发展，还紧密结合区域的经济和社会发展，体现了其服务社会的功能。目前，社会各界通常引用以上表述作为理论依据。

2006 年 12 月，国家标准化管理委员会在《社区服务指南第三部分：文化、教育、体育服务》中对社区教育做出了如下定义："社区教育，即在社区中，开发、利用各种教育资源，以社区全体成员为对象，开展旨在提高成员的素质和生活质量，促进成员的全面发展和社区可持续发展的教育活动。"该定义全面涵盖了社区教育的多个方面，包括教育资源的开发利用、教育对象的全面覆盖以及教育目标的多重维度，确保了定义的系统性和操作性，强调了提高市民的素质和生活质量，同时推动市民的全面发展和社区的可持续发展，表明社区教育不仅关注个体的成长，还注重社区的长期发展和稳定。此外，定义还提到了开发利用各种教育资源，突出社区教育资源的整合与优化，体现了社区教育在资源配置方面的灵活性和广泛性。

教育部职业教育与成人教育司和国家标准化管理委员会的定义都为社区教育提供了清晰的框架和目标。教育部的定义注重社区教育的区域性和普遍性，强调了教育资源的广泛利用和服务社会的目标，对于实践操作具有指导性意义。国家标准化管理委员会的定义则进一步明确了社区教育的全面性和系统性，尤其是在定义的范围、对象、内容上做出了详细界定，为理解和实施社区教育提供了规范和依据。两个定义共同强调了社区教育的多重功能，包括个体素质提升、生活质量改善，以及社区的可持续发展，其主要贡献在于提供了理论基础和实际操作指导，帮助明确了社区教育的核心目标和实施路径。这种定义可以让人们更全面地理解社区教育的本质、目标和实施要求，为社区教育的进一步发展和实践提供坚实的理论支持，其不仅有助于政策制定和实践指导，也促进了对社区教育的深入研究和理论发展。

综上所述，社区教育的概念包含了以下几个基本元素：区域性、社区全体成员、整体素质和生活质量、社区建设与发展、社会各种教育资源、教育活动的过程与结果、教育与社会的有机融合。根据已有研究和政策规定，可将社区教育定位为：不是精英教育、不是单一运作的教育、不是计划经济下的教育、不是"封闭"式的教育、不是旧的教育体制或学术化的教育、不是以营利为目的的教育。[①] 社区教育是一种旨在普及与大众化的非精英教育，通过推动区域经济和社会的协调发展，帮助社区成员客观认识社会现实。它采用"政府主导、社会参与、居民自治"的多方协作模式，而非单一由政府主导的运作方式。在市场经济体制下，社区教育依托党的领导和政府的支持，以区域自治为核心，倡导开放性、灵活性和多样性，涵盖广泛的学习者群体。与传统学校教育不同，社区教育面向更为多样的受众，强调因地制宜的教育方法，注重打破旧有的教育体制，整合社区内的各种教育资源和组织，实现整体的功能性发挥。作为一种无偿且非营利的教育形式，社区教育依赖于政府的资金支持，致力于促进社区的全面发展，推动教育与社会的深度融合，从而实现社区成员的共同进步和社会的和谐发展。也就是说，社区教育以社区发展为目标，旨在促进"教育与社会一体化"。为实现这一目标，需要

---

① 桑丁霞. 社区教育概论 [M]. 北京：中国社会科学出版社，2002：11—13.

"打破旧的教育体制，连接社区内的各种组织和教育机构，整合社区中的各种教育要素，使其整体发挥作用"①。

二、社区教育的内涵本质

内涵本质指的是反映一个事物本质属性的总和。社区教育作为一种独特的教育式，具有其本质内涵，这一内涵反映了社区教育的核心属性和特征。社区教育跨越教与社会边界，致力于实现教育的社会化和社会的教育化，其最终目标是促进人的全面展和社区的整体进步。

（一）服务对象的广泛性和教育内容的丰富性

社区教育的本质在于其服务对象的广泛性和教育形式的多样性，这一特性使其在代社会中扮演了至关重要的角色。传统的教育体系往往以学校为中心，主要面向青少群体，且以学科知识的传授为核心目标。然而，随着社会的不断发展和个体需求的多化，这种单一的教育模式已经难以满足社会各个群体的教育需求。在此背景下，社区育应运而生，作为一种更加包容和灵活的教育形式，逐渐成为满足社会多元化学习需的重要途径。

首先，社区教育的广泛服务对象使其能够覆盖社会中的各个年龄段和不同背景的员，包括青少年、成年人、老年人以及特殊群体。例如，厉以贤在其《社区教育本化》一文中指出，社区教育是为了提高社区全体成员的综合素质，从而提升他们的生质量，并推动整个社区发展的一种社区性的教育活动和过程。② 陈乃林认为，社区教就其本质而言，实际上就是社区范围内的全民终身教育和学习活动。③ 很多社区教育工作者也认为，社区教育其实就是在社区中进行的教育活动，即教育在其功能和表现式上的拓展——为社区服务。这种广泛的服务对象使社区教育在促进社会公平和教育会均等方面发挥了重要作用。例如，对于成年人，社区教育提供了继续教育和职业技培训的机会，帮助他们在职场中保持竞争力；对于老年人，社区教育不仅丰富了他们晚年生活，还通过健康教育和社交活动，帮助他们保持身心健康，融入社会；对于特群体，社区教育则提供了量身定制的教育服务，帮助他们更好地融入社区和社会。这面向全体社区成员的广泛性使社区教育能够真正实现"教育为所有人服务"的理念。

其次，社区教育的丰富教育内容是其本质特征之一。与传统教育模式不同，社区育不仅限于知识的传授，还涵盖了生活技能、职业培训、文化艺术、健康教育、环境护等多方面的内容。这种丰富的教育内容使社区教育能够满足不同群体的多样化需求帮助社区成员在各个领域不断提升自己。社区教育通过讲座、培训班、工作坊、社区动、志愿服务等多种形式，将这些内容灵活地融入日常生活，使教育更加贴近实际，

---

① 厉以贤. 社区教育、社区发展、教育体制改革 [J]. 教育研究，1994（1）：13-16.
② 厉以贤. 社区教育本土化 [J]. 中国远程教育，2004（2）：70.
③ 陈乃林. 终身教育理念观照下的社区教育 [J]. 成人教育，2008（10）：16-18.

正实现了"学习即生活，生活即学习"的理念。

通过提供广泛而丰富的教育内容，社区教育在构建终身学习体系中发挥了重要作用。终身教育理念倡导教育贯穿人的一生，强调每个人都应该有机会在其生命的各个阶段持续学习和发展。社区教育正是这一理念的实践平台，通过其多元化的内容设计，确保所有个体在不同的人生阶段都能够获得适宜的学习机会。无论是青少年、成年人还是老年人，都能够在社区教育的支持下，不断提升自己的知识、技能和素养，适应社会的发展变化。这不仅体现了终身教育的核心理念，也推动了学习型社会的建设。

（二）教育目标的广泛性和社会功能的综合性

社区教育的内涵本质还进一步体现在其教育目标的广泛性和社会功能的综合性。社区教育并不仅仅局限于知识的传授。它的目标是提升社区成员的综合素质，包括思想道德素质、文化修养、健康意识以及社会责任感等方面。这种广泛的教育目标不仅有助于个体的发展，还能提升整个社区的生活质量，创造更加和谐、积极的社会环境。

在社会功能上，社区教育已成为社区发展和社会治理的有力工具。它通过促进居民参与公共事务、提高公民素养，推动了基层民主的发展，同时也在一定程度上缓解了社会矛盾。这种教育形式不仅弥补了正规教育的不足，更使得教育成为社会治理的重要组成部分，体现了教育的社会化功能。社区教育不仅是一个过程，更是社区发展的核心过程。我国的社区教育应当向由政府推动和社区居民自治相结合的方向发展，社区教育应当是一种自下而上的群众性活动。[①] 可以说，社区教育首先是一种社会教育，我国构建终身学习和学习型社会的总体目标要求社区教育应为这一"社会"构建目标服务。[②]

社区教育通过多样化的教育形式和丰富的学习资源，为社区成员提供了在不同人生阶段获取所需知识与技能的机会。这种教育形式有助于提升居民的社会参与度和自我实现能力，从而增强社区的凝聚力与归属感。此外，社区教育还在促进社区文化建设方面发挥了重要作用，它不仅是社区文化传承的重要途径，还通过各种文化活动增强了社区成员之间的互动和认同感，推动了社区的可持续发展。

这种广泛性和综合性使得社区教育与终身学习理念高度契合，社区教育与社会发展的双向互动，正是终身学习理念得以实践和发展的重要途径。终身学习不仅是一种个人不断获取新知识、新技能的学习行为，更是一种贯穿个人一生的社会生活方式。社区教育通过其广泛的教育目标和综合的社会功能，为终身学习提供了重要的支撑。它不仅帮助个体不断适应社会的变化与挑战，还通过持续的教育活动提升了个人的生活质量，最终推动了整个社会的进步与发展。

（三）实施主体的多元性和教育形式的灵活性

社区教育的内涵本质还深刻体现在其实施主体的多元性和教育形式的灵活性。在当

---

① 吴遵民. 关于对我国社区教育本质特征的若干研究和思考——试从国际比较的视野出发 [J]. 华东师范大学学报（教育科学版），2003（3）：25-35.

② 杜幼文. 社区教育的社会效益评价问题 [J]. 现代远程教育研究，2012（6）：3-9.

前阶段，社区教育的管理和实施主要由政府主导，这确保了其在政策支持、资源配置和组织协调等方面的有效性。然而，随着社会的发展和社区自治能力的提升，社区教育的实施主体正逐渐向多元化发展。未来，社区居民、社会团体、企业组织等社会力量将在社区教育中扮演着越来越重要的角色，形成政府与社区、社会力量共同参与的多元化治理结构。例如梁春涛提出，社区教育是旨在提高全民素质、共同建设区域文明、促进社会和教育协调发展的教育、社会一体化体制；是在一定地域内，由主导机构组织协调学校和社会各方面相互结合，双向服务，实现教育社会化和社会教育化的一种机制。[①] 这种多元主体的参与不仅丰富了社区教育的资源和渠道，使得社区教育能够更加精准地满足本地化的学习需求，也为社区教育带来了更多的资源和创新模式。

在教育形式的灵活性方面，社区教育突破了传统课堂教育的局限，广泛采用线上线下结合、正式与非正式学习并重的方式，为社区成员提供多种多样的学习机会。例如，社区讲座、兴趣小组、职业培训、文化活动、在线课程等都成为社区教育的重要形式。这种灵活的教育形式，不仅使学习者能够根据自己的兴趣和需求选择适合的学习方式，还能够灵活安排学习时间和地点。社区教育通过为不同人群、不同阶段提供灵活的学习选择，帮助每个人在任何时间、任何地点都能获取知识和技能，真正实现了终身学习"人人皆学、处处能学、时时可学"的目标。社区教育不仅满足了多样化的学习需求，也为构建全民终身学习体系提供了有力支持，最终推动社会的持续进步和发展。

综上所述，社区教育作为一种独特的教育形式，其内涵本质体现在服务对象的广泛性、教育内容的丰富性、教育目标的广泛性、社会功能的综合性、实施主体的多元性以及教育形式的灵活性。社区教育不仅超越了传统教育的局限，通过广泛覆盖各类群体、提供多样化的学习机会，推动个体的全面发展。同时，它还通过丰富的教育内容和灵活的教育形式，满足社会各个群体在不同人生阶段的学习需求。社区教育的多元主体参与和综合社会功能，不仅促进了社区成员的素质提升，也推动了社区的整体进步与社会的和谐发展。最终，社区教育在实践终身教育理念、构建全民终身学习体系中发挥了关键作用，为社会的可持续发展提供了有力支持。

第二节　社区教育发展的总体概览

一、国内社区教育发展历程

在社区教育史的研究中，已经积累了关于其发展过程的多种阶段划分方法，如二阶段划分[②]、三阶段划分[③]、四阶段划分等。本研究依据党的政策方针、社区教育发展过

---

① 沈光辉. 转型发展中的社区教育问题研究 [M]. 北京：国家开放大学出版社，2016.
② 叶忠海，朱涛. 社区教育学 [M]. 北京：高等教育出版社，2009：19—23.
③ 郑桂泉. 21世纪初中国社区教育发展前瞻 [J]. 成人教育，2004（8）：64—65.

程中的关键转折点对其阶段进行了划分，这些转折点包括重要事件和政策的实施。

（一）自觉发起阶段（1986 年之前）

20 世纪二三十年代时，受"五四运动"和新文化运动的影响，一批早期的共产党人试图通过教育改革来达到改造国民素质、强国富民的目的。由此，各种以改造国民素质、强国富民为目的的社会教育运动悄然兴起，并取得了一定的成效。[①] 当时，我国兴起了乡村教育运动，如梁漱溟的"乡村建设运动"、晏阳初的"平民教育运动"、黄炎培的"农村职业教育"实验以及陶行知的"生活即教育""社会即学校""教学做合一"等教育理论。这些探索和推行的现代社会教育，是教育救国、开启民智理想指导下的自发的实践，也可以视为社区教育的早期实验。进入 20 世纪 70 年代，终身教育和终身学习理念在世界范围广泛传播，构建终身教育体系、服务全民终身学习成为全球教育发展目标的一个重要组成部分。随着终身学习理念的普及和学习型社会建设的推进，社区教育在全世界飞速发展。

这一时期的社区教育主要在农村地域开展，兴起的乡村教育运动体现了社区教育与社会改造的结合，其目的是推动乡村走向现代化并复苏中国文化。这也引发了人们对社区教育以及社区发展的内在关系的探索，社区教育逐渐进入了自觉发展阶段。然而，这一时期的居民参与度较低，且多以改善物质生活为主要目标。

（二）起步探索阶段（1986—1997 年）

20 世纪 80 年代，社区教育发展的直接动因是为了解决部分双职工的后顾之忧，因此一些地区开始开办"四点钟学校"、中小学生放学后的社区托管班。1986 年 9 月，上海真如中学社会教育委员会成立，标志着我国社区教育发展正式进入启动阶段。此阶段的社区教育是以青少年学生为主要对象，以德育为主要内容，旨在通过社会支教和建立中小学生大德育体系，由学校主导，结合家庭和社会力量共同开展社区教育。

我国社区教育政策始于 1988 年，当年 12 月，《中共中央关于改革和加强中小学德育工作的通知》发布，要求逐步建立社区（社会）教育委员会类的社会组织，以组织、协调社会各界来支持和关心学校工作优化社会教育环境。虽然文件主要关注中小学的德育问题，但是这是"社区教育"及"社区教育委员会"的概念首次在我国的教育政策文件中出现，具有重要的标志性意义，为发展社区教育发展提供了明确的政策依据。

20 世纪 90 年代，我国社会主义现代化建设发展迅速，社区教育进入探索阶段。党的十四大确立了社会主义市场经济体制的目标模式，并明确了建设中国特色社会主义理论在全党的指导地位，为社区教育的改革和发展指明了方向，对于提高国民整体素质和国家综合国力做出了重要贡献。1993 年 2 月，《中共中央 国务院关于印发〈中国教育改革和发展纲要〉的通知》提出，支持和鼓励中小学与附近的企事业单位、街道或村民委员会建立社区教育组织，吸引社会各界支持学校建设，参与学校管理，优化育人环境，

---

① 尚瑞茜，侯怀银. 中国共产党领导下社区教育的发展和展望 [J]. 终身教育研究，2021，32（4）：17—25.

探索出符合中小学特点的教育与社会结合的形式。文件明确了基础教育、职业教育、成人教育、高等教育四种类型，并首次引用了"终身教育"的概念，指出"成人教育是传统学校教育向终身教育发展的一种新型教育制度"。1995 年，《中华人民共和国教育法》首次确立了终身教育的法律地位，为作为终身教育组成部分的社区教育的发展提供了规范和保障。1996 年，教育部在《全国教育事业"九五"计划和 2010 年规划》中提出面向全体社会成员开展社区教育试点工作。至此，我国社区教育进入了新的发展阶段，取得了突破性进展，即以"全员、全程、全方位"为发展趋向的新阶段。

这一阶段，社会教育与国家教育改革同步，确立了终身教育的法律地位，为社区教育提供了规范和保障。社区教育的对象，从青少年学生扩展为社区全体成员，更加关注社区普通居民和新市民的需求。社区教育的主导角色也从学校转向社区，街道（乡镇）和居（村）委会成为社区教育的倡导者。在内容方面，社区教育开始关注社区协调发展和社区居民终身发展的学习需求，更加贴近社区居民的生活需求、技能提升、职业发展和终身学习。这一阶段的社区教育，开始追求教育社会化和社会教育化的理想目标。通过开展各类教育活动，丰富居民文化精神生活，营造良好的学习环境，开始创建学习型社区和学习型家庭，推动社区和居民的可持续发展。

（三）实验示范阶段（1998—2011 年）

1998 年，国务院批转教育部《面向 21 世纪教育振兴行动计划》中提出在全国开展社区教育实验工作，逐步建立和完善终身教育体系。以此为指引，我国社区教育进入了实验深化、建设学习型社区的提升阶段。以建设全国社区教育实验区和示范区为突破口，通过实验和示范，深化社区教育发展，并以创建学习型社区、促进学习型社会建设为发展目标。这一阶段是社区教育全面推进的重要时期。

为了落实《面向 21 世纪教育振兴行动计划》，2000 年，教育部办公厅印发《关于在部分地区开展社区教育实验工作的通知》，并在全国确定 8 个城区为首批社区教育实验区。2001 年，教育部发布《关于确定全国社区教育试验区名单的通知》，确定了我国社区教育试验区。党的十六大提出了构建终身教育体系，形成全民学习、终身学习的学习型社会的目标。《中共中央 国务院关于进一步加强人才工作的决定》和国务院批转教育部《2003—2007 年教育振兴行动计划》，对发展社区教育、促进人的全面发展提出了更高的要求。

2004 年，教育部出台了《关于推进社区教育工作的若干意见》，对社区教育工作的指导思想、原则和目标、主要任务以及措施保障等提出具体要求，这是我国社区教育政策发展历程中的重要里程碑。2005 年，我国第一部地方性终身教育法规——《福建省终身教育促进条例》在福建省诞生，该条例明确提出社区应当根据自身实际建设社区教育设施，面向社区居民开展社区教育活动。从 2007 年开始，上海、福建、江苏、浙江等地党政部门陆续出台了开展社区教育工作的指导意见，在社区教育法制化建设和政策保障方面做了积极的实践探索。

2007 年，《国家教育事业发展"十一五"规划纲要》提出要"大力发展多样化的继续教育和社区教育"。2008 年初，教育部印发了《关于确定全国社区教育示范区的通

》，首次认定了 34 个"全国社区教育示范区"。2009 年，民政部印发的《关于进一步
进和谐社区建设工作的意见》中指出社区教育实验区要以当地社会经济发展为中心，
化社区教育工作力度。2010 年，教育部《社区教育示范区评估标准（试行）》的出台
志着我国社区教育评价机制的形成和运行，为建设全民学习、终身学习的学习型社会
定了基础。同年，颁布的《国家中长期教育改革和发展规划纲要（2010—2020 年）》
出了"广泛开展城乡社区教育"的新要求；同时，教育部召开社区教育工作座谈会，
面总结部署了社区教育工作，全国上下认真贯彻教育规划纲要，开启了广泛开展城乡
区教育的新征程。

　　这一阶段，社区教育在各级政府统筹下，以社区教育实验区（县）为基本形式，以
乡街道（乡镇）、社区为基本实验单位，以社区教育实验项目为抓手，以加强基本保
条件建设为基础，由教育行政部门主导、各有关部门配合、城乡基层实施、居民有组
地参与。这种实验主要是在教育部门指导下，有组织、有领导地开展教育实践活动，
后评审确认了一批社区教育实验区、示范区。在试验区、示范区试点的基础上，出台
示范区评估标准文件标志着我国社区教育评估体制机制的形成，构成了推进中国社区
育发展进程中的一大特色，为建设全民学习、终身学习的学习型社会奠定了坚实的
础。

（四）全面发展阶段（2012—2021 年）

　　党的十八大报告将教育置于改善民生和加强社会建设的首位，体现了党和国家对教
事业的高度重视和优先发展教育的坚定决心。党的十八大以来，我国教育从"有学
"向"上好学"转变，加速进入"以提高质量和效益为中心"的内涵发展新阶段。社
教育在这一时期实现了较为全面而充分的发展，取得了显著成效。社区教育政策体系
加完备，实践工作愈发扎实，科研成就愈加显著。

　　2014 年 8 月，教育部等七部门联合下发《关于推进学习型城市建设的意见》，提出
广泛开展城乡社区教育，推动社会治理创新；构建终身教育体系，促进各类教育融合
放，引导和支持各类学校向社会开放学习资源，与社区融合。2015 年，中共中央、
务院印发的《关于深入推进农村社区建设试点工作的指导意见》，把农村社区教育作
提升农村社区公共服务供给水平的重要内容。同年，教育部在《关于加强家庭教育工
的指导意见》中，将街道、社区开展的家庭教育指导服务纳入社区教育体系。

　　2016 年 6 月，教育部等九部门联合下发《关于进一步推进社区教育发展的意见》，
确要求加强社区教育实验区、示范区建设，推进社区教育规范化、制度化发展，并提
到 2020 年基本形成具有中国特色的社区教育发展模式。这一文件是我国社区教育发
史上又一个重要的里程碑，具有深远重大，影响深远。随着政策的推动，各级政府加
了对社区教育发展的支持力度，多个省级人民政府办公厅（教委）发布了本地区老年
育发展规划，其教育厅（委）等多部门联合下发了社区教育文件，特别是中西部及农
地区开始积极行动起来。我国社区教育已经形成以大中城市和发达地区普遍开展为基
，东部地区创新驱动、中西部地区较快发展的梯度推进格局，实验区和示范区的引领
动作用显著，社区教育内涵日益深化，居民参与面不断扩大，获得感普遍增强，社会

影响度日趋彰显。

2017 年 6 月，中共中央、国务院印发的《关于加强和完善城乡社区治理的意见》中把"积极发展社区教育，推进学习型社区建设"作为城乡社区治理的重要内容。党的十九大报告强调要办好继续教育，加快建设学习型社会，大力提高国民素质。2019 年 2 月，中共中央、国务院印发的《中国教育现代化 2035》中提出"扩大社区教育资源供给，加快发展城乡社区老年教育，推动各类学习型组织建设"。同年，《关于推进养老服务发展的意见》和《国家积极应对人口老龄化中长期规划》进一步明确了以社区教育为抓手，推动养老服务发展的全面规划和系统布局，旨在应对人口老龄化挑战，提升老年人的生活质量。2019 年 10 月，党的十九届四中全会通过的《中共中央关于坚持和完善中国特色社会主义制度推进国家治理体系和治理能力现代化若干重大问题的决定》提出了"构建服务全民终身学习的教育体系"的战略任务，为中国新时代教育改革和新时代社区教育发展指明了方向。2020 年 9 月，习近平总书记主持召开教育文化卫生体育领域专家座谈会上指出："要完善全民终身学习推进机制，构建方式更加灵活、资源更加丰富、学习更加便捷的终身学习体系。"2020 年 10 月，党的十九届五中全会审议通过的《中共中央关于制定国民经济和社会发展第十四个五年规划和二〇三五年远景目标的建议》强调要"发挥在线教育优势，完善终身学习体系，建设学习型社会"。2021 年 11 月，中共中央、国务院印发的《关于加强新时代老龄工作的意见》首次提出将老年教育纳入终身教育体系，并明确依托国家开放大学筹建国家老年大学，搭建全国老年教育资源共享和公共服务平台，进一步深化对终身教育体系认识。

这一阶段，社区教育在政府主导下，建立健全了以政府投入为主、多渠道投入相结合的经费筹措机制；整合教育和社会资源，面向社区居民开放共享；积极推进网络体系基地建设，逐步形成了以省级社区教育指导中心为指导，地级市社区大学、县市区社区学院为龙头，街镇社区学校为骨干，居村学习点为基础的五级运行网络和业务指导体系；通过提高网络基地标准化、规范化水平，新建了一批居民学习体验基地，遴选了一批社区教育示范街镇、示范基地，增强了社区教育的服务能力。同时，推进队伍专业化建设和结构优化，形成以专职管理者和教师为骨干、以兼职教师和志愿者为主体的社区教育工作者队伍，强化智力支撑。此外，社区教育更加重视各类学习型组织创建，建设了一批学习型社区、学习型社团、学习型家庭，健全了居民学习公共服务体系，推进了城乡互动区域协调，进一步增强了社区教育发展的整体性、协同性、实效性。该阶段，社区教育覆盖面进一步扩大，网络体系基地建设得到加强，部分地区形成了五级运行网络和业务指导体系。

（五）纵深发展阶段（2022 年至今）

党的二十大报告提出，推进教育数字化，建设全民终身学习的学习型社会、学习型大国。2022 年 11 月，教育部决定国家开放大学加挂国家老年大学牌子，这既是在全面贯彻落实党的二十大精神的具体举措，也是积极应对人口老龄化的具体举措，更是我国老年教育事业改革发展的重要里程碑。2023 年 3 月，国家老年大学正式挂牌成立，标志着未来将形成全国各级各类老年大学的网格化、立体化办学体系，为老年人提供资源共享、教学指导和公共服务。同年5月，习近平总书记在中央政治局进行第五次集体学习时强调，要建设全民终身学习的学习型社会、学习型大国，促进"人人皆学、处处能学、时时可学"，不断提高国民受教育程度，全面提升人力资源开发水平，促进人的全面发展。党的二十届三中全会通过的《中共中央关于进一步全面深化改革、推进中国式现代化的决定》强调深化教育综合改革，明确要求"推进教育数字化，赋能学习型社会建设，加强终身教育保障"。

构建学习型社会，需要政府、学校、社会、家庭等多方面的共同努力。作为终身教育理念的引领下，社区发展和家庭教育成为当下教育和社会管理等相关领域的重要研究内容。作为终身教育重要组成部分的现代家庭教育、学校教育和社区教育的协同融合发展，正在适应新时代的需求，在这种新形势下，家校社协同育人的对象从在校学生扩展至所有家庭成员、学校教师及社区居民。党的二十大报告提出要健全学校家庭社会育人机制。2023年1月，教育部等十三部门印发了《关于健全学校家庭社会协同育人机制的意见》，明确了学校、家庭、社会密切配合、相互支持的方向，为社区教育、家庭教育和学校教育的相互衔接、融合发展指明了道路，不仅体现了国家对于教育现代化的高度重视，也为"十四五"期间及至2035年加快教育现代化明确了新的实施步骤，是推动教育高质量发展的关键。

该阶段的重点在于推进教育数字化建设，充分利用大数据、人工智能等信息技术，构建网络化、数字化、个性化、终身化的教育体系，通过多渠道扩大终身教育资源供给、满足多样化、个性化的学习需求，更好地为建设人人皆学、处处能学、时时可学的学习型社会、学习型大国提供有力支持；同时，家校社协同育人机制建设是构成现代教育体系的重要组成部分，通过整合家庭、学校、社会、企业等资源，推动家校社企融合发展，进一步促进学生的全面发展和社会适应能力的提升。

综上所述，基于中国社区教育的发展历程可以看出从改革开放前的自觉发起阶段开始，经历了改革开放后的起步阶段、探索阶段、实验示范阶段、全面发展阶段，以及当前的纵深发展阶段。各个阶段的主要特征与进展，不仅体现了社区教育在不同历史时期的政策背景、实施措施和社会影响，也展现了其从最初以青少年德育教育为主的校外教育形式，逐步发展成为面向全体社区成员、注重终身学习、服务社区整体发展的教育体系。需要特别指出的是，在社区教育当前的纵深发展阶段，社区教育正在通过构建服务全民终身学习的教育体系，推动家校社协同育人，进一步实现教育的社会化和现代化，适应新时代的发展需求。社区教育已经演变为一个政策导向明确、强调家校社协同育人、服务内容不断扩大的综合体。特别是老年教育的纳入，充分体现了对老龄化社会的积极应对。此外，社区教育在推进教育社会化现代化的过程中，更加注重教育资源的共享和公共服务平台的搭建。当前的社区教育不仅为社区整体发展提供支持，还为实现教育公平、提高国民素质、构建学习型社会奠定了坚实基础。

二、国外社区教育发展经验借鉴

社区教育一直受到世界各国的重视。从韩国、日本、澳大利亚、美国、北欧等社区教育发展过程来看，尽管它们的社会背景、管理体制和政治制度不同，但在社区教育的内容和推进上表现出一致性和共同性。

（一）重视法制先行，保障践行教育公平理念

社区教育政策的有效实施得益于法制的保障，依据国家体制、性质的不同，各国的政策发展也不同，日本、韩国社区教育呈现出政府导向的特征。1872 年，日本文部省颁布《学制令》，标志着其第一次教育改革的开始，社会教育逐渐开展起来。1918 年提出了咨询报告《关于通俗教育之建议》，对社会教育的发展提出了 11 条建议。第二次世界大战后至 1947 年《关于公民馆的设置》《教育基本法》的颁布，日本经历了对极端的国家主义和军国主义对教育的消极影响，开始了全面的改造和改革。1949 年《社会教育法》以及后续的《图书馆法》《博物馆法》统称为"社会教育三法"。1990 年，日本出台《终身学习振兴法》，是日本第一部关于终身学习的专门法律。一系列的政策、法规从理念、制度和法律上保障了社区教育的发展，也从一个新的角度阐述了终身学习的重要性，并提出了许多先进的思想理念，例如"将终身学习纳入国民教育体系，取代社区教育""利用计算机网络支持市民的学习""用行政力量推动终身学习的发展"等。

韩国对社会教育和终身教育的政策法律规定较早。早在 1980 年韩国宪法中的第 29 条中就规定，国家及地方自治体应支援、设置和运营社会教育设施。随后，1982 年韩国制定了第一部《社会教育法》，但因为财政问题，一度在法律上取消了设置公共社会教育设施（也称社会教育馆）的相关规定。1995 年颁布了《531 教育改革方案》，在这个方案中，把社会教育改为终身教育，1999 年全面修订《社会教育法》，并制定了《终身教育法》。《终身教育法》制定以后，在韩国"社会教育"这一用语逐渐被"终身教育"所取代。此后，韩国政府把终身教育作为新教育体制的蓝图，接连颁布了一系列终身教育相关政策，并呈现出划时代的蓬勃发展之势。特别是，通过 2007 年对《终身教育法》的大幅修改和 2008 年至今对《终身教育法》进行多次部分修订后制定的终身教育政策，革新了终身教育行政体系的构建和专门机构的设置，使韩国终身教育取得了卓越的成绩。[①] 2007 年，对《终身教育法》进行了全面的修订，修订的主要内容包括：明确终身教育的领域，制定振兴终身教育的基本计划和支援体制，明确培养终身教育人才及配置标准，增加"文解教育"的相关规定和终身教育活动的内容等[②]，进一步加强振兴终身教育的行政支援体制。通过改组终身教育支援体制，构建更为体系化、效率化的行政财政支援体制。专职人员队伍的整顿、学分银行的创设、行政职能部门分工的明确化等这些规定，加大了国家及地方自治体振兴终身学习的义务，同时明确了各行政部门的主要职能。

---

① 马丽华，刘静，李正连. 韩国"自上而下"和"自下而上"相结合的终身教育推展框架及思考［J］. 外国教育研究，2018（11）：112−128.

② 日本社会教育学会. 教育法体系的整顿和社会教育、终身学习（日本社会教育第 54 集）［M］. 东京：东洋馆出版社，2010：90−203.

（二）秉持学习权理念，拓展社区教育实施平台

日本在社会教育实施过程中一直秉持学习权理念，社区教育设施建设的七大原则之一包括将设施及其活动向"所有的国民"广泛而无差别地开放，使开展的学习、文化活动的实践切实推进保障公平。日本的社会教育设施在政府的干预下，通过法律的规定，纳入公共教育体系中，从而在某种程度上吸收了近代教育理念，使社会教育设施的原则中含有了学习权思想、机会均等及自由主义思想。

纵观日本社会教育的发展，它是在民主主义发展的历史潮流推动下，通信、交通手段等科学技术手段的发展中产生的。支撑社会教育发展的两大条件不外乎是民主主义和科学技术。民主主义的发展是日本社会教育产生的"最基础的思想背景"，交通设备、大众传媒等科学技术的发展保证了社会教育发展的可能性。教育机会的均等不仅体现在学校教育的开放上，还体现在人一生中提升教养的机会均等上。[①]

澳大利亚成人社区教育（ACE）也在此方面呈现出了包容性及易参与性。这些非营利性组织机构由当地政府进行管理，与当地社区和其他社会服务机构联系紧密，确保教育项目满足居民需求；同时促进当地社区良性发展，其"非正式的、友善的、无任何压力的环境"得到了一致好评。为了适应满足不同能力、不同背景的学习者需要，ACE 的文化氛围充分体现热情、关爱和非判断性，鼓励社区居民不论年龄、性别、能力或先前学习经历，人人参与。其多样化、开放性传授方式及灵活参与退出机制充分体现了"以学习者为中心"的理念。

（三）重视社区教育专业化发展，提高实施效益

日本和韩国很重视终身教育专业化的发展，日本设置了"社会教育主事"，韩国设立了由国家认证的"终身教育士"，两个国家在人员专业化建设方面走在亚洲的前列，保障了社区教育优质的发展，提高了政策效益。

日本在第二次世界大战后初期，"社会教育主事"几乎处于空白状态，但随着《教育公务员特例法》《社会教育法》《图书馆法》《博物馆法》的颁布，社会教育主事作为社会教育的策划者、支援者和组织者开始逐步壮大。法律中对社会教育主事的规定，保障了社会教育职员的发展，成为支援国民终身学习的有力举措。韩国建立了较为完善的专业认证与管理体系，成立了权威的认证机构、多样化的证书授予机构。韩国在国家终身教育振兴院构建了专业课程体系，把"终身教育士"资格划分为三个等级，在不同教育机构中实施培训。为保障"终身教育士"相应的工作岗位，提高终身教育士的利用率，并提升社会对其专业的认可度，韩国制定了终身教育士的基本配备标准，开设了专门的附属岗位，在《终身教育法》中规定了"终身教育士"的安置和就业，根据终身教育机构的性质及规模明确规定了其聘用人数。

---

① 宫原诚一. 社会教育 ［M］. 东京：光文社，1950：47.

（四）推动多元主体参与，呈现"上下联动"机制

在国外，虽然大多数国家更多地体现为一种政府行为，依靠政府主导推动，但是由于地方自治体财政的紧张以及传统大学对社区学习场所的开放等，促使社区学习场所出现多元化态势。梳理国外社区学习场所的运营模式大致可以分为四种：政府运营、自主自治运营、民间力量运营、高等教育机构运营。例如，英国的社区学习场所就是由高等教育机构、地方政府和自主自治三种推动主体共同发展。在韩国，政府机构主导的学习场所有 18 个系统，其中关联性较强的有四个系统：教育人力资源所管辖的学习场所、行政自治部所管辖的学习场所、文化观光部所管辖的学习场所、保健福祉部所管辖的学习场所。除此之外，还有非营利团体设置并管辖的学习场所，如识字（文解）学校、地方文化院、基督教青年会（YMCA）和基督教女青年会（YWCA）。其中，YMCA 和YWCA 是依据基督教精神在韩国 65 个地方设置的学习场所，主要开展的内容包括：青少年教育、社会教育、国际理解教育、培养社会体育、增强市民社会意识等。[1]

在社区教育设施和管理体制上，中央到地方的建构彰显出政府的主体地位，有浓厚的自上而下的行政主导色彩。但从基层组织上各有特色。日本的自治公民馆，韩国的学习灯塔、幸福学习中心等都注重激发居民自治的积极性，提高国民对终身教育的认识。韩国在《第三次国家终身教育振兴基本计划（2013－2017）》中强调，推进"学习空间"，其目的是培育能保障学习权的、以村为单位的学习共同体。政府和自治体在设置学习设施和学习空间时考虑的是为居民提供什么，居民在参与学习后考虑的是自身能够创造什么。这两种目的交叉在一起后反映出终身教育设施的自发设置和公共设施的创造性和上下联动的互动结构。[2]

（五）重视教育补偿，保障弱势群体社区学习机会

在多元化价值体系的现代社会体系中，社区教育无差别地对待多样性的人口，使得新市民、外来人口、少数人群能有效融入当地社会，需通过社区教育保护并尊重不同族群文化的多样性和差异性，实现社区教育与社区治理的有效融合。例如，增设面向青少年、在职者的课程，增加家庭教育、环境教育等相关讲座，使学习者更为广泛。对于老年人、低收入者、失业人员等社会弱势群体，通过多元管道的学习服务，消除教育死角，提高学习参与动机，落实教育机会公平参与。仿效国外社区学习场所，对弱势群体的教育支援和提供更多学习机会。

社区教育政策向保障弱势群体倾斜，韩国较为典型。韩国为了保障民众平等参与社会的权利，在终身学习的推进框架中注重针对女性、外国人的教育，特别关注开展老年教育和残障者教育，赋予弱势群体参与社会的能力。2001 年，韩国教育部实施了"弱势群体终身教育援助计划"，帮助因经济困难而无法上学的学生或中途辍学者以及老年

---

① 黄宗建，小林文人，伊藤长和．韓国の社会教育・生涯学习：市民社会の創造に向けて［M］．东京：エイデル研究所，2007：92－95

② 马丽华，刘静，李正连．韩国"自上而下"和"自下而上"相结合的终身教育推展框架及思考［J］．外国教育研究，2018（11）：112－128.

群体。2016 年在修订《终身教育法》时，为保障残障人员的学习机会，增加了支援残障者终身学习的相关内容。政府对弱势群体学习权的重视，为女性、失业人员创造学习的平台，可以改善他们的社会环境，更新他们的学习观，彻底改变弱势状态，提升他们的社会参与力，使之能自由平等地参与社会，从而有利于实现教育公平和社会的稳定。再如，北欧民众教育虽然向社会上所有公民开放，但主要还是面向那些接受正规教育不足的人群，崇尚人本精神、关注弱势群体的传统对北欧各国的教育乃至其他领域都产生了极其深远的影响，如丹麦民众教育提倡的人文精神已经渗透到了社会生活的方方面面，尤其体现在关注广大弱势群体方面，女王玛格丽特曾在新年献词中呼吁人们"同情和帮助社会中的弱者"，同时丹麦政府还把"在人们需要帮助时不能置之不理"作为社会立法的主导思想。

美国社区教育在保障弱势群体需求方面也取得了突出成绩。第二次世界大战后到20 世纪 70 年代，美国出台了很多关注弱势群体的政策法律，如《退伍军人权利法案》《民权法》《初等和中等教育法》《高等教育法》等，社区学院作为教育的重要组成部分，承担了大部分弱势群体教育的义务和责任。后续提出的《让每个学生都取得成功法案》《帮助社会贫困群体接受教育》等，使得社区学院几乎占据了美国高等教育的半壁江山。[①] 与传统精英型的高等教育模式不同，美国社区教育的核心机构是社区学院。社区学院是一种两年制的短期大学，入学条件十分宽松，学费也十分低廉，由此吸引了大批因经济条件或资历不足而无法进入精英型大学接受高等教育的人，同时也为美国社会的人才培养贡献了力量。美国对于弱势群体而言，培养机制健全，注重提升城市弱势群体信息素养、培养城市弱势群体的基本职业技能，对社区贫困家庭家长提供更多教育和支持，其经验具有较高的参考价值。

第三节 社区教育发展的多维价值

一、构建全民终身教育体系

20 世纪 50 年代以来，终身教育理念逐渐向世界各国传播，80 年代正式传入我国。1993 年，《中共中央 国务院关于印发〈中国教育改革和发展纲要〉的通知》文件确定了基础教育、职业教育、成人教育、高等教育四种类型，文件第一次引用了"终身教育"的概念，明确"成人教育是传统学校教育向终身教育发展的一种新型教育制度"。1995 年，《中华人民共和国教育法》首次确立了终身教育的法律地位，从而也为作为终身教育组成部分的社区教育的发展提供了规范和保障。1998 年，国务院批转教育部《面向 21 世纪教育振兴行动计划》中提出在全国开展社区教育实验工作，逐步建立和完

---

① 邵艾群，王练练. 美国社区学院对我国城市弱势群体社区教育的启示 [J]. 成人教育，2023，43（6）：88−93.

善终身教育体系。

中共中央、国务院 2003 年出台的《关于进一步加强人才工作的决定》，2004 年发的《2003—2007 年教育振兴行动计划》等均提出了积极推进社区教育的重要任务。2004 年，教育部印发了发展社区教育的指导性文件——《关于推进社区教育工作的干意见》，发展社区教育的任务被明确为面向全体社区居民（包括在校青少年），提供续教育、职业培训、特殊教育、休闲教育等多元服务的教育形式，推动终身教育体系建和学习型社会建设。2010 年，我国制定《国家中长期教育改革和发展规划纲（2010—2020 年）》，指出我国各级各类教育存在纵向上彼此独立、横向上缺乏沟通的题，提出建立体系开放、机制灵活、渠道互通、选择多元的人才培养机制，为我国改与发展各级各类教育，进而完善终身教育体系奠定了坚实基础。2019 年 2 月，《中国育现代化 2035》在十大战略任务中明确提出"构建服务全民的终身学习体系"。2019 10 月，党的十九届四中全会通过了《中共中央关于坚持和完善中国特色社会主义制推进国家治理体系和治理能力现代化若干重大问题的决定》，就教育改革发展提出"构建服务全民终身学习的教育体系"的战略任务。社区教育是终身教育体系的重要成部分，构建终身教育体系是党的十六大、十七大既定的战略方针，是国家一再强调战略任务。党的二十大报告再次提出，推进教育数字化，建设全民终身学习的学习型会、学习型大国。党的二十届三中全会也提出了"加快构建职普融通、产教融合的职教育体系""推进教育数字化，赋能学习型社会建设，加强终身教育保障"，再次为终教育构建注入"强心针"。终身教育是国家推进学习型社会、学习型大国建设的重要段，是服务人民群众终身学习的重要平台，承担着促进人的全面发展的重要责任。构终身教育体系是社区教育的基本任务之一，是社区教育发展到一定阶段的必然产物。某种意义上说，社区教育工作的主要目标就是要通过建立全民终身教育体系作为媒介迈进学习型社会。

二、推进城乡社区教育实践

我国社区教育展现出蓬勃发展的态势，而且部分地区已历经实体化、普及化、规化以及社会化四个阶段。由于各地区经济、社会、文化发展情况不同，对社区教育工的重视和投入程度不同，呈现出明显的区域间城乡间不平衡、社区居民对社区教育的晓度低、参与度低等现象。社区教育发展不平衡的本质是社会供给与社区居民对教育需求不匹配，在"新型城镇化"及"乡村振兴战略"中都强调了"以城带乡""以东西"等城乡发展一体化、东中西均衡发展的策略。2014 年，教育部等七部门印发《关于推进学习型城市建设的意见》提出"总结推广社区教育实验区建设成果，发挥区教育示范区辐射作用，建立健全以城带乡、城乡一体的社区教育协调发展机制"。2016 年，教育部等九部门出台的《关于进一步推进社区教育发展的意见》提出"坚统筹协调，整合资源。以城带乡，统筹城乡社区教育协调发展，着力补足农村社区教短板"。2017 年，中共中央、国务院出台《关于加强和完善城乡社区治理的意见》，出"适应城乡发展一体化和基本公共服务均等化要求，促进公共资源在城乡间均衡置""积极发展社区教育,建立健全城乡一体的社区教育网络,推进学习型社区建设",为社区教育城乡均衡发展明确方向。党的二十大提出的"教育是全面建设社会主义现代化国家的基础性、战略性支撑""提高公共服务水平,增强均衡性和可及性""满足人民日益增长的精神文化需求"等,党的二十届三中全会提出的"完善城乡融合发展体制机制""促进城乡要素平等交换、双向流动,缩小城乡差别,促进城乡共同繁荣发展"等指示都对社区教育工作具有较强指导意义。

三、协同城市和社区发展治理创新

社区位于社会治理的最前沿,是各类社会群体的聚集地和居民群众的生活家园。社区治理是社会治理的重要基础,也是国家治理体系和治理能力现代化的重要内容。社区治理建设的核心是有现代文明素质和自我参与能力的社区居民群体。党的十八大以来,以习近平同志为核心的党中央,在理论上不断深化对社会治理的认识,在实践中注重推动基层社会治理向现代化迈进。党的十八届三中全会明确提出"创新社会治理体制""推进国家治理体系建设"等改革任务。党的十九大提出要"促进城乡社区治理体系和治理能力现代化""推动社会治理重心向基层下移"。2019 年,党的十九届四中全会明确提出要坚持和完善"共建共治共享"的社会治理制度,党在基层社会治理方面的理论创新,从顶层设计的维度进一步明确了社会治理的目标与方向,为推进基层社会治理尤其是社区治理现代化提供了根本遵循。习近平总书记指出"社会治理的重心必须落实到城乡社区",进一步发挥作为党和政府执政之基的基层社区在实现社会治理现代化中的作用。2021 年,国务院印发的《"十四五"城乡社区服务体系建设规划》提出"大力发展社区教育,助力构建终身学习体系",将社区教育作为完善城乡社区服务供给的内容。

教育的本质是实现人的社会化。社区教育就是通过教育赋权增能的力量唤醒、培养、激发居民主体人格,挖掘、提炼、凝聚社区共同意识和公共精神的过程,实现教育的社会化,服务社区治理。在党和政府的统筹监管下,通过优化社区教育而提升社区治理能力,建设"人人皆学、处处能学、时时可学"的学习型社区,是推进国家治理体系和治理能力现代化的一个重要途径。2014 年,教育部等七部门在印发的《关于推进学习型城市建设的意见》中提出"建立社区教育联席会议、社区教育理事会等制度,完善社区教育多元参与协商、合作机制,提高社区治理能力,推动社区治理创新"。2016年,教育部等九部门在印发的《关于进一步推进社区教育发展的意见》中提出"推动社区教育融入社区治理,不断丰富社区建设内容",明确社区教育在社会治理中的价值定位。同年,民政部等十六部门联合出台的《城乡社区服务体系建设规划(2016—2020年)》中提出"统筹发展城乡社区教育,建立健全城乡一体的社区教育网络",明确将社区教育作为完善城乡社区服务的内容。自此,社区教育被赋予参与社会治理的重要使命。

四、助力学习型城市和学习型社会建设

我国学习型城市建设发端于 20 世纪末，是在开展社区教育实验区、创建学习型社区的基础上提出和发展起来的。2013 年 7 月，"全国学习型城市建设联盟成立大会"在北京召开，通过了《全国学习型城市建设联盟章程》和《全国学习型城市建设联盟宣言》。2014 年，教育部等七部门印发的《关于推进学习型城市建设的意见》中提出，建设学习型城市是实现学习型社会的重要基石，而广泛开展城乡社区教育则被视为主要任务之一。2016 年，为加快实现建设学习型社会的规划目标，教育部等九部门印发《关于进一步推进社区教育发展的意见》，通过系统谋划加大社区教育发展的推进力度，加快实现全民终身学习、学习型社区的形成。服务学习型社会建设是发展社区教育的根本目标和关键任务。在推动国内学习型城市建设发展的同时，我国学习型城市建设也注重国际合作，讲好中国故事，传播中国经验，发出中国声音。2023 年 2 月，联合国教科文组织发布新闻公报，南京、苏州加入全球学习型城市网络，至此，我国已有含成都在内的 12 个城市加入全球学习型城市网络，北京、上海、成都、杭州曾获得联合国教科文组织颁发的"全球学习型城市奖"。2023 年 8 月，教育部印发《学习型社会建设重点任务》，全面启动新时代学习型城市建设。目前，已有 80 个城市首批加入全国学习型城市网络，全国学习型城市网络已初步形成。党的二十大报告强调"加快建设教育强国"，并提出到 2035 年"建成教育强国"的目标。学习型城市是教育强国建设的重要突破点，是城市发展的新模式，是把教育与学习作为城市建设、管理和发展的前提、基础和关键环节的城市。党的二十大报告指出要"推进教育数字化，建设全民终身学习的学习型社会、学习型大国"，党的二十届三中全会提出要"推进教育数字化，赋能学习型社会建设，加强终身教育保障"，建设全民终身学习的学习型社会、学习型大国不仅是建设教育强国的重要方面，也是实现个人全面发展、社会进步和国家复兴的必由之路。

成都市社区教育探索与实践

第一节 社区教育发展脉络

成都市社区教育起步于 20 世纪 80 年代，是在国家实行改革开放后，总结原有学校教育、家庭教育、社会教育相结合经验的基础上，借鉴国外社区教育的经验，通过试点逐步发展。20 世纪 80 年代，成都市部分区域从自身实际出发，开始进行以街道（乡镇）牵头的社区教育试点工作。一些学校依托辖区力量建立家长学校，优化社区育人环境，以各区（市）县青少年校外教育和各类讲座培训为主要形式，实施区域性素质教育，拉开了成都市社区教育发展的序幕。近年来，成都市以社区教育发展为切入点，聚焦婴幼儿、青少年、中年、老年等不同年龄段，推进社区教育与家庭教育、学校教育、老年教育的相互衔接和融合发展，打造终身学习地方特色品牌，构建终身教育体系，实现了由"全面发展"到"范式优质发展"的突破。

一、机制体系探索与构建阶段（1990—2008 年）

一是区（市）县探索发展，教育资源逐步向社区开放。进入 20 世纪 90 年代后，成都市部分区域的社区教育组织认识到社区教育持续稳定发展的重要性，开始探索社区教育"章程""规定"等相关制度的建设，启动对街道（乡镇）社区教育工作的检查评比和考核评估工作。1990 年，成都市青羊区政协牵头编写的《加强社区教育组织机构建设的建议》被区委、区政府采纳，区域层面形成了"党委领导，政府统筹，政协支持，教委指导，辖区为主，社会参与，双向服务，同步发展，共育新人"的四十字社区教育发展方针，为全市社区教育组织机构建设提供了借鉴。随后，市内部分区（市）县纷纷成立社区教育委员会、社区教育工作办公室等社区教育统筹指导机构，全面推进和指导区域社区教育工作。成都市社区教育逐步将工作思路和工作重点从主要着眼于青少年的"小教育"转到终身教育理念指导下的全民"大教育"。1997 年，成都市青羊区社教办、区文明办联合印发《关于进一步深化和发展我区社区教育工作的意见》，先后组建和完善了区、街、居三级社区教育委员会工作制度，采用三级联动的方式，统筹整合区域各类教育资源，推动居民整体素质提升和社区整体发展，服务全区经济、社会发展，实现了区域社区教育事业发展史上的重大转变。2000 年，成都市成立了四川省首个具有独立法人资格的区级社区教育学院——成都市青羊社区教育学院。2001 年，教育部确定成都市青羊区为全国最早的八大"社区教育实验区"之一，率先在全国开展社区教育实验工作。成都市政府 2001 年印发的《关于贯彻城市社区建设的意见》和 2002 年印发的《成都市城市社区建设五年发展规划》文件中提出要在社区教育中"整合资源"，形成社区建设的整体合力；2002 年，成都市教育局发布的《关于全市教育资源向社区开放的通知》中要求全市教育资源免费定时向社区居民开放。

二是教育系统明确推进社区教育发展，三级社区教育网络陆续建立。2003 年，成都市教育局印发了《关于在社区建设中加强社区教育的意见》，要求明确社区教育目标、建立社区教育网络、整合各类教育资源、丰富社区教育的内容。随后成都市各区（市）县社区教育学院相继成立，"区－街－居"社区教育三级网络陆续建成。2005 年，成都市教育局等五部门印发了《关于进一步推进社区教育工作的意见》，确立了"围绕社区建设的总体目标，促进部门协作，形成工作合力；整合社区教育培训资源，推动各类教育资源向社区开放；健全社区教育网络，提供全员、全程、全面的教育服务；实行分类指导，推进社区教育广泛开展"的社区教育工作原则，明确了主要任务，提出了保障措施，为成都市社区教育发展指明了方向。同年，为落实党的十六大提出的"全民建设小康社会""形成全民学习、终身学习的学习型社会，促进人的全面发展""构建和谐社会"的奋斗目标，全国首届"全民终身学习活动周"开幕，成都市紧跟全国步伐，在青羊区举办了成都市第一届"全民终身学习活动周"启动仪式，进行终身学习宣传和推广活动。同年，国际社区教育论坛在成都市召开。2007 年，成都市武侯区被教育部确定为"全国社区教育实验区"。2008 年，成都市青羊被教育部确定为首批"全国社区教育示范区"。

二、机制体制成熟与全域发展阶段（2009—2016 年）

一是明确社区教育发展机构和建设标准，促进社区教育规范发展。为推进成都市社区教育机构建设，加快构建覆盖城乡、吸纳全民的终身教育体系。2009 年 11 月，成都市委、市政府决定依托原成都电视大学成立成都社区大学，规定了社区大学的性质，明确要"建立以成都社区大学为龙头，以区（市）县社区教育学院为骨干，以街道（乡镇）社区教育学校、社区（村）教学点为基础的四级社区教育办学体系"，明确了社区教育专项经费保障标准。同年，成都市教育局印发了《成都市规范化社区教育学校（工作站）设置标准（试行）》的通知，要求各区（市）县按照标准认真建设社区教育学校（工作站）。2010 年起，成都市每年组织开展市级规范化社区教育学校和示范社区教育工作站的创建评估工作，于 2015 年起将社区教育机构标准化建设纳入了市政府为民办实事工程。2016 年，成都市教育局印发了《成都市规范化（示范）社区教育学校（工作站）建设评估指标体系（修订稿）》，对规范化社区教育学校校舍面积、专用办公室、教室、图书室、多媒体室等功能室的要求做出了明确规定。至此，成都市社区教育走上全域统筹、系统推进、规范发展的道路。为推进成都市社区教育内涵发展，营造"人人皆学、时时可学、处处能学"的良好终身学习氛围，2009 年，受中国成人教育协会委托，由成都市教育局作为会长单位，武侯社区学院作为秘书处，联合陕西、甘肃、广西、新疆、重庆等西部地区有条件的省（自治区、直辖市）发起成立了中国西部社区教育协作会，创办《社区教育》杂志，旨在调查、研究和宣传西部社区教育的情况，组织力量培训社区教育队伍，为西部城市发展社区教育提供咨询与服务，为我国西部地区社区教育搭建更加广泛的交流平台。

二是统筹城乡一体教育发展，促进全域教育优质均衡发展。2003 年以来，成都市运用统筹城乡的思路和办法，开启了城乡教育一体化的探索和实践。坚持以政府投入为主体，以缩小城乡教育差距为目的，以均衡配置资源为核心，以完善制度和机制为保障，在重点促进义务教育均衡发展的同时，按照"全域成都"的理念，将义务教育均衡发展的成功经验和做法向学前教育和高中阶段教育以及终身教育两端延伸，在强化县级政府责任的同时，努力扩大可调控资源的市域统筹，促进全域成都教育优质均衡发展。2009 年 11 月，成都市依托原成都广播电视大学成立成都社区大学，明确以成都社区大学为龙头，指导四级社区教育办学体系开展工作。2013 年，成都市政府出台了《成都市构建和完善覆盖城乡吸纳全民的终身教育体系实施方案》，提出了创建各类学习型组织、大力开展提升公民素养和生活品质的社区教育、大力拓展以职业为导向的非学历继续教育、鼓励各级各类学校教育资源服务于终身教育、加快建设市民学分银行、大力推进城乡数字化学习的主要任务，为全域成都推进城乡社区教育发展、全民终身教育体系建设做出了指导。自 2013 年起，成都市按照"以城带乡、城乡互动"的思路，启动了锦江—金堂、青羊—蒲江、金牛—邛崃、武侯—新津、成华—大邑、龙泉驿—简阳社区教育互动发展联盟工作，深入探索联盟间在社区教育课程建设、项目实践、教育科研、队伍培养、数字化学习等方面的互动交流，实现联盟间优质资源的共建共享、优势互补，提升了各地社区教育办学质量和服务水平。

三是完善全域社区教育发展建设制度和体系，助力学习型城市建设。2014 年 12 月，成都市教育局印发了《关于设置成都市终身教育促进办公室的通知》，成都市教育部门依托原成都广播电视大学（成都社区大学）挂牌成立了成都市终身教育促进办公室，整体推动和指导服务全市社区教育工作。2015 年 12 月，成都市教育局等七部门在印发的《成都市关于推进学习型城市建设的意见》中提出"推进城乡社区教育，丰富学习型城市建设内涵，要求各区（市）县建立社区教育联席会议等制度，完善覆盖全域成都的四级社区教育体系建设，面向社区广泛开展各类社区教育培训活动，加强社区教育课程体系等建设"。2016 年，成都作为国内第四个城市加入联合国教科文组织全球学习型城市网络。自 2016 年起，成都市每年组织一期"成都市学习型城市建设研修班"，研修班学员由市级相关部门和群团组织有关同志，全市 23 个区（市）县的社区教育管理者、专职工作者、社区书记等近百人组成，分赴北京、上海、广州、杭州、武汉等地开展专题研修培训，推进了成都学习型城市建设水平的不断提升。

三、标准规范成型与优质发展阶段 （2017—2022 年）

一是开创社区教育立法先河，推进社区教育规范高质量发展。2017 年 2 月 1 日，《成都市社区教育促进条例》正式实施，将社区教育纳入法律保障的范畴，开创了我国社区教育立法的先河，表明了成都市社区教育发展进入规范化建设阶段。2017 年 3 月，成都市政府发布的《关于建立成都市学习型城市建设与社区教育联席会议制度的通知》决定建立成都市学习型城市和社区教育联席会议（以下简称"市学社联"）制度，配套了"社区教育资源和教育培训服务清单年度发布"制度，充分发挥职能部门、群团组织的引领协调功能。2018 年，成都市社科联依托原成都广播电视大学（成都社区大学）设立了成都市社会治理与终身教育基地，提升终身教育助力社区发展治理的研究能力，扩大研究成果的推广和应用。

二是进一步丰富社区教育发展内容，深化学习型城市建设。2018 年 7 月，成都市政府发布《成都市关于加快老年教育发展的实施意见》，形成了较为完善的社区教育发展政策体系。2019 年，市学社联办印发《成都市学习型城市建设提升行动计划（2019—2022 年）》，明确提出三大与社区教育发展直接相关的重要任务：一是社区教育品质提升计划，实现市县两级社区教育机构标准化建设覆盖率达 100%；二是老年教育融合推进计划，促进社区教育机构和老年大学的融合发展，优先发展城乡社区老年教育；三是家庭教育普惠推广计划，将家庭教育纳入社区公共教育管理服务体系，进一步拓宽了社区教育发展内涵。2020 年，成都举办了首届"成渝地区双城经济圈学习型城市建设高峰对话"，就学习型城市建设、老年教育、社区教育、终身学习、市民数字化学习等议题进行了论坛分享，助力成渝地区双城经济圈发展，推进成渝地区学习型城市建设，提升成渝地区终身教育的影响力。2022 年 1 月，成都市民政局等十五部门联合印发《成都市关爱居家和社区老年人工作实施方案》，将"老有所学"作为五大工作重点和任务之一，从老年教育办学体系、教育教学活动等方面制定了明确任务。2022 年 5 月，成都市教育局发布《成都市"十四五"教育发展规划》，提出要将"大力发展继续教育、社区教育、老年教育，充分整合社会多元主体，扩大终身教育资源供给，持续扩大成都'全球学习型城市'影响力"作为重要任务。

四、终身教育发展与范式转变阶段 （2023 年至今）

联合国教科文组织"教育 2030 行动框架"强调"获得高质量的教育是改善人民生活和实现可持续发展的基础"。作为终身教育的重要组成部分，社区教育已成为高质量教育体系建设的重要场域。为进一步发挥社区教育在学习型城市建设、终身学习教育服务体系构建方面的作用，满足疫情后市民新需求，更好地为市民对美好生活的向往提供服务，成都继续以社区教育、老年教育等成人灵活教育为抓手，积极推进学习型社会建设，有力地涵养了本地区乐学尚学的精神风貌。2024 年 1 月，国家老年大学印发 2024 年 1 号文件《关于设立国家老年大学成都分部的通知》，正式批复成都开放大学设立国家老年大学成都分部。2024 年 1 月 30 日，成都市市场监督管理局在全国率先发布实施地方标准《成都市社区教育服务规范》，标志着成都市社区教育步入了规范发展建设新阶段，为终身教育发展提供了可学习借鉴的经验。2024 年 5 月，成都市教育局和成都传媒集团正式签署"成都全龄学堂"项目合作协议，同成都开放大学等携手构建成都全龄教育公共服务平台，创新学习资源供给方式，重点服务中青年及老年人的社会化学习，全面提升成都市民群体的学习氛围和学习体验，破解终身学习者和优质教育资源之间的供需矛盾。当前，成都市社区教育积极尝试将公益课程延伸至下班后、周末和夜间，以服务城市中青年学习者多元化终身学习需求为中心的"夜校"成为热点，吸引了众多市民的关注，"夜校"掀起了探索涌动学习的新热潮。成都市锦江区已打造"11＋22＋N"个市民夜校教学点，形成了"街道社区教育学校＋社区教育工作站＋院落学习室＋企业合作点"的 15 分钟市民夜校服务圈，市民夜校正在点亮锦江青年新的"夜"生活；成华区的"东郊记忆·成都青年夜校"、龙泉驿区公园路社区的"睦邻夜校"、成都高新区的"高新青年汇·青春 Yeah 校"、金牛区的"混龄夜校·周末学堂"等"夜校"火爆，持续解锁市民花样"夜生活"。

第二节　机制建设与阵地布局

一、机制建设

（一）制度建设

1. 开全国社区教育立法之先河

2017 年 2 月，成都市颁布实施全国首部社区教育地方性法规《成都市社区教育促进条例》，明确提出社区教育是现代国民教育体系的重要组成部分，在认识论、方法论和实践论上具有创新性和前瞻性，形成推动社区教育发展、提升社区居民素质、促进社区治理的良好局面，提升城市文明程度和治理水平。提出坚持政府主导与社会参与相结合，在发挥政府主导作用的同时，注重鼓励多元主体参与社区教育活动，形成多层次的社区教育综合体系。明确规定市和区（市）县政府将社区教育场所和设施纳入社区建设和规划，统筹推进社区教育机构标准化建设，注重缩小城乡之间、区域之间差距。明确提出开展公民素养、科学技术、职业技能、家庭教育等课程，创新提出开展有关公共安全防护、救灾避险、食药安全等社区教育内容，推动社区教育向发展型、现代型、服务型转变。创新教育载体和学习形式，探索团队学习、远程学习等模式，推进社区教育信息化，建设社区教育公共服务平台和学习资源库，开展线上线下多种学习形式的社区教育。建立健全政府投入、社会捐赠、学习者合理分担等多种渠道筹措经费的社区教育投入机制，拓宽社区教育经费来源渠道。该条例作为我国第一部社区教育地方性法规，推动着成都市社区教育步入法制化、规范化、科学化发展轨道，在成都市社区教育发展历程中具有里程碑式的意义。自此，成都市社区教育步入法制化发展轨道。

2. 建立完善社区教育领导体制与管理制度

2005 年，成都市教育局等五部门联合颁发《关于进一步推进社区教育工作的意见》，提出要加强领导，完善社区教育管理体制和运行机制。各区（市）县要把社区教育作为社区建设的重点内容，纳入地方经济发展规划，明确各相关部门的职责和分工，形成"党政统筹领导，教育部门主管，有关部门配合，社会积极支持，社区自主活动，群众广泛参与"的管理和运行机制。2017 年 3 月，建立"成都市学习型城市建设与社区教育联席会议制度""社区教育资源和教育培训服务清单年度发布制度"，明确了由分管副市长召集，27 个市级部门负责人、各区（市）县政府分管领导参与的会议制度职责，设立了联席会议办公室；每年联席会议统筹市级 27 个部门发布市民社区教育资源和培训服务清单；联席会议办公室具体负责统筹管理、议事协调；成都市终身教育促进办公室、成都开放大学负责落实项目具体工作，从而形成了"政府统筹，部门联动，社会协同"的学习型城市建设合力。各区（市）县也建立了相应的领导管理体制和本级的联席会议制度，形成了党委领导、政府推动、教育主导、条块结合、全员参与的创建工作运行机制。

3. 构建覆盖全面的法规政策支持保障体系

2003 年，成都市教育局印发《关于在社区建设中加强社区教育的意见》，提出要进一步提高社区教育在社区建设中的重要地位认识，认真实施社区建设五年规划，加快发展社区教育，采取积极措施，建立有效的社区教育运行机制，要求各区（市）县要明确社区教育目标、建立社区教育网络、整合各类教育资源、丰富社区教育的内容。全市各区（市）县社区教育学院相继成立，区—街—居社区教育三级网络陆续建成。2005 年，成都市教育局等五部门联合颁发《关于进一步推进社区教育工作的意见》，明确全市社区教育工作的主要任务包括大力开展多层次、多内容、多形式的教育培训工作，积极开展创建"学习型组织"的活动，整合资源形成社区教育网络。2013 年，成都市政府下达《成都市建设统筹城乡教育综合改革试验区第二阶段总体方案（2013—2017 年)》，要求推进教育均衡化、现代化、国际化发展，完善覆盖城乡，吸纳全民的区域终身教育体系。2015 年，成都市教育局等七部门联合印发《成都市关于推进学习型城市建设的意见》，明确和细化了成都学习型城市建设的目标、任务、路径及步骤。2017 年 3 月，成都市学社联办发布《学习型城市建设和社区教育服务清单》，为各单位提供了学习型城市建设的教育资源及教育培训服务清单。2018 年，成都市政府出台《成都市关于加快老年教育发展的实施意见》，明确发展老年教育目标、任务，应对成都老龄化发展趋势，让老年人"老有所学，老有所为"。2019 年，成都市学社联办印发《成都市学习型城市建设提升行动计划（2019—2022 年)》，提出建成具有成都特色、全国一流、极具世界影响力的学习型城市，并确定学习型城市建设提升八大重点任务，进一步明确学习型城市建设的目标和具体行动。2021 年，成都市民政局等十五部门联合印发《成都市关爱居家和社区老年人工作实施方案》，进一步健全和完善居家和社区老年人关爱服务体系。2022 年，成都市政府印发的《成都市"十四五"教育发展规划》中提出，要大力发展继续教育、社区教育、老年教育，充分整合社会多元主体，扩大终身教育资源供给，持续扩大成都"全球学习型城市"影响力，完善社区教育服务体系，加强"15分钟学习圈"建设，满足早期教育、基础教育、继续教育、老年教育等各年龄人群的学习需求。

4. 建立健全各类支撑保障体系

一是建立社区教育的多元投入机制。建立健全政府投入、社会捐赠、学习者合理分担等多种渠道筹措经费的社区教育投入机制，拓宽社区教育经费来源渠道。2009年10月，成都市政府颁发文件明确各区（市）县按照常住人口人均不少于1元的标准落实社区教育专项经费。2017年2月，成都市颁布的《成都市社区教育促进条例》第29条明确市区两级要建立社区教育经费保障机制，对社区教育经费投入、保障、使用和监管做出了规定。二是建成完善社区教育工作阵地体系化保障机制。2009年，成都市政府颁发文件成立成都社区大学。同年，成都市教育局印发《成都市规范化社区教育学校（工作站）设置标准（试行）》的通知，要求各区（市）县教育局按照标准认真建设社区教育学校（工作站）。2016年，成都市教育局印发《成都市规范化（示范）社区教育学校（工作站）建设评估指标体系（修订稿）》。2022年，成都市教育局印发《成都市三级（区街居）社区教育机构内涵建设指南（试行）》，持续提升基层社区教育阵地建设水平。三是建立终身学习成果认证体系。2018年，成都市教育局发布《关于成立成都终身教育学分银行的通知》，成立成都市终身教育学分银行，实行"总部＋分部"的一体化管理模式，在原成都广播电视大学（成都社区大学）建立学分银行总部，设立学分银行管理中心；在各区（市）县建立学分银行分部，探索建立开放灵活的学分累积、学习成果认证和转换制度，建设数字化公共服务平台，建立学习者个人终身学习档案，面向市民开展学习成果登记、认证和转换等服务工作。四是整合多方面资源统筹发展社区教育。2002年，成都市教育局发布《关于全市教育资源向社区开放的通知》，明确将市级区（市）县教育部门所辖的中、小学校、幼儿园、职业中学的运动场地、教育设施、教学设备等项目向社区开放，进一步在社区教育中"整合资源"，形成社区建设的整体合力。2005年，成都市教育局等五部门联合印发《关于进一步推进社区教育工作的意见》，提出整合社区内的大专院校、普通中小学、各类职业学校、成人学校和培训机构，面向居民开展教育培训服务，形成社区教育网络，满足社区居民多样化的教育需求。2010年，成都市教育局等五部门联合印发《成都市学校体育设施向市民开放使用管理办法》的通知，推广全民健身活动，进一步实现资源共享，确保学校资源开放工作的规范性和长效性。2015年，成都市教育局印发的《成都市关于推进学习型城市建设的意见》中提出，要统筹社会学习资源，形成学习型城市建设合力。2018年，成都市政府印发《关于加快老年教育发展的实施意见》，提出将"整合社会资源，拓展老年学习空间"作为主要任务之一。2019年，成都市学社联办印发《成都市学习型城市建设提升行动计划（2019—2022年）》，在社区教育品质提升计划任务中提出要整合社会各类教育资源，全方位提升教育服务品质。

5. 区（市）县社区教育制度建设多点开花

为贯彻落实成都市关于社区教育发展的相关政策文件精神，各区（市）县积极探索，注重基层创新，形成了较为完善的社区教育发展政策体系，为全面、系统、扎实、稳定地推进社区教育提供了坚实的政策保障。一是出台标准规范或指导性文件。例如，武侯区制定了《武侯区街道老年教育学校评估标准》《武侯区星级居民自主学习团队评价指标体系》《武侯区社区教育（老年教育）教师专业标准》等专项考核细则与标准，进一步推进社区教育发展，规范社区教育工作；成华区颁布实施《成都市成华区人民政府关于进一步加强社区教育工作的意见》，作为全区社区教育的政策指导性文件。二是出台或纳入地方相应发展规划。例如，金牛区颁布《金牛区国民经济和社会发展"十二五"规划》《金牛区社区教育工作 2014—2018 年发展规划》《金牛区教育事业"十四五"发展规划》等区级规范性文件，指导社区教育工作全面推进；都江堰市在《都江堰市教育事业发展"十四五"规划建议》和《都江堰市社区教育"十四五"规划建议》中提出"大力发展社区教育事业"，着力推进社区教育发展；温江区将社区教育作为重要的内容写入《成都市温江区教育事业发展"十四五"规划》，纳入全区经济社会发展总体规划。三是出台相关行动方案或制度文件。例如，锦江区在全国率先以政府名义出台《成都市锦江区青少年社区教育行动方案》，把青少年社区教育纳入高品质城区建设的重要内容；双流区制定了《双流区社区教育与老年教育融合发展实施意见》等相关文件予以社区教育保障支持；金堂县出台《金堂县以场景营城助推美丽宜居公园城市建设实施方案的通知》《关于加快推进老年教育学校建设的通知》等系列文件，进一步保障社区教育工作规范性开展。四是纳入目标绩效考核。例如，青羊区、锦江区、金牛区、温江区、郫都区、蒲江县把社区教育工作纳入区县政府对各部门和各街道（乡镇）的年度目标考核。

（二）组织体系

结合社区教育发展实际需要，成都市提出坚持政府主导与社会参与相结合，在发挥政府主导作用的同时，鼓励多元主体参与社区教育活动，形成多层次的社区教育综合体系。2009 年，成都市政府颁发文件成立成都社区大学，并规定以成都社区大学为龙头，以区（市）县社区学院为骨干，以街道（乡镇）社区教育学校、社区（村）教学点为基础，形成四级社区教育办学体系。同时，支持企事业单位、社会团体、其他社会组织及公民依法组建社区教育培训机构，面向社区居民提供社区教育服务。建设了以四级社区教育机构为主体，各级老年大学和各类面向社区居民的社会教育培训机构为补充的社区教育综合体系。

截至目前，全市 23 个区（市）县均已健全区、街、居三级社区教育组织机构，形成了学院、社区教育学校和社区教育工作站三级办学网络，作为开展社区教育工作的根本依托。例如，成都高新区形成"1+7+69"模式的区、街、社区三级全覆盖的社区教育网络，即 1 个社区学院，7 个街道社区教育学校，69 个社区教育工作站；青羊区建立了区、街道、社区三级学习中心，共有 1 所区级社区教育服务中心、12 个街道社区教育学院和 67 个社区教育工作站，实现全域覆盖；温江区建立包括区、街道和社区三级机构在内的管理体系，各级机构各司其职、协同配合，推动社区教育的发展；金堂县建成县社区教育学院 1 所，乡镇（街道）社区教育学校 16 所，村（社区）社区教育工作站 200 个，社区教育三级管理网络建立完善。

（三）运行机制

经过多年发展，成都市已建立完善"党政统筹领导、教育部门主管、有关部门配合、社会积极支持、社区自主活动、市场有效介入、群众广泛参与"的社区教育协同治理的运行机制。

政府部门统筹管理。2017 年 3 月，成都市政府建立《成都市学习型城市建设与社区教育联席会议制度》，负责全市学习型城市建设与社区教育的统筹管理和议事协调，制定工作计划并督促落实，同时整合各级各类学习型城市建设与社区教育资源，研究解决全市学习型城市建设与社区教育重大问题。随后，联席会议办公室印发《成都市学习型城市建设与社区教育联席会议制度工作方案》，明确联席会议成员组成、各成员单位职能职责等。

各部门根据各自职能职责为市民提供教育资源和培训服务项目，如市教育局负责制定发展规划和政策制定、建立目标责任和考核机制，市文广旅局负责组织艺术培训、公益讲座、全民阅读等，市卫健委负责组织医疗急救、健康教育，市科技局负责组织科普讲座、科普展览等，市妇联负责组织社区家庭教育等，市公安局负责组织公共安全防护教育等，市残联负责组织残疾人康复技巧培训和技能培训等，各职能部门引领各类社会机构、团体及个人组织开展学习活动，满足各年龄段人群的学习需求。联席会议要求各区（市）县政府要结合各自实际情况，建立和完善区（市）县级学习型城市建设与社区教育联席会议，加强对本地联席会议建设工作的组织协调。截至目前，建立了 27 家市级部门共同参与的市级学习型城市建设与社区教育联席会。各区（市）县也建立了本级的联席会制度，形成了资源和培训服务清单，促进部门联动和形成合力。

社会广泛参与。2005 年，成都市教育局等五部门联合印发《关于进一步推进社区教育工作的意见》，提出要发挥家庭教育的主渠道作用，大力加强对社区内广大家长的教育培训，引导家庭积极参与社区教育，为社区家庭教育的开展提供服务。2015 年，成都市教育局印发的《成都市关于推进学习型城市建设的意见》中提出，要深入推进科普场馆、图书馆、展览馆、博物馆、文化馆、体育馆等公共设施面向社会免费开放。2018 年，成都市政府印发《关于加快老年教育发展的实施意见》，提出通过政府购买服务、项目合作等方式，鼓励各类社会培训机构为老年人提供教育服务；整合利用文化馆、图书馆、美术馆、博物馆、体育场馆、科技馆、纪念馆、文化活动中心等公共教育资源服务老年教育。2019 年，成都市教育局发布的《2019 年成都市社区教育工作要点》中提出，要拓展社会学习阵地，支持各区（市）县整合高校、中职学校的人力资源、课程资源和实训场地资源，开展社区教育工作，建立市民学习体验基地。鼓励各区（市）县利用企业资源，构建园区学习中心和特色产业游学路线。

一是引导家庭积极参与。例如，成都高新区充分利用辖区公园、绿道、街区等公共空间，共建家校社共育实践基地；武侯区利用成都市家庭教育示范基地联盟近 100 家成员单位的优质教育资源，共建家庭教育"送教基地""实践基地"，发挥区文化馆、图书馆、青少活动中心等单位的教育资源优势，开设家长课堂，为家长提供家庭教育指导服务。二是鼓励公共教育资源面向社会开放。例如，四川天府新区充分利用和整合区域内的学校、图书馆、文化中心等各类公共教育资源，实现资源共享，提高教育资源的利用效率；龙泉驿区辖区学校、文体场馆和非教育机构设施全面向市民开放，着力优化10分钟便民学习服务圈。三是通过购买服务引入社会力量参与。例如，金牛区通过购买服务、志愿服务、项目合作等方式整合社会资源，鼓励民办老年大学、社会组织等为老年人提供教育服务，年参学量近15万人次。四是鼓励社会企业、协会广泛参与。例如，高新区充分利用产业聚集、配套完美的优势，依托档案馆、消防队、航天科创企业等单位、企业的力量开发结合基地参观和职业体验为一体的"环保高新""探秘财商"等研学旅行路线，开设"货币的前世今生""我是小小消防员"等特色研学旅行课程；大邑县聚合本地乡厨协会、餐饮协会等社会力量，录制微课，印制《大邑县乡村老年人营养知识与健康饮食手册》，编制社区居民美食读本《舌尖上的大邑味道》，建成老年康养课程资源，不断扩大老年教育的资源供给。五是充分挖掘本地资源参与社区教育。例如，彭州市打破在学校寻找老师的思路，面向全社会挖掘、发现并吸引到中心参加公益课的教学；简阳市依托乡村区域内现有的教育、文化、人文、体育等资源，开展体现乡村文化特色的社区教育活动，充分挖掘本地村小退休教师、退伍回乡的村民、义务制教育的学校老师等共同参与乡村社区教育工作。

学校社区互动。2003年，成都市教育局发布《关于在社区建设中加强社区教育的意见》，提出各街道办事处、学校所在社区要与学校签订开放协议，向居民发放"社区教育服务卡"或"学习培训卡"等，居民可以持证进校参加各种活动。2005年，成都市教育局等五部门联合印发《关于进一步推进社区教育工作的意见》，提出要坚持引导学校教育资源向社区开放，把教师进社区作为发展社区教育、构建和谐社会的重要举措，并会同有关部门，建立完善教育资源开放和教师进社区的长效机制。2015年，成都市教育局等七部门联合印发《成都市关于推进学习型城市建设的意见》，提出鼓励和支持各级各类学校、教育培训机构，利用各自资源优势，开设适应市民学习需求的课程，向社会开放学习场所和教育设施，为市民终身学习提供便利。2018年，成都市政府印发《关于加快老年教育发展的实施意见》，提出鼓励普通高校、职业院校以不同形式参与老年教育，推进学校体育设施向社区开放，鼓励学校教师和学生参与老年教育的志愿服务。

一是加强校地合作模式。例如，双流区与成都信息工程大学签订全市首个校地合作协议，拉开了借助高等教育资源，促进地方社区教育发展的序幕；新都区加强与西南石油大学经济管理学院公共事业管理专业的合作力度，用其相关专业师生的专业力量和专业方法推进社区教育，以校地合作"1234"新模式推进社区教育特色发展。二是依托学校资源开展社区教育活动。例如，成华区发挥本区域名校、名师的教育优势在社区点位开展市民夜校家庭教育讲座、沙龙等，发挥街道社区教育学校的课程优势，为18~60岁市民在社区点位投放相关夜校课程；崇州市整合驻崇高校、职业学校等老年教育资源，推进"养教结合"老龄服务，开展"退休预备培训"和老年人智能及信息技术培训。三是依托学校资源共建学习资源。例如，武侯区开展"校社共建"深度融合工作，制定《校社联动发展工作方案》等，促进学校、社区资源共建共享，实施家校社共育融合发展，开发《校社联动共筑家庭教育之梦》等校本活动课程；大邑县依托职业学校烹饪专业师资等教学资源，以科研课题为引领，与乡村老年群体营养健康教育需求相结合，把积极老龄观、健康老龄化理念融入理论研究和实践探索中。

社区实体办学。成都市及多个区（市）县社区教育大学（学院）、学校、教学点等机构由社区内比较有影响力且热心社区教育事业的企事业单位、学校等牵头成立，负责开展社区教育工作。2009年，依托成都广播电视大学成立成都社区大学。2018年，成都市政府印发《关于加快老年教育发展的实施意见》，提出鼓励企事业单位、社会组织及个人投资兴办老年教育机构，促进老年教育与相关产业的联动发展，提升老年教育服务水平。截至目前，成都市依托企事业单位、学校等牵头建立了以市级社区大学、23个区（市）县级社区教育学院为主体，乡镇（街道）社区教育学校（成人学校）为骨干，村（社区）教育工作站为基础，中小学资源开放为辅助的社区教育办学网络。例如，武侯区社区学院是武侯区教育局直属全民事业单位，是区域开展社区教育业务工作的牵头单位和全区终身学习活动的指导机构；新都区社区教育学院先后依托原新都职业技术学校、成都电大新都分校建立，负责全区社区教育的业务指导、管理、研究、课程开发以及干部师资培训等工作。

（四）经费管理

政策保障。建立健全政府投入、社会捐赠、学习者合理分担等多种渠道筹措经费的社区教育投入机制，拓宽社区教育经费来源渠道，对各级各类教育提供了经费保障。2005年，成都市教育局等五部门联合印发《关于进一步推进社区教育工作的意见》，提出要充分发挥政府扶持和市场机制的双重作用，采取"政府拨一点，社会筹一点，单位出一点，个人出一点"的办法，建立以政府投入为主，多渠道投入的教育经费保障机制。对学习者个人回报率较高的培训可以按照国家有关规定收费。2009年，成都市政府颁发文件明确各区（市）县按照常住人口人均不少于1元的标准落实社区教育专项经费。2015年，成都市教育局印发《成都市关于推进学习型城市建设的意见》，提出鼓励企事业单位和各类社会组织积极投入学习型城市建设。企业应依法按职工工资总额的1.5%～2.5%足额提取教育培训经费。鼓励家庭及个人增加学习投入，逐步形成政府、企事业单位、社会团体和个人共同承担、多渠道筹措经费的投入机制。2017年，成都市颁布的《成都市社区教育促进条例》第29条明确市区两级要建立社区教育经费保障机制，对社区教育经费投入、保障、使用和监管做出了规定。2018年，成都市政府印发《关于加快老年教育发展的实施意见》，提出要采取多种方式增加对老年教育的投入，将属于政府支出责任的老年教育经费纳入年度财政预算，切实拓宽老年教育经费投入渠道，形成政府、市场、社会组织和学习者等多主体分担和筹措老年教育经费的机制。

经费投入。成都市建立了多渠道专项经费的投入机制，对各级各类教育提供了经费保障。一直以来，政府投入是成都市社区教育经费来源的主渠道，将社区教育经费列入政府教育经费预算，保障必要的社区教育经费。近五年，成都市财政拨付成都市本级社区教育经费每年均为300～500万元，主要用于以项目的形式常态化推进社区教育课程资源建设和市教育局的社区教育活动，包括学习资源平台建设、队伍建设、课题建设、活动开展等。从区（市）县来看，据不完全统计，全市23个区（市）县每年社区教育经费投入超过 3700 万元，充分保障了社区教育活动的开展。具体来看，各个区（市）县近年根据工作实际，在社区教育经费投入上有所不同。例如，锦江区每年投入 180 多万资金用于社区教育；武侯区自 2009 年开始按照常住人口人均 2 元标准拨付社区教育专项经费，2023 年人均经费达到 3.29 元；金牛区近三年社区教育经费投入每年为 760 余万元，人均经费接近 6 元标准，远超创建示范标准；其余区（市）县基本均按照人均不低于 1 元的标准匹配社区教育经费。各区（市）县社区教育经费主要用于课程开发、项目挖掘、名师工作室建立、社区教育活动、培训交流等，保证社区教育工作的顺利开展。

经费来源。成都市本级社区教育经费主要来源于市级财政专项拨付、成都开放大学自有经费的补助，协助社区教育项目工作的开展。各区（市）县社区教育经费来源主要包括：一是区（市）县本级财政专项拨款；二是来源于区（市）县、街道（镇）、村（社区）各部门，如民政、文旅等划拨社区教育保障资金开展社区教育工作；三是来源于企事业单位、社会力量等对社区教育工作捐赠、投入、提供的服务等或是街道（镇）、村（社区）自筹等方式获取经费；四是采取低偿收费模式，以社区或老师为主体，社区通过与第三方公司合作，开发课程、活动等，收取居民远低于市场价格费用，所收取费用再继续用于社区教育工作中。

经费监管。2017 年，成都市颁布的《成都市社区教育促进条例》第 29 条第三款规定，"市和区（市）县人民政府应当加强社区教育经费的监督管理，提高使用效益"。成都开放大学社区教育经费管理主要是做好经费投入、经费使用和监督管理三个方面工作，严格遵循成都市相关财政审计政策，以及成都开放大学的经费管理制度，依法办学、依法治校，持续做好社区教育经费的专项使用。具体来讲，主要通过优化政府财政拨款模式，发挥评估激励机制在拨款中的作用，加强监督和考核机制，强化问责机制。一方面，定期对经费的使用情况进行审计和检查，发现问题及时纠正；另一方面，建立科学的考核指标和体系，对经费使用的效益进行评估和考核，确保资金使用的效益最大化。强化问责机制，对于在经费管理和使用中出现的违规行为和失职行为，严格追究相关人员的责任，做到有责必问、有错必纠。

二、阵地布局

制定规范化评估指标体系。为进一步贯彻落实市委、市政府关于统筹城乡、"四位一体"科学发展的基本方针，充分发挥成人教育、社区教育在成都市建设统筹城乡综合配套改革试验区、构建和谐成都中的重要作用，2009 年，成都市教育局印发《成都市规范化社区教育学校（工作站）设置标准（试行）》的通知，要求各区（市）县教育局按照标准认真建设社区教育学校（工作站），并利用该平台不断提高社区居民的文化和道德素质，促进和谐社区建设，为全面深入地推进城乡统筹做出积极贡献。2010 年起，成都市教育局每年组织市级规范化社区教育学校和示范社区教育工作站的创建评估工作，且于 2013 年印发《成都市规范化（示范）社区教育学校（工作站）建设评估指标体系（试行）》，并于 2015 年起将社区教育机构标准化建设纳入了市政府为民办实事工程。2016 年，成都市教育局印发《成都市规范化（示范）社区教育学校（工作站）建设评估指标体系（修订稿）》，对规范化社区教育学校校舍面积、专用办公室、教室、图书室、多媒体室等功能室的要求做出了明确规定。同时，规定"凡取得市级规范化社区教育学校资格 2 年且区（市）县初评达 90 分以上的学校可以申报市级优质社区教育学校评估"。从 2017 年起，成都市教育局每两年开展一次优质社区教育学校评估，截至 2023 年，全市共建成市级优质社区教育学校 60 个。

实现市、县两级建设评估满覆盖。2018 年，成都市教育局印发《关于加强社区教育学校（工作站）建设工作的通知》，要求各区（市）县原则上按照市级规范化社区教育学校 1~2 所，示范社区教育工作站 2~3 个的创建要求上报年度建设计划，要求各区（市）县制定"社区教育工作站标准化建设行动计划（2018—2020 年）"。经过 3 年的努力，2020 年，全市各区（市）县基本实现社区教育工作站市、县两级建设评估满覆盖。截至 2023 年，全市共建成社区教育学校 216 个，社区教育工作站 3034 个，基本形成了覆盖城乡、吸纳全民的社区教育服务体系，优化了社区教育便民服务"最后一公里"。

完善三级社区教育机构建设内涵。经过多年探索与实践，成都市已初步建成"市—区—街—居"四级社区教育机构体系。为进一步促进成都市社区教育机构内涵建设，推动学习型城市高质量发展，助力成都市践行新发展理念公园城市示范区建设，2022 年，成都市教育局组织力量编制印发《成都市三级（区街居）社区教育机构内涵建设指南（试行）》，要求各区（市）县对区域内社区教育机构内涵建设加强指导，不断完善三级社区教育机构内涵建设，持续提升基层社区教育阵地建设水平，标志着成都市社区教育机构建设进入了高质量发展的新阶段。

持续完善老年教育阵地建设。2019 年，成都市教育局同意成立成都老年开放大学，持续促进全市老年教育发展。2020 年，成都市 22 个区（市）县社区教育学院、老年大学增挂"成都老年开放大学区（市）县分部"牌子。2021 年，成都市教育局印发《成都老年开放大学区（市）县分部建设标准（试行）》《镇（街道）老年教育学校建设标准（试行）》通知，明确要求 2021 年底前，各区（市）县要全面启动老年开放大学分部标准化建设工作，要完成辖区内 30% 以上的镇（街道）须分别建设 1 所老年教育学校，持续加强区（市）县、镇街级老年教育机构标准化建设。《成都市关爱居家和社区老年人工作实施方案》要求确保到 2025 年 100% 的镇（街道）建有老年教育学校、60% 的村（社区）建有老年教育学习点。2022 年，按照《镇（街道）老年教育学校建设标准（试行）》，评估确定四川天府新区正兴街道老年教育学校等 87 个点位达到成都市镇（街道）老年教育学校建设标准，完成年度建设任务。2023 年，按照《镇（街道）老年教育学校建设标准（试行）》《村（社区）老年教育学习点建设标准（试行）》，评估确定四川天府新区万安街道老年教育学校等 77 个点位达到成都市镇（街道）老年教育学校建设标准，四川天府新区籍田街道大林社区老年教育学习点等 693 个点位达到成都市村（社区）老年教育学习点建设标准，完成 100% 的镇（街道）建有老年教育学校、20% 的村（社区）建有老年教育学习点的年度建设任务。

持续推进学习型社区建设。成都市教育局、成都开放大学从 2012 年起开始市级学习型社区评选。2014 年，成都市教育局开展首届"学习型示范社区"创建月活动及

2014 年"学习型（示范）社区"建设评估，打造一批特色突出、示范性强、群众满意度高的"学习型示范社区"。在"成都城乡社区发展治理 30 条"中，明确提出了"学习型社区"建设任务，要以学习型社区创建为抓手，以培育各类学习型组织为基础，以提高社区学习力为目标，建设社区学习圈，培育向上向善向美的社区精神，提高居民的幸福感和获得感。培养以学习型社区为主题的学习型组织是成都市社区教育工作的重点。截至目前，市级层面，共评选出学习型社区 504 个，学习型示范社区 101 个；区（市）县级层面，评选县域内学习型社区的 600 余个。

社区教育工作阵地逐步完善。 探索"成都市终身教育学分银行"建设，探索建立开放灵活的学分积累、学习成果认证和转换制度。构建开放共享的社会参与平台，实施学校体育设施开放项目奖补，中小学、九年一贯制学校和职业学校的体育设施定时向市民开放，全市 12 所高校图书馆向市民开放。支持企事业单位、社会团体、其他社会组织及公民依法组建社区教育培训机构，面向社区居民提供社区教育服务；建设以社区大学、社区教育学院、社区教育学校、社区教育工作站四级社区教育机构为主体，各级老年大学和各类面向社区居民的社会教育培训机构为补充的社区教育综合体系。截至目前，全市形成了由 1 个开放大学、23 个社区教育学院（中心）、216 个社区教育学校和 3034 个社区教育工作站组成的管理机构和社区教育服务体系。在全市范围内，拥有全国社区教育示范区 6 个，全国社区教育实验区 3 个，全国社区教育示范街镇 11 个，全国社区教育实验项目 32 个，并配备数字化学习指导师培训基地 8 个，全国社区教育数字化学习先行区 6 个，全国城乡社区数字化学习实验基地 6 个，全国社会工作服务示范地区 6 个。表 1-1 为成都市 23 个区（市）县社区教育学院（中心）基本信息表。

表 1-1　成都市 23 个区（市）县社区教育学院（中心）基本信息表

序号	区（市）县	单位名称	成立时间
1	四川天府新区	四川天府新区社区教育学院	2021 年
2	成都东部新区	成都东部新区社区学院	2023 年
3	成都高新区	成都高新区社区学院	2019 年
4	锦江区	锦江区社区教育学院	2004 年
5	青羊区	青羊区社区教育与青少年服务中心	2000 年
6	金牛区	金牛区社区教育学院	2003 年
7	武侯区	武侯区社区学院	2003 年
8	成华区	成华区社区教育学院	2011 年
9	龙泉驿区	龙泉驿区社区教育中心	2004 年
10	青白江区	青白江区社区教育学院	2004 年
11	新都区	新都社区教育学院	2005 年
12	温江区	温江区社区教育学院	2004 年
13	双流区	双流区社区教育学院	2003 年
14	郫都区	郫都区社区教育学院	2004 年

序号	区（市）县	单位名称	成立时间
15	新津区	新津区社区教育学院	2003 年
16	都江堰市	都江堰市社区教育学院	2011 年
17	彭州市	彭州市社区教育学院	2010 年
18	邛崃市	邛崃市社区教育学院	2004 年
19	崇州市	崇州市社区教育学院	2005 年
20	简阳市	简阳市社区教育与青少年中心	2017 年
21	金堂县	金堂县社区教育学院	2004 年
22	大邑县	大邑县社区教育学院	2011 年
23	蒲江县	蒲江县社区教育学院	2003 年

第三节　队伍建设与规范化管理

一、管理者队伍建设与管理

管理者队伍基本情况。2005 年，成都市教育局等五部门联合颁发《关于进一步推进社区教育工作的意见》，提出各区（市）县学校、街道和社区要有人负责社区教育工作，坚持开展对社区教育工作者的培训，不断提高他们的综合素质。2015 年，成都市教育局等七部门联合印发《成都市关于推进学习型城市建设的意见》，提出确定具体机构和人员负责学习型城市建设管理工作。2018 年，成都市政府印发《关于加快老年教育发展的实施意见》，提出鼓励高校、职业院校相关行业优秀人才到老年教育机构工作，支持老年教育机构管理人员的专业发展。截至目前，全市社区教育管理者数量超过3000 人，专兼职比例约为 2∶8。其中，成都开放大学负责社区教育工作的共有专职管理者 18 人，数量相对充足且均为本科及以上学历，管理者队伍学历水平较高且较为年轻化，26～45 岁之间的管理者占比高达 77％。各区（市）县根据工作实际配备不同专兼职管理人员，部分区（市）县从事社区教育的专兼职管理者超过 100 人。例如，武侯区社区学院现有专职管理人员 30 人，街道社区学校有专兼职管理人员 33 人，社区教育工作站兼职管理人员 72 人；金牛区教育管理者队伍逐年增加，社区教育学院专职管理人员 30 人，街道社区兼职管理人员 240 余人；龙泉驿区社区教育中心按 78 人设编，下派街镇社区教育专干 19 人，社区教育学校和工作站有专（兼）职管理人员 152 人等。

持续加强管理者队伍专业化培训和管理。成都市建立和完善了社区教育队伍管理和培训制度。自 2016 年起，成都市每年都组织"学习型城市建设"研修班，研修班学员由市级相关行业主管部门和群团组织有关同志，全市 23 个区（市）县的社区教育管理人员、专职工作者、社区书记等组成，分赴北京、上海、广州、武汉等地开展专题研修培训，推进了成都学习型城市建设水平的不断提升。2017年5月，成都市组织22个区（市）县和26个部门80余人赴上海开展第二期"学习型城市建设"研修班。2017年11月，原成都广播电视大学（成都社区大学）协同教育部社区教育研究培训中心、中成协社区教育专委会主办"全国社区教育青年论坛"。2024年3月，成都开放大学举办2024年春季学期老年教育专兼职教师培训会暨教研活动，从事老年教育的专兼职教师和教学管理人员参训参研，进一步推动学校老年教育高质量发展。此外，各区（市）县也通过组织外出学习、开展培训等方式持续加强管理者队伍的专业化提升。例如，金牛区于2024年4月组织联席会成员单位、街道和社区分管领导或业务科室负责人、区社区教育学院相关同志赴上海参加培训学习，提升全区老年教育服务全民终身学习、服务社会发展的能力；新都区2024年3月组织开展了2024年新都社区教育管理干部（含教师）培训，持续促进新都社区教育高质量发展；蒲江县2023年1月组织召开了社区教育工作论坛暨社区教育专干考核会，并按照《蒲江县社区教育专干考评细则》完成了对各镇（街道）社区教育专干的工作考核，树立先进典型，弘扬创新争优之风。

二、师资队伍建设与管理

师资队伍建设管理制度。2005年，成都市教育局等五部门联合颁发《关于进一步推进社区教育工作的意见》，提出各区（市）县要建立一支专兼职人员和志愿者相结合的社区教育队伍。2015年，成都市教育局印发《成都市关于推进学习型城市建设的意见》，提出要培育一支结构合理、素质优良的终身教育专兼职教师队伍。2018年，成都市政府印发《关于加快老年教育发展的实施意见》，提出鼓励高校、职业院校等相关行业优秀人才到老年教育机构工作，建立老年教育师资库，完善老年教育教师岗位培训制度，支持老年教育机构教师、技术和管理人员的专业发展。2019年、2020年的《成都市社区教育工作要点》均对社区教育队伍建设明确了工作重点；2021年、2022年的《成都市终身教育工作要点的通知》提出要研制和优化《成都市社区教育教师认定标准（试行）》，试点推动准入标准的应用和完善；《2023年成都市终身教育工作要点的通知》提出要广泛调研全市基层社区教育工作情况，开展有针对性的指导和支持，进一步优化社区教育和老年教育专兼职师资的建设和培育机制，拓宽有关教育服务队伍的遴选培养渠道，组织管理者和骨干教师参加业务培训和学术研讨，持续提高师资队伍的专业化水平；连续5年对社区教育专兼职教师的遴选、培训、管理提出要求，进一步保障全市社区教育专兼职教师的规范性、专业化水平。区（市）县方面，武侯区2024年4月正式印发《关于发布实施武侯区社区教育兼职教师师资库建设系列标准（试行）的通知》，在全国率先发布和实施社区教育兼职教师队伍建设系列标准，进一步促进武侯区社区教育兼职教师队伍建设标准化、体系化、规范化发展。

师资队伍基本情况。全市社区教育师资队伍主要由专职教师、兼职教师、其他专业人士等组成。据不完全统计，全市社区教育专职教师数量将近为1000人，社区教育兼职教师数量在6000人以上。各区（市）县基本均已建立一支完善的师资队伍。例如，青羊区建立了由社区教育专兼职教师、学校名师、民间达人、专业人员等组成的480余人的社区教育专兼职教师师资库，141 名区级持证准入教师，5 个市级名师工作室，9 个区级名师工作室；成华区统筹协调各方力量，依托全区各行各业专家、大中小幼教师、公务员、在读大学生、能工巧匠等资源，建立了一支涵盖 11 个大类 200 余人的以专职人员为骨干，兼职人员和志愿者为主体的适应社区教育需要的管理队伍和师资队伍；龙泉驿区共有由能者为师、专家等组成的专（兼）职教师 758 人。

师资队伍来源渠道。全市师资队伍除聘请专职教师外，多数区（市）县、街（镇）、村（社区）由于人员经费、地理位置等因素限制，日常社区教育工作开展更多由兼职师资队伍组成。兼职师资队伍来源渠道主要包括以下几个方面：一是来源于卫健、民政、文旅、妇联等相关领域的单位推荐、发掘的专业人士，主要开展心理教育、家庭教育、老年教育等服务；二是来源于区域内的高校、中小学校、职校、幼儿园等学校教师，以周末和业余时间开展专业领域相关的社区教育服务；三是来源于各个街（镇）、社区（村）挖掘的能者达人，以社区为单位开展擅长领域的社区教育教学服务；四是来源于"能者为师"师资库成员，由成都开放大学进行统筹，面向全市有针对性地开展社区教育服务；五是整合社工站、一村一大等社区资源，开展青少年心理健康辅导等。例如，成都东部新区高明镇整合民政、残联等平台资金，聘请专业技师能人开展民俗、蜀绣等方面专业培训，整合医院、卫生中心等医师资源，为学校青春期女孩、农村女孩开展心理健康教育等，整合本地名人资源加入退役军人（大校）、大运会冠军等加入成都东部新区"启志中心"，依靠名人资源的家乡情怀作为兼职教师，免费为学生开展演讲；青白江区大弯街道积极整合辖区 85 家校外培训机构、11 所中小学等各行业优秀师资资源，达成合作共识，并鼓励辖区退休艺术工作者、退休教师等行业经验丰富人士加入社区教育教师考核；大邑县与人社、妇联、农技部门等部门协同合作，进行联合课程培训，促进资源共享，教师主要由职业学校老师、退休人员返聘、社会志愿者或优秀技能者兼任。

师资队伍管理情况。为提升终身教育服务品质，成都市建立了社区教育管理者、专兼职教师和志愿者师资库，并开展系列专业化培训。"十三五"规划期间，成都建立社区专职工作者统筹管理模式，研究职业化岗位薪酬和职业资格补贴等制度，创办村镇学院、社区学院、社会组织学院等基层治理院校，全市 2.6 万名社区工作者进入职业化体系，基本构建起多层次基层队伍和村（社区）的人力资源支撑体系。2020 年，成都市完善了社区教育教师职称评选和评优评先的激励机制。成都开放大学社区教育师资队伍严格遵守教育行政部门制定的关于师德师风、职业行为准则等相关规定，以及严格按照高等教育学校教师的标准进行管理；同时，严格遵循成都开放大学管理制度，定岗定责，开展社区教育工作。各区（市）县在师资队伍管理的模式上略有不同。例如，成都东部新区制定社区教育工作者的职业体系建设方案，岗位薪酬和职业资格补贴制度涵盖薪酬体系、职业发展路径等，给予社区教育人员合理的待遇和发展空间，并通过积分制度、合作超市等方式，鼓励教师和志愿者参与社区教育活动；武侯区师资队伍考核主要以学员的参与度、满意度及教学成果为依据进行考核；温江区建立了岗位薪酬和职业资格补贴制度，以及教师考核机制和激励机制。

持续举办"能者为师"活动。为挖掘有意愿从事社区教育的人才为宗旨，吸纳更多有能、有才之士参与社区教育活动，充实市、区两级社区教育师资库，成都市在 2014 年开始了首届"能者为师"活动，至 2023 年已举办 8 届，全市各区（市）县的参与面扩大，从首届仅涉及成都 7 个区（市）县增至目前的 23 个区（市）县全覆盖；参与人数从第一届的 84 位市民，扩大到第八届近 1000 位市民，累计 5000 余人次参赛，网络关注人数近 200 万人次。2020 年，"能者为师"活动在全国终身学习活动周开幕式上获评"全国百姓喜爱的终身学习品牌项目"。同年 12 月，成都受邀在全国专题研讨会中介绍活动开展的经验做法。2021 年 10 月，教育部职成教司下文在全国开展"能者为师"特色课程推介共享行动，助推社区教育课程共建共享。2022 年 4 月，成都市社区教育"能者为师"名师工作室项目入选全国社区教育"能者为师"创新项目首批名单。同年，成都市教育局印发《成都市社区教育"能者为师"名师工作室建设及管理办法》，旨在进一步指导督促属地按照规范程序开展成都市社区教育"能者为师"名师工作室建设工作，并对"名师工作室"孵化给予保障。截至目前，成都市建有"社区教育名师工作室"30 个，社区教育兼职教师突破 3000 人。

三、志愿者队伍建设与管理

2015 年，成都市教育局印发《成都市关于推进学习型城市建设的意见》，提出要建立一支热心参与终身教育服务的志愿者队伍。2018 年，成都市政府印发《关于加快老年教育发展的实施意见》，提出要积极培育老年人志愿服务团队，鼓励老年志愿者利用所学所长，在文化传承、科学普及、环境保护、社区服务、青少年培育等方面积极服务社会、奉献社会。据不完全统计，全市社区教育志愿者数量超 17 万人。各区（市）县按照相关文件要求，结合本地区实际，通过招募社区志愿者、高校志愿者等渠道建立志愿者队伍。例如，武侯区从各社区招募 806 名社区教育志愿者协助三级社区教育机构开展志愿服务；龙泉驿区通过大力培育服务指导社区学习的"学研员""学习指导师""尚学服务"（社区教育志愿者）三支团队，志愿者人数达 31206 人，进一步提升社区教育服务能力。

四、学习型团队与组织建设

创建学习型组织新模式。2005 年，成都市教育局等五部门联合印发《关于进一步推进社区教育工作的意见》，提出要把创建"学习型组织"作为现阶段推进社区教育工作的重要抓手，积极创建学习型企业、学习型单位、学习型街道、学习型社区、学习型楼组、学习型家庭等"学习型组织"。成都市以学习型组织建设为基础，构建了围绕转变机关作风、提高工作效率，建设学习型机关；围绕提高整体素质、增强服务意识，建设学习型事业单位；围绕推进企业发展、实现增产增效，建立学习型企业；围绕提高文明成都、丰富居民生活，建设学习型社区；围绕提高文化素质、增强致富技能，建设学习型乡镇；围绕陶冶道德情操、促进团结和谐，建设学习型家庭等六大类学习型组织新模式，加强对学习型组织建设的引导支持，分类研究制订各类学习型组织的建设标准，调动社会各层级力量，让全市企事业单位、团体及个人等都参与进来，满足了学习型城市建设的需要。

积极探索市民自主学习团队。2015 年，成都市教育局等七部门联合印发《成都市关于推进学习型城市建设的意见》，提出打造遍布城乡的市民自主学习团队，培育积极向上的组织文化和学习文化，增强各类组织、团队的凝聚力和创新力。2017 年，成都市出台《成都社区居民自主学习团队培训指南》。截至目前，成都市先后培育了近 2000 个社区居民自主学习团队，成员近 6 万人。2018 年，成都市政府印发《关于加快老年教育发展的实施意见》，提出要探索老年人学习团队的成长发展规律，培养凝聚力强、有影响力的学习型团队领袖，扶持培育自主学习示范团队。自"成都老年开放大学"于 2019 年 7 月在成都开放大学挂牌成立以来，成都开放大学两个校区均已建成传统文化、非遗传承、生活美学、书画摄影、生态教育等 10 余个特色体验学习中心，每年开设老年教育精品课程和普识课程 90 余个班次，培育了近 20 支精品"老年自主学习团队"。

区（市）县积极探索市民自主学习团队和组织建设。为贯彻落实党的二十大提出的"加快建设教育强国，建设全民终身学习的学习型社会、学习型大国"的战略部署，深入推进终身学习高质量发展，助力成都市加快推进学习型城市建设，各区（市）县积极开展市民自主学习团队和组织探索建设工作，并取得显著成绩。例如，四川天府新区永兴楹联学会作为老年学习型组织，成立 30 余年来，学会会员每年参加学习培训几十场，创作楹联作品逾千、诗词几百首、文艺作品近百篇，推动永兴楹联文化成功创建四川省和成都市"终身学习品牌项目"，助力四川天府新区永兴街道创建全国第一个乡镇级的"中国最佳楹联之乡"和"中国楹联创作基地"；武侯区率先在中西部地区开展星级居民自主学习团队的培育工作，编制《武侯区星级居民自主学习团队评价指标体系》《武侯区星级居民自主学习团队管理指导手册》《武侯区星级居民自主学习团队培育指导手册》等，其中两个指导手册已经无偿提供给全国多个县（市、区）使用，同时连续 3 年共遴选培育区级星级团队近 50 支，每年参与学习居民约 8 万人次，累计参与学习 26 万人次；2023 年，"武侯区星级居民自主学习团队"获评"全国终身学习品牌项目"；龙泉驿区发布《成都市龙泉驿区学习型社区建设认定评价标准定稿》《龙泉驿区学习型家庭认定标准》《服务学习型社区建设学研员考核办法（试行）》《龙泉驿区学习型团队认定评价标准》等文件，持续培育特色型学习团队、组织、社区等；新津区积极鼓励和引导社区居民自发组建形式多样的学习团队、活动小组等学习共同体，培育了五津街道麦西来甫、花源街道金秋舞蹈等 20 多个居民自主学习团队，区社区教育学院"风雅艺术"团队获评成都市老年教育特色团队，"水韵读书协会"获评四川省第一批优秀基层学习型组织。

第四节　课程资源开发与数字平台建设

一、课程资源开发

（一）高位引领，推动课程资源多点开花

　　成都市紧跟国家、省级课程建设和开发步伐，从实施意见、行动计划、重要工作任务等方面引导和指导各区（市）县积极开展课程建设和开发，打造区域品牌课程。2011年，原成都广播电视大学（成都社区大学）编撰出版了《成都社区教育课程建设指导性纲要》，旨在各级社区教育课程实践中起到引领作用。2017年正式实施的《成都市社区教育促进条例》第十六条明确规定"市教育主管部门会同相关部门完善全市社区教育课程体系，针对社区内不同的教育对象，开发提供公民素养、民主法治、诚信教育、人文艺术、科学技术、职业技能、运动健身、养生保健、生活休闲、安全教育、家庭教育等课程，传承地方特色文化，满足社区居民的学习需求"。2018年，成都市政府发布《关于加快老年教育发展的实施意见》，提出要丰富老年教育内容，探索建立老年教育通过课程体系和教学大纲，积极开发课程资源，鼓励高校、院校、机构等参与老年教育学习资源建设。2019年，成都市学社联办印发《成都市学习型城市建设提升行动计划（2019—2022年)》，提出在社区教育品质提升计划任务中要完善社区教育课程体系和资源配送体系，市民公共素养提升计划中要形成极具成都特色的十大类市民公共素养提升课程体系。2019年，成都市促进办印发的《2019年成都市社区教育工作要点》中提出要围绕"三成三都"建设，统筹开发专题课程；着眼"品质生活"提升，统筹开发特色课程。

　　成都市教育系统高度重视社区教育、终身教育课程建设和开发，自2021年以来，每年均将完善课程体系，开发优质特色课程纳入年度成都市终身教育工作要点。2021—2023年，成都市教育局在各年度印发的《成都市终身教育工作要点》中均提出要逐步建立和完善课程体系，统筹各级社区教育和老年教育机构、联动各个行业部门，开发通识课程，加强特色课程研发，继续做好优质课程资源的推广和使用。按照《教育部办公厅关于推介2023年县域社区学习中心典型案例和社区教育品牌课程的通知》和四川省教育厅相关申报要求，成都市积极组织开展了县域社区学习中心建设项目申报工作。目前，在教育部公布的推荐名单中，成都市共有11个区（市）县的20门品牌课程获得教育部推介，全面展现成都市各区（市）县"各美其美、美美与共"的社区教育课程资源建设面貌，具体见表1-2。

表1-2　成都市获教育部"2023年社区教育品牌课程"推介名单

序号	课程名称	推荐单位
1	职业礼仪	成都市郫都区社区教育学院
2	衍纸手工	成都市金牛区社区教育学院
3	中国蜡染	成都市郫都区社区教育学院
4	金牛区"金银杏"银龄智慧生活App学习使用指南课程	成都市金牛区社区教育学院
5	智慧助老智能手机应用	成都市武侯区社区学院
6	老年人如何使用微信	成都市新津区社区教育学院
7	诫子有方	成都市武侯区教育局
8	和孩子一起"玩"出对生活的热爱	成都市金牛区社区教育学院
9	智慧家长·小课堂系列课程	成都市锦江区教育局
10	幼小衔接,家庭教育的着力点在哪里?	成都市郫都区社区教育学院
11	如何建立和谐兴旺之家	成都市郫都区社区教育学院
12	公益早教父母课堂系列课程	成都市蒲江县社区教育学院
13	青少年成长问题视频课程	成都市龙泉驿区社区教育中心
14	阅读指导	成都市武侯区社区学院
15	弘扬爱国情,润育赤诚心	成都市锦江区教育局
16	古蜀文明	成都市武侯区社区学院
17	尚学龙泉·中医药文化养生趣味课堂	成都市龙泉驿区社区教育中心
18	营养食疗	成都大邑县社区教育学院
19	女性不再腰疼宝典	成都市青羊区
20	电脑手机智能运用系列课	简阳市社区教育与青少年服务中心,成都老年开放大学简阳分部

(二) 拓宽渠道,课程资源形式丰富多样

社区教育课程资源建设是社区教育内涵提升的重要途径,也是社区教育可持续发展的基础。我国首个推进社区教育发展的指导性文件《关于进一步推进社区教育发展的意见》中就明确提出要加强社区教育课程资源建设。成都市教育系统高度重视社区教育的课程和资源建设,探索出多样的资源建设方式,目前主要包括自建、比赛遴选及评选转化、购买三方服务。

1. 发挥主观能动性,自建课程形式多样

一是编写教材或读本。成都开放大学长期指导各级社区教育机构开发编写出各类社区教育读本和教材,并将自主开发教材读本作为基层社区教育机构内涵建设的评价标准之一。作为市级社区教育机构,成都开放大学编写出版的《成都社区教育课程建设指导

性纲要》，示范性引领全市社区教育课程建设框架。在此基础上，自主或联合有关社区教育机构编写了《咖啡之旅》《漫话老年心理健康》《阳台种植技术管理技术》《非凡视角—摄影基础教材》等社区教育实用教材，其中《爱成都·迎大运 市民实用英语手册》由四川大学出版社正式出版，由成都市教育局在全市社区教育教学中推广应用。区（市）县在市级部门指导下，深入辖区资源特色实际，积极加强地域特色课程教程或读本编写出版工作，如双流区印制了《瞿上社区教育"平安幸福，品质生活"课程体系索引》，开发编纂了具有地方特色的读本，如《傅葆琛的故事》等社区读本 40 余本；新津区开发的《剪纸》读本被评为 2021 成都市社区教育（老年教育）特色读本；都江堰市开发的《青城武术传习读本（一）》《青城武术，金刀出鞘》等读本入选 2021 年成都市社区教育（老年教育）特色读本和微课程目录并获奖。

二是成都各级教育系统邀请教师或者专家录制线上视频课程、微课程等。成都开放大学通过名师大讲堂项目邀请四川省红十字会、四川音乐学院、中国市政工程西南设计研究总院等机构的行业专家录制家庭急救、中国艺术精神、成都公园城市示范区建设等特色化课程；依托历年"能者为师"活动主题制作专题课程门类，累计已形成体系化的自制课程数十门。此外，通过评选评优、以评促建等方式，指导和鼓励区（市）县发挥主动性，深入进行微课程、直播等课程资源开发和建设，如武侯区开发了"古蜀文明""川西民居""百年华西坝""武侯祠对联"等微课程，其中系列微课程"古蜀文明（8集）"在"学习强国平台"全面上线，"百年华西坝"入选武侯区党员教育课程资源库；青羊区鼓励市民自制微课，开发数字化微课 78 个，部分微课获评全国社区教育优秀微课程；蒲江县开发早教微课程 15 门，其中"让宝宝独立睡觉""让宝宝爱上吃饭"等课程获全国微课程评选三等奖，"整理小书包"获全国微课程评选优秀奖。

2. 坚持评建结合，加强结果转化

成都市资源课程通过比赛、评选，以评促建方式促进课程资源开发和建设。2015年，成都市促进办印发了《关于开展 2015 年成都市社区教育特色课程评选通知》，制定了《成都市社区教育课程建设标准（试行）》，从课程需求分析、课程设计、课程学习资源开发、课程组织实施、课程评价和课程特色与推广等方面开展评选。2019 年，成都市促进办印发了《关于开展 2019 年成都市社区教育微课程大赛的通知》，通过以赛促建，引导、建设一批具有成都特色的生态教育课程，推进成都市社区教育数字化学习资源的建设与共享。2021 年，成都市促进办印发了《关于开展 2017—2021 年成都市社区教育（老年教育）特色读本和微课程评选的通知》，旨在通过以评促建，建设一批具有成都特色的社区教育（老年教育）读本，丰富市民终身学习资源；制定了《成都市社区教育（老年教育）特色读本评分表》《成都市社区教育（老年教育）特色微课程评分标准》，主要聚焦在读本（选题）设计、读本（教学）内容、教学效果、作品技术规范以及特色与推广方面。2022 年，成都市促进办印发了《关于征集终身教育数字化学习资源的通知》，聚焦社区教育和老年教育开展优质学习资源的遴选和推荐音频课程资源、短视频类教育资源、在线课程。同年，成都市促进办印发了《关于成都市首届社区教育服务公园城市示范区建设优秀创新案例征集的通知》，征集案例类别中包含了公共健康教育、传统文化教育等方面的特色课程。

　　成都市自 2017 年开始成都市社区教育特色课程评选工作，部分课程经优化升级转化为市级推荐课程和资源，甚至评选为教育部社区教育品牌课程推介课程，至今已从全市各区（市）县和有关学校机构产生了 142 门示范性的优质课程，市级特色教材读本 39 种。同时，成都市各级教育系统积极申报、参与教育部社区教育特色课程推介。2021—2022 年，教育部开展了首批社区教育"能者为师"系列特色课程推介共享行动，成都市各级教育系统积极参与申报，成都市教育系统（除职业院校、高校外）共有 31 门特色课程纳入教育部推介名单，具体见表 1－3。

表 1－3　成都市获得教育部社区教育"能者为师"系列特色课程推介名单

序号	系列课程名称	推荐单位
1	金牛区家长学校总校家庭教育线上课程	成都市金牛区社区教育学院
2	竹够有趣——刘氏竹编传承课堂	成都开放大学
3	传统剪纸	成都市武侯区社区学院
4	蜀绣工艺	成都市郫都区社区教育学院
5	面塑	成都开放大学
6	绳编	成都市新津区社区教育学院
7	青城武术——金刀出鞘	成都市都江堰教育局
8	青黛传统蓝染工艺课程	成都市蒲江县教育局
9	学四川非遗品天府文化	成都市锦江区教育局
10	高跷	成都市高新区社区学院
11	二胡学习三十问	成都开放大学
12	微盆景制作	成都市温江区社区教育学院
13	美妆与服饰搭配	成都开放大学
14	玩转手碟	成都开放大学
15	七孔葫芦丝基础入门十课	成都开放大学
16	墨竹画法	成都市双流区社区教育学院
17	灿烂的金堂文化	成都市金堂县教育局
18	国画	成都市郫都区社区教育学院
19	合理膳食吃出最优免疫力	成都市武侯区社区学院
20	哈他瑜伽	成都开放大学
21	艾灸运动系统	成都开放大学
22	营养食疗	成都市大邑县社区教育学院
23	中华茶艺	成都市武侯区社区学院
24	食品烘焙	成都邛崃市社区教育学院
25	老江说摄影	成都市成华区教育局

续表1-3

序号	系列课程名称	推荐单位
26	先锋少年技能徽章课	成都市郫都区社区教育学院
27	《茶之初识》基础、茶叶鉴赏课程、生活茶艺	成都市彭州市社区教育学院
28	玻璃杯茶艺	成都崇州市教育局
29	"爱成都迎大运"实用英语	成都市金牛区教育局
30	熊猫创意 DIY	成都开放大学
31	刺绣	成都市新都社区教育学院

3. 购买教学服务，共享优质课程资源

对当年社会热点、市民学习需求调研后，按照专题向有资质的机构或企业购买课程资源或服务，如老年教育、青少年教育专题。目前课程资源购买方式主要包括以下两种：

一是购买在线课程资源，该部分以群体分类进行采购。近年来，针对老年教育、青少年教育的文化品质类课程等，成都开放大学精准定位服务的各类群体，采购老年教育、青少年教育、家庭教育等主题的在线课程，集中呈现休闲文化、文体技艺、社会心理等体系课程，如葫芦丝初中级课程、幸福的能力系列课程、学前儿童社会教育系列课程等，均得到一致好评。

二是购买实体教学服务，即委托专业第三方机构线下实地上课。成都开放大学通过引入第三方社区服务机构，协力在地运营机构探索"养老和教育"相融合的工作方式，如成都开放大学与成都市爱有戏社区发展中心的"养教结合成华区椿萱茂老年公寓试点"，与成都市双流区社会工作协会的"养教结合双流区永安镇敬老院试点"；为加强成都市基层社区教育工作理论实践创新，原成都广播电视大学（成都社区大学）打造的社区教育实验项目"社区微学堂"通过外包等方式委托专业第三方进行管理和运营，原成都广播电视大学（成都社区大学）做好顶层设计与常态化监管，充分尊重和调动执行团队的创造性，鼓励社会力量大胆尝试和探索。在此背景下，"社区微学堂"项目在2016年开始了社区教育市场化方向探索，在2017年开始了社区教育互联网数字化管理方面探索。

（三）市级统筹特色课程项目主题鲜明

"绿道·品学"项目突显成都绿道之美。"绿道·品学"项目是成都市为进一步提升社区教育质量搭建的市民绿色学习课堂。该项目依托天府绿道，以"走绿道·品成都"为主题，开发出"生态桂溪 城市空间""城市绿肺 湿地青龙湖""成都记忆 低碳芙蓉园""高速骑游 魅力邛道"四条绿道品学线路，将城市生态价值转化为教育价值，是构建"人人皆学、时时能学、处处可学"学习型社会的有力举措。2021年，成都首推4条"绿道·品学"线路，其中生态桂溪绿道品学项目将公园形态和城市空间有机集合，为市民学习活动创造一方绿色空间，诠释城市宜居的美好初心；天府芙蓉园绿道品学项目以打造"中国芙蓉赏花第一园、天府文化体验区、成都文化记忆体"为总体定位，通过最先进的全息投影、裸眼 3D、发光材料、重力感应等体验系统技术，让市民感受低碳城市魅力；湿地青龙湖绿道品学项目以绿色生态为基调，以湖泊森林为主景，将历史风景园林由美化生活转变到引导健康生活；邛崃自行车高速绿道品学项目将邛崃田园生态风光和地域历史人文进行串联，让市民在绿色骑游中感受卓文君和司马相如诗意般的生活。

"最成都·市民课堂"项目展示特色成都。2009 年，成都市教育局在锦江区举办了"最成都·市民课堂"启动仪式，正式拉开了全市开展"最成都·市民课堂"的序幕。2011 年，原成都广播电视大学（成都社区大学）编撰出版了《成都社区教育课程建设指导性纲要》，在纲要的指导下，各区（市）县纷纷开设市民公益课堂。例如，锦江区根据区域特色开设了"濯锦讲堂"，涵盖传统文化、生命健康、职业技能等六大课程体系，同时开发了 20 余本区级社区教育读本；青羊区整合辖区资源编印了《市民课堂选课手册》；成华区创立了"1＋X"的市民课堂建设模式。自 2014 年起，成都开放大学牵头"最成都·市民课堂"每年分春秋两季向市民发布《学习地图》，扩大招生宣传。自 2016 年起，"最成都·市民课堂"采用线上报名、线下确认的报名方式，畅通参与渠道。"最成都·市民课堂"以最具成都特色、最受市民欢迎、最体现主流文化倡导为特征，在全市各级社区教育机构蓬勃开展，弘扬了社会主义核心价值观，传承了中华优秀传统文化和成都特色地域文化，帮助居民形成了科学文明的生活消费方式。该项目通过全市社区教育五级办学体系实体教学、行业合作办学、志愿者服务参与、全媒体授课等多样的教育形式，传承教育文化，提升市民素质，提高幸福感，不仅较好地聚集成都市社区教育人才资源，而且基本探索出"小课堂大社会"的教育格局，真真实实做到惠及民生。同时，每年开设 2000 余门课程，市民参与实体课堂量达到 1200 多万人次。

"社区微学堂"项目展现以小见大的课堂作用。"社区微课堂"教育课程体系以社区教育为切入点，将社区老、中、青、幼列入课程服务对象。根据社区现状和支撑条件，结合社区学员学习行为的自主性、选择性、功利性、速效性、跨越性等充分考虑，设计出不同年龄、不同板块、不同内容、不同教学形式的课程，具有极大的多元性、灵活性、功能性和时代性。"社区微学堂"教育课程体系在横向上以青少年素质教育、成人社区教育、和谐家庭、社区凝聚和中华传统文化五大板块展开，在纵向上以"群体—类别—课程—课时"四大层次展开，充分考虑社区居民的需求，以丰富多样的课程内容和居民一同打造属于自己的社区、建设属于自己的社区教育体系路径。

（四）区域特色课程亮点十足

青羊区"熊猫课程"。从 2016 年起，青羊区教育局组建了由项目学校、社区教育机构、部门科室、相关专家学者共同组成的"熊猫课程"开发团队，形成了专家指导推进、部门组织协调、项目学校具体实施的"熊猫走世界"课程建设工作机制，开发了一套以"熊猫"为主人翁，以天府文化为坐标，以中英文双语为呈现形式，涵盖"地域文化""历史文化""建筑文化""非遗文化""民俗文化""川剧文化""诗歌文化""教育文化"和"棋艺文化"九大体系的《熊猫课程》双语读本。读本汇聚青羊特色，将天府文化作为课程开发的创新点、将资源整合作为课程设计的创新点、将项目式学习作为课堂教学的创新点、将主题式课程体验作为课程实践的创新点，让广大社区居民更好地感知天府文化，增强其对中华优秀传统文化的认同，树立良好的文化自信。从 2019 年起，《熊猫课程》读本正式进入青羊区社区教育公益课堂。2020 年，青羊区在公益课堂的基础上，新增了流动送教活动，带领更多的社区居民感知天府文化，讲好成都故事，"天府文化·世界听——青羊区'熊猫课程'进社区"项目正式启动，该项目入选 2022 年全国"特别受百姓喜爱的终身学习品牌项目"。同时，充分利用学科教师资源，引进优质外籍教师资源，成立了由 65 名中小学教师、社区教育教师和 3 名外籍教师组成的"熊猫课程工作坊"，为"熊猫课程进社区"流动送教活动提供了跨学科、高质量、可持续的师资保障。

青羊"云上学习"课程体系。结合青羊人文资源，自主开发通识资源，将市民普遍感兴趣的社区公益课程转化为数字化课程，大力鼓励市民自制微课，开发数字化微课 170 余个，部分微课获评全国社区教育优秀微课程。与国家开放大学等高等院校、成都市委宣传部、相关专业技能培训机构等合作研发了"金沙讲坛""老年养生""阳台生态种植""法制与文化"等主题课程，"咖啡""红酒""茶艺"等系列课程等近 500 个，形成了适合市民学习的特色化、多元化，具有系统性、示范性的品牌课程。目前，青羊区每年开设公益课程班级 400 余个，学习参与人次约 20 万人次；每年送教进单位、进企业、进学校、进社区、进院落约 100 场，直接服务市民约 4000 人次；每年开设线上直播课程 50 余个，共提供线上课程、微课共 2300 个，部分课程点击率达十万余次；开发了"文创文博游学""非遗游学""绿道游学""川剧游学"等多条天府特色游学线路。

郫都区的蜀绣专业课程。发挥社区教育学院课程建设的示范作用，分类分级研发蜀绣课程，组织蜀绣技能大师，研发《蜀绣工艺》专业课程，成为教育部首批系列推介课程，名列四川省 2022 年"能者为师"系列特色推介课程；持续孵化、培育社区教育品牌，打造国家级、省市级终身教育品牌项目 5 个；编撰出版《大运声里觅郫都》《蜀绣奇缘》《我爱蜀绣》等社区教育读本 5 本；指导安靖街道社区教育学校组建高校教授、蜀绣大师等 20 余人师资队伍，培育市民自主学习团队"蜀绣之乡艺术团"，开发"蜀绣之乡"特色课程，编印《安靖蜀绣学院培训教材》《蜀绣赏析》《中国蜀绣》等系列规范性教材，依托蜀绣学院、七彩绣坊等，面向市民开展蜀绣技艺培训，每年开课 1000 余节。

武侯区规范化课程体系。武侯区在全国县（市、区）中率先编制了《武侯社区教育（老年教育）课程体系》，包括八大系列 37 类 245 门课程，为课程资源规划建设提供了依据；制定了《武侯社区教育（老年教育）课程教学指导大纲》，明确了教学目标、教学内容、学时分配、教学评价及参考教材，为全区社区教育教师课堂教学提供了标准；按照高效节约的原则，先后开发了"话三国说蜀将""话三国说蜀迹"等三国系列课程、"川剧""社区居民防震避震常识"等传统课程、"古蜀文明""四川相书""川西民居""百年华西坝""武侯祠对联""麻婆豆腐""担担面"等微课程，开发课程 70 余门，获得全国评比一二等奖 11 项、市级奖励 7 项；系列微课程"古蜀文明（8 集）"在"学习强国平台"全面上线，"百年华西坝"入选武侯区党员教育课程资源库。

双流区"瞿上生活美学"课堂。双流区社区教育学院统领全区开展"瞿上生活美学"课堂品牌培育，品牌以人民为中心，以提高市民综合素养、促进社区治理为手段，以市民过上好的生活、美的生活为目的实施面向全员、全面、全程的教育课程和活动。"瞿上生活美学"课堂自2017年开始创新实验以来，以全区常住人口为服务对象，投入经费806万元，开发古法造纸、国画、摄影、剪纸、居家美化、竹编等线上线下课程50多门，参与学习和受益的市民达160万人次。"瞿上生活美学"课堂，开创了成都市社区生活美学教育的先河，课堂始终坚持生活审美化、审美生活化的教育原则，在多年的实践探索中创建了"五讲、四美、三支撑"的课堂体系。其中，"五讲"包括居民讲、专家讲、社区讲、学校讲和学院讲；"四美"是指"瞿上生活美学"课堂的四个内容，即个体美、社会美、生活美和精神美；"三支撑"是党委政府的支撑、人民的支撑和文化的支撑。创立了以各级党委为核心、市场（企业）、社会（居民）共建共治共享、"纵向生根、横向散叶"的课堂管理制度。该品牌于2024年评为全国"特别受百姓欢迎喜爱的"终身学习品牌项目。

二、资源整合利用

（一）加强顶层设计，推动社区教育与其他资源共建共享

成都市深入贯彻国家、省关于社区教育资源利用、整合精神和要求，在社区教育工作重点、学习型城市提升行动、社区教育促进条例等各项社区教育建设和规划政策文件中均将整合社会各类教育资源纳入其中，不断提升社区教育建设品质。2002年，成都市教育局印发《关于全市教育资源向社区开放的通知》，明确了学校资源向社区开放的项目、时间、管理办法等。2005年，成都市教育局等五部门联合印发《关于进一步推进社区教育工作的意见》，提出整合学校院校、培训机构等资源，形成社区教育网络，满足社区居民多样化的教育需求。2015年，成都市教育局等七部门联合印发《成都市关于推进学习型城市建设的意见》，提出要"统筹社会学习资源，形成学习型城市建设合力"。2017年，《成都市社区教育促进条例》"第三章 合作与参与"明确要统筹共享社区资源，拓展社区综合服务中心（站）的社区教育功能；鼓励学校的师资、设施、场所等为社区教育提供便利，开展社区教育活动；公益性设施应当采取免费或者优惠方式向社区教育活动开放。2018年，成都市政府印发《关于加快老年教育发展的实施意见》，提出要将"整合社会资源，拓展老年学习空间"作为主要任务之一。2019年，成都市学社联办印发《成都市学习型城市建设提升行动计划（2019—2022年）》，在社区教育品质提升计划任务中提出要"整合社会各类教育资源，全方位提升教育服务品质"。同年，成都市促进办印发《2019年成都市社区教育工作要点》，提出要"拓展社会学习阵地，支持各区（市）县整合高校、中职学校的人力资源、课程资源和实训场地资源，开展社区教育合作"。

由此可见，成都市明确规定市和区（市）县政府将社区教育场所和设施纳入社区建设和规划，统筹推进社区教育机构标准化建设，注重缩小城乡之间、区域之间差距。通

过整合社区教育可利用资源，拓展社区综合服务中心（站）的社区教育功能，推动社区教育工作站与社区综合服务中心（站）设施统筹、信息共享、服务联动，实现一个场所、多种功能，促进基层公共服务资源效益最大化。开放学校资源，鼓励各级各类学校在不影响正常教学前提下，充分利用各自资源优势，在师资、设施、场所等方面为社区教育提供便利，开展社区教育活动。充分利用社会文化资源，鼓励图书馆、博物馆、文化馆、青少年宫、妇女儿童活动中心等公益性设施为社区教育活动提供便利。

（二）社区教育资源与部门资源整合

市级层面，主动出击，积极作为，充分整合各社区教育工作联席会议成员单位主管行业资源，助力学习型社会发展。2021 年，为深入贯彻习近平生态文明思想，落实成都市委、市政府全面加强生态环境保护，提升生态文明水平，建设美丽宜居公园城市的战略部署，成都开放大学、成都市教育局、成都市城市管理委员会共同主办了成都市生活垃圾分类宣传暨"生活垃圾分类市民线上学堂"发布活动，推动《成都市生活垃圾管理条例》在全市有效落实。2022 年，为贯彻落实《中共中央国务院关于加强新时代老龄工作的意见》和四川省卫健委、四川省教育厅等九部门关于印发《四川省银龄健康工程实施方案（2022—2025 年）的通知》文件精神要求，以满足老年人多元化多层次需求为导向，统筹政府、医院、学校、家庭、社会资源力量，成都市卫健委和成都开放大学服务成都市民尤其是老年人医养康教及卫生防疫等领域，整合资源，打造终身学习品牌，共建共享老年教育发展成果，如成都开放大学与成都市卫健委联合举办的"蓉城长者健康学堂"系列健康讲座项目，助力老有所学，采用线上直播课+线下义诊的方式，精准对接老年人多样化医疗康养服务需求。

（三）社区教育资源与学校资源整合

社区教育是教育与社区的双向参与和协调发展，学校和社区双向参与、双向互动、资源共享状态，成都市社区教育在发展建设过程，各级社区教育学校主动加强与学校合作，充分利用学校专业师资队伍、硬件设施、专业教学方法等资源推进社区教育发展，促进社区发展治理。市级层面，成都开放大学在四川大学实训基地开展理论实操实训，为夯实社区、老年办学安全底线，提升全市社区教育、老年教育办学体系管理者、一线教师应急处置能力。2023 年 10 月，成都开放大学、成都市终身教育促进办公室联合举办"消防安全、应急救护培训"，在四川大学江安校区专业实训基地进行，来自全市社区教育、老年教育办学体系 90 余人参训。培训内容既包括专业理论知识讲解，也包括心肺复苏、AED 除颤仪、灭火器操作技能实训。本次培训将学习与考核评价相结合，参训学员通过一天的理论学习和实操实训，全体考核合格。区县层面，各社区教育学院在市级相关部门指导下，充分整合辖区学校资源，加强与辖区内高校合作力度，共同实现双赢。例如，新都社区教育学院重点加强与西南石油大学经济管理学院公共事业管理专业的合作力度，用西南石油大学相关专业师生的专业力量和专业方法推进社区教育，以社区教育高质量发展促进社区发展治理；大邑县社区教育学院协同大邑县职业高级中学整合资源，开展全龄段社区教育服务；双流区教育局与成都信息工程大学签订全市首个校地合作协议；郫都区社区教育学院与成都纺织高等专科学校签署"蜀绣产学研战略合作协议"，深化与四川大学轻工工程与科学学院合作，制定蜀绣产品的地方标准，完善针法、绣法、工艺等技术标准、检验方法标准和专家鉴定规范。

（四）社区教育与公共服务场所资源整合

成都市明确规定市和区（市）县政府要充分利用社会文化资源，鼓励图书馆、博物馆、文化馆、青少年宫、妇女儿童活动中心等公益性设施为社区教育活动提供便利，目前成都各级社区教育学院与辖区文图博、体育馆等公共场所共建学习基地，合作开办教学点。例如，武侯区社区教育学院与成都市博物馆、武侯祠博物馆、金沙遗址博物馆等单位合作共建武侯市民终身学习基地，组织开展各类学习；金牛区整合区内职业院校、体育馆、文化馆、图书馆、公园等公共场所（场馆），合作开办老年教学点，年开展公益课程超 300 节，服务数量超 2 万人次；都江堰市积极协调相关部门，推动学校教育资源、地方图书馆、文化馆、工人文化宫、体育设施、爱国主义教育基地等积极举办公益课堂，向市民开放。

（五）社区教育资源与社会组织、企业资源整合

在社区教育与社会、企业资源整合方面，各级社区教育组织有效整合辖区科研机构、企业、社会组织等资源，调动社区双创热情，提升社区公共服务能力，改善社区治理。成都搭建市民双创"2+N"课程体系，"2"以"创新""创业"两门课程搭建创新创业知识框架，"N"代表根据自身需求与兴趣自主搭配的专项课程，提高创业项目落地的专业能力，通过市民课堂、成都市双创在线网络平台等进行推送和传播。开展"0起点i创业"项目孵化，成立市民双创学院，以"社区双创项目培训"和"社区双创项目孵化"为抓手，以"创新创业准备""创新创业实践""创新创业孵化"为阶段为市民在创新意识、创新能力培养、中小微双创团队成长等方面提供教育培训、投资孵化、市场、技术、人才聚合等多维度双创服务，孵化芋儿帮亲子服务、创想家、咔影社摄影室、禾马家陶艺等 20 多个草根项目，并将成熟的双创项目对接到街道（社区），为社区提供公共服务或产品，实现双创项目落地运行和良性成长。利用"互联网＋"建设社会师资众创空间，充分发挥互联网在社会资源配置中的优化和集成作用，构建社区教育"优学平台"，建设社会师资众创空间，为社会师资提供包装入驻、免费孵化、支持服务的一体化服务，构建技术、学员、教师（资源）三位一体充满活力的数字化教育生态。区（市）县在市级统筹指导下，结合辖区实际情况，充分整合挖掘辖区社会组织、优质企业资源，打造地域特色品牌助力社会发展。例如，金牛区社区教育学院、奇聚联创科技及多方合作机构签订框架协议，正式挂牌成立全国首个市民双创学院——成都市金牛区市民创新创业学院；双流社区教育积极邀请省市专家，指导禾木美呈文化创意公司、彭镇老茶馆及香楠苑川西农耕文化博物馆等资源有效地整合；成都高新区积极推进职业教育与社区教育深度融合，打造高新区社区教育特色研学路线，共建家校社企共育实践基地；新津区社区教育学院与新津区水韵科普读书协会联合开展"新津水韵书会"项目建设，挖掘乡土文化打造地域品牌助推乡村振兴。

三、数字平台建设

(一) 市级平台"蓉e学"发挥综合功能

2011 年,"成都市民终身学习平台"被教育部授予"终身学习公共服务平台模式研究及示范应用"项目。2013 年 10 月,成都市制定的《成都市构建和完善覆盖城乡吸纳全民的终身教育体系实施方案》要求大力推进城乡数字化学习,构建全民终身学习公共服务网络平台。2017 年正式实施的《成都市社区教育促进条例》第十七条明确"市教育主管部门会同相关部门充分利用现代远程教育体系,依托社区公共服务综合信息平台建设,建立城乡共享的社区教育公共服务平台和学习资源库,为居民提供多种形式的学习支持服务"。2019 年,成都市学社联办印发《成都市学习型城市建设提升行动计划(2019—2022 年)》,提出市民数字化学习提升计划,用好"天府市民云""文化天府""蓉e学"等学习服务平台,促进线上线下联动服务,加大学分银行建设力度。2020 年,成都市促进办印发的《2020 年成都市社区教育工作要点》中要求围绕疫情防控,优化市民网上学习,依托"成都社区教育"微信开设"微信学堂"轻应用和"直播课堂",支持和指导有条件的区(市)县自主创建云课堂、微信课堂、网上学习圈等。目前"成都社区教育"微信公众号开设了"市民学堂",包括老年教育、市民课堂、蓉e学、数字图书馆和市民游学等内容,供市民实时学习。2021—2023 年,成都市教育局印发的各年度《成都市终身教育工作要点》中均提出要加大数字化学习资源供给,强化数字学习资源能力建设,优化和整合成都市民终身学习网、蓉e学、人民优学等各类学习平台,搭建优化特色在线学习平台;建设以天府文化、生态教育等为主题的市民微课堂课程资源,增加高品质的"直播课堂""录播课堂""微视频课堂"等学习资源供给;联合成都终身学习学分银行平台,积极探索市民学习成果的转化和应用。目前,成都市初步建成"成都市终身学习教育资源库"和"成都市民终身学习公共服务平台-蓉e学",已形成"1 库 N 网"公共服务平台架构。建设"社区教育公共服务平台和学习资源库"是社区教育信息化和数字化学习的必然要求,是实现社区居民"时时学习"的基础和前提。

"成都市民终身学习平台——蓉e学"(网址为:http://www.cdcu.cn)是以推进全民终身学习、促进人的全面发展为宗旨,集资源学习、教学互动、活动开展、成果管理、学分银行、政策发布、理论研究于一体的面向成都全体市民的综合服务平台,主要提供"活动发布、线下课堂、线上学习、数字图书馆、老年教育、蓉e家教、能者为师、我学我秀"八大服务板块内容。其中,"线下课堂"服务板块积极利用"互联网+"搭建"人民优学"社区教育平台,优化社区教育资源配置,提供"市民课堂""地图找课""找老师""找机构""在线学习"五大功能,成都市各社区教育学院、社区教育学校及社区教育工作站通过网站实时更新社区教育信息,包括但不限于课程信息、活动信息、社区新闻等,实现社区资源实时发布;同时网站整合各类社会资源,平台入驻社会教育师资 160 个,图书馆、博物馆等公共学习资源 5 个,上传课程 224 门,为学员提供包含公民教育、艺术才能、生活兴趣、运动健身、职业技能、教育学习六大类学习资源，课程形式多样，包含游览学习、课堂学习、户外实践、亲子互动等，截至目前注册总人数近 80 万人，开课总数量近 1.7 万门次，课程报名人数近 6 万人次。在"数字图书馆"服务板块，引入电子书 130 万种，有全国 1000 多家专业图书馆的大量珍本、善本图书等稀缺文献资源，目前收录期刊总量 6500 种，其中核心期刊 1000 种。在"线上学习"服务板块，发布课程资源 10953 门，涵盖公民素养、文化涵养、艺术修养、体育运动、实用技能、家庭与生活、健康与养生、特色课程等八大系列 45 类，具体见表 1-4。

表 1-4　成都市民终身学习平台"线上学习"资源库课程体系

一级分类	二级分类	三级分类
公民素养	思政教育	社会主义核心价值观、时事政策、国情教育
	道德修养	爱国主义教育、公民道德
	文明礼仪	生活礼仪、商务礼仪
	法律教育	法律常识、法律维权
	科普教育	科普教育
	安全教育	公共安全、防诈骗、食品安全、药品安全、交通安全、消防安全
	环保节能	环境保护、低碳生活、垃圾分类
	其他	其他
文化涵养	传统文化	国学、非物质文化遗产、地方民俗、其他
	诗词歌赋	古诗词赏析、诗词创作、其他
	经典文学	中国文学、外国文学、其他
	阅读与写作	阅读与写作、基础知识、阅读技巧、写作技巧、其他
	其他	其他
艺术修养	声乐	合唱、声乐基础、民族唱法、通俗唱法、美声唱法、其他
	器乐	钢琴、古筝、古琴、二胡、吉他、葫芦丝、笛子、其他
	戏剧戏曲表演	川剧、快板、相声、评书、演讲、朗诵、时装表演、其他
	舞蹈	广场舞、交谊舞、民族舞、现代舞、古典舞、街舞、拉丁舞、肚皮舞、其他
	书法篆刻	硬笔书法、软笔书法、篆刻、其他
	绘画	工笔画、写意画、素描、油画、版画、彩铅、创意画、其他
	手工艺	编织、刺绣、扎染、剪纸、陶艺、木艺、其他
	光影艺术	摄影、摄像、电影赏析、微电影制作、其他
	其他	其他

续表1-4

一级分类	二级分类	三级分类
体育运动	拳操休闲	太极、武术、益智棋类、健身操、抖空竹、瑜伽、其他
	球类运动	篮球、足球、乒乓球、羽毛球、柔力球、排球、台球、网球、其他
	户外运动	徒步、登山、骑行、其他
	其他	其他
实用技能	栽培养殖	家庭园艺、宠物喂养、其他
	语言学习	外语、普通话、手语、其他
	信息技术	智能手机、电脑、应用软件、其他
	金融知识	投资、理财、保险、其他
	就业创业	就业指导、创业指导、职业发展、其他
	其他	其他
家庭与生活	家庭教育	家庭人际关系、胎教、早教、亲子关系、隔代教育、和谐婚姻、其他
	生活技艺	家政、收纳、生活妙招、钓鱼、其他
	形象管理	美容美发、服装服饰、其他
	美食饮品	中餐、西餐、烘焙、茶艺、咖啡、酒品鉴、其他
	旅游	旅游攻略、其他
	其他	其他
健康与养生	养生保健	食品营养、用药安全、常见疾病预防、慢性疾病管理、中医养生、康复训练、其他
	心理健康	儿童心理健康、青少年心理健康、老年人心理健康、孕产妇心理健康、其他
	应急救护	常见急症自救互救、意外伤害自救互救、其他
	其他	其他
特色课程	能者为师	能者为师
	老年教育	老年教育
	市民蓉城大讲堂	市民蓉城大讲堂

如图1-1所示，在成都市民终身学习平台"线上学习"资源库的10953门课程中，实用技能类课程最多，有4454门，占40.66%；家庭与生活类课程1508门，占13.77%；公民素养类课程1385门，占12.64%；体育运动类课程最少，只有63门，占0.58%。

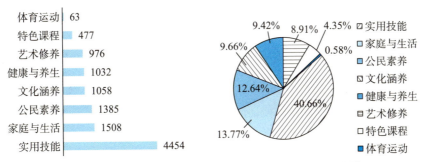

图1-1 成都市民终身学习平台"线上学习"资源库分布情况

（二）区县社区教育数字化实践途径多样

成都鼓励数字化教育创新，指导引领区（市）县积极开展区域实践，推动数字化在终身教育学习环境构建、学习资源整合、学习支持服务等方面的应用和发展。2011年，中国成人教育协会社区教育专业委员会公布了"全国数字化学习先行区"，成都市青羊区、金牛区、锦江区、武侯区、成华区、龙泉驿区6个区入选。通过调查情况看，各区（市）县社区教育数字化发展目前主要有以下三种途径或方式开展。

一是依托成都市民终身学习平台数字化学习阵地，推送社区教育、老年教育知识和信息，开展在线学习。目前，成都市23个区（市）县均在成都市民终身学习平台上传和推送线下或线上课程，其中郊区新城主要由于经费原因基本未自主开发平台，成都市民终身学习平台就成为郊区新城社区教育数字化建设发展主要途径，如新津区、简阳市、彭州市、邛崃市、崇州市、金堂县、蒲江县等。

二是自建平台或网站。在社区教育数字化建设和发展中，成华区、武侯区、金牛区、龙泉驿区等区域社区教育均有自建学习平台或网站，数字化建设相对比较成熟，如成华区率先在全市建立"1+3+N"的数字化学习模式，倾力打造"区—街道—社区—居民家庭"四级数字化学习平台；武侯区在中西部县（市、区）级社区学院中率先启动终身教育学分银行建设，建设了"学在武侯"—武侯终身教育学分银行，建立了市民学习积分积累制度；金牛区建设了"金牛市民交子学堂—线上学院""社区教育134新媒体矩阵"；龙泉驿区的"尚学龙泉"数字化学习资源库，建有"尚学龙泉"PC、App、微信三个数字化移动学习平台；双流区在全市率先创建了"双流e站"市民学习网站，该网站与公众号的链接已实现互通，同时双流社区教育还有效利用小程序开展线上直播教学；新都区建设了"学在新都—新都区市民终身学习平台"，以"学在新都"为载体，通过"三端"（平台端、电脑端、手机端）互联，为市民提供便捷高效的学习方式。

三是微信公众号、小程序以及其他数字化渠道。部分区（市）县除了依托成都市民终身学习平台、自建平台或网站开展社区教育数字化建设外，大部分区（市）县开发了微信公众号、小程序或者直播等学习方式。例如，青羊区作为首批"全国数字化学习先行区"，依托"学习型青羊"微信公众号迭代形成"学在青羊"小程序；武侯区创建了"武侯·市民云课堂""空中课堂"，利用微信公众号、视频号、微信群、小鹅通和腾讯会议等平台，采用录播、直播等形式开设网络课程；都江堰市建立"i都江堰教育"

"都江堰社区教育微信群"推送社区教育服务信息，各镇街社区教育学校、社区教育工作站充分利用现有的"成都社区教育微信公众号""网上图书馆""智慧社区 App 平台"等微信公众号数字化学习阵地，推送社区教育、老年教育知识等信息。

第五节　社区教育科研推进

一、社区教育科研支持环境

成都高度重视社区教育发展方面课题及研究，成都市教育局等五部门联合印发的《关于进一步推进社区教育工作的意见》中提出要"加强社区教育的理论和实践研究，学习借鉴国内外的有益经验和成果做法"，成都市教育局印发的《成都市规范化（示范）社区教育学校（工作站）建设评估指标体系》将"科学研究、理论成果"纳入评估要素之一，成都市政府印发《关于加快老年教育发展的实施意见》中提出要"完善老年教育理论研究及应用机制"，成都市促进办印发的《2019 年成都市社区教育工作要点》中提出要"探索多平台课题研究模式，理论指导实践"。

二、市级开展的主要研究

成都开放大学于 2018 年由成都市社会科学界联合会授权成立"成都市社会治理与终身教育基地"。该基地是成都市首批哲学社会科学重点研究基地之一，每年向社会发布终身教育研究课题，积极促进全市终身教育科学研究。成都开放大学教师团队承担并完成多项省部级终身教育和国家开放大学专项课题。其中，"社区教育阵地标准化研究"课题获得四川省人民政府认定的 2021 年四川省职业教育教学成果二等奖。在国际化交流研究方面，成都开放大学研究团队报送的数字公民教育研究案例被联合国教科文组织（UNESCO）相关报告收录并全球推广。

三、区（市）县开展的研究情况

成都市各区（市）县也积极开展课题研究，与辖区系列实践探索结果相结合，开展相应的课题研究。

金牛区先后开展包含儿童友善、社区养老、早教服务、老年教育、生涯规划、家庭教育等服务模式和运行机制创新研究的国家、省、市级科研课题共 15 项，其中，"生命周期视域下金牛区社区教育服务体系构建研究"等国家级课题 2 项，"终身教育视角下家庭教育服务模式的实践研究"等省级课题 7 项，"终身教育背景下区域老年教育三级服务网络建设研究"等市级课题 6 项，以科研为引领，为社区教育课程及资源建设提供科学先导性的指导，为社区教育提供可持续性发展的动力。

　　武侯区结合工作实践，积极开展了成都市教育科研规划课题"市民非学历网络教育的课堂组织与教学方式变革实践研究"；在社区教育特色课程的理论指导下开展实践，《社区教育特色课程之"特色"探讨》等3篇特色课程建设的论文发表在北大核心期刊；"党建引领、五位一体社区教育（老年教育）师资库平台建设的实践研究"成功申报为四川省教育厅2022－2024年职业教育人才培养和教育教学改革研究重点项目。近三年，已结题国家级课题1个、省级课题2个、市级科研规划课题1个。

　　青羊区"市民学习中心""多元主体""云上学习"等系列实践探索成果取得了成果与行业认可，如《青羊云上学习初探》《探析跨区域合作方式的社区教育服务实践》《基于社会治理视角下的市民社区学习中心建设实践研究》等论文分别在《中国成人教育》《高等继续教育学报》《素质教育》等核心期刊上刊登，同时还出版了《薪火——社区教育论文集》。

　　双流区积极鼓励区内三级管理者和教师参与论文撰写和科研课题研究，四川省哲学社会科学重点课题"中国特色社区教育发展方式"的两个子课题"双流区社区教育质量提升方式研究"和"社区老年教育协同模式研究"在全国核心期刊《职教论坛》发表；完成了成都市哲学社会课题"成都市民族互嵌社区老年教育协同模式研究"；包括"高校资源助力区域社区教育发展实践研究""家校社整合下的家庭教育创新模式研究"在内的8个区级科研课题结题。在理论实践研究方面，为深入挖掘和总结全国知名平民教育家傅葆琛的教育理念，以支持新时代乡村振兴和新市民教育，四川省教育科学院、双流区教育局和双流区永安镇政府共同签署了合作协议，开展社区教育助力乡村振兴理论实践研究。

　　龙泉驿区着力打造"尚学龙泉"社区教育品牌，宣传推广"善学促善治"理念，先后开展了"社区教育区域合作助力社区治理模式的实践研究""社区教育与社区发展治理融合的机制创新""社区教育融入社区治理的机制研究""社区治理视角下社区教育发展的自下而上转向——以成都市龙泉驿区为例"等研究课题15项，其中"社区治理视角下社区教育发展的自下而上转向——以成都市龙泉驿区为例""基于家校社共育生态系统P－T－V家庭教育力提升的体系构建与实践创新""失地农民集中居住区'双向互动'社区教育模式的探索与实践"等课题多次在国家、省级权威杂志或评选中获得殊荣。

　　新津区将社区教育品牌建设与课程开发和课题研究相结合，廊桥夜话项目组开展了中成协课题"社区教育促进社区治理实践研究——以成都市新津县农村为例"和省成协课题"新津社区教育促进社区治理策略有效性实践研究"；家教有方项目组开展了原成都广播电视大学（成都社区大学）科研课题"构建学习、社区、家庭学习共同体的研究"和"教育生态理论视角下儿童阅读环境创设的实践研究"；小橘灯朗读吧项目组开展了中国教育发展战略学会"终身学习理论下家庭—学校—社区儿童阅读生态圈建设的研究"课题。

　　金堂县开展各类社区教育科研课题，总结提炼适合金堂县社区教育内涵发展的教育模式和发展方式，16个老年教育学校开展了社区教育研究课题，如栖贤老年教育学校"整合社区资源助力老年教育的策略研究"。《关于金堂县社会组织和社工人才培育的思考》等近百篇论文获奖。

第六节　品牌建设

植根区域实际、学习对象和学习需求，打造特色的精准服务载体和项目。联动区（市）县积极开设线下课程，聚焦大政方针、通识知识、天府文化、非遗传承等主题内容，开展多种形式的线下教学班和教学活动。市级层面，统筹建成"蓉e学"在线学习平台，整合各类终身教育资源学习，广泛衔接"天府市民云"等城市公共服务平台，实现多线上维度的终身教育服务；创新开展各类特色品牌活动，"能者为师——寻找社区好老师"打开了社区教育吸纳社会贤达，遴选兼职教师的新途径；依托"社区微学堂""市民游学"等向市民提供优质多元的终身学习体验。

"能者为师"活动。为推动社区教育师资队伍专业化、社会化建设，提升课程特色化建设品质，2014年成都创新社区教育队伍建设模式，策划开展"能者为师——寻找社区好教师"活动，充分利用各类社会资源组织多届活动，形成了有效的运行机制。2020年，获评"全国百姓喜爱的终身学习品牌"项目。2021年，获得教育部和国家开放大学大力支持并在全国推广。2022年4月，入选全国社区教育"能者为师"创新项目首批名单；11月，中央电视台新闻频道进行了专题推荐，《中国教育报》也进行了专题报道；12月，成都市教育局印发《成都市社区教育"能者为师"名师工作室建设及管理办法的通知》进一步加强政策保障。截至2022年底，成都市建有"社区教育名师工作室"30个，社区教育兼职教师突破3000人。

"市民游学"项目。成都市本着"生活即教育"的理念、"以学习者为中心"的根本宗旨和"创新社区教育产品供给"的基本原则，打破传统的教育形式，将终身学习理念植入市民的休闲游玩之中，寓教于乐，同时也促进了教育与经济融合。经过多年探索实践，成都编制了《成都市游学服务指导手册》《成都市游学项目管理办法（试行）》等规范性文件，从制度维度对项目的科学发展进行了规范。游学项目从成都市部分区（市）县自发探索，现已实现全市层面整体推进，推出了蒲江茶文化游学、都江堰水文化游学等多条精品路线，平均每年接待市民近5万人次，荣获2018年全国"终身学习品牌项目"称号。成都市游学品牌成效初显以来，受到国内终身教育业界关注与肯定，各地纷纷前来体验考察，并迅速在各地复制开展同类体验活动，在添加各自的区域特色、结合现代信息技术手段后，一批市民游学催生各地游走式体验项目应运而生。

"社区雏鹰"项目。近年来，成都市以健全学校、家庭、社会相结合的未成年人思想道德教育体系为立足点，以关爱青少年成长为目标，依托全市各级社区教育机构，整合社会各类教育资源，在暑假期间开展"社区雏鹰"活动，为广大青少年的健康成长提供了"第二课堂"。2016年以来，"社区雏鹰"公益活动实现了全市社区教育工作站全覆盖，并以其广泛的覆盖范围、多样的活动方式、丰富的活动内容、多元的资源配置、有力的宣传推广在全市范围内累积了群众口碑、树立了项目品牌。2016年，全市1200个社区组织开展了3500余场活动，参与人次近30万；2017年，全市3000多个社区组织开展了6000余场活动，参与人次近70万，被授予"2017年全国特别受百姓喜爱的终身学习品牌"称号；2018—2019 年，实现了全市 4336 个社区满覆盖，共组织开展了 8483 场活动，参与人次近 100 万。

"社区微学堂"项目。为加强基层社区教育工作理论实践创新，2015 年 8 月，成都开放大学积极尝试以专题项目的形式在成都高新区石羊街道锦城社区率先开辟出了一块社区教育的试验田，并持续进行基层社区教育工作模式探索，从此"社区微学堂"悄然诞生了。从成立以来，该项目就开始对社区教育进行不断探索、不断尝试，从内涵到形式进行全方位的创新，逐渐发展成为成都市社区教育的一张名片、一个品牌。社区微学堂试点的多个社区先后荣获成都市"学习型社区""学习型示范社区"、成都市"老年教育星级示范点"等荣誉称号，于 2020 年获评成都夜间经济示范点，2021 年获评成都市社区商业好项目荣誉称号，社区居民对社区教育认可度高，满意度好。

第七节　国际化进程中的实践探索

成都市社区教育国际影响力显著提升。自 2016 年成都市加入全球学习型城市网络项目以来，成都在社区教育领域的探索与实践取得了显著成就。2018 年 8 月至 9 月，成都市教育局联合相关部门，成功申报了学习型城市奖，并在 10 月邀请联合国教科文组织终身学习研究所所长戴维·阿乔莱那先生一行来蓉考察，其评价成都为学习型城市建设的一个典范城市，终身教育氛围浓厚，具有很强的凝聚力和发展活力。2019 年 1 月 31 日，成都荣获"2019 年联合国教科文组织学习型城市奖"，同年 9 月 30 日获评"全球学习型城市奖"，标志着成都市社区教育的国际认可，彰显了其在全球教育领域的示范作用和影响力。

成都市在推进全球学习型网络（GNLC）成立的"创新创业"主题集群工作中获得高度认可，在多次协调会议上分享的成都创新创业经验起到了示范引领作用，展现了成都风采。成都市加强与联合国教科文组织（UNESCO）终身学习研究所（UIL）的密切互动，过程中，成都市学习型城市建设所具备的基础以及团队的专业性和执行力获得了高度肯定，2019 年 10 月 2 日被宣布委任全球学习型网络（GNLC）成立的 7 个系列主题集群的"创新创业"主题集群的协调城市，与意大利的都灵市共同主持该主题集群工作，组织调动成员城市共同推进以创新创业为支撑的学习型城市建设工作。在受到委任的城市中，中国只有成都与上海两个城市。此项工作得到成都市政府领导高度重视，在 2019 年 10 月 17 日《成都市人民政府办公厅第 56 次市长办公会会议纪要》中提出"全市各级政府及其部门要高度重视成都被委任为全球学习型城市网络主题集群牵头协调城市的重要契机，围绕创新创业主题，持续加强与联合国教科文组织的合作，持续深化学习型城市建设，发挥成都创新创业工作在全球范围内的示范引领作用，提高成都的国际影响力"。成都市教育局牵头，积极联动市级相关部门召开工作会议，制定了相关工作计划，推动日常工作有序开展。自 2019 年 12 月，成都市教育局组织召开了全球学习型城市网络"创新创业"主题集群协调城市工作通气会，形成协作关系，切实推动相关工作的有序开展。2020 年、2021 年两年期间，成都市与都灵市多次组织协调推进该项工作顺利开展，成都市的创新创业经验和研究报告获得联合国教科文组织的高度认可。

第八节　与社区治理的融合发展

2013 年，党的十八届三中全会首次提出"社会治理"概念。2016 年，教育部等九部门联合发布的《关于进一步推进社区教育发展的意见》（教职成〔2016〕4 号）中提出，推动社区教育融入社区治理。自此，社区教育如何回归"社区性"本质，如何融入、推动、引领社区治理，成为社区教育研究与实践的新聚焦点。2014 年，成都就社区教育如何融入社区治理实践探索中提出了"以社区善学促进社区善治"的发展理念，突出社区教育服务社区发展治理的理想追求。2016 年，为促进社区教育发展，满足社区居民终身学习需求，促进人的全面发展，推进城乡社区建设和治理，成都市人大常委会颁布了《成都市社区教育促进条例》。2017 年，成都市委、市政府出台《关于深入推进城乡社区发展治理建设高品质和谐宜居生活社区的意见》，提出"构筑'15 分钟社区生活服务圈'，完善公共服务体系，推进城乡社区发展治理"。近年来，成都持续挖掘以"善学"促"善治"内涵，通过构建全面系统的政策保障体系，搭建全民共享的学习服务体系，创新多元共治的社区教育载体，探索社区教育服务社区治理的途径。通过创设学习条件、提供经费扶持、开展课程学习、组建指导团队、搭建发展平台等一系列措施，积极培育市民自主学习团队，增强市民自我组织、自我服务、自我管理的能力，吸引社区成员因"学"而聚，各尽其才。不断扩大社区教育基本公共教育服务的力度，深化社区教育内涵，提高为民、化民、富民、乐民、惠民的能力，如通过"人民说法""三知教育""廊桥夜话"等课堂形式，各级社区教育机构正在成为培育市民自主参与意识与能力的场所，以及政府与居民对话的交流平台。2018 年，成都市社科联依托原成都广播电视大学（成都社区大学）建设了成都市社会治理与终身教育基地，以利于提升终身教育助力社区发展治理的研究能力，扩大研究成果的推广和应用。在过去疫情防控非常态环境中，社区教育在推动各种主体共同参与社区治理方面也发挥了很大作用。疫情期间，成都市各级社区教育组织机构充分发挥全民学习动员影响力，有效配合全市全民抗疫行动。

一、　"能者为师"　的社区治理价值

"能者为师"活动经过数年的发展积累，为成都市社区教育创生了层次多维的公共价值。

一是通过活动发掘了一批优质师资，吸引了众多民间的能工巧匠、行家里手加入社区教育兼职教师队伍中。与此同时，一批丰富多元的教学资源走进成都市社区教育课堂：老年养生、应急救护、金融防骗等基础课程不断涌现；旗袍走秀、手碟演奏、皮具制作等"高端体验"也开进了社区教育课堂。

二是以"选"促"建"的活动组织模式，在撬动成都四级社区教育机构整体发力的

同时，使得多层级跨部门社区教育协调机制统筹能力持续增强。在实施活动的全过程中，不断宣传人人皆学、时时能学、处处可学的终身学习理念，拓展社区教育的功能外延。

三是"能者为师"活动深度嵌入社区发展治理。活动的宣传通过社区，活动的开展服务社区，活动的成果属于社区。蓉漂小伙"以怎样开一家咖啡店"引领社区创业先锋；退役消防员成为社区教学明星；全职主妇在离开工作岗位多年后凭借一技之长返回自己热爱的教学岗位；一大批身边的达人通过教学向市民展现社区中蓬勃向上的力量。活动以教育形式整合了社区资源，促进了社区认同，激活了社区的公共价值创造。

四是在近几届的活动中，老年参与者的激增，促使"能者为师"特设"银发能者"专题遴选，促成老年人从被动地接受教育对象转化为积极的社区教育人力资源。此外，残疾人、失业者也在本届活动中崭露头角，如残疾乡村姑娘用面团向市民呈现三星堆主题面具。这些案例的不断涌现，展示的是"能者为师"愈发广域的精神维度。

二、各级社区教育组织助力全民抗疫

立足社区与家庭服务青少年身心健康成长，成都市教育局在暑期和居家防疫期间指导全市终身教育工作体系因地制宜地开展了系列家庭教育特色工作，有效提升了社区家庭教育工作能效，在迎战成都市"8·25"疫情中发挥了独特作用。成都开放大学作为成都市终身教育综合平台和学习型城市建设的主要力量，积极落实市教育局相关指示精神，拓展工作阵地，开展示范教学和区（市）县业务指导，有效统筹疫情防控和事业协调发展。综合家庭教育和终身教育办学优势，将家庭教育植入社区，创新开展"社区雏鹰""蓉城小候鸟"特色教育项目，在社区中培养学生劳动与协作能力，提升留守儿童的隔代教育质量。"8·25"疫情暴发以来，成都开放大学立即策划实施由历届"能者为师"优秀教师走进"最成都·市民课堂公益直播间"，通过开设青城武术、舞韵瑜伽、生活美学等特色课程，促进亲子防疫居家共学同乐，保持积极阳光心态；同时邀请知名家庭教育专家围绕疫情居家期间心理健康与亲子关系连续举办了直播专题讲座，其中"抗'疫'生活中的家庭教育雷区""做不焦虑的父母""居家期间的家庭心理管理与自助"等讲座在收获市民好评之外，进一步带动区（市）县终身教育机构开展公益课程，引导社区教育、老年教育、家庭教育学习者志愿团队参与当地疫情防控工作。

各区（市）县各级社区教育组织机构在成都市教育局及相关部门指导下，依托辖区特色社区教育工作模式推进社区家庭教育服务，精准赋能家长，缓解家长焦虑，化解家庭教育问题，确保疫情防控和教育教学工作平稳有序进行。武侯区坚持家校社联动，通过打造"武侯家庭教育'120'工作室"，打造"线下＋线上"专家坐诊咨询支持模式，开展互动式主题沙龙活动，通过引导家长加入"线下实体班""线上集训营"的方式组建"家长学习共同体"，开展家庭教育讲座，精准赋能家长，缓解家长焦虑，切实解决家长的"急难愁盼"问题，助力孩子健康成长。郫都区密织家庭心理危机干预网，用"心"化解家庭教育问题，区教育局先后主持召开专题工作会议，指导和督促全区家庭教育工作，通过发送推文、推介优质资源等方式引领家长，缓解家长焦虑情绪，缓和家庭矛盾；聚焦网课引发的家长教育焦虑和学生学习恐慌，将线下课堂搬进线上，研发"教你做智慧家长"系列直播课程；选拔心理咨询师、社工、志愿者等团队组建"郫都区家庭教育应急团队"，采取专家团队每日 QQ、电话轮值，提供线上一对一支持辅导，共同抗疫。

此外，全市整合优化学习平台资源丰富抗疫居家生活。作为 2019 年全球学习型城市，成都市政府制定了切实可行的措施，充分发挥全民学习动员的影响力，通过有效地配合了全市抗疫行动。成都市教育局依托成都社区大学设立的成都市终身教育促进办公室的职能，统筹各区（市）县社区教育学院（中心）和各级各类社区教育机构，为广大成都市民提供丰富的线上课堂，同时每天组织系列的"直播课堂"，及时为市民提供防疫知识、生活技能和艺术修养等课程，市民通过"成都市民终身学习平台网""成都市民微信学堂""人民优学"，以及共享的国家开放大学的"荟学习"平台的学习。为关爱疫情防控期间社区居民的心理健康，助力社区防疫防控工作，成都社区大学联合四川省社会教育发展促进会、青羊区社区教育与青少年服务中心共同推出了《防抗新型冠状病毒肺炎心理自助手册（社区版）》读本。在此次疫情防控中，各级社区教育组织机构通过线上与线下相结合方式，推出了各类学习平台和资源，丰富疫情防控期间的居家学习生活，提升市民的生活品质和战胜疫情的信心，营造了"人人皆学，时时可学"的全民终身学习格局，助力疫情期间建设和谐的学习型社会。成都市民的全民学习意识与学习能力再次得到提升，成都市民的全球公民素养得到了有效促进。

成都市社区教育实践的理论印证

在快速发展的现代社会中，社区教育作为促进社会和谐与发展的重要途径，扮演着至关重要的角色。成都作为中国西部的重要城市，通过不断探索和实践，形成了独具特色的社区教育模式。在这一过程中，理论与实践的结合为社区教育的发展提供了坚实的理论基础，并在实践中验证了各类理论的有效性和适用性。本章将从社会治理理论、生态系统理论、文化再生产理论三个视角，深入探讨成都市社区教育的具体实践与理论的结合点，从而展示成都市社区教育在促进学习型城市建设、推动终身教育发展和促进城市建设中的重要作用。通过这些理论的视角，理解成都社区教育的治理模式、统合发展路径、公平取向，为其他地区提供可借鉴的经验和启示。

第一节　社会治理视域下的成都市社区教育

一、社会治理理论的内涵

社会治理理论超越了传统的政府管理模式，强调政府、市场、社会组织和公众之间的互动与合作，以形成共建、共治、共享的社会治理格局。在治理话语建构中，全球治理委员会关于"治理是以公共利益为目标的社会合作过程"的界定，被认为是"以最浓缩的方式对其进行了知识边界的勘定"①。

社会治理是一种以人为本的治理方式，基于各行为主体间的多元合作和参与，在科学规范的规章制度指引下，更有效地应对社会问题，促进资源的合理配置，满足民众的合理需求。② 该理论强调，社会治理不仅是政府的职责，还需社会组织、社区居民、企业等多方力量的共同参与合作。通过多主体的协作构建一个全面的治理体系，从而提升治理的效率与效果。各方利益相关者的广泛参与增强了治理的包容性，提高了社会管理

---

① 俞可平. 全球化：全球治理 [M]. 北京：社会科学文献出版社，2003：3.
② 向德平，苏海. "社会治理"的理论内涵和实践路径 [J]. 新疆师范大学学报（哲学社会科学版），2014，35（6）：2，19—25.

的适应性和灵活性。社会治理理论主张，在应对社会的多样性与复杂性时，应采用法治治理、行政管理、市场机制以及社区自我治理等多种形式的融合。这种多层次、多元化的治理体系旨在适应不同的社会需求和环境变化，通过不同治理机制的结合，实现资源的优化配置。多元化的治理机制能够有效应对社会问题，提升治理的综合能力。

鉴于社会问题和挑战的不断演变，社会治理机制需要具备动态调整的能力。社会治理理论强调，根据实际情况不断优化和调整治理模式和方法，以应对不断变化的社会需求。这种动态调整确保了治理机制的有效性和适应性，使其能够及时应对新的挑战和变化。社会治理理论特别关注公共价值的实现和社会公平的维护，它着力于通过有效的治理机制提升社会公共服务的质量，从而促进社会的公平与正义。通过公平的资源分配和公正的政策实施，社会治理理论强调缩小社会差距，实现社会的和谐与稳定。信息共享和透明度被视为社会治理中的关键因素，社会治理理论认为，公开和透明的信息可以提高政府和社会组织的可信度，增强公众的参与感和信任感，通过信息的公开，能够有效减少信息不对称，促进社会各方的良性互动。

随着信息技术的发展，现代社会治理日益倾向于网络化与系统化。有研究者认为，"治理是政府管理和公民社会自治一系列活动的总称，治理可以依靠刚性的法律制度也可以利用先进的科学技术"①。社会治理理论关注如何利用网络技术和系统化方法提升治理的效率和效果，增强社会治理的能力和应对能力。网络化的治理模式能够实现信息的实时传递和处理，提高治理的响应速度和精确度。

在社区教育领域，社会治理理论强调教育与治理的融合，认为通过教育可以提升社区治理能力，推动社区的和谐与进步。这一理论框架为社区教育的发展提供了理论基础，为实际操作中的策略制定提供了指导。通过多主体参与、治理机制的多元化、动态调整、公平与透明的原则，社会治理理论为有效解决社会问题和促进社会进步提供了系统性的方法和路径。

二、社会治理视域下成都市社区教育的治理模式

在全面建设"学习型社会"的语境中，社区教育必须继续强调多主体参与，面向全体居民，通过多方合作推动人的全面发展。② 成都市社区教育通过政府主导、社会组织参与、社区居民共建等方式，形成了独具特色的社区教育治理体系。

（一）政府主导，强化制度推力

成都市政府在推动社区教育发展方面发挥了至关重要的作用，通过出台和实施一系列政策和法规，为社区教育提供了坚实的政策保障。这些政策明确了社区教育在城市治理中的重要地位和作用，还为其顺利开展提供了制度保障和资源支持。

---

① 格里·斯托克. 作为理论的治理：五个论点 [J]. 国外社会科学，2000 (4)：19.
② 李家成，匡颖，江娜，等. "社区教育"三大话语体系的起伏与集成 [J]. 终身教育研究，2022，33 (5)：3-12.

1. 政策框架与法规的制定

成都市政府高度重视社区教育的发展，并出台了《成都市社区教育促进条例》（2017）及"成都市学习型城市建设与社区教育联席会议制度"（2017）等。其中，《成都市社区教育促进条例》作为全国首部社区教育地方性法规，明确了社区教育的基本目标、主要任务和实施机制，为社区教育的开展提供了法律依据和规范指导。这些政策文件强调了社区教育在促进终身学习、提升市民素质、推动社会和谐等方面的重要作用。"成都市学习型城市建设与社区教育联席会议制度"则建立了政府部门、教育机构、社区组织等多方参与的联席会议制度，旨在协调各方资源，推动社区教育的协同发展。该制度通过定期召开联席会议，评估社区教育实施情况，提出政策建议，确保社区教育工作与城市发展需求的紧密对接。

2. 重点项目与创新举措

成都市政府推动了"15分钟社区生活服务圈"项目，这是一个提升社区生活服务水平的综合性举措。该项目通过构建全面系统的政策保障体系和全民共享的学习服务体系，力图创新多元共治的社区教育载体。该项目通过建立覆盖全市的社区服务网络，使居民在15分钟步行范围内即可享受到高质量的教育、医疗、文化等公共服务。这一举措有益于提升社区服务的便捷性，促进社区教育资源的均衡配置和利用。此外，政府还通过提供资金支持、建设教育基础设施、开展社区教育培训等方式，为社区教育的发展提供了实际保障。例如，政府设立了社区教育专项经费，为居民提供更多的学习机会和发展平台。

（二）构建管理网络，促进社会组织参与

成都市积极引导和鼓励社会组织参与社区教育治理，充分发挥其在资源整合、服务提供和协调管理等方面的独特优势，旨在增强社区教育的实效性，促进社区治理的深度融合。

1. 构建三级社区教育管理网络

社会治理理论强调多主体、多层级的协作机制，以及以社区为基础的自我管理和服务。构建三级社区教育管理网络有助于增强社区治理的系统性、协调性和有效性。例如，金堂县通过建立县社区教育学院，并在各镇（街道）初中学校和村（社区）公共服务中心构建了县、镇、村三级社区教育管理网络，推动了社区教育的规范化和科学化发展。县级负责总体规划和政策指导，镇级负责具体教育活动的开展，村级则提供基础教育服务和组织居民学习。通过这种三级管理网络的建设，社区教育能够在各层级之间实现资源共享和信息畅通，有助于提高教育服务的覆盖面和质量。同时，它促进了社会各方的参与和合作，形成了政府、社区、居民三者互动的良性循环，使社区教育能够更好地适应不同群体的需求，并在社区治理中发挥积极作用。

2. 推进社会组织参与

社会组织在社区教育治理中扮演着重要角色，不仅可以提供丰富的教育资源，还能够在社区服务和管理中发挥协调作用。例如，成都市社科联作为社会组织中的重要一员，积极推动社区教育与社会治理的融合。成都市社科联与原成都广播电视大学（成都

社区大学）合作建设了社会治理与终身教育基地。这一基地为社区教育提供了丰富的资源和经验支持，且通过实际操作努力推动社区教育的创新发展。在这一合作框架下，基地开展了大量的研究与实践活动，包括对终身教育如何助力社区治理的探索、社区教育模式的创新以及社区教育资源的优化配置。基地的建立有助于促进理论研究，推动实际操作中的成果应用，加强社会治理的能力和水平。

（三）激发居民共建，培育学习团队

社区居民作为社区教育的主体，其参与学习团队和自主学习意识的激发对于社区教育的成功至关重要。成都市通过一系列措施，积极推动居民的主动参与和自主学习，致力于提升社区教育的整体效果和社会影响力。

1. 激发居民共建

成都市采取了多种途径激发社区居民的参与热情和自主学习意识。首先，政府和相关机构创设了良好的学习条件，通过建设县域社区学习中心、提供丰富的学习资源等方式，营造了积极的学习氛围。这些学习中心为居民提供了舒适的学习环境，配备了多样化的学习设施，以满足不同学习需求。其次，政府提供了经费扶持，以支持社区教育项目的实施。这些经费用于课程开发、师资培训、学习材料的采购以及社区活动的组织等，确保了社区教育的持续发展。通过这些财政支持，社区教育机构能够更加专注于提升教育质量和服务水平，从而更好地满足居民的学习需求。此外，成都市还开展了各类课程学习活动，涵盖了文化、科技、艺术、健康等多个领域。通过举办讲座、培训班、兴趣小组等活动，丰富了居民的学习选择，激发了居民的学习兴趣。同时，政府和社区组织还积极组建指导团队，为居民提供专业的教学和咨询服务，助其在学习过程中解决实际问题。

2. 培育自主学习团队

社区学习团队是社区治理和社区教育的重要载体。[①] 为了进一步促进居民的自主学习，成都市通过多种措施培育市民自主学习团队，包括组织社区学习小组、开展自主学习活动、搭建学习交流平台等。通过这些举措，居民能够在集体学习中分享经验、互相激励，从而提高自我学习的积极性和效果。例如，青羊区广泛开展"市民自主学习群体"的建设。社区学习小组常常在社区活动中心或居民活动室中定期召开，成员们可以自由讨论、交流学习经验，并共同参与各类学习活动。社会治理理论认为，治理不仅是政府的责任，也是社会各界的共同任务。培育自主学习团队符合社会治理理论的核心理念，通过促进成员的合作与参与、提升社区自我管理能力、增强社会资本及推动治理创新，能够有效提升社区的整体素质和适应能力，改善社会关系，并为社会治理提供创新的模式和实践经验。

---

① 张永，汪国新. 社区学习团队的概念丛林及突围 [J]. 终身教育研究，2019，30（1）：34—40.

三、成都市社区教育治理的成效

成都市社区教育治理的成效显著体现在多个方面，标志着社区教育的深入推进与实践创新。近年来，成都通过系统化的政策支持和实践探索，积极推动社区教育现代化，显著提升了协同治理能力，增强了社区凝聚力。

（一）提升社区协同治理能力

成都市社区教育改变了传统的政府主导治理方式，通过政府、社会组织和社区居民的共同参与，实现了社区协同治理的创新和优化。

1. 促进多主体的互动合作

成都市社区教育中，政府、社会组织和居民共同参与的学习活动和治理实践，促进了社区成员之间的深入互动。例如在"温江区川派盆景研学基地"项目中，地方政府与高校通过明确的政策支持和资源投入，增强了地方和学术界的协同效应。这提升了地方社区教育的专业水平和影响力，促进了地方政府、教育机构和社会组织之间的合作共赢。这种合作互动有助于形成共享的资源平台，提升了社区治理的整体效能，推动了社会资源的优化配置和社会资本的增值，实现了多方利益的共赢和社会治理目标的提升。另一个典型的案例是金牛区与邛崃市的互动发展联盟，双方达成"以城带乡""城乡互动""资源共享""联盟发展"的共识。通过金牛社区教育学院与邛崃社区教育学院的定期互访，双方在课程、师资、数字化学习平台等方面的合作日益紧密。这种跨区域的合作，实现了资源的有效共享，推动了城乡一体化的发展。

2. 设立多部门协作机制

成都在社区教育治理中推行了"党政统筹领导，教育部门主管、有关部门配合、社会积极支持，社区自主活动，市场有效介入，群众广泛参与"的运行机制。政府部门通过设立"成都市学习型城市建设与社区教育联席会议制度"，明确了由分管副市长召集，27 个市级部门负责人、各区（市）县政府分管领导参与的会议制度职责，设立了联席会议制度办公室。每年联席会议统筹市级 27 个部门发布市民社区教育资源和培训服务清单。金牛区社区教育学院和邛崃市社区教育学院每年召开联席会议，深入探讨"金邛互动发展联盟年度发展计划"，在"以城带乡""城乡互动""资源共享"等方面达成共识。这种合作机制加强了两地的联系，有效促进了城乡社区教育的均衡发展。这种多部门协作机制形成了政府统筹、部门联动、社会协同的学习型城市建设合力，显著提升了社区教育的组织和管理能力。

（二）提高居民社会参与能力

提高居民社会参与能力是成都市社区教育治理的核心成效之一。通过系统化的教育培训和社区活动，居民的社会参与意识和能力显著提升，促进了社区的和谐发展和社会治理的有效性。

1. 提升自我组织能力

社会治理理论框架下，社区教育被视为提升居民自我治理能力和社会资本的重要途径。成都市社区教育通过系统化地学习和培训活动，增强了居民的自我组织能力。成都政府和社会组织通过组织各种形式的培训课程和工作坊，帮助居民掌握社区事务管理的基本知识和技能，增强了居民在社区组织和活动中的领导力和协调能力。"简阳市参与式社区教育助力乡村振兴示范项目"，通过探索参与式方法赋能基层社区，激发乡村社区教育活力，探索社区教育在乡村振兴中的功能和使命。该项目通过党建结对和跟踪督导，提升了社区干部和村民的参与能力，将社区基层工作者从被动参与者转变为建设者和推动者，提升了基层党员干部的积极性和创造性，增强了乡村社区居民的参与意识和能力，推动了居民全面发展和乡村社区治理。社会治理理论指出，居民的积极参与是实现有效治理的关键。通过社区教育活动，居民的参与感得到提升，对社区事务的关注度和参与度也随之增加，从而推动了社区自我治理的实现。

2. 增强自我服务能力

成都通过构建政策保障体系、搭建学习服务体系、创新社区教育载体等措施，积极培育市民自主学习团队，增强居民自我组织、自我服务和自我管理能力，促进社区成员因学习而聚集，共同提升社区治理水平。通过创设学习条件、提供经费扶持、开展课程学习、组建指导团队、搭建发展平台等一系列措施，使社区成员因"学"而聚，各尽其才，形成了良好的社区治理氛围，提升了居民的自我服务能力，促进了社区的和谐与发展。例如，武侯区开展的市民课堂课前5分钟思政教育，通过系统的爱国主义、政策法规、国情省情、市情教育，培养了市民的参与治理意识。这一措施通过在市民课堂中融入思政教育，成功地将教育内容与治理实践结合起来，为提升市民的参与治理能力提供了有效路径，进一步推动了社区治理的深入发展。锦江区创新运用"青少年主体"的基层治理新思维，使青年成长为协助基层党组织建设和创新社区治理的新力量。在这一过程中，青少年成为社区治理的新力量，还通过实战经验不断提升了自身的综合素质，体现了社区教育对增强自我服务能力的显著成效。

3. 促进自我管理的良性循环

成都市社区教育通过积极探索市民自主学习团队和组织建设，支持和指导有条件的区（市）县自主创建云课堂、微信课堂、网上学习圈等多种方式，促进社区内部形成了自我管理、自我服务的良性循环。例如，武侯区在中西部地区率先开展了星级居民自主学习团队的培育工作，制定了评价指标体系和管理手册。武侯区不仅制定了明确的标准和规范，还将这些经验分享给全国多个县（市、区），实现了知识和资源的广泛传播和共享。这一举措增强了社区居民的自我组织和自我管理能力，使居民能够主动参与社区治理，提升了社区的自我服务和自我发展能力。通过对团队的星级评定和持续培育，武侯区有效调动了居民的学习积极性和参与热情，促进了社区内的知识积累和能力提升。每年约8万人次的参与学习和26万人次的累计学习次数，表明了社区学习的广泛覆盖和深入开展。这种良性循环的形成，使得社区治理从单纯依赖政府主导转变为多方协同合作，政府、社会组织和居民共同参与、共同管理，提升了社区的整体治理能力，促进了社区的和谐发展和居民的幸福感。

（三）增强社区凝聚力

社区教育治理模式通过促进政府、社会组织和居民之间的密切合作，显著增强了社区的凝聚力和整体和谐度，同时增强了居民的归属感和参与感。这种凝聚力的提升，使社区内部的关系更加紧密，为社区的持续发展奠定了坚实的基础。

1. 增强居民的社区归属感

从社会治理理论的角度来看，社区教育通过组织各种活动，如志愿服务、社区庆典和文化节，显著增强了居民的社区归属感和参与感。这些活动丰富了社区文化生活，促进了社区成员之间的互动与合作，使居民能够在共同参与中建立更紧密的联系和认同感。以金牛区营门口街道花照壁社区的儿童友好社区项目为例，通过实施睦邻计划、建设家风家训文化长廊、宣传"孝爱和乐"等最美家庭，社区教育将理论中的居民参与和社区治理理念与实际活动结合起来，成功引导居民关注儿童成长，强化了社区的凝聚力和居民的归属感。此外，成都社区庆典和文化节通过展示社区内的多样性和独特性，增强了居民对本社区的认同感。社区教育项目中的组织活动，如社区环保行动、"星邻里·幸福绽放"活动等，也促进了居民之间的密切合作。这种密切的合作与互动，使得社区成员之间的关系更加紧密，提升了社区的整体凝聚力。这些实践证明，成都市社区教育不仅在理论上促进了社会治理的完善，也在实际操作中有效地提升了居民的参与感和归属感。

2. 营造和谐共进的社区氛围

成都社区内部形成了和谐共进的氛围。这种氛围不仅体现在居民之间的友好关系和互助精神上，还体现在社区活动的广泛参与和积极响应上。社区成员在共同参与教育活动的过程中，形成了积极向上的社区文化，促进了社会责任感和集体意识的提升。金牛区整合社区托幼、养老、医疗等便民服务场景，定期举办"老幼相伴·共度团圆节""小手牵大手""老少益起读"等系列主题活动，成功打造了一老一少代际互动的亲善家园。在这些活动中，老年人与孩子们共同参与，分享经验与智慧，形成了既相互隔离又相互联系的互动亲子空间。金牛区用心用情绘就了"朝夕"幸福生活画卷，真正实现了社区成员的和谐共进。

第二节　生态系统视域下的成都市社区教育

一、生态系统理论的内涵

生态系统理论（Ecological system theory），是将系统论、生态学和社会学、公共卫生学紧密结合起来的基础理论，用于解释人类发展的复杂系统性和多层次性。布朗芬布伦纳提出的生态系统理论，将个人的生活系统划分为 4 个子系统（微观系统、中间系统、外系统、宏观系统)和一个时序系统(时间系统)。[1] 21 世纪初期,查尔斯·扎斯特罗(Charles H. Zastrow)和卡伦·柯特斯·阿什曼(Karen K. Krist-Ashman)深入分析并阐述了人类行为与社会环境的系统层次以及互动关系,并将理论称为社会生态系统理论。[2]

生态系统理论认为,个体的发展是多个系统共同作用的结果,个体的发展与其外部环境密切相关,无法分离。该理论强调个体的发展是由其所处的多个系统相互作用所决定的。这些系统根据其影响范围可以分为微观系统、中观系统和宏观系统。其中,微观系统是指生态系统中的独立个体,中观系统是指与个体紧密相连的小规模群体,宏观系统是指比小规模群体更大、更广泛的系统。[3] 这些系统相互作用,不断进行物质和信息等要素的交流,共同对系统内的基本个体产生深远影响。[4] 在社区教育的发展中,生态系统理论提供了一个有力的解释框架来理解个体发展中的各种因素,帮助理解和统合不同层次的教育资源和影响因素。成都市在社区教育中的探索和实践,恰好体现了这种融合发展的路径。

微观系统是指个体直接接触和互动的环境,包括家庭、学校、邻里等。这些环境对个体的成长和发展具有直接的影响。例如,家庭成员的互动、学校的教育质量、邻里关系等因素,都会直接影响个体的心理和社会发展。在微观系统中,个体的行为和发展是通过直接的社会互动和关系来塑造的。家庭作为个体接触的第一个教育环境,是社区教育的基础单元。家庭成员之间的互动、家长的教育方式以及家庭环境等因素,都会直接影响个体的心理和社会发展。学校作为教育资源的重要提供者,与社区的密切合作是实现社区教育的重要途径。

中观系统是指连接不同微观系统的关系,如家庭与学校之间的互动。这些关系在个体的发展中扮演了桥梁的角色,影响着不同微观系统之间的协调与合作。例如,家庭的教育理念和学校的教育活动之间的互动,会影响个体的学习效果和心理发展。中观系统强调了微观系统之间的互动关系对个体发展的重要性。有效的社区教育需要家庭、学校和社区三方的紧密合作,通过共同组织活动、资源共享和信息交流,提升教育效果。社区中的各类组织和机构,如图书馆、文化中心和非政府组织,共同参与社区教育,形成教育资源的整合和优化。

宏观系统是指更广泛的文化、经济、社会政策等宏观背景。这些因素对个体的发展具有深远的影响。宏观系统包括社会的文化价值观、经济条件、社会政策等,它们通过影响微观系统和中观系统,从而间接影响个体的发展。例如,社会政策对教育系统的支持和资源分配,文化背景对教育方式和家庭期望的影响,都是宏观系统的体现。政策支

---

① 罗伯特·费尔德. 发展心理学 人的毕生发展 [M]. 苏彦捷,邹丹,等译. 北京:世界图书北京出版公司,2013:87.

② 师海玲,范燕宁. 社会生态系统理论阐释下的人类行为与社会环境——2004 年查尔斯扎斯特罗关于人类行为与社会环境的新探讨 [J]. 首都师范大学学报(社会科学版),2005(4):94-97.

③ Zastrow C H, Kirst-Ashman K K. Understanding Human Behavior and Social Envionment [M]. Toronto: Thomson Brooks/ Cole, 2004:412-418.

④ Menec V H, Means R, Keating N, et al. Conceptuali-zing age-friendly communities [J]. Canadian Journalon Aging/La Revue Canadienne du Vieillissement, 2011, 30 (3):479-493

持是社区教育发展的重要保障，通过制定相关法律法规，明确社区教育的地位和作用，规定政府、学校和社区的责任和义务，可以为社区教育提供法律和制度依据。同时，财政支持也是社区教育可持续发展的关键，通过设立专项资金、提供补贴和奖励等方式，可以保证社区教育项目的顺利实施和长期运作。

社区教育是一种综合性的教育形式，涉及多个利益相关者和多种教育资源的整合与利用。生态系统理论强调不同系统层次之间的互动关系，有助于理解这些主体在社区教育中的角色和相互作用。通过生态系统理论的视角，可以更深入地理解社区教育的复杂性和多层次性。通过理解微观系统、中观系统和宏观系统之间的互动关系，可以更全面地分析和支持个体的发展，优化相关政策和实践。社区教育不仅仅是一个简单的教育活动，而是一个涉及家庭、学校、社区和社会多个层次的综合性系统。只有在各个系统层次之间形成有效的互动和协作，社区教育才能真正发挥其应有的作用，促进个体和社区的全面发展。政府、学校、家庭和社区各方应共同努力，构建一个支持和促进社区教育的生态系统，推动社区教育的持续发展和创新。

二、成都市社区教育生态发展的统合路径

（一）家庭、学校与邻里的教育支持

在成都，社区教育的生态发展路径强调微观系统中家庭、学校与社区的紧密结合。通过优化资源配置和促进三位一体的教育模式，成都实现了教育资源的高效利用和全面覆盖。具体来说，成都通过家庭教育、学校教育和社区互动的多方面协作，推动了社区教育的生态发展。

1. 家庭与社区教育

家庭是微观系统中的核心要素，在社区教育中发挥着基础性作用。成都市注重通过家长学校、家庭教育讲座等形式，为家长提供教育资源和指导。这些活动有助于增强家长的教育意识和教育能力。家长学校定期举办的培训班和讲座，帮助家长了解最新的教育理论和方法，使家长能够更好地支持孩子的学习和发展，进而推动孩子在家庭和学校双重环境中的全面发展。此外，成都市还通过开展家庭教育指导服务，如家庭教育专家讲座、亲子活动等，进一步加强家庭在社区教育中的作用，提升家庭教育的质量和效果。

2. 学校教育与社区教育

在成都，学校教育机构，如中小学和幼儿园，积极参与社区教育活动，成为社区教育的重要基地。这些教育机构通过开放教育资源、组织校外教育活动等方式，旨在促进教育公平和资源共享。例如，成都市的学校经常与社区组织合作，开展各种形式的社区教育课程和实践活动。这些活动有益于丰富学生的课外生活，增强学生的社会责任感和实践能力。学校的参与还体现在其教育资源的共享上，如图书馆、实验室和体育设施的开放，为社区居民提供丰富的教育资源。学校教育机构也参与社区文化活动的组织，如社区节日庆典和公益活动，有助于进一步增强学校与社区之间的联系。

3. 邻里支持与社区教育

邻里关系是微观系统中重要的组成部分，对个体的心理和社会发展具有重要影响。成都社区通过组织各种邻里互动活动，促进居民之间的交流和互动。例如，社区节庆活动、邻里聚会、社区运动会等，都有助于增进邻里关系，增强社区的凝聚力和归属感。武侯区的星级居民自主学习团队是一个典型的微观系统实例。自主学习团队为邻里提供了一个互动和交流的平台，会增强邻里之间的沟通和联系，实现守望相助。如通过共同参与学习和讨论，邻里之间增进了解，从而形成更加紧密的社交网络，增强社区的凝聚力和安全感。

成都市社区教育的生态发展路径，通过家庭教育、学校教育和社区邻里支持的紧密结合，旨在实现教育资源的优化配置和全面覆盖。家庭教育通过家长学校和讲座等形式得到强化，学校教育通过开放资源和组织社区活动积极参与，社区邻里互动通过文化活动得以深化。良好的邻里关系为个体提供了支持性的社会环境，且通过各种互动和互助活动，达到增强社区的凝聚力和教育效果。这一模式展示了如何在微观系统中通过多方协作，实现社区教育的高效和全面发展。

（二）跨部门合作与社区网络的协调发展

中观系统关注的是不同微观系统之间的互动关系和资源整合，成都在这一层面的实践展现了如何通过协同机制和网络建设优化教育资源的配置和利用。

1. 推进跨部门合作

在成都，社区教育的发展依赖于多部门的协同合作。成都市教育局与文化局、体育局等政府部门之间建立了紧密的协作机制，通过政策协调和资源共享，推动了社区教育的多元化发展。例如，成都市政府于2002年发布的《关于全市教育资源向社区开放的通知》，明确了教育资源向社区开放的具体措施和管理办法。这一政策的实施促使学校和其他教育机构开放其设施和资源，促使政府部门之间的资源共享和信息流通。该通知规定了学校运动场地、教育设施和教学设备等资源的开放条件。这种政策协调机制有望提升教育资源的利用效率，加强不同部门之间的合作，使得资源整合成为可能。文旅局通过组织全民阅读、艺术培训，市环保局组织环境保护教育，市妇联组织社区家庭教育，市公安局组织公安防护教育等，旨在进一步丰富社区教育的内容。例如，成都高新区教育文化体育局主办"睦邻街坊学堂"，社区学院和各街道办事处通力合作，共同规划和实施社区教育课程。社区学院提供专业的教育资源和课程设计，街道办事处则负责课程的推广和居民的组织参与。通过这种合作模式，学堂能够最大限度地利用现有资源，提高教育的覆盖面和参与度。

2. 构建社区网络

在社区网络层面，成都建立了三级社区教育网络（区—街—居），有效实现了社区教育资源的整合和统筹。这一网络结构包括区级教育行政部门、街道办事处和居委会，各级机构在社区教育的实施和管理中发挥着重要作用。社区教育委员会和社区教育工作办公室在不同层级的协调下，确保社区教育活动的顺利开展和高效运作。区级教育行政部门负责制定社区教育的总体规划和政策，协调资源的分配和支持。街道办事处则在区级部门的指导下，具体组织和实施社区教育活动，确保教育资源的有效配置。居委会作为社区的基础单元，直接参与社区教育的实施和管理，负责动员居民的参与，组织社区教育课程和活动。三级网络的建设有助于提升社区教育的组织效率，提高教育资源的全面覆盖和均衡分配。

部门协同和社区网络的建设有助于成都在中观系统层面实现教育资源的整合与优化。这种跨部门合作和资源整合机制，会形成一个高效的社区教育支持系统，为社区教育的发展提供坚实的基础。

（三）政策、资源与文化环境的优化建设

在生态系统理论中，宏观系统指的是那些虽然个体并不直接参与，但却对其发展产生重要影响的外部环境因素。宏观系统涵盖了更为广泛的文化、经济和社会政策背景，它们对个体和社区的发展产生深远的影响。在成都的社区教育发展中，外观系统的影响体现在政策支持、社会资源的整合与文化建设三个方面。这些因素为社区教育的持续发展和优化提供了外部保障和支持。

1. 政策支持与制度保障

政策支持是外观系统中最为直接的影响因素之一。成都市政府制定了一系列政策文件，如《成都市构建和完善覆盖城乡吸纳全民的终身教育体系实施方案》（2013）和《成都市关于推进学习型城市建设的意见》（2015），这些政策明确了社区教育的发展方向和主要任务，为社区教育的持续发展提供了政策保障。《成都市构建和完善覆盖城乡吸纳全民的终身教育体系实施方案》提出了社区教育应当如何融入终身教育体系的具体措施，旨在通过构建完善的教育网络和服务体系，提升居民的教育水平和生活质量。该方案包括对社区教育基础设施的建设、教育资源的配置和教育服务的提升等方面的指导意见，以确保社区教育在城乡区域的均衡发展。《成都市关于推进学习型城市建设的意见》将学习型城市建设纳入成都经济社会发展规划，以推进社区教育与城市的发展。这一政策保障了社区教育在宏观层面的战略地位，使其成为成都经济和社会发展的重要组成部分。在系列政策的引导和制度保障下，成都市形成了政府统筹、部门联动、社会协同的推进合力，这有助于推动社区教育的可持续发展，提升居民的整体素质和社区的凝聚力。

2. 资源整合与共享

社会资源的整合是外观系统中的另一重要方面。社区教育的发展离不开社会各界的广泛支持，尤其是企业、社会组织和志愿者等。例如，成都高新区通过整合区域资源，推动职业教育与社区教育融合，截至 2023 年底，打造了特色研学路线 28 条，特色研学课程 30 余门，提供了涵盖科技、社会、自然等主题的多样化学习体验。成都通过整合这些社会资源，丰富了社区教育的内容和形式，增强了社区教育的吸引力和实效性。成都通过与企业合作，充分利用企业资源，如资金支持、技术支持和人力资源，推动了社区教育项目的实施。这种企业与社区教育的合作模式，可以增强企业的社会责任感，提升社区教育的质量和效果。例如，原成都广播电视大学（成都社区大学）的"社区微学堂"项目成功孵化了中国好社企，并成为成都市首批社会企业学境教育咨询有限公司，

推动了社区教育创新发展。社会组织和志愿者的参与也是社会资源整合的重要组成部分。例如，成都东部新区通过志愿者的参与，不仅丰富了社区教育师资队伍，还有效促进了社会资源的整合。

3. 社会文化与终身学习理念的推广

社区教育在文化建设方面发挥了重要作用，尤其是在促进文化认同和文化传承方面。成都市通过组织丰富的文化活动和教育课程，加强了社区居民的文化自信和认同感。成都市社区教育中心定期举办地方特色文化展览和非遗项目的推广活动，这些活动展示了成都丰富的历史文化，增强了居民对本地文化的认同感。在这些文化活动中，社区居民能够了解和体验本土的文化，且参与到文化的传承和创新中。成都还通过社区教育课程，如传统工艺、地方语言和习俗讲座等形式，推广和保护传统文化。例如，永宁镇社区教育学校通过扶持"汉斌武馆"，搭建学习平台，普及和推广武术文化。社区教育成为推动文化认同和文化传承的重要渠道，对社区的文化稳定和社会和谐产生了积极影响。此外，成都通过政策支持、制度保障和社会文化倡导，积极推广终身学习理念，构建起覆盖全市的社区教育体系，推动学习型城市建设，促进城乡社区教育的均衡发展和居民素质的全面提升。例如，通过"最成都市民课堂"和"绣川书院开讲啦！"等项目，积极推广终身学习理念。

在生态系统理论的宏观系统视角下，成都通过政策支持、社会资源整合与文化建设三大方面，全面推进社区教育的发展。政策支持方面，成都市政府制定了多项政策文件，旨在为社区教育的持续发展提供制度保障；社会资源整合方面，通过与企业、社会组织和志愿者的广泛合作；文化建设方面，通过丰富的文化活动和教育课程，推广终身学习理念，推动学习型城市建设，促进城乡社区教育的均衡发展和居民素质的全面提升。

三、成都市社区教育生态系统构建的成效

（一）提升社区居民的综合素质

在成都市社区教育的生态发展路径中，提升居民综合素质是一个核心成效。通过实施多层次、多样化的社区教育课程，成都市的居民综合素质得到了显著提升。

1. 提升个体能力

成都市社区教育通过家庭、学校和社区的有机结合，优化了教育资源的配置，显著提升了居民的综合素质。微观系统中的家庭、学校和邻里是个体最直接接触和互动的环境。成都通过家长学校和家庭教育讲座，为家长提供系统的教育指导，使得家庭教育与学校教育相辅相成。中观系统强调不同微观系统间的互动和合作。成都通过家庭、学校和社区的紧密协作，优化教育资源的配置，进一步提升个体能力。家庭教育、学校教育和社区教育的有机结合，形成了一个多层次、多维度的教育网络，增强了教育的系统性和连贯性。社区通过组织各种教育活动和提供多样化的学习机会，为居民提供丰富的教育资源和平台。社区教育不仅是学校教育的延伸和补充，也是家庭教育的重要支持。通

过社区教育，家长、学生和其他社区成员能够在一个更加开放和互动的环境中进行学习和交流，促进了全方位的个体发展。

2. 促进文化认同与自信

文化建设是提升居民综合素质的重要方面。中观系统强调不同系统间的互动与合作对个体的影响。在成都市社区教育中，家庭、学校和社区的合作发挥了关键作用。通过将传统文化与社区生活紧密结合，使居民在日常生活中接触和体验本地文化，促进文化认同。宏观系统涵盖了政策支持和社会文化背景。成都市政府还通过制定和实施相关政策，加强了对文化传承和推广的支持。例如，社区教育课程中包含传统工艺、地方语言和习俗讲座等内容，推动了传统文化的保护和传承。这些政策和措施为文化认同和自信的提升提供了有力的支持和保障。此外，成都通过组织地方特色文化展览和非遗项目的推广活动，强化了居民的文化自觉性和自豪感。这种文化认同和自信的提升，有助于居民在全球化背景下保持文化多样性，增强文化自觉性，促进文化的代际传承和创新发展。

3. 提升社会适应能力

成都市社区教育通过多维度的支持和资源整合，显著提升了居民的社会适应能力，体现在心理素质的提升和社会交往能力的增强。中观系统关注家庭、学校和社区之间的互动。在成都市社区教育中，家庭和社区的紧密合作在提高居民的社会适应能力方面发挥了重要作用。例如，社区心理辅导和情感支持活动，通过提供心理健康教育和应对策略，帮助居民提高了心理弹性和情绪管理能力。这种支持帮助居民应对生活中的压力和困扰，提升了其心理健康水平。社区中的社交活动和团队合作项目也对社会适应能力的提升至关重要。这些活动通过促进居民的社交互动、团队协作和冲突解决技巧，使居民在参与过程中增强了社会交往能力和领导能力。此外，宏观系统的社会文化背景也对社会适应能力的提升产生了影响。成都注重在社区教育中融入社会适应能力培养的内容，通过开设心理健康讲座、社交技巧培训等课程，促进了居民的全面发展。

生态系统理论为理解社区教育对居民综合素质提升的作用提供了坚实的理论支持。通过对微观系统、中观系统、宏观系统的有效整合，成都市社区教育在知识、技能、文化认同等方面实现了全面提升。这种系统性的整合增强了居民的个人能力和社会适应能力，促进了社区的和谐与稳定，体现了生态系统理论在社区教育中的成功应用。

（二）促进社区教育资源整合与创新

在成都市社区教育生态系统的构建中，社区教育资源整合与优化成效显著。生态系统理论中的中观系统和微观系统共同作用，推动了社区教育资源的整合和优化，从而提升了社区教育的效能。

1. 形成资源整合机制

在成都市社区教育实践中，政府部门之间的协调合作体现了生态系统理论中系统间协同作用的原则，是中观系统理论的具体应用。成都通过政府部门间的协调合作，形成了资源整合和优化的机制。成都市教育局、文化局和体育局等多个部门联合开展社区教育项目，各自发挥专业优势，提供资源支持。在成都的实践中，跨部门合作推动了资源的整合，也促进了教育项目的创新和改进。政府部门间的合作机制使得教育项目能够根据实际需要不断调整和优化，提高了社区教育的适应性和灵活性，为居民提供了更加丰富和高质量的教育服务。成都通过整合企业、社会组织和志愿者等社会资源，为社区教育注入了丰富的外部支持。这种支持促进了社区教育的可持续发展，使社区教育能够满足不同居民的学习需求。社会组织和志愿者的参与在生态系统理论中体现了外观系统对教育的支持作用，提升了社区教育的互动性和参与感。这种资源整合机制使得社区教育能够更好地应对各种挑战，提升了教育服务的整体水平。生态系统理论中的外观系统的支持作用在这一过程中得到了有效体现，为社区教育的发展提供了坚实的外部环境基础。

2. 提升社区教育设施的功能性与多样性

《成都市社区教育促进条例》的实施代表了宏观系统的政策支持对社区教育设施的影响。生态系统理论强调宏观系统——包括政策、法规和社会文化背景——对个体发展的间接影响。成都市通过法规明确社区教育设施的标准化建设要求，推动了教育设施功能的规范化和一致化。政策的支持确保了设施建设和功能提升的方向和标准，有助于实现设施功能的基础化和统一化。这种政策支持提高了设施的服务质量，增强了其在不同社区中的普遍适用性，体现了宏观系统对教育设施发展的促进作用。在成都市社区教育实践中，通过政府政策的支持和社会资源的整合，社区教育设施的功能逐渐多样化。这种多功能设计不仅包括传统的教学功能，还融入了文化、体育和社会服务等方面的功能，体现了中观系统中不同资源和功能的整合。例如，龙泉驿区通过实现 PC 平台、App 软件和微信公众号的三平台互通互融，扩展了教育设施的功能性，提升了教育服务的灵活性和覆盖面。这种资源整合和功能拓展，反映了中观系统中各类资源的有效协同和互动。

成都市社区教育的资源整合与创新成效体现了系统间协同作用的全面应用。中观系统和微观系统在资源整合和创新方面发挥了关键作用，推动了社区教育的整体提升。政府部门间的协作机制有效整合了教育、文化和体育资源，优化了社区教育的配置和服务质量，体现了系统间的协同效应。宏观系统中的政策支持为教育设施的多样化和功能扩展提供了坚实基础，使得社区教育能够更好地满足居民的多元需求。

第三节　文化再生产视域下的成都市社区教育

一、文化再生产理论的内涵

文化再生产理论是由法国社会学家皮埃尔·布迪厄（Pierre Bourdieu）于 20 世纪 70 年代提出的一个社会学概念。这是一个总体的理论概念，涵盖了惯习、资本、场域、符号权力等多个支撑其理论框架的核心概念。

惯习（Habitus）是指个体在社会化过程中形成的思维方式和行为习惯，影响其社会实践。惯习是个体的主观结构，它反映了个人的社会背景，塑造了个体对社会现实的感知和实践方式。这些内化的模式影响个体如何选择和使用其自身的文化资本，从而在不同的社会场域中进行定位和行动。

资本（Capital）是文化再生产理论中的另一个关键概念。布迪厄扩展了资本的传统定义，强调除了经济资本外，还有文化资本、社会资本和符号资本等形式。布迪厄认为，资本不仅限于经济资本，要全面认识和理解社会世界的结构与功能，必须引入所有形式的资本。① 在当代社会，文化已成为社会生活的核心力量，超越了传统的政治和经济因素。现代政治和经济无法单独解决问题或维持活力，必须依靠文化的大规模介入。② 根据布迪厄的观点，文化资本以三种主要形式存在：嵌入状态的文化资本，即内化的文化资本；客观化的文化资本，即物化的文化资本；体制化的文化资本，即制度化的文化资本，是由体制认可的文化能力资格或证书。③

场域（Field）是指社会中的特定领域或社会空间，如教育、艺术和经济领域。每个场域都有其特定的规则和权力关系，并且在这些场域中，资本的分配和积累会受到不同的社会力量和机制的影响。布迪厄认为，个体和群体在不同场域中的行为和互动是受到其惯习和所持资本的共同影响的。场域对惯习具有制约作用，惯习是某个场域固有特征在个体身体和思维中的内在化。同时，惯习也对场域具有建构作用，它可以赋予场域特定的意义和解释。

符号权力（Symbolic Power）描述了通过文化符号和象征性资源对他人施加影响和支配的能力。这种权力在社会中起到维持社会秩序和权力关系的作用，通过文化认同和价值体系的建构，增强了社会的稳定性和连续性。符号权力使得特定的文化标准和价值观被普遍接受和内化，从而再生产了社会的结构和不平等。

布迪厄的文化再生产理论提供了一个分析社会不平等如何在教育体系中再生产的理论框架。该理论认为，教育不仅是文化资本的传递机制，也是社会阶层不平等的再生产机制。社区教育作为一种重要的教育形式，涉及如何在社区层面实现教育资源的公平分配和机会的平等。同时，文化再生产理论还关注教育政策如何影响文化资本的分布。社区教育中的公平政策，如资源均衡配置、针对弱势群体的支持措施等，直接关系到文化资本的公平分配。④

二、从文化再生产理论探寻成都市社区教育公平取向

布迪厄的文化再生产理论为理解社会结构和教育公平提供了重要的视角。该理论强

---

① 布迪厄，华康德. 实践与反思——反思社会学导引［M］. 李猛，李康，译. 北京：中央编译出版社，1998，160：171—172.

② 高宣扬. 布迪厄的社会理论［M］. 上海：同济大学出版社，2004：14—15.

③ 布尔迪厄. 文化资本与社会炼金术：布尔迪厄访谈录［M］. 包亚明，译. 上海：上海人民出版社，1997：195—200.

④ 马丽华. 公平取向的社区教育：政策影响因素和实践改进路径［J］. 教育发展研究，2019，38（9）：55—62.

调，文化资本在社会再生产中起着关键作用，通过教育系统将社会不平等的文化观念和资源分配传递到下一代。在这一理论框架下，社区教育不仅是知识传授的场所，更是文化资本再生产和社会结构再造的关键环节。近年来，成都在社区教育通过更新文化观念、优化教育资源分配、增强社区参与等多项举措，致力于打破传统社会分层对教育机会的制约，以实现教育公平和社会整合。

（一）更新文化观念，推广终身学习理念

文化观念对教育公平的认知具有深远影响。文化再生产理论强调，教育不仅是知识的传递，更是文化和社会结构再生产的过程。为了提升社区教育的公平性，成都市社区教育更新社区成员对教育的文化观念，推广终身学习理念。

1. 更新文化观念

在成都市社区教育实践中，更新文化观念是推动教育公平的重要基础。布迪厄的文化再生产理论指出，文化观念影响了人们对教育机会的认知和态度。传统的文化观念可能将教育机会的不平等归因于个人的天赋或努力，从而忽视了社会和文化背景对教育公平的影响。成都市社区教育通过一系列文化观念更新活动，旨在改变这种固有的观念，推动居民对教育公平的正确理解。例如，成都东部新区社区学院整合辖区资源，在全区营造出"周周有活动、月月有主题"的文化氛围。通过社区讲座、宣传活动和学习论坛，使居民逐渐树立起正确的教育公平观念，推动了社区的文化再生产。再如，崇州市街子镇定期举办音乐学习和表演，形成"周周音乐会"活动。通过该活动，街子镇的农民展示了自己的艺术才能和文化素养，获得了社会的认可和尊重。这种符号资本的提升增强了参与者的自信心，提升了整个社区的文化形象和社会地位，为当地文化创造了积极的外部评价。居民们通过参与音乐学习和表演，通过持续参与音乐活动，逐渐形成了对文化和艺术的新的认知和价值观，推动了文化观念的更新和进步。

2. 推广终身学习理念

终身学习理念是现代教育的重要组成部分，强调学习不仅限于学校教育阶段，而是贯穿个体的一生。推广终身学习理念，有助于改变传统的教育观念，使人们认识到学习的重要性和必要性，进而促进教育公平地实现。成都通过多种社区教育项目，积极推动终身学习理念的普及，帮助居民树立终身学习的意识，提升其文化资本和社会竞争力。成都市政府制定了《成都市构建和完善覆盖城乡吸纳全民的终身教育体系实施方案》(2013)，为全域成都推进城乡社区教育发展、全民终身教育体系建设做出了指导。推进终身学习成果认证体系、学习者个人终身学习档案，构筑"成都市终身学习教育资源库""成都市民终身学习公共服务平台——蓉 e 学"，建立"夜校""书院""农家书屋""社区书屋""农民夜校"等公共文化服务设施，实施市民终身学习基地"成都全龄学堂"项目、"全国终身学习品牌项目"，为市民终身学习活动提供了多渠道的学习平台。推广终身学习理念，使教育资源更为普及和公平地分配，通过终身学习活动，居民逐渐改变了传统的教育观念，形成积极的学习习惯和思维方式。这种惯习的转变，有助于居民更好地适应社会的发展和变化。

3. 推动学习型社区建设

文化再生产理论认为，教育系统在社会中起到了再生产文化资本的作用，从而影响社会阶层的再生产和变动。成都的学习型社区建设正是通过教育资源的均衡分配和多样化的学习平台，来促进文化资本的公平获取。成都以政府主导、各部门协同的方式推进学习型城市建设。例如在都江堰市根据区域实际，大力推动学习型社区、学习型组织、学习型院落、学习型企业、学习型家庭和 CLC 学习中心的创建。成都通过建立教育资源开放共享机制，构建终身学习服务体系，促进教育资源的均衡分配。例如，金堂县以"学习型社区"创建为载体，构建了各类学习型组织和自主学习团队。成都注重教育品牌项目的培育和推广，以提升社区教育的内涵和质量。例如，新津区建设了多个成都市终身学习品牌项目和市民游学精品孵化基地，培育了一批具有区域特色的教育项目和学习型社区。通过这些多层次、多渠道的学习型社区建设举措，成都旨在有效推动教育公平和社会流动，为广大居民提供优质、便民的学习平台，促进"人人皆学、处处可学、时时能学"的学习型社会建设。这种通过教育资源均衡配置和多样化学习平台建设实现的文化再生产，充分体现了成都市在社区教育公平取向方面的实践和努力。

布迪厄的文化再生产理论强调，通过文化资本的积累，可以在社会中获得更多的资源和权力。成都社区教育通过更新文化观念、推广终身学习理念、推动学习型社区建设等，有助于促进教育公平的实现，增强社区居民对教育资源的利用能力，推动社会的公平与进步。

（二）优化制度设计，保障教育均衡发展

制度是实现教育公平的关键保障。从文化再生产的视角来看，制度安排对教育公平有直接影响。成都市社区教育注重优化制度设计，主要包括完善社区教育政策和法规、建立教育资源保障机制、强化施压教育机构的监督与评估机制。

1. 完善社区教育政策与法规

成都在推动教育公平的过程中，还注重完善社区教育政策和法规，以确保教育资源的合理配置和使用。政策和法规的完善为教育公平提供了制度保障。自 2003 年以来，成都出台了系列加强社区教育的意见和规划等政策文件，明确了社区教育的发展目标、实施步骤和评估标准。如《成都市建设统筹城乡教育综合改革试验区第二阶段总体方案（2013—2017 年）》《成都市关于加快老年教育发展的实施意见》（2018）、《成都市学习型城市建设提升行动计划》（2019）等，推动教育均衡化、终身教育体系建设，并关注老年教育。2022 年，《成都市"十四五"教育发展规划》则强调了继续教育、社区教育和老年教育的发展，并提出加强"15 分钟学习圈"建设，满足各年龄层的学习需求。2024 年 1 月 30 日，成都市市场监督管理局在全国率先发布《成都市社区教育服务规范》，标志着社区教育进入规范化发展新阶段。这些政策文件规定了教育资源的分配原则，为社区教育的规范化和系统化提供了保障；建立了三级社区教育网络，有助于确保教育资源的公平分配和服务覆盖，缩小城乡、区域之间的教育差距，进一步促进了教育公平的实现。

2. 建立教育资源保障机制

建立教育资源保障机制是促进教育公平、减少社会不平等的重要举措。基于知识再生产理论，这一机制不仅传递知识，还能够打破社会结构中的不平等，推动资源的合理分配。成都在这方面着力从理论到实际的有效转化。政策层面，成都出台了《成都市建设统筹城乡教育综合改革试验区第二阶段总体方案（2013—2017 年）》，明确了对薄弱地区的资源支持，尤其是在义务教育和学前教育阶段。财政方面，成都逐年增加对教育经费的投入，特别是向经济欠发达区域倾斜，实现了对各乡镇（街道）社区教育经费的合理分配。这些举措有助于推进城乡教育资源的均衡配置，有效缩小了区域间的教育差距。教育机构建设方面，成都建立了规范化和示范性教育机构的标准，规定了教育机构的功能室和设施标准。市级优质社区教育学校的评估体系，促使全市建设了 30 个市级优质社区教育学校，为其他地区提供了可学习的经验和标准。这种标准化建设有助于提升教育机构的整体水平。成都还通过多渠道投入和平台建设，推动教育资源的整合与共享。成都实施了《成都市社区教育服务规范》（2024），推动教育资源的规范化和共享。通过多渠道的投入机制，包括政府财政、社会捐助和企业资助，为各类教育项目提供了充足的资源支持。这些措施有助于改善教育资源的分配，为社区教育的整体效益提供保障。

3. 强化社区教育机构的监督与评估机制

有效的监督与评估机制是优化制度设计的重要环节。成都建立了系统化的监督机制，对社区教育机构的运作进行定期检查，确保其按照规定的政策和标准执行。这包括对教育质量的评估，涵盖了对教育资源使用的审查。根据《成都市社区教育促进条例》（2017）第 29 条第三款的规定，成都加强了社区教育经费的监督与管理。成都开放大学通过建立多元投入机制，优化财政拨款模式，并强化监督和考核机制来确保经费使用的效益。具体措施包括定期审计和检查经费使用情况，建立科学的考核指标体系，评估资金使用效益，并对违规和失职行为严肃问责，确保经费管理的透明度和高效性。这种监督机制有助于推进教育资源的合理使用，促使社区教育机构不断改进自身的工作，从而减少因制度缺陷造成的教育不平等。

此外，成都通过建立和完善社区教育机构的监督与评估指标体系，加强社区教育的规范化和标准化。这一过程体现了文化再生产理论中的资源再分配和公平性原则。自 20 世纪 90 年代起，成都逐步探索社区教育制度建设，并于 2009 年和 2016 年出台了相应的标准和评估指标，明确了社区教育学校和工作站的功能要求及评估标准。2015 年起，社区教育标准化建设纳入市政府民生工程，每两年进行优质社区教育学校评估。通过这些举措，成都实现了市、县两级建设评估全覆盖，建立了覆盖城乡的社区教育服务体系，有效优化了便民服务的"最后一公里"，推动了教育资源的公平分配和文化资本的积累。

（三）调整教育结构，增强公平实施力度

社区教育的结构调整对于实现教育公平至关重要。依据文化再生产理论，教育结构的失衡会加剧社会不平等。在成都，根据社区的实际需求，对教育结构进行了调整，包括丰富教育课程和培训项目，满足不同群体的学习需求，同时促进教育资源在不同区域和群体间的均衡分配，以形成更加全面和公平的社区教育体系。

1. 推进教育课程与培训项目多样化发展

成都积极推进教育课程和培训项目的多样化，以满足不同社区群体的学习需求，这一举措从文化再生产理论的角度来看，旨在打破传统教育体制中的文化壁垒，提供更多学习机会。首先，成都在各社区设立了丰富多样的课程和培训项目，包括职业技能培训、文化艺术课程、家庭教育指导等。例如，社区教育中心开设了蜀绣、数字技能、外语等课程，涵盖了艺术、科技、职业技能和健康生活等多个领域，以满足居民的多样化学习需求。其次，成都的社区教育项目注重根据不同人群的特定需求进行定制化培训。对老年人而言，提供包括健康管理和智能手机使用的课程，满足老年人的实际需求和兴趣。针对留守儿童，社区提供课外辅导和心理支持，关注留守儿童的学习进步和心理成长。这种有针对性的培训，加强了对弱势群体的支持，有助于促进其社会适应能力和文化资本的积累。此外，成都致力于建设学习型社区，通过建立学习型社区中心和开展社区文化活动等方式，推动学习资源的共享和教育氛围的营造。社区中心定期举办讲座、工作坊和文化节，鼓励居民积极参与学习和交流。这种社区驱动的学习模式有助于提升居民的文化参与度，确保每个居民都能找到适合自己的学习资源，从而促进社区教育的包容性和公平性。

2. 保障弱势群体教育机会

第四次国际学习城市大会（ICLC）期间通过了《麦德林宣言》，强调"包容"是终身学习和可持续城市发展的核心原则，主张通过全面改革教育系统，实现全民学习，并特别保障弱势群体的学习机会。[①] 社区教育需要坚持公益性原则，使社区教育资源向弱势群体倾斜成为社区教育制度的核心伦理。在成都社区教育中，特别注重通过具体措施进行有针对性的辅导和支持，帮助这些群体重新认识教育的价值和自身的潜力，积累文化资本，提升社会适应能力。例如，成都东部新区"周末课堂"发展成为一个全方位提升留守儿童文化素养、厚植家国情怀的基层文化平台；都江堰市幸福街道彩虹社区为高龄独居老人及特殊人群开展助老服务；成都东部新区、邛崃市大力开展新型职业农民培训，留守儿童、老人和残疾人培训，下岗职工再就业；郫都区打造三级蜀绣学 Yuan，通过提供学习机会，着力解决农村妇女居家就业、留守老人创收、残疾人掌握一技之长等问题。这些举措通过文化再生产理论的视角，有助于改变弱势群体的文化资本状况，从而在更广泛的社会环境中实现公平教育和社会支持。

3. 加强教育资源优质均衡配置

在成都，教育资源的公平分配是实现教育公平的重要步骤。文化再生产理论认为，教育资源的分配直接影响着文化资本的积累和社会阶层的再生产。成都通过增加对教育资源的投入，尤其是在经济较为薄弱的社区，显著提高了资源的分配公平性。自 2003 年以来，成都通过统筹城乡的思路和办法，开展城乡教育一体化实践，从文化再生产理

---

① 朱敏. 包容是终身学习与可持续城市发展的基本原则——第四届国际学习型城市大会成果《麦德林宣言》解读 [J]. 终身教育研究，2019，30（6）：3—9，11

论的角度来看，这一举措体现了对教育资源的优化再分配和文化资本的公平积累。成都市以政府投入为主体，通过均衡配置资源、完善制度机制，缩小城乡社区教育差距，并强化县级政府责任和扩大市域统筹资源。同时，成都市政府加大了对社区教育中心的财政支持，特别是在教育设施建设、师资培训和课程开发等方面。例如崇州市自2010年起，将社区教育经费纳入财政预算，至2023年，市财政投入67万元，乡镇（街道）人均投入接近或达到1元标准，部分村（社区）已达到2元标准，初步建立了社区教育经费保障运作机制。这种资金投入有助于改善教育环境，提升教育服务的质量，为各类居民提供了更加公平的教育机会，缩小了城乡区域和经济条件之间的教育资源差距，从而减少社会阶层的再生产现象。

成都通过丰富课程和培训项目，保障弱势群体教育机会，加强教育资源均衡发展等调整教育结构的举措，改善教育服务质量，促进文化资本的再生产和社会结构的合理化，为建设一个更加公平和包容的社区教育体系奠定了坚实的基础。

成都在推动学习型社区建设中，采取更新文化观念、推广终身学习理念、优化制度设计、保障教育均衡发展和调整教育结构等多项举措，旨在打破传统社会分层对教育机会的限制，推动教育资源的公平分配和社会整合，提升居民的文化资本和社会竞争力，最终实现教育公平和社会的可持续发展。

三、成都市社区教育公平推进的成效

根据布迪厄的文化资本再生产理论，社区教育的公平推进不仅仅是资源的分配问题，更涉及如何通过教育实践改变文化资本的分布，从而影响社会结构的再生产。在成都，社区教育公平推进的成效可以从以下几个方面体现出来。

（一）提升社区居民的文化资本

通过公平的教育资源分配和课程设置，成都市社区教育有效提升了居民的文化资本。文化资本包括知识、技能和教育程度等，它直接影响着个体在社会中的地位和机会。成都通过提供多样化的教育课程和培训项目，使不同背景的居民能够获得更多的学习机会，从而增强了他们的文化资本。这种提升改善了个人的生活质量，促进了整个社区的社会流动性。

1. 增强居民的知识储备

在成都市社区教育实践中，通过系统化的课程设置和多样化的教育形式，社区居民的知识储备得到了显著增强。例如，双流区通过"瞿上生活美学"课堂提供了丰富的线上线下课程，涵盖古法造纸、国画、摄影等50多门课程，极大地丰富了市民的知识储备，参与学习和受益的市民达160万人次。这些课程为社区居民提供了获取知识的机会，促进了他们对传统文化和现代技能的理解和掌握。

2. 提高居民的文化素养

成都市社区教育课程覆盖了从基础教育到职业技能培训的广泛领域，旨在满足不同群体的学习需求。通过丰富的课程设置，居民能够根据个人兴趣和职业需求选择适合自己的学习项目。例如，成都东部新区的"周末课堂"发展成为一个全方位提升留守儿童文化素养的平台。通过定期举办文化讲座、艺术展览和读书活动，居民的文化素养得到了显著提高。"最成都·市民课堂"每年开设 2000 余门课程，市民参与实体课堂量达到 1200 多万人次。通过这种方式，社区教育不仅传播了知识，还提升了居民的文化素养，促进了文化自信和文化认同。

3. 增强居民的社会竞争力

职业技能培训是成都市社区教育的一项重点实践，这些培训项目帮助居民掌握实用技能，提高了其就业能力和社会竞争力。通过针对性的职业技能培训，居民能够获得市场所需的专业技能，如现代制造技术、信息技术应用等，这增强了居民的劳动市场适应能力和就业机会。例如，社区教育中心与本地企业合作，开展了技能认证和实习机会，使居民能够在实际工作中应用所学知识。都江堰市幸福街道彩虹社区建立"助老通"服务系统，增强了老年人的社会参与感和社会适应能力。此外，成都各区积极开展新型职业农民培训、下岗职工再就业等项目，帮助居民掌握新的技能，提升就业竞争力。这种培训提升了个人的文化资本，为居民的职业发展提供了更广阔的空间，从而在社会中形成了更加积极的竞争力。

这些实践案例表明，成都市社区教育在提升社区居民的文化资本方面取得了显著成效，通过丰富的课程设置和多样的教育形式，增强了居民的知识储备、文化素养和社会竞争力。

（二）增强社会认同与文化参与

成都市社区教育的公平推进加强了社区成员的社会认同感和文化参与感。这种增强的社会认同感有助于打破传统的社会阶层和文化隔阂，使更多的人能够融入社会主流，减少了文化资本的不平等再生产。

1. 提升社区成员的社区认同感

成都市社区教育通过组织丰富的文化交流活动，有效促进了居民的社区认同感。这些活动包括地方传统节日庆典、文化艺术展览和社区文化论坛等，旨在增进居民之间的文化交流与理解。例如，锦江区以青少年社区教育为对象的"五大工程"，龙泉驿区挖掘乡土文化打造地域品牌"柏合草编文化传承"，新津区依托水韵科普读书协会建设"新津水韵书会"项目等。这些活动焕发了社区教育的生命力，有效加深了社区成员对本地文化的认同。这种认同感的增强，有助于建立更紧密的社区关系和提升集体意识，从而在文化认同的基础上形成了更强的社区凝聚力。在布迪厄的文化再生产理论框架下，这些社区教育活动有助于文化资本的积累，减少社会阶层和文化隔阂，促进社会文化的再生产。文化活动通过改变参与者的惯习，帮助社区成员形成积极的文化认同，从而推动整个社区的文化氛围向更加积极和认同社会价值的方向发展。

2. 提升文化活动的参与度

成都市通过一系列文化活动如讲座、展览、比赛等，极大地提升了社区居民参与文化活动的积极性。例如，都江堰市幸福街道彩虹社区的"助老通"服务系统，为高龄独居老人及特殊人群提供了多种助老服务。这些服务解决了老年人在生活中的实际困难，为老年人提供了参与社区文化活动的机会，同时也增强了他们的社会参与感。成都市终身学习品牌"武悦银龄"让社区群众主动感受体验喜悦，主动参与。根据文化再生产理论，这些文化活动有助于将文化资本转化为社会资本，使社区成员在文化活动中获得认同和支持，从而进一步促进他们参与更多的文化和社会活动，提升整体文化参与度。

3. 增强社区互动与合作

社区教育活动在增强社区互动与合作方面也取得了显著成效。例如，郫都区通过打造三级蜀绣学苑，解决了农村妇女居家就业的问题，通过社区教育实现了老人创收、残疾人掌握技能等目标。这些举措改善了弱势群体的生活状况，且通过社区教育平台增强了社区成员之间的互动与合作。金牛区社区教育学院和邛崃市社区教育学院每年召开联席会议并互访，双方重点围绕"金邛互动发展联盟年度发展计划"进行深入探讨，在"以城带乡""城乡互动""资源共享""联盟发展"等方面达成共识。在布迪厄的文化生产理论视角下，这些互动与合作是文化资本的一部分，通过社区教育的实践，居民在日常生活中不断积累文化资本，提升了社会资本，从而实现了社区成员之间更紧密地联系和合作，促进了社区的整体和谐与发展。

成都市社区教育在增强社区成员的社会认同与文化参与方面取得了显著成效，提升了居民的文化素养和社会参与度，增强了社区成员之间的互动和合作。这些成效体现了文化再生产理论中关于文化认同和参与的重要性，使社区教育真正成为推动社会公平和文化再生产的重要力量。

（三）促进社会结构的优化

成都社区教育实践通过文化资本的公平分配，促进了社会结构的优化和教育机会的平等。通过加强对弱势群体的教育支持和资源投入，推动了社会结构的更公平和合理地优化。

1. 促进弱势群体的社会融入

成都市社区教育通过多种形式的教育支持，促进了社会中弱势群体的有效融入。近年来，成都在中心城区，大力推进院落学习、楼组学习，形成便民、惠民学习圈；在近郊区（市）县，大力开展新市民教育；在远郊区（市）县，大力开展农村职业教育和技能培训，提高劳动力素质和经济收入。此外，许多社区教育中心特别设立了针对低收入家庭、残疾人和老年人的教育项目，这些项目包括基础技能培训、职业教育和社会服务等。例如，锦江区组建"和善嬢嬢志愿队"针对辖区高龄、残疾、低保等特殊人群，开展"绿丝带"帮扶活动，结对帮扶老人开启了"邻里守望"的模式。通过这些教育支持，弱势群体获得了必要的知识和技能，且得到了融入社会的机会。这一群体在活动中找到自身的位置，生活质量和社会参与度也得以提高，从而减少了因社会资本不足而导致的边缘化现象。教育支持的有效性反映了文化再生产理论中关于教育如何改变社会结构的重要观点，即通过教育资源的提供，促进社会的公平与融入。

2. 缩小城乡和区域教育差距

在成都，社区教育的实践注重资源的公平分配，确保各个社区都能获得必要的教育资源。这种公平分配直接促进了居民文化资本的增长。通过合理配置教育资源，尤其是在资源相对匮乏的地区，社区教育使所有居民都有机会接受优质教育，提升了其知识水平和技能。成都通过平等化教育机会，推动了社会结构的优化和调整。社区教育实施了各种措施，如减少城乡差距、提升贫困地区的教育资源配置等，确保了不同社会群体均能获得公平的教育机会。成都秉持"全域成都"的理念，将义务教育均衡发展的成功经验和做法延伸至学前教育、高中阶段教育及终身教育两端。在强化县级政府责任的同时，市域统筹不断扩展可调控资源，努力推动全域成都教育的优质均衡发展。布迪厄的文化再生产理论强调，教育资源的公平分配能够提升个体的文化资本，进而改变其社会地位。这种平等化的教育机会，改善了原本存在的教育不平等，推动了社会结构的合理调整。

　　3. 促进教育资源的持续优化

　　成都在教育资源持续优化方面取得了显著成效。首先，政策引导和制度设计方面，通过实施如《关于统筹推进城乡义务教育一体化促进全域优质均衡发展的实施意见》和《关于进一步深化区域教育联盟发展的意见》等政策，打破了城乡和区域之间的教育资源壁垒，实现了优质资源的共享与流动。这些政策有效缩小了城乡教育差距，提升了资源的均衡分配，推动了教育公平的实现。其次，通过建立和完善教育机构以及开展"能者为师"行动，成都市在专业化教育服务方面取得了显著进展，增强了老年教育和社区学习点的建设，提升了教育服务的质量和覆盖面。最后，聚焦典型特色，成都促进了优质课程的持续发展，使居民能够享受到多样化的学习机会。这些优质课程的推广提高了社区居民的文化资本和社会竞争力，优化了教育资源配置，进一步提升了教育服务的整体效果。

　　成都市社区教育在优化教育机会与社会结构方面通过教育支持的实施、教育机会的平等化以及社会结构的优化，社区教育改善了社会中弱势群体的融入情况，缩小了城乡和区域教育差距，促进了教育资源的持续优化，进而推动了社会结构的公平调整。

第二部分

区（市）县实践

全龄终身学习

金牛区
构建"金牛道·全龄学"终身学习服务体系

一、发展综述

金牛区委、区政府历来高度重视全区社区教育发展和终身学习氛围营造。自 2014 年成立区社区教育学院以来，金牛区秉"交子故里、大道金牛"文脉，坚持"学惠金牛、文润社区"办学理念，以"体制机制创新之道、资源供给多元之道、品质发展保障之道、成就生命价值之道和品质发展传播之道"为抓手，以"终身教育全龄学"和"社区教育融入社区治理"理念持续发力"一老一小"和家庭教育等社区教育热点，基本构建起从早期教育到老年教育全龄覆盖全龄友好的"金牛道·全龄学"终身学习服务体系。金牛区 2017 年建立学习型城市建设与社区教育联席会议制度。现已形成区社区早期教育学院、区老年开放大学、区家长学校等 7 个二级学院的"1＋7＋N"的"一校多点"办学格局和 1 所社区教育学院（老年开放大学）、13 所街道社区教育学校（老年教育学校）、90 个社区教育工作站（老年教育教学点）的"1＋13＋90"的双三级办学网络体系，创新发展成都市社区教育办学体系独有的新型终身教育样态。

二、经验做法

（一）关注"一老一小"，社区教育服务高质高效

聚焦"一老一小"，在老年教育、早期教育和青少年家庭教育等社会热点领域培育出"金牛道·银龄学""慧育之家·金牛早教"等四个全国终身学习品牌，通过品牌培育与推广，有效推进全民终身学习，促进社区治理与发展。

2018 年成立全省首个社区早期教育学院，旨在补齐 0～3 岁早期教育短板，完善全龄学终身学习体系构建，打造社区百姓家门口专业、优质、普惠的早教服务圈，助力全

区0~3岁婴幼儿家庭科学育儿。通过联动高校专业力量，整合区教育、卫健、妇联、街道、关工委等部门资源，围绕理念创新、机制协同、多元主体、课程实施全方位构建"1+4+N"（一套运行机制、四套阵地与师资培养体系、N种多元服务模式）的社区早教服务金牛模式。通过不断的探索与实践，抓实、做精、创优，力求做到实践有"深度"，服务有"温度"，品牌有"亮度"，打造了国家级品牌项目"慧育之家·金牛早教"，每年服务人次达3万以上，让公益早教真正走进了社区，服务于婴幼儿健康成长。

2019年，成立金牛区家长学校，坚持"立德树人，家校社共育"理念，通过购买社会服务、自主开展活动等方式，解决家长在家庭教育方面的"急难愁盼"问题，助力"家校社"协同育人。通过建机制，强统筹；建阵地，强网络；建队伍，强支撑；建课程，强内涵；抓科研，促发展等方式培育以"2+3专·家伴成长"为主题的"花语讲堂"，以"生涯规划教育"为主题的"茶社讲坛"，以"公益善行"为主题的"亲子学堂"等特色项目。开展心理健康、隔代教育、家教方法、亲子实践等"线下+线上"活动2600余场，受益教师、家长160余万人次。"家庭教育家长培训服务项目""'成渝汉甬'携手·共育美好未来"家庭教育项目荣获全国终身学习品牌项目。

2020年，在全省率先成立由区社区教育学院举办的二级事业单位——金牛区老年开放大学。聚合队伍力量实现"老有所获"，加快老年教育专家库、师资库、志愿者队伍建设，打造了具有区域特色的茶店子桌上冰壶、金泉抖空竹等特色课程。聚合社会之力服务"老有所学"，整合辖区内高校、职业院校、大型企业、社区日间照料中心等场所扩大办学点位，开展形式多样的老年教育。聚合老人优势助力"老有所为"，开展"银龄行动"，组建"五老"志愿者队伍，打造老年教育名师工作室，促进老人参与社区发展治理。以"三聚合"工作法构建了"金牛道·银龄学"新时代高质量老年教育服务体系，构建起公办主导、社会组织参与的老年教育新形态。

（二）科研引领发展，社区教育课程覆盖全龄

近年来，开展包含儿童友善、早教服务、老年教育等国家、省、市级课题研究15项，在科研引领下，大力推进社区教育课程与校本教材开发建设，先后建成33个门类90多个专业的课程。以提高社区0~3岁婴幼儿家庭照护人科学育儿水平为目的，构建金牛区社区0~3岁婴幼儿照护人学习课程体系和早期教育指导师课程体系。围绕"了解孩子、家长成长、亲子关系"等五方面，构建"一干多支 五力共振"家庭教育课程体系。围绕老年与尊严、老年与学习、老年与健康开发10类100余门老年教育课程，推动建设80门区域老年教育通识教材和系列智慧助老微课程。围绕"科创、传统文化、非遗体验"等方面构建社区雏鹰公益课程。开发《人民调解案例工作法》《社区治理筑院落友善》《传统文化与社区教育》等特色读本教材30余本。

三、特色亮点

（一）"一改两建"创新老年教育

2019年，通过"一改两建"构建了由教育统一主管、多部门协同的"主体明确、

覆盖广泛、特色鲜明、规范有序、保障有力"的老年教育新局面。

1. 首创性"一改"

全省首创将老年教育职能整体划转教育牵头、将老年教育纳入终身教育体系建设。全省首创由社区教育学院举办老年大学、全省首创成立老年开放大学主责区域老年教育，在 2020 年正式成立由区社区教育学院举办二级事业单位——金牛区老年开放大学。

2. 创造性"两建"

一是建设教育主导、保障到位的管理服务体系。建设区级老年教育三级网络教学管理制度，建成了市级标准化街道老年教育学校 13 所。建设教育牵头的 20 多个部门和 13 个街道主体协同的聚合服务模式。二是建设资源多元、学习形式多样的学习服务体系。通过街道社区同步办学和购买服务等方式建设区域"10 分钟老年教育生态服务圈"，线上线下参学量上升到 120 万人次。建设公办主体、民办辅助、社会参与的老年教育服务新样态，建设起楼宇老年大学等新型学习实践阵地，培育出"金牛道·银龄学"全国终身学习品牌。建设智慧学习场景，率先建成市域 5G 智慧校园，国家老年远程教育实验区。

（二）"三推广"助力早期教育

秉持"政府主导、社会参与、公益普惠、专业引领、因地制宜"五大原则，坚持"三推广"做法，广泛开展社区婴幼儿家庭教育服务工作，建成了一个集教育示范、业务指导、理论研究、师资培训、课程开发于一体的"慧育之家·金牛早教"特色品牌。

1. 多元模式推广

探索社区早教多元服务供给模式，营造"文化主题活动"早教服务模式、多途径婴幼儿照护人学习课堂早教服务模式、婴幼一体化幼儿园早教服务模式、"能者为师"志愿者早教服务模式、"医教＋"早教服务模式和"互联网＋"早教服务模式，呈现出服务主体、形式、内容、场地和对象的多元化、覆盖广、可推广、花费少的特点，满足社区婴幼儿家庭科学育儿多元化需求。

2. 专题项目推广

为满足婴幼儿及家庭多元学习需求，先后培养五批共 380 余名社区早教指导师，推出了"金种子"社区早教服务支持行动、"绿道上的亲子时光"社区营造主题活动、"慧育·亲子成长"社区协同服务等专题项目，各项目点位常态化提供线上线下同步课程 200 余场。

3. 公益服务推广

目前，全区 53 个社区早教指导站（分中心）、4 个中心，社区早教学院、示范幼儿园、社区卫生服务中心、妇幼保健院等，每年面向社区婴幼儿家庭开展公益早教服务不少于 8 次，线上线下开展公益早教服务活动不少于 400 场。

四、典型案例

【案例一】

"花语讲堂"扎根社区，创新开展家庭教育

为优化我区家庭教育服务网络体系，提高家庭教育在社区的覆盖面，2021年通过整合学校、社区、部门、社会等多方资源，以"专·家伴成长"为主题，以"智慧家长成长训练营"建设为抓手，以"家长分享＋专家点评＋留言信箱"为载体，联合花照壁社区，共同打造了兼具"老百姓自己的讲堂，家长获取家庭教育经验的学堂，家庭教育专家传授知识的课堂"多重功能的社区家庭教育指导服务。

一是形式多样更可及。"花语讲堂"打破传统教学方式，融讲座、沙龙、角色扮演、团辅等于一体的2位专家和3位家长志愿者分享的"2＋3专·家伴成长"活动形式，增强互动性及共情性。二是内容多维更持续。围绕家长成长、隔代教育等内容，形成聘专家、赠丛书、讲法规、享经验、专家评、专题讲、现场答、建立群及智慧家长成长训练营和设专家答疑信箱等贯穿始终的"十环节"。三是场景多元更亲民。"花语讲堂"活动在学校、社区、地标性建筑的公共活动空间、小区活动中心等地开展，在居民的家边、身边，让家庭教育更可感、可及。除了中国公民，还邀请了外国友人来参加，实现"多人群、多地域"的多元服务与文化融合。

"花语讲堂"模式创新复制出"茶社讲坛""亲子学堂"等项目，惠及全区13个街道1万余个家庭。《"2＋3专·家伴成长，和美家庭·花语讲堂项目"》入选教育部"能者为师"实践创新项目。花照壁社区依托"花语讲堂"，打造"花语会客厅"，被成都市委、市政府命名为第一批成都市儿童友好示范单位，"花语讲堂"已成为花照壁社区治理的一张名片。

在成都生态文明建设主题展馆初心馆开展亲子实践活动

【案例二】

聚焦儿童发展，建设儿童友善社区

2013 年，金牛区被评为四川省唯一一个贯彻落实《3—6 岁儿童学习与发展指南》的区县级实验区，提出了构建"儿童友善社区"的发展思路。通过整合部门、街道、学校等多方资源，以课题研究、环境创设、活动组织等方式，"教育理论＋实体建设"两轮驱动，推进友善社区建设。

一是科研引领建标准。2015 年金牛区"'儿童友善社区'建设的实践研究"被确定为"四川学前教育发展研究中心"省级重点课题（于 2020 年 12 月结题），在科研引领下，制定《成都市金牛区儿童友善社区设置标准》《金牛区儿童友善社区建设评估指标体系》等。二是阵地建设增内涵。青羊北路社区、新桥社区等对社区儿童之家全面提档升级，增设儿童维权站点、童心坊等功能区，可供开展科普、文体等活动。整合省妇女儿童教育中心、市 SOS 国际儿童村、星心萌等资源共同开展"儿童友善安全联盟""国际儿童友好社区""儿童友善家园"等儿童友善主阵地的建设。三是活动丰富扩供给。各街道社区开展"社区假日学校""四点半乐园""社区雏鹰"等公益活动。如花照壁社区策划"爱上不完美"助残品牌，开展"做勇敢的女孩"资助行动等，让儿童友善全面普及。

金牛区儿童友善社区建设工作在四川科教频道等各级各类媒体报道 15 次，《成都市金牛区：建设儿童友善社区》在《社区天地》发表，出版《"儿童友善社区"建设的实践探索》。

花照壁社区开展"童声"议事·"童行"参与活动

龙泉驿区

持续推进"尚学龙泉"品牌模式，服务学习型社区建设

龙泉驿区是成都国家级经济技术开发区，国家新型工业化汽车产业示范基地，"全国社区教育示范区""全国社区教育数字化学习先行区"。辖区面积 557 平方公里，辖 7 街道、3 个镇，有 80 个社区、43 个村，常住人口 135.6 万人。2015 年来，龙泉驿区以"尚学龙泉"品牌及模式内涵建设为抓手，主动作为，创新实践，优化机制，培育队伍，整合资源，开展服务学习型社区建设，已经形成具有龙泉驿区域特色的社区教育品牌及模式，在全国独树一帜，取得显著成效。

一、尚学龙泉·品牌

"尚学龙泉"是成都市龙泉驿区开展社区教育，服务全民终身学习，推进学习型城市建设，促进城乡社区发展治理的旗帜和品牌，是"尚学、乐学、善学"核心价值观的概括。

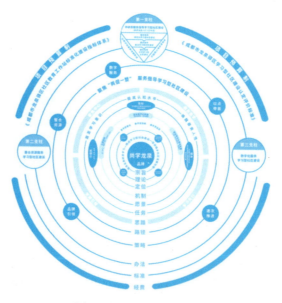

成都·尚学龙泉品牌模式图

二、尚学龙泉·模式

（一）尚学龙泉·宗旨

服务全民终身学习，推进学习型社会建设，促进城乡社区发展治理。

（二）尚学龙泉·理论

遵循教育家陶行知的生活教育理论和"721"学习法则，秉持杜威和泰勒的"课程即活动"观，借鉴《第五项修炼》的操作实务，构建起尚学龙泉模式的理论依据。

社区教育的三大支柱学科：教育学、管理学、社会学。"课程即活动"观：包括隐性课程、实践课程、活动课程和文化课程。

教材开发的最好方式：学习型团队的学习成果汇编成册，成为其他同类学习型团队学习的参考"教材"。

（三）尚学龙泉·定位

"两促一塑"：善学促善治、善学促创新、善学塑品质。

（四）尚学龙泉·机制

三级网络：区级社区教育中心—街道社区教育学校—社区（村）社区教育工作站。

区社教中心的职能：学研员对全民终身学习活动开展研究、指导、服务工作。"学研员"是龙泉驿区社区教育中心工作人员职能角色的专业名称，与区教科院服务基础教育的"教研员"相对应，是全民终身学习活动的研究员、组织员和学习型社区建设的教练员。

区社区教育中心单位的性质：公益一类事业单位，全员管理岗设置，参照行政机关管理。

（五）尚学龙泉·愿景

目标：创全国社区教育向社区学习转型的典范。
价值观：尚学、乐学、善学。
使命：为探索中国式现代化社区教育模式贡献成都龙泉驿区的智慧和力量。

（六）尚学龙泉·任务

激发居民的学习意识，提高认知水平，唤醒善良人性。

（七）尚学龙泉·思路

党建引领，聚焦中心，服务需求，学习先行。

（八）尚学龙泉·路径

聚焦"两促一塑"，服务指导学习型社区建设。

（九）尚学龙泉·策略

品牌引领，整合资源，数字服务，以点带面，递次推进。

（十）尚学龙泉·办法（三大支柱）

1. 学研员服务指导学习型社区建设

学研员深入社区教育校（站），以推动社区教育全覆盖和"一校一特，一站一品"为目标，以"品牌引领、以点带面、递次推进"为策略，按照"尚学龙泉·1573工作法"服务指导规范、重点、示范学习型社区建设和培育特色学习型团队（品牌项目建设），提升市民综合素质，服务人的全面发展，促进城乡社区发展治理，创全国学研员服务学习型社区建设的典范。"学研员"是学习型社区建设的"教练员"，学习型的"两委"和社区居民是学习型社区建设的"运动员"。其中，尚学龙泉·1573工作法是指统一理念、落实五项工作、"七要素"上墙、实现三方获益。

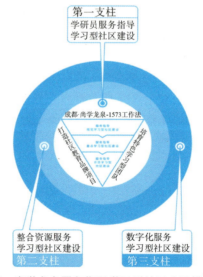

成都·尚学龙泉服务指导学习型社区建设模式图

成都·尚学龙泉·1573工作法

一是统一理念。引导社区两委树立学习型社区建设是创新推动城乡社区发展治理的重要途径的理念认识。也就是引导社区两委认同以全体社区居民的主动学习、终身学习作为搞好社区建设各项工作的前提、基础和关键环节的理念认识。

二是落实五项工作。营造学习氛围、丰富学习资源、培育"六主题"学习型团队、开展学习活动、学以致用。

营造学习氛围是基础；丰富学习资源前提；培育"六主题"学习型团队是核心和关键，尤其是培育学习型"两委"；开展学习活动是重点；学以致用是根本和灵魂。

营造学习氛围：大力宣传全民终身学习的目的意义和重要性；开展社区教育表彰活动，落实"七要素"上墙，用居民身边尚学、乐学、善学典型的人和事进行引导宣传。

丰富学习资源：一是丰富硬件学习资源，努力保障全民终身学习的场地、设施设备等；二是丰富软件学习资源，建立社区学习资源库、专家库、能者为师库、志愿者库等。

培育"六主题"学习型团队：是指基层组织建设学习型团队、社区自治学习型团队、创业就业学习型团队、幸福生活学习型团队、健康成长学习型团队、数字化生活学习型团队。

开展学习内容：除文化艺术、休闲健身等幸福生活主题内容外，更加注重城乡社区发展治理急切想解决的问题、实现的目标需要学习的社区自治主题的内容；更加关注城乡居民生活、工作中急切想解决的问题和实现的目标需要学习的创业就业主题、健康成长主题、数字化生活主题等内容。

"学以致用"：是落实"尚学龙泉·任务"的关键环节。一是"为用而学"，选择学习内容。二是"学了即用"，形成系统思维。居民在学用知识解决问题中改变"心智模式"，养成"知行合一"，形成"系统思考"，实现"自我超越"。三是"成果分享"，唤醒善良人性。用学习成果的分享去关爱社区的弱势群体，拓展学习活动，从而唤醒居民善良的"人性"，激发公益心和培育公民精神，促进城乡社区发展治理。

三是"七要素"上墙。将优秀学习型团队的"七要素"上墙进行宣传展示，用身边的人和事营造学习氛围。

学习型团队"七要素"：是指尚学龙泉 Logo、团队名称、团队成员、团队制度、学习计划、学习活动、学以致用的图片。

四是实现三方获益。市民素质大提升，社区教育有活力，社区治理显成效。

2. 整合资源服务学习型社区建设

龙泉驿区社教中心按照 3+3+N 模式（3 条路径＋3 个主题＋N 个项目）开展整合资源服务学习型社区建设。

3 条路径：一是政府购买服务；二是整合职能部门资源；三是政府、企业和居民商业融合模式。让专业的人做专业的事，凝智聚力，开展研究培训、服务指导等活动，服务人的全面发展，促进城乡社区发展治理，创全国资源整合服务学习型社区建设的典范。

3 个主题：家庭教育服务，中华优秀文化宣传教育，创新创业教育。

N 个项目：3 条路径 3 个主题下的若干个项目。

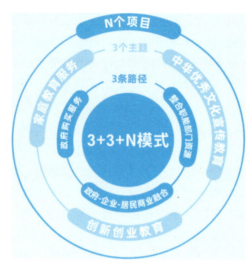

成都·尚学龙泉整合资源服务学习型社区建设

3. 数字化服务学习型社区建设

龙泉驿区社教中心通过数字化平台建设，服务市民个性化学习需求，提升市民素质，促进城乡社区发展治理，创西部数字化学习服务的典范。

三网融合：成都·尚学龙泉网、App 与微信三网相融合。

成都·尚学龙泉数字化服务学习型社区建设

目前，免费向市民提供 4800 门数字化课程，已注册近 12 万市民，访问量 1500 余万次。

（十一）尚学龙泉·标准

《成都市龙泉驿区学习型社区建设认定评价标准》

《成都市龙泉驿区社区教育工作站标准化建设指标体系》

（十二）尚学龙泉·经费

项目预算制。每年先谋划社区教育项目，经科学性、系统性、可行性、成效性论证后，由龙泉驿区教育局审批预算专项经费。

三、尚学龙泉·成效

龙泉驿区被教育部评为"全国社区教育示范区"，被四川省教育厅评为"四川省社区教育示范区"，龙泉驿区社教中心被教育部和全国妇联评为"全国家庭教育创新实践基地"，被中成协评为"全国乡土课程开发先进集体""学习型单位"，被四川省社教服务指导中心评为"优秀成人继续教育院校"，被成都市教育局评为"成都市社区教育先进集体"；被中成协评为"数字化学习先行区"；成都·尚学龙泉网被中成协推荐为全国10大数字化终身学习平台。

先后有《中国教育报》《四川日报》《新城乡》《社区教育》等报刊专题介绍尚学龙泉品牌及模式。截至2024年7月，全国各地社区教育同仁来访考察110余次，共计2300余人。

龙泉驿区社教中心成功服务指导：创建国家级社区教育示范街道3个，市级优质社区教育学校3所，市级标准化老年教育学校10所，市级规范化社区教育学校10所，示范社区教育工作站27个，市级示范学习型社区11个，市级学习型社区27个。全区社区教育每年服务市民76余万人次，满意度达86%以上。

"尚学龙泉·社区家庭教育""尚学龙泉·社区雏鹰创新教育""尚学龙泉·应急救护安全教育"和"尚学龙泉·社区夜话"荣获全国"终身学习品牌项目"荣誉称号；"尚学龙泉·爱心环保达人"荣获全国社区教育"能者为师"推介典型案例；"尚学龙泉·中医药文化宣传教育""尚学龙泉·柏合草编""尚学龙泉·蜗牛家园"项目荣获成都市"终身学习品牌"项目荣誉称号；"尚学龙泉·中医药文化宣传教育"还荣获成都市社治委、商务局"成都社区生活服务好项目"荣誉称号。

四、尚学龙泉·典型案例

【案例一】

尚学龙泉·社区夜话

"尚学龙泉·社区夜话"是在龙泉驿区委社治委和区社教中心指导下，从2019年9月开始，全区123个社区教育工作站发挥社区学习领袖的示范引领作用，激发和引导居民自我教育、相互学习的社区教育大课堂。大课堂按照"一月一社区一主题"的形式，用"讲社区故事、汇居民声音、谋社区发展"为主线，搭建居民相互学习和党群零距离"连心桥"平台，引导居民参与社区学习和自治活动。大课堂开展五年来有近6万多人次居民参与。课堂充分发掘社区的教育资源，用身边的人和事教育引领社区居民"四自"能力提升，促进社区共建、共治、共享格局的形成，是社区教育深度融入城乡社区发展治理的生动实践。

龙泉街道魏家街社区夜话现场

【案例二】

尚学龙泉·爱心环保达人

龙泉驿区大面街道五星社区是农村拆迁安置社区，现有居民 3 万余人。在龙泉驿区社教中心的指导下，五星社区教育工作站聚焦安置社区居民"生态环保意识、文明生活习惯养成"主题，培育爱心环保达人学习型团队（品牌项目），学习宣传垃圾分类，学习餐厨垃圾如何发酵成酵素，将酵素用于豆芽等栽培，再把学习成果酵素、豆芽等分享给社区的弱势群体；学习用废弃瓶罐等材料制作手工作品；收集居民的废旧衣物，经消毒处理捐献给贫困地区儿童等。截至目前，共开展讲座 21 场，大型主题活动 13 场，学习制作酵素 1500 公斤，开展爱心捐赠 5 次，慰问社区弱势群体 47 人，参与居民达 1.5 万人次。先后受到中国网、四川电视台、成都电视台等报道 11 次；27 个省市 347 人次来参观考察。项目是落实"学以致用"，实现"尚学龙泉·任务"的典型案例。

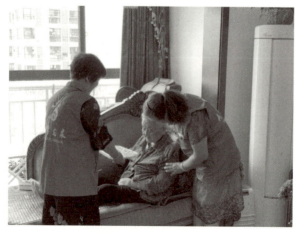

"学以致用"分享学习成果

新津区
培育社区教育品牌，建设学习型新津

一、发展概述

成都市新津区位于成都南部，辖区面积 330 平方公里，辖 4 个街道、4 个镇，总人口 42 万，连续 6 年位居全省十强县行列，被评为四川省县域经济发展先进县、四川省乡村振兴战略先进区。新津教育聚焦人民幸福美好生活需求，大力实施"优教新津"行动。新津积极探索和完善社区教育运行模式，不断丰富社区教育活动，培育社区教育品牌，逐步形成"一镇一品、一社一特"的社区教育发展新格局，助力新津学习型城市建设。

二、品牌建设

2018 年起，新津区确立以培育社区教育品牌促进社区教育发展的工作思路，社区教育品牌建设走上了快速发展的阶段。"绳编学习坊"获评成都市 2018 年终身学习品牌，"绳编"课程分别被评为国家级和市级"能者为师"特色课程，《"绳编"助力乡村振兴》案例被评为国家级和市级"能者为师"优质典型案例。"水韵书会"获评成都市2019 年终身学习品牌，新津区水韵科普读书协会被评为四川省第一批优秀基层学习型组织。"新津剪纸"获评成都市 2020 年终身学习品牌，《剪纸》读本被评为 2021 成都市社区教育（老年教育）特色读本，2022 年"新津剪纸"被教育部列为全国首批社区教育创新项目。"小橘灯朗读吧"获评成都市 2022 年终身学习品牌，同年 10 月被中成协评为"终身学习品牌项目"。"风雅艺术"获评成都市 2023 年终身学习品牌。2022 年新津区被授予国家级"家校社共育实践区"，2023 年新津区在第六届中国家长大会作经验交流。新津区社区教育学院被评为"成都市社区教育先进集体"，被中成协确定为第一批学习共同体试验点。"老年人如何使用微信"被中国成人教育协会评为 2024 年社区教育品牌课程。

三、经验做法

（一）建立外部保障机制

1. 建立健全管理机制

新津区社区教育学院成立了社区教育品牌建设办公室，负责品牌的建设、运行、评估、宣传推广等事务。区社区教育学院组织各街道负责人、社区学校负责人、社区教育专干集体讨论制定了社区教育品牌建设相关制度，为新津区社区教育品牌建设打下坚实基础。

2. 保障运行经费投入

新津区设立了社区教育品牌建设专项经费，根据品牌运行情况给每个品牌 4000 至 10000 元的经费支持，确保了项目的正常运转。

（二）建立运营发展机制

1. 找准特色定位，塑造品牌

定位是社区教育品牌建设的前提，是社区教育品牌构建、发展和运营的基础。"新津剪纸"，是运行时间长、辐射人群广、群众满意度高的社区教育品牌之一，重点服务老年教育工作。"绳编学习坊"，着力于推广绳编文化和技艺，传承非遗文化，带动 100 多人利用绳编就业，服务乡村振兴。"小橘灯朗读吧"以"小橘灯守护童年，阅读照亮未来"为宗旨，建设学校家庭社区儿童公益阅读生态圈，服务家庭教育和雏鹰活动。"风雅艺术"本着"弘扬民族传统、讴歌时代主题、传播主流文化、共建共享幸福新津"为宗旨，为丰富老年人、群众职工的精神文化生活。

2. 整合教育资源，建设品牌

"水韵书会"项目依托新津区水韵科普读书协会建设，挂靠在新津区科协。新津区社区教育学院与该协会联合，整合区委宣传部、区社会科学界联合会等资源，深入社区、企业开展读书学习活动、社科知识讲座、人文历史故事流动茶苑，挖掘乡土文化打造地域品牌助推乡村振兴，社会影响力进一步扩大。

3. 加强宣传交流，推广品牌

新津区充分利用"新津社区教育"微信平台、新津电视台、"今日新津"等各种平台对品牌项目进行宣传。通过全民终身学习活动周、全民阅读等系列活动以及各种主题展演活动搭建展示平台，进行品牌宣传与推广，让更多居民了解品牌特点与内容，吸引广大民众参与社区教育活动，提高品牌影响力与辐射力，发挥社区教育品牌效益。

鼓励品牌项目组走出去，宣传新津，分享社区教育成果。"小橘灯朗读吧"现已经扩大到成都高新区、四川天府新区、大邑县以及眉山市彭山区、阿坝州小金县、松潘县等地。项目组成员在成都大学、重庆师范大学、重庆文理学院等高校推广经验，到巴中市南江县、峨眉山市、夹江县、凉山州等地支教，将儿童阅读理念从新津区逐步扩大影响到民族地区，建设了一批以工作室成员为核心，以名优骨干校（园）长、教师、家长及社会热心人士共建的志愿者队伍，公益阅读受益人群达十万多人次。

"新津剪纸"项目到过 20 多个国家和地区开展巡展和交流活动。特别在疫情期间，每天坚持网络指导学员创作抗疫作品，至今已经累计师生作品 200 余幅，被《人民日报》《今日头条》《成都日报》《精神文明报》等多家媒体报道，有效地发挥了民间传统艺术的功效，得到了社会各界人士的认可和好评。

（三）建立多元培育机制

充分发挥新津区学习型社会建设与社区教育联席会的作用，与多个职能部门配合，积极培育社区教育特色品牌。如宝墩遗址游学、中粮集团游学、月光宝盒游学等项目，均已取得良好的效益和影响。在新津区教育局和民政局的领导下，着力打造新津区"家教有方"家庭教育品牌。制定了《成都市新津区"家校社共育"行动计划》，每周为教师和家长推送家庭教育知识讲座，定期在社区开展家庭教育讲座及亲子活动，加强学校、社区、家庭学习共同体建设。

四、特色亮点

（一）借力品牌建设，培育学习型市民

品牌建设的核心是开展学习活动，新津区围绕社区品牌建设，常态化开设以公民素养、家庭生活、实用技能、手工制作、非遗传承等 50 多门课程、活动，辐射新津区 8 个镇（街道）、81 个社区，每年参与学习的市民达到了 3 万多人次，为提升新津区市民的精神素养，满足新津区社区居民的各类学习需求奠定了坚实的基础。

（二）借力品牌建设，打造学习型团队

新津区的每一个品牌项目都有一个优秀的学习型团队。成都市社区教育特色项目"廊桥夜话""假日读书郎""耕心学堂"和新津区社区教育特色项目"金秋乐园""隔代教育""乡贤工作室"等，都培育出了自主学习型团队。"风雅艺术"团队获评成都市老年教育特色团队，"水韵科普读书协会"获评为四川省第一批优秀基层学习型组织。

（三）借力品牌建设，建设学习型社区

新津区的社区教育品牌建设带动了新津区各级学习型社区的创建。目前，新津区已经创建了市级学习型社区 32 个、学习型示范社区 6 个和一大批区级学习型社区。学习型社区的建设中又涌现出一大批学习型家庭、学习之星。近几年，新津区已经有 10 个市级学习型家庭、7 个市级百姓学习之星，"小橘灯朗读吧"负责人谢彬获评省级百姓学习之星。

（四）借力品牌建设，助力内涵发展

新津将社区教育品牌建设与课程开发和课题研究相结合，提升社区教育服务水平，走内涵发展道路。"廊桥夜话"项目组开展了中成协课题"社区教育促进社区治理实践研究——以成都市新津县农村为例"和省成协课题"新津社区教育促进社区治理策略有效性实践研究"，现已经顺利结题。"家教有方"项目组开展了成都社区大学科研课题"构建学习、社区、家庭学习共同体的研究"和"教育生态理论视角下儿童阅读环境创设的实践研究"，现已经顺利结题。"小橘灯朗读吧"项目组开展了中国教育发展战略学

会课题"终身学习理论下家庭－学校－社区儿童阅读生态圈建设的研究"。

　　近年来，新津区社区教育人不断努力和奋斗，取得了些许成绩，但是与发达区市县相比，与市民日益增长的需要相比还有一定差距。我们将继续围绕家庭教育、老年教育、社区早教、青少年校外教育、阅读活动等重点开展社区教育活动，打造社区教育品牌，助力学习型新津建设。

五、典型案例

【案例一】

非遗绳编助力乡村振兴

　　新津绳编传承上千年，起初由新津千年道观——老君山的道士创编盘发结和拂尘结，主要流行于新津五津、永商、新平、邓双等乡镇。如今已发展出盘扣结、琵琶结、团锦结、吉祥结等传统结式，丰富和扩展了中国绳结艺术的表现内容。由绳编非遗传承人杨文艺亲手制作的绳编吉祥物，千年非遗技艺，浓郁的地方特色，纯手工制作，寓意吉祥、富贵、安康、快乐、如意。在编制技法上，融汇了南北绳编特长，作品既有北方的大气又有南方的精巧。2019年4月，新津绳编列入成都市非物质文化遗产名录，新津绳编坊被成都市社区教育学院评为"终身学习品牌项目"。

　　新津绳编的传承人杨文艺老师为新津培育了大量绳编技能人才。2022年新津区安西镇政府主动招引杨文艺绳编工作室入驻，并组建杨文艺绳编队文明实践志愿服务项目，对当地村民进行绳编教学，目前队伍已有22人，平均每人每年创收2万余元，对当地和美乡村的建设提供了帮助。由于编织技法出色，现场制作互动性高，杨文艺先后被选中出访以色列、西班牙、俄罗斯、法国等国家，受到外国友人的热烈欢迎。2023年，新津绳编入选成都大运会非物质文化遗产展示体验制作技艺，在大运村进行绳编教学体验，外国运动员纷纷点赞。

非遗绳编助力乡村振兴

【案例二】

乡村阅读盛典活动

乡村阅读盛典自 2020 年以来落地中国天府农博园并连续四年成功举办，为建设书香天府、推动全民阅读添砖加瓦，也吸引了更多新津群众持续关注阅读、参与阅读。四年来，新津区共举办各类阅读活动 2000 余场次，建设示范（农家）社区书屋 15 个、城市阅读美空间 20 余个，打造乡村数字有声阅读场所 20 余个。

新津区自古人杰地灵、书香浓郁。悠久历史赋予了这座城市文化气质和精神品格，形成了新津人民崇德善学、热爱阅读的良好习惯。围绕打造"津常阅读"品牌，新津协力推进示范书屋等载体建设、创新开展红色经典诵读等阅读活动、培育壮大"小橘灯"等阅读推广组织，让书香满溢新津，全民读书的良好氛围和文明风尚蔚然成风。2023年，普兴街道岳店村农家书屋（"天府之家"）荣获第二届全国全民阅读大会最美农家书屋。新津区拥有区级图书馆 1 家，为国家一级图书馆，面积 2700 平方米，拥有图书 36万册；村（社区）农家书屋 81 个，均已纳入区图书馆分馆管理；100 平方米以上实体书店 4 家。截至目前，新津区已有近 200 名党员教师、名优教师加入了志愿者队伍，有8 所学校、幼儿园和当地社区共建了"小橘灯朗读吧"站点，让越来越多的家庭带着孩子在周末走进社区图书室。

"小橘子朗读吧"活动

<h1 style="text-align:center">崇州市</h1>

<h2 style="text-align:center">终身学习风帆扬，社区乘风共远航</h2>

一、发展综述

崇州素有"蜀中之蜀""蜀门重镇"之美誉。全市辖 6 个街道、9 个镇、94 个行政村、78 个社区，总人口 73.22 万。根据成都市教育局《关于同意成立崇州市社区教育学院等七所社区教育学院的批复》（成教函 2004 60 号），经崇州市政府同意于 2005 年挂牌成立崇州市社区教育学院。多年来，学院在成都市教育局、崇州市教育局的领导下，充分发挥在社区教育工作中的指导和引领作用，积极整合和利用区域内优势教育资源，开展有针对性和实效性的社区教育和培训活动，积极组织社区教育干部和工作人员的培训，加强社区教育课程研究、开发，加强对学习型家庭、院落、社区创建活动的指导和对社区教育学校、社区教育工作站的业务指导工作，全市社区教育工作稳步推进中。

二、经验做法

（一）多级联动，有序运行

崇州市社区教育目前已经形成了社区教育学院、社区教育学校、社区教育工作站多级网络联动机制，上传下达、分工协作、层层落实，为崇州市社区教育工作的有序、深入开展提供了机制保障。多年来，社区教育工作按市局要求，顺利开展和完成各级各类活动和工作，落实各类数据统计。近年来，为贯彻落实市委、市政府《关于实施幸福美好生活十大工程的意见》全龄友好包容社会营建工程中"大力发展城乡社区老年教育"要求，经过三年的努力，崇州市于 2023 年度圆满完成了五所老年教育学校标准化建设任务。同时，加强对社区老年学习点位的建设指导，试点建设村（社区）老年教育示范学习点，不断提升高品质老年教育的供给能力。

（二）开发课程，搭建体系

崇州市社区教育课程创建过程中，根据各区域社区教育资源，精心设计课程，突出区域特色，逐步形成具有崇州特色的课程资源，并努力形成体系。例如，为注重兴趣培养和基础知识的传授，开发了"自然之旅鸡冠山"自然探索类课程，激发儿童对大自然的好奇心和探索欲；为强调技能提升和职业素养的培养，开发了"枇杷茶技艺""怀远藤编文化与传承""道明竹编"等技艺类课程，帮助社区各群体掌握实用技能，提升就业创业能力；为关注历史和传承文化，开发了"川西古镇——元通"课程；为深入挖掘崇州地区的文化底蕴和特色资源，确保课程的权威性和专业性，特别邀请专家学者和当地文化名人参与开发了"诗话江源"这一具有地域特色的课程。

（三）聚焦学习场景，打造市民游学项目

根据地方优势社区资源，聚焦社区学习场景营建，积极构建方式灵活、资源丰富、学习便捷的社区居民游学项目。积极打造了竹艺村"崇州·竹文化游学""天健君·稳糖米""成都游击斗争史料馆""学习强国主题公园""崇州枇杷茶"等市级市民游学项目，为学习型城市的建设注入新的活力。认真学习其他区域"社区微学堂""市民自主学习团队""市民夜校""学习型社区"等建设的经验做法，积极梳理和借鉴，进一步提升社区教育组织能力和服务品质，丰富游学内涵，努力为社区居民提供更加多元化、深度学习体验的学习项目，以持续提升社区教育活动的服务功能与社会影响力，助力崇州市全面建设绿色生态、宜居宜业、智慧韧性郊区新城的总体目标。

（四）关注老年教育，加强团队建设

积极整合相关资源，筹建"社区教育人才中心"和老年志愿者服务队，为开展老年教育服务提供人力资源保障。动员各类社会力量参与老年教育，支持民间或个人进行老年学校教育，鼓励各类校内外培训机构利用场地闲置时段开展老年教育，开展"老年学习社团"的建设。积极创建成都市规范化（示范）老年社区教育学校和社区老年教育学习点，以推动社区老年教育的规范化和标准化，为中老年市民提供更加优质的社区教育服务。积极参加成都市社区教育教师技能大赛和成都市"学习型城市和老年教育"主题培训，提高队伍专业化水平。

（五）斩获多项荣誉，提升影响力

崇州市积极组织开展和参选成都市级学习型（示范）社区、学习型家庭、学习型单位、百姓学习之星活动。崇庆街道白碾社区、怀远镇三官村等荣获成都市学习型示范社区称号；元通镇公议社区、街子镇唐公社区、崇阳街道汇蜀社区、江源镇唐兴社区等荣获成都市学习型社区称号；肖鸿明、徐岚、马忠文同志分别荣获2022年、2023年成都市"百姓学习之星"；唐晓科荣获2022年成都市"社区教育先进工作者"；张袁荣获2022年成都市"社区教育最美志愿者"；成都小钦文化传播有限公司"玻璃杯茶艺技能"课程，在2022年成都市"智慧助老"优学资源推介行动中被评为优质老年教育特色课程。2023年，社区教育学院举办了12场社区硬笔书法培训，三次书法进社区活动，吸引了上千人次的积极参与，推动了崇州市学习型社会的建设。做实做深"能者为师"品牌活动，在努力提升活动质量的同时扩大吸纳社会兼职教师的覆盖面，先后组织成都市非遗传承人、罂画工匠、成都百万职工技能大赛一等奖获得者以及社会贤达精心制作了《怀远藤编》《手工枇杷茶》《空竹运动》《糖画》等教程，获得市民的一致好评，展现了市民乐学尚学的精神面貌。同时，积极运营微信公众号，及时推送了各级各类社区教育图文信息，推动了崇州市社区教育和开放教育的对外宣传，有效扩大社区教育影响力。

三、典型案例

【案例一】

"周周音乐会"展示文化自信

街子古镇为国家 4A 级景区、中国最佳康养休闲度假名镇、成都市"五大天府古镇",是川西旅游环线上的重要节点。街子镇的"周周音乐会"是社区教育实践探索的成功路径之一,为基层社区教育的可持续发展注入了新的活力。

"周周音乐会"活动自 2022 年启动以来,街子镇社区积极整合区域资源,引导本地居民组建二胡、葫芦丝、声音、电子琴等学习团队,以"音乐点亮生活,教育引领未来"为主题,每周定时开展培训且邀请专业指导老师进行辅导,吸引了众多社区居民积极参与,形成了浓厚的音乐学习氛围。通过学习,让社区居民在音乐的海洋中找到了快乐,音乐技艺上取得了显著进步,促进了邻里之间的交流与沟通;同时,居民在自信展示、团队协作、社区参与等方面展现出了积极的精神风貌,充分反映社区教育在提升居民素养、促进社区和谐方面的积极作用,从而大大增强了社区的凝聚力。活动的成功举办也吸引了大量游客前来观赏,为街子镇带来了良好的社会和经济效益,进一步推动了当地的文化旅游产业发展。

街子镇"周周音乐会"二胡演奏现场

【案例二】

老年教育结硕果,老有所学绽光彩

崇庆街道社区老年教育学校及所属社区教育工作站拥有宽敞的学习空间,包括多媒体教室、电子阅览室、户外活动空间、图书阅览室,为社区居民提供了良好的学习环境。

在街道办的大力支持下，在社区教育学院和"两协"的具体指导下，学校建立了完善的管理体系，涵盖组织安排、教学、安全、后勤服务等多个单元，确保各项活动有序进行。为积极响应老龄化社会需求，学校积极引入志愿者力量，精心打造老年教育特色活动。社区以"乐享晚年 智慧生活"为主题，积极开展健康讲座、智能手机培训、舞蹈训练、全民健身、太极、

消防安全、应急知识、公民素养提升、DIY手工制作等多领域培训，每逢节假日积极举办丰富多彩的文体活动，受到了老年朋友们的极大青睐。社区老年教育学校多次组织参与省市级老年活动竞赛，取得了多项优异成绩。特别是社区老年太极和舞蹈队伍在各级各类竞赛中屡获佳绩，成为崇庆街道社区老年教育学校的一张名片。

社区老年教育学校通过一系列活动的开展，不仅丰富了老年人的精神文化生活，为社区老年群体提供了多元化、高质量的学习与社交平台，大大提升了社区中老年居民的生活质量，显著提升了老年人的身心健康与文化素养，满足了老年人多样化的学习需求，让区域内老年朋友们老有所学、老有所乐。崇庆街道社区老年教育特色活动的开展，是社区教育实践的一次次生动展现。它不仅为老年朋友们提供了一个展示自我、学习成长的平台，更为构建和谐、健康、活力的社区贡献了重要力量。

崇庆街道太极拳训练现场

蒲江县
开展 0~3 岁早教公益，助力社区发展治理

一、发展综述

蒲江县地处农村，社区居民文化程度普遍比较低，主动学习愿望不强；村（社区）教育服务项目少，内容单一，居民不愿意到村（社区）学习，不愿意参与村（社区）事

务，不关心村（社区）发展。蒲江社区教育从每一个家庭的希望——孩子身上入手设计项目，通过公益早教进社区项目来调动社区居民参加社区教育、参与社区治理的实践探索。项目通过培育一个孩子，改变一个家长，带动一个家庭，辐射一个社区，真正实现"抓一代、促两代、影响三代"的目标。涌现出县级学习型家庭 170 户，学习型组织 22 个，优秀学习型组织 38 个，学习型团队 55 个，百姓学习之星 55 个。成佳镇同心社区等 13 个社区被评为成都市学习型社区，鹤山街道城南社区等 5 个社区被评为成都市学习型示范社区，西来镇铜鼓村获评成都市终身学习社区。陈维君、万情、卢树盈被评为全国百姓学习之星，鹤山街道、蒲江县教育局、鹤山街道果品协会等 11 个单位相继被评为全国农村优秀学习型乡镇（部门或企业），蒲江县社区教育学院被评为全国优秀成人继续教育院校。

二、经验做法

2013 年项目由蒲江县教育局牵头，社区教育学院具体落实，通过父母课堂、亲子游戏、亲子阅读等活动，引导婴幼儿带养人重视早期教育，学会科学的教养方法。

（一）完善机制，确保运行

蒲江县社区教育学院依托县社区教育联席会，整合各部门资源，建立以政府为主导，社区教育学院为龙头，早教中心为主体，镇（街道）社区早教点为基础的 0－3 早教服务网络。公益早教点位建设由政府提供场地，教育局负责指导，社区教育学院负责早教室建设、师资培养、课程开发、教学管理，幼儿园和早教机构负责师资，社区（村）负责早教室日常管理，多方合力做好公益早教服务。

（二）布局合理，确保均衡

县城有蒲江县新时代文明实践中心早教示范点，鹤山街道有蒲砚村、了翁社区、全兴社区等 8 个早教点；寿安街道有樱花岛、五会村等 8 个早教点；西来镇有两河村、铁牛村等 6 个早教点；大塘镇、大兴镇、甘溪镇、成佳镇、朝阳湖镇各有一个早教点。全县共计 28 个早教点，全县 8 个镇（街道）满覆盖，布局合理，实现社区教育的均衡发展。

（三）培养师资，确保专业

组建早期教育指导师队伍 48 人，人员由公（民）办幼儿园教师、早教机构教师和年轻妈妈组成。培训采取岗前培训、明确要求；跟岗学习、掌握技能；观摩研讨、互助提高等方式提升教育教学水平。定期开展亲子课程观摩和培训，通过实践观摩及观摩之后的分析研讨，让指导师们能够学习丰富的现场亲子教学经验；通过专家培训引领，让指导师课程设计更科学，对家长的指导更精准。

（四）强化管理，提升质量

全县统一授课时间、严格"三统一"（课标、课程、课堂）和"三固定"（学员、管理人员、教师）的管理服务体系，规范早教课堂。每个早教点每周 1 次线下集中授课，全年开课不少于 30 次。开课前调研需求，设置课程；课中不定期对早教点位开展督导检查，随时跟进教学质量；学期末对参与带养人开展问卷调查、撰写调研报告，为下一年早教工作实施做好谋划。

（五）开发课程，提升品质

结合社区居民需求开发早教课程，为带养人提供读本，丰富婴幼儿带养人和社区居民的学习资源。蒲江县社区教育学院组织编写的《0～3 岁婴幼儿亲子教育指导手册》被评为成都市社区教育特色课程，并由四川少儿出版社正式出版。《0～3 岁育儿案例集》整理生活中鲜活的案例，让家长改变家庭教育观念，认识到家庭教育中的误区，找到科学的育儿方法。开发早教微课程 15 门，其中"让宝宝独立睡觉""让宝宝爱上吃饭"等课程获全国微课程评选的三等奖，"整理小书包"获全国微课程评选优秀奖。与县医院合作开发医教融合线上课程 30 节，内容涵盖营养与喂养、交流与玩耍、常见健康问题的防控及照护等。

（六）开展科研，提升内涵

立足项目实践，开展了"依托 0～3 早教资源提升社区新市民素质的实践研究"的课题研究，通过研究创新了社区教育模式，丰富了家长素质与儿童成长的关系论，为早教区域推进提供了可行性路径。该课题作为成都市立项课题，于 2016 年通过考核鉴定，顺利结题。

拓展项目内涵，于 2015 年承担了成都市早教进社区项目实验工作，将蒲江早教经验推广到全市，带动成都市早期教育事业发展。先后承办了成都市早期教育现场会、成都市社区教育早教项目研讨会、成都市早教区域推进的途径暨育儿案例分析研讨会、四川省 0～3 儿童早期发展研究中心科研基地学术交流会。县域内不定期组织早教示范课观摩学习和教研活动，搭建早教工作交流学习平台，不断提升早期教育教学质量和管理服务水平。

三、特色亮点

以 0～3 早教为平台，整合妇联、卫生、司法等职能部门资源共同为社区居民服务，不仅丰富了活动内容，还吸引更多社区居民主动参加活动，将现有资源效益发挥到最大化，同时很好地解决了社区教育中"召集难"问题。

（一）提高了社区居民素质

项目实施，对婴幼儿及带养人进行了有效的教育。参与早教活动的带养人都认为带孩子参加早教活动后自己的教养能力均有不同程度的提高。有家长说早教课不仅在改变小朋友，也在改变家长，让家长学会了很多和小朋友一起玩的互动游戏，知道了怎么和小朋友沟通。有家长说每次老师分享的育儿知识，让人受益匪浅，比如宝贝哭闹该怎么处理，和别的小朋友打架又该怎么处理等。

公益早教通过小手牵大手，改变了很多家长的不良行为，不同程度地提升了带养人素质，这对促进整个社会群体的文明程度、文化素养、构建和谐社会都起到强有力的推动作用。

（二）助力了基层社会治理

公益早教项目以学习者为中心，积极搭建0~3早教服务平台，针对不同群体的需求，通过推荐网站、书籍，建立QQ群、微信群，设立妈妈日记、宝宝成长记录册等，为婴幼儿带养人搭建早教交流平台，有效解决了农村城镇化建设过程中市民综合素质提升和社区教育活动开展召集难的问题，打通了社区教育服务的"最后一公里"。

公益早教项目持续赋能社区教育的内外治理结构。在社区教育体系内，将优质的早期教育服务送到居民家门口，有效构建了市民10分钟学习圈，以便捷的学习方式服务于市民需求。在社区治理体系内，以鹤山街道了翁社区"公益早教"为切入点，探索出了一条以志愿服务兑换课程积分的社区治理新路径。

蒲江县"早教进社区"项目成为最受市民认可和欢迎的社区教育项目，2014年获评成都市社区教育特色项目，2017年获评成都市终身学习品牌项目，2019年获评全国农村成人教育（社区教育）特色品牌项目。早教经验在省市推广宣传，先后承办了省级学术交流会2次，市级研讨会3次，蒲江经验在会上交流。《社区教育》杂志、成都电视台CDTV—蓉城先锋和CDTV2—《求学直通车栏目》等媒体分别对蒲江早教经验进行了刊登和报道。

四、典型案例

【案例一】

公益早教助推社区治理

了翁社区成立于2005年，位于蒲江县北门城郊接合部，辖区面积2.6平方公里，现有家庭4629户，约5732人。社区下设16个居民小组，共有居民院落18个，其中安置拆迁院落3个，出租房屋212套，流动人口549人，6个社会组织。

为实现"友邻和谐 品质了翁"的社区愿景，社区经常会组织志愿服务，但居民参与积极性不高，招募志愿者效果不理想。尤其对于年轻人群而言，由于时间和精力有限，外加对社区服务的需求不足，因此往往会忽略自己对社区的责任。为此，了翁社区以公益早教课程为突破口，探索了一条以志愿服务积分兑换课程，通过公益早教助推社区共建共享的新路径。一是制定积分细则。参加社区志愿服务1小时以下记0.5小时，1小时以上/2小时以下记1.5小时，2小时以上/3小时以下记2.5小时，3小时以上/4小时以下记3.5小时，4小时以上/5小时以下记4.5小时，以此类推，婴幼儿家庭参加2小时的志愿服务就可兑换1个月的早教课程。二是志愿服务活动招募。社区根据活动内容设定志愿者人数并公开招募，志愿者通过电话、QQ群、微信群等方式报名，经常是名额一放出来很快就报满，活动签到单和志愿者的《志愿者服务卡》同步计时。社区志愿服务从过去的"要我来"变成了"我要来"。三是经验延伸推广。社区还将志愿服务兑换早教课程的经验广泛推广至书法课程、"4：30课堂"、母婴课堂等惠民活动中来，极大地提升了驻区单位和居民的共建共享意识，实现资源共享、事情共商、难题共解、活动共办的共建共享目标。

亲子活动

【案例二】

公益早教赋能家庭成长

2016年，蒲江县社区教育学院在西来镇两河村村委会建了西来镇第一个公益早教点。村上提供教室，学院划拨社区教育专项经费进行建设、环境创设和购买教玩具。早教室投入使用后无法满足更多婴幼儿家庭的早期教育学习需求，又陆续在西来镇铁牛村、复兴社区、西来幼儿园、金钥匙幼儿园、城北幼儿园高桥分园建立公益早教点。截至目前，全镇累计开展公益早教活动61期，参与家庭达1800多个，参与人数达11.3万人次。

为更好统筹全镇公益早教资源，赋能乡村家庭成长，让老百姓在家门口享受优质教育资源，西来镇社区教育学校对全镇早教资源统筹管理。一是深入调查，精准摸底。通过入户调查、便民服务群宣传等形式，准确掌握全镇0～3岁婴幼儿家庭的学习意愿，由镇社区教育学校按照就近原则合理安排公益早教点。二是挖掘资源，满足需求。镇社区教育学校主动对接辖区公民办幼儿园，动员其开办公益早教班，提供更多学位。三是面向家庭，精准施教。开设父母小课堂传播育儿新理念和新知识；教会家长应用日常家庭生活中物品来陪伴和教育孩子；注重收集家长的意见和建议，及时调整教学方式方法。四是加强巡课，注重成效。镇社区教育学校工作人员坚持每周到各个公益早教点开展巡课，发现问题及时解决，形成了西来镇公益早教"四固定"和"三规范"，即固定教学时间、固定教学地点、固定教学人员（学员）、固定教学内容和规范招生、规范教学管理、规范活动秩序。西来镇公益早教的有效实施，极大地提升了干部群众的参与度，激发了乡村家庭参与学习的热情。公益早教影响力在全镇不断扩大，成为社区营造的重要抓手，深受老百姓好评。

亲子阅读

成都东部新区
创设启志中心，推进"社区共育"走深走实

一、发展综述

成都东部新区始终把推进社区教育发展摆在重要位置，以全国首创设立建设的启志中心为依托，锚定"学业启迪、职业启蒙、人生启志"定位，充分整合学校家庭社会协同育人资源，着力打造学业启迪教育课堂，积极拓展校外职业启蒙教育空间，努力培养德智体美劳全面发展的社会主义建设者和接班人。截至目前，聘任高校教授、科研菁英、退役军官、非遗传承人等110余名"启志导师"，签约世园会主会场、天府国际机场、天府锦城实验室等20余个"启志基地"，开展专家授课、社会研学等启志活动600余场次，5万余名学生家长受益。启志中心作为校家社协同育人创新案例获新华社等国家级媒体关注，综合报道5次、浏览量80余万次，受到四川省教育厅的支持和肯定。

二、 经验做法

（一）广泛汇聚资源，打造启志中心协同育人复合要素生态

充分发挥启志中心资源载体和供需要素匹配优势，创新搭建启志教育基地，广泛吸聚各类启志导师，系统打造启志课程体系，着力构建校家社协同育人复合要素生态。一是创新搭建启志教育基地。依托高校科技资源、天府奥体公园体育产业资源、未来医学城国家医学中心和华西东部医院卫生医疗资源，签约世园会自然科普教育基地、天府国

际机场航空教育基地、吉利学院汽车科普实验教育基地、成都体育学院攀岩基地等20余个"启志教育研学基地"，挖掘具有行业特色的"学生职业体验空间"。二是广泛吸聚各类启志导师。拓展多元育人主体，打通师资服务渠道，以全员启志导师制为依托，聘任高校教授、科研菁英等110余名行业优秀人才成为启志导师。三是系统打造启志课程体系。开展新区学生启志教育需求大调研，围绕"学业启迪、职业启蒙、人生启志"育人目标，构建"3+5+N"启志课程体系，推出思政教育、经济人文、科学创新、职业体验、社会实践五大课程群，让学生切身体验感受"城乡处处皆课堂"，目前已推出200余项启志课程，世园会研学课程、未来医学研学课程等深受师生喜爱。

（二）坚持多向互动，丰富启志中心协同育人活动矩阵内涵

聚焦提升启志中心协同育人实效，通过"引进来""走出去""入社区"等方式，打造多元启志课堂、多彩社会课堂，统筹拓展启志教育触及，不断丰富协同育人活动矩阵内涵。一是"引进来"打造多元启志课堂。联合科学家、教育家、艺术家等多领域优秀人才，丰富"科学家进校园""法制进校园""非遗文化进校园""心理专家进校园"等系列启志课堂教学，打造"科创生态岛—科技力量""小小航空员"等16类特色启志课堂，邀请教育部、知名心理学者等专家教授20余名，开展启志课堂教学145场次，吸引5万余名学生及家长线下参加，27万余人线上参加。二是"走出去"打造多彩社会课堂。用好"探秘世园会""体验飞行员""走近科学家"等新区特色社会场景，挖掘丰富的"学生职业体验空间"，开展社会启志研学350余场次，参与学生2万余名，其中在世园会主会场为全市青少年开展启志教育70余场，1万余名学生走进家门口的植物园艺科普课堂。三是"入社区"拓展启志教育触及。整合运用40余名教育局工作人员、19名督学、78名专兼职教研员、200余名镇村工作者，包片包校，与社区合作开展各类教育活动50余场，构建管理规范、运行顺畅的"区校镇村"共育网络，常态化下沉开展学生价值观教育、身心健康引领、综合素质提升、职业体验启蒙等，受益学生2万余人次。

（三）突出扶弱扶薄，构建启志中心协同育人优质普惠格局

坚持扶弱与扶薄、优质与普惠相结合，围绕经济困难、求学困难、家庭困难等特殊群体需求，凸显启志中心公益特色，集聚校家社资源，帮扶困难学生圆梦校园，不断增强人民群众对教育的获得感和满意度。一是精准帮扶经济困难学生。完善覆盖全学段学生资助体系，重点关注6284个受助家庭、3384个留守儿童、310个特殊学生，建立《成都东部新区学生启志中心学生资助台账》，设立"启志奖学金"，发放各类生活补助178.5万元，开展启志助学等11项教育资助工程，累计惠及学生57922人次。建立学生助学帮扶机制，落实学生生涯规划200余次，开展启志导师"一对一"助学辅导120余人次。二是联动帮辅学业困难学生。建立后进学生学业发展档案袋，完善学业导师帮辅育人体系，扎实推进"一站式"学生社区综合管理工作，组织开展"学业导师进社区"课业辅导60余次，辅导后进学生900余人次。建强家校联动辅导机制，针对不同学科、不同学生薄弱环节，共制个性化教学辅导计划，落实"一对一"关爱帮扶措施。三是全面帮助家庭教育缺位学生。开辟14个"家庭教育"宣讲专栏，建立3个"家庭

教育指导服务团",开设父母家教大讲堂、"行走"课堂、"小主人计划"等24门"启志家庭课堂"。建立家委会运行联动制度等5项共育制度,组织"家长开放日"活动60余场,组织"教师家访"12批次,入户走访1400余人次,共绘家校协同育人"同心圆"。成都东部新区获评四川省心理健康教育引领示范区、四川省中小学品格教育示范区。

三、典型案例

【案例一】

宅"贾"启志

为办好人民满意的社区教育,建立健全启志教育在行动协同育人机制,深入推进家校社共育工作,形成全方位育人环境,不断满足辖区广大居民对美好生活的需求,启志教育应运而生。

贾家街道深入推进启志教育行动,深化校家社共育工作,形成全方位的育人生态。由成都东部新区社区教育学院、启志中心牵头,协同贾家街道及相关村(社)学校成立"启志分中心"。通过吸纳、整合社会公益资源,开展中医文化进校园、世园会研学、参访消防站等系列社区教育特色课程。

深挖本地资源,打造本土特色品牌。贾家街道挖掘退休教师、非遗传承人、志愿者等本土人才,推出"在贾的时光"和"周末姐姐"志愿服务等系列活动,服务青少年儿童1.6万余人次,联合吉利学院开设初中生托管服务,针对小学生打造一"贾"一学堂寒暑期托管服务,开设非遗文化、手工、书法、亲子活动、职业体验等特色活动。

传统农耕文化和自然教育理念相融合。依托新希望种子乐园研学基地,以自然亲子活动为主题,设置多彩农田、亲子俱乐部、禾苗小农场等5个实践功能区,开设自然科普教育和劳动教育系列课程,打造农耕体验、自然研学、亲子手工、社会实践、劳动体验等知识性、科学性、趣味性课堂,构建"农业+自然教育+游乐"的寓教于乐新模式。新希望种子乐园研学基地,年接待"大、小朋友"游客量约43万人次。

研学夏令营

【案例二】

校家社协同，画好育人"同心圆"

高明镇辖区面积 57.04 平方公里，辖 9 个村（社区），总人口 25694 人，劳动力 13349 人，劳动力在区外务工占比 70%。近年来，高明镇针对本镇外出务工群体大、农村留守儿童多的特点，以服务广大青少年、儿童和家长为出发，以促进未成年人健康成长、全面发展为目标，以家庭教育改革创新为动力，着力构建学校、家庭、社会"三结合"的启志教育网络新模式。

高明镇立足实际，密切家庭、学校与社会的联系互动，积极开展校家社协同育人实践活动，营造良好的教育生态，促进学生健康、全面发展，实现校家社协同，画好育人"同心圆"。

高明镇把创建校家社共育作为打造教育品牌的重要载体，用心用情培育群众普遍欢迎、广受社会好评的"周末课堂"留守儿童文化服务系列活动，打造了"周末课堂""行走的课堂""留守儿童寒暑假托管班""儿童跳蚤市场""学雷锋——爱心助力成长"等多个子品牌活动，被成都市文广旅局评为成都市公共文化服务优秀品牌案例。截至目前，已成立"家长学校"3 个，"行走的课堂"教学点 19 个，每周定期开展"周末课堂"主题教学活动，已累计举办 200 余场次，受益留守儿童 4400 余人次，引发中国网、川观新闻、四川新闻网、成都电视台等媒体关注和报道，极大地促进了学校、教师、家长参与积极性，形成了以点带面、遍地开花的良好局面。

行走的课堂之走进我的家乡

学习型团队建设

武侯区
培育星级学习团队，服务学习型武侯建设

一、发展综述

武侯区是全国社区教育示范区、全国学校家庭社会协同育人实验区。经过 20 多年的发展，社区教育管理体制不断完善，区、街、居社区教育机构不断健全，人员和经费保障到位，为辖区市民开展了内容丰富、形式多样的培训和活动，市民学习参与率达50.99%，满意率达 99.7%。培育"全国终身学习品牌项目"4 个。推动"中国西部社区教育协作会""全国市民学习服务联盟"成立，同成都开放大学发起开展全国首届"能者为师，寻找社区好老师"活动等。武侯区社区教育工作获得社会高度认同，全国各级新闻媒体报道武侯区社区教育工作近 600 次。已基本形成"1246"社区教育发展模式：以服务市民终身学习为目标，以社区和中小学校为主要阵地，主要针对市民、老年人、青少年和家长等 4 类人群开展培训活动，重点推进星级居民自主学习团队培育等 6 项工作。

二、经验做法

明确星级居民自主学习团队培育主体，按照"社区发掘—遴选团队—梯度培育—辐射影响—服务社区"的程序开展培育工作。

（一）确定主体

2018 年，武侯区按照教育部相关文件精神，结合《成都市社区教育促进条例》第26 条要求"社区教育机构应当加强对社区教育学习团队的指导，促进社区居民自主学习团队的建设"，将武侯区区级社区教育机构作为居民自主学习团队的培育主体。

（二）社区发掘

武侯区社区学院主动到街道、社区走访调查，进行宣传和动员，鼓励有兴趣的居民参与星级居民自主学习团队培育工作。

（三）遴选社团

明确遴选标准，发布遴选信息，组建由社区教育工作者、专家学者、社区居民代表等组成的评审团队，对居民自主学习团队进行选拔与评审。

（四）梯度培育

梯度培育与动态管理。坚持梯度培育团队，按照"一星入格、二星培育、三星规范、四星特色、五星示范"的原则确定星级，对应每个星级每年给予1000~5000元不等的课时费支持。同时，建立动态管理制度，实行进入退出与升星降星机制。

骨干选拔与专题培训。核心骨干是星级居民自主学习团队的灵魂，由团队通过民主选举的方式产生。每年对团队核心骨干开展不低于4次的专题集中培训，内容涵盖组织能力、领导能力、沟通和协调能力、创新能力等。

思政教育与市民素质。自2022年起，创新开展课前5分钟思政教育，对市民进行爱国主义、政策法规、国情省情市情教育，提升思想素质，培养参与社区发展治理的意识和能力。据统计，已有约8万人次参与学习。

培训形式与学习内容。鼓励团队创新学习方式，积极开展游学、成果展示、线上学习等。同时，丰富学习内容，增加历史、科学、文化等知识的学习，拓展学习活动的广度与深度。

规范管理与自主发展。出台《武侯区星级居民自主学习团队评价标准》《团队课时费使用操作规程》等制度，引导团队规范管理，创新发展。除此之外，对团队的发展不做更多的规定，鼓励居民自主学习团队自主管理、自主学习、自主发展。

（五）辐射影响

居民自主学习团队是社区居民学习和人际交流的重要平台。团队成员通过学习、实践和分享，不断积累和提升自身的知识和技能，增进人际交流，促进社区和谐。同时，在培育星级居民自主学习团队的过程中，团队会不断增加新成员，团队内部也会孵化新的团队，形成良性循环。近几年的实践表明，这一项目的推进不仅丰富了团队成员的业余生活，还成为促进社会和谐稳定的"催化剂"；不仅在团队所辖社区产生了积极的影响，还对社会产生了辐射示范效应。

（六）服务社区

学习活动服务社区发展治理。学习团队通过组织开展各类学习活动，提升了市民参与度和社区凝聚力。团队组织机构的建立，明确了团队学习目标，加强了成员间沟通和交流，逐步将松散的群体组织化。

团队成员参与社区发展治理。团队骨干积极引领团队成员参与社区的各种活动和项目，如社区环境整治、文化活动、志愿服务等活动，提升了居民的社区参与感和归属感。同时，团队骨干积极倡导社区自治和居民参与的理念，引导居民关注社区事务，积极参与社区决策和管理。

三、特色亮点

（一）注重思想性和教育性，坚持项目实施的价值化

自主学习，自我提升。在团队培育中，武侯区始终坚持自主学习、自主管理的理念。在学习中，除了学习团队专业知识外，鼓励和倡导团队拓展学习的深度和广度，增加爱国主义、志愿服务、国情省情市情、社区发展治理的学习内容。团队成员通过学习，既丰富了精神文化生活，获得愉悦的情感体验，又增强了爱国主义情怀，促进了人的全面发展。

守望相助，服务社会。通过培育星级居民自主学习团队，以学习为载体，搭建了人际交流平台，增强邻里交往，实现守望相助。同时，团队还积极服务社会，每年投入约2000人次参与社区志愿服务、关心下一代等工作。

（二）注重规范性和可持续性，坚持团队培育的规范化

编制手册，规范管理。编制了《武侯区星级自主学习团队培育指导手册》《武侯区星级自主学习团队管理手册》，既从宏观层面规范区域团队培育工作，又从操作层面规范了各团队的管理工作。

落实"五有"，持续发展。对星级居民自主学习团队培育进行业务指导，落实"五有"：一是有经费支撑，武侯区社区学院按照星级标准，给予团队课时费补助；二是有师资支持，武侯区建立了社区教育师资库，入库的教师和专家近300位，涵盖了团队所有的学习课程，供团队自主选择优秀师资进行授课；三是有管理支持，武侯区成立了10人的专家团队，对培育工作进行指导；四是有规章可循，武侯区制定了《武侯区星级自主学习团队管理手册》，明确了团队培育要求；五是有成果展示，武侯区每年汇编2册学习活动动态，同时每年安排不少于4万元的费用专门用于团队学习成果的集中展示。

（三）注重广泛性和实效性，坚持工作推进的品牌化

梯度培育，评星定级。为确保团队培育可持续和高质量发展，坚持梯度培育，从一星级到五星级，制定了每级星级的标准，明确了考核办法。

总结提升，品牌示范。武侯区星级居民自主学习团队被评为2023年度"全国终身学习品牌项目"。撰写的《培育星级居民自主学习团队，推进社区教育高质量发展》案例已推至学习强国平台。相关论文在《高等继续教育学报》刊出。编制的《武侯区星级自主学习团队培育指导手册》，为各级社区教育机构开展培育工作提供了可借鉴、可复

制的模板，已无偿提供给全国近 20 余个县（市、区）使用。

四、典型案例

【案例一】

加强团队内部建设，促进团队高质量发展

老年教育作为终身教育体系的重要组成部分，其重要性日益凸显。天韵艺术团在武侯区社区学院的培育和指导下，在黉门街社区的关怀与支持下，不断创新学习形式，加强内部建设，取得了显著的成绩。一是明确目标规划。天韵艺术团始终遵循"团结友爱互助共创和谐天韵，守望相助携手共建学习团队"的宗旨。团队根据成员的兴趣和需求，制订切实可行的学习计划，确保每个成员都能在团队中找到自己的定位和价值。二是建立组织架构。组织机构完善，有团队负责人和管理人员，分工明确，实行自主管理。三是完善管理制度。团队具有规范的团队章程，有明确的管理制度、激励机制等，实行民主管理，管理规范。四是强化培训沟通。团队通过定期组织交流会、线上学习等活动，为成员提供更加灵活便捷的学习方式。同时，团队鼓励成员之间进行互动交流，分享学习心得和经验，增强团队的凝聚力。

天韵艺术团在老年自主学习社团领域的影响力不断扩大。团队负责人曾多次接受四川电视台、成都电视台等媒体记者和四川开放大学教授的采访。此外，该团队的成功经验还对周边社区产生了积极影响，吸引了更多居民加入自主学习行列。社区居民自主学习团队通过内部建设，成功地打造了一个积极向上、互帮互助的学习环境。自主学习团队的不断壮大将为社区的文化建设和发展做出更大的贡献。

团队学习交流活动

【案例二】

建设居民自主学习团队，促进社区发展

为更好地服务社区，一个由社区居民自发组成的自主学习团队——顺江花外艺术团应运而生。该团队以"学以致用，服务社区"为宗旨，为社区提供更优质的服务。该团队已接受武侯区社区学院的培育长达5年时间，现已发展成百余人的大团队。

一是成立学习小组。花外艺术团下设走秀队、合唱队等多支小分队，团队成员们成立了多个学习小组，根据各自的爱好和特长选择不同的学习方向。二是开展分享活动。团队提倡能者为师，人人为师。成员们定期在社区内开展知识分享活动，邀请专家、学者为居民们开展讲座和交流。同时，他们还将所学的知识传授给其他居民，让更多的居民受益。三是参与社区活动。团队大部分成员都是小区业委会成员，每当小区有内部矛盾时，团队成员就会积极主动去调和，化解各种生活矛盾。同时，团队成员还积极参加街道、社区组织的关爱青少年、宣传禁毒等各种公益活动，服务社区建设。

团队的服务得到了居民们的广泛认可和好评。团队每年参与学习培训3600余人次，参与社区志愿服务40余人次。在团队的引领下，居民学到了有用的知识和技能，团队成员们也在这个过程中不断成长和进步。该案例展示了社区居民自主学习团队如何通过自身的努力和付出，为社区提供有效的服务和支持。他们的行动不仅让社区居民受益匪浅，同时也为整个社区的和谐与进步做出了贡献。这充分说明了自主学习团队在社区中的重要作用和价值。

团队参与社区党建活动

青白江区
名师扎根到社区，建设市民好课堂

一、发展综述

青白江区辖区面积 379 平方公里，辖 7 个镇（街道）、83 个村（社区），总人口 70 万。建立学习型城市建设与社区教育联席会议制度运行机制，老年教育、社区教育三级网络基本形成，老年教育、社区教育优质发展。目前创建全国社区教育示范街道 1 个，市级优质社区教育学校 2 所、规范化社区教育学校 9 所，市级示范社区教育工作站 21 个；市级学习型示范社区 7 个、学习型社区 31 个、终身学习型社区 1 个；市级"终身学习品牌项目" 4 个，市级"优秀成人继续教育院校（培训机构）" 4 个；市级五星级教学点 1 个（星级教学点共 4 个），市级老年教育示范点 11 个（星级 2 个），镇（街道）标准化老年教育学校 7 个，老年教育学习点 18 个；市级"社区教育名师工作室" 5 个，市夜间经济（学习）示范点 2 个，市体育设施开放工作优质校 15 个。

二、经验做法

（一）全面统筹资源，夯实社区教育发展基础

青白江区一直全力做好终身学习的统筹协调、资源整合工作。区老年大学、文化馆、图书馆和博物馆等是社区教育和老年教育的好平台。区老年大学是四川省 A 级老年大学、挂牌首批成都市老年开放大学分部、获评成都市老年教育星级示范点和"优秀成人继续教育院校（培训机构）"。区文化馆获评成都五星级教学点和成都市夜间经济（学习）示范点，2021 年获评国家一级馆；区图书馆新馆是政府投资兴建的大型现代文化设施，目前总藏量 140 万册（其中纸质藏量 18 万册，电子文献 122 万册），读者座席 600 个，日均可接待读者 2000 人次，年开展各类阅读活动 120 场次，"绣川讲坛" 20 余场；区博物馆的"绣川书院开讲啦！"获评成都市"终身学习品牌项目"。此外，区社区教育成员单位全部参与"最成都市民课堂"，课程活动进入学习菜单并公开公布。

（二）加强队伍建设，切实提高教育教学质量

加强社区师资队伍建设一直是重头戏，不断寻找发现优秀的社区好老师，持续补充本土师资库，对加快建设学习型社会的目标任务至关重要。从各成员单位到学校社区，打破年龄职业界限，广泛寻找具备终身教育事业理念、具有较高等级认证的师资，树立各项针对城乡市民的教育教学质量标杆，逐步提升教师教学水平和任教资格门槛。依托成都市"能者为师"平台开展市、区选拔比赛，在市、区两级"能者为师"比赛获奖，

即通过教师资格认证。同时，高度重视社区教育和老年教育名师工作室建设，提升名师的服务水平和能力。

（三）坚持高质送教，坚持示范引领共促发展

在历届的市、区"能者为师"获奖课程中，采用双向需求选择，开展名师送教镇（街道）老年教育学校、养老机构。本土师资库里现有各类名师及能工巧匠 130 余名，大部分参与全区社区及老年教育教学。

（四）聚焦典型特色，促进优质课程持续发展

青白江区终身学习包含教师继续教育培训、成都市民课堂、专业技术人员培训、从业人员培训、实用技术培训、党员干部培训、社区文艺骨干培训等项目。其中，村（社区）市民文化艺术类学习需求量较大，供给侧的学习资源数量和质量与社会面需求还有差距。同步做好课程的"问需问效监管指导"，将优质课程不断固化，提炼特色亮点。例如，《手艺人：面塑制作的题材形态魅力》入选教育部职成司全国社区教育"能者为师"典型案例，现列入青白江区固化的"非遗传承"优质课程。随着市民对学习质量要求不断提升，对社区教育、老年教育供给侧不断调整和改革，教师积极参与岗位竞争，促进教学相长，许多教师的成长与社会影响力提升迅速，实现了自我价值。

三、特色亮点

（一）老年教育持续发展

2023 年以来，校舍面积约 1500 平方米的文体中心老年大学、欧洲产业城老年大学先后启用。新校启用后，一是注册学位稳步增加到 3000 以上；二是师资水平逐步提升，5 个专业教师发布线上微课程，瑜伽、太极课引入了 40 岁以下专业教师 6 人；三是学校直属的民乐队、合唱、舞蹈、腰鼓、太极拳、时装、健身操、柔力球 15 个"老年学习社团"，活跃在各个村（社区），3 个获评成都市"老年学习社团"；四是区老年大学获评区委组织部颁发的"夕照青江"优秀老党员工作室和"优秀党支部"。区政府发布了《成都市青白江区老龄事业发展三年行动实施方案》（青府办发〔2022〕41 号），职能职责与目标任务明确清晰。镇（街道）老年教育学校标准化建设达到 100%。

（二）品牌创建硕果累累

2021 年，大弯街道"'墨色光影'市民文化艺术教育"项目获成都市"终身学习品牌项目"，青白江区教育局获优秀组织奖。2022 年，区妇联"蓉城幸福家让'爱'回家"获评成都市"终身学习品牌项目"，青白江区再创职业培训学校获评成都市"优秀成人继续教育院校"。2023 年，"大运有我·幸福成都"全民摄影大赛获一等奖 2 名，大弯街道社区教育学校获评成都市"优秀社区教育院校"，3 个获评成都市老年学习社团，"'学技能拿学历'技能与学历同行"获评成都市"终身学习品牌项目"，全区 18 个

村（社区）老年教育学习点达到市级建设标准。

（三）教师队伍专业水平不断提高

2017年、2019年到2021年，青白江区"能者为师"选手分别获两届冠军、一届亚军，2022年、2023年荣获一等奖佳绩，现有5个市级名师工作室。本土师资库里，获取各类认证者充实到130余名（含"成都工匠"和"蓉欧工匠"）。

（四）活动组织丰富多样

2021年，全区市民课堂在4月初陆续开课，课程统计及宣传进入"最成都·市民课堂"学习地图。2022年，根据全区社区教育任务分工开展市民课堂、名师送教等终身学习项目，全区共开设258门市民课程。2023年，举办全区"社区教育发展路径与品牌建设"专题培训会；社区教育名师送教镇（街道）养老机构、先行村重点村共69门课程、1029课时。

四、典型案例

【案例一】

建在老百姓家门口的老年大学

青白江区城厢镇60岁以上人口有1.93万，占全镇总人口8.62万的20%以上。区老年大学分校城厢镇老年大学设在上寿巷50号的一个古朴大四合院内，另有一处舞蹈、健身培训教室在绣川书院旁，各村（社区）也有老年学习点配套场所。

选好领头人，坚守终身学习平台。镇老年大学校长郭光翠，是城厢小学退休音乐教师，成都市劳模，连续18年担任校长和音乐教师，为辖区4000余名声乐学员授课。

郭光翠是一名党员，她把政府每年的校长津贴全用在学校，她带领老师们，开展声乐舞蹈、家庭烹饪、保健卫生、花草养殖、道德法治等课程，培育30余支文体队伍，包括舞蹈队、合唱队、金河川剧坐唱团、槐树社区腰鼓队、朝阳路社区秧歌队、莲箫队、小金龙、白贯小品表演队等，其中"小金龙"还进入了省级非物质文化遗产名录。

镇党委政府关注老年教育，全部村（社区）都有老年学习点，配套讲堂、图书室、健身房、乒乓球室等设施，打造10分钟内学习圈。文艺演出活动，必有老年大学成果展示和演出。

老人安，社区稳，子女很支持，邻里更和谐，全镇城乡经常性参加学习的老人比例逐年提升，达到了40%以上。校长郭光翠事迹"一句承诺，18年坚守"被中国新闻网、学习强国平台、四川在线报道。镇政府倡导"家有一老如有一宝"理念，支持老年学习团队建设是关键，长期稳定的教学质量就会不断提升参与率。

老年大学活动合影

【案例二】

寻找社区手艺人培育社区好老师

青白江区教育局联合区残联共同实施"最成都·市民课堂"。开设国家级非遗"面塑"课程项目，树立模范社区好老师典型。社区面塑课教师张小君女士是一名残疾人，13年前，一次事故造成她腰椎粉碎性骨折、装有三匹假骨，在生活中负重不能超过5公斤。

张小君面塑题材涉及中国四大名著、世界童话、民族风貌、历史人文、动物植物等多个视觉方位，如2021年重点就是"三星堆"系列面塑制作。"面塑"课程项目开展以来，除了在青白江本土设置课程，已经在成渝、成德眉资全面开设流动线下课程和线上发布学习课程。

张小君2020年参加了接待中央国家民族事务委员会副主任、中央办公厅秘书郭卫平等领导参观的非遗活动，CCTV13频道现场直播。2021年成都市第三届残疾人文化艺术周，面塑《八阵演义》荣获文创作品一等奖；2021年荣获成都市第六届"能者为师"亚军；2022年荣获青白江区"蓉欧工匠"称号；2022年2月，CCTV1新闻联播中展示了张小君带领残疾人自主创业的事迹。

2020年12月，张小君成立青白江魔塑手工艺品经营部，带领残疾人自主创业至今，被中共中央宣传部学习强国平台进行推广，受聘为成都市锦江区残联、德阳市残联、成渝成德眉资残疾人非遗面塑手工艺品制作技能培训教师，成为优秀的四川省知名社区面塑课教师。

张小君教学生动有趣，作品美轮美奂，善于结合时代热点创作。参加项目学习的市民已经超过了上万人次。

张小君参与"能者为师"活动

新都区
"双组织"模式培育团队，助力社区发展治理

一、发展综述

2010 年，新都区依托成都开放大学新都学院（原成都广播电视大学新都分校）成立新都社区教育学院。学院充分发挥社区教育指导、辐射和示范作用，积极开展社区教育课题研究和业务培训，构建区、镇（街道）、村（社区）三级社区教育网络体系，以"双组织"模式培育市民自主学习团队，开设市民公益课程，实施"送教进社区""社区雏鹰""绿道品学""市民游学"等项目，打造了"香城社区讲坛""乡村美学大讲堂""新繁棕编传承"等 8 个终身学习品牌，引导市民向上、向善、向美，形成友善亲和的良好社区氛围，于 2015 年成功创建了全国社区教育实验区，为新都构建"人人皆学、时时可学、处处能学"的学习型城市、学习型社会做出了积极贡献。

二、经验做法

（一）党建引领，确保团队健康发展

2016 年，学院以开展课题"市民自主学习团队与社区发展治理融入机制的研究"为抓手，深入思考团队发展方向、贯彻落实党的方针政策、不断扩大党在团队中的影响力和号召力，指导有上千名会员的香城俱乐部等建立党支部。对于不具备条件成立党组织的市民自主学习团队，由村（社区）党组织选派党建联络员负责对团队的建设指导，充分发挥团队中党员的先锋模范作用；及时掌握团队成员思想状况，定期到团队开展思

政和时事教育，引导成员履行社会责任，保证团队正确的发展方向。

（二）目标导向，培育激励示范团队

学院为团队确定了"四为四做"的培育目标：为群众参与提供舞台，让群众开心，做终身学习的引领者；为社区治理提供服务，让社区欢心，做公益活动的参与者；为政府治理排忧解难，让政府舒心，做政府治理的支持者；为党委执政凝聚人心，让党委放心，做核心价值观的宣传者。学院与各团队签订建设目标责任书，具体落实专业学习活动、拓展学习活动、社会公益活动三个方面的工作任务；以评促建开展优秀团队评选活动，由区教育局、区社区教育学院牵头，区民政局、区文体广旅局等区级相关部门共同参与评选，获评团队授予"新都区优秀市民自主学习团队"称号，极大地调动了团队参与的积极性。

（三）规范管理，促进团队终身学习

出台了《关于进一步加强新都区市民自主学习团队规范化建设的意见（试行）》《新都区市民自主学习团队建设评估标准》等一系列的规章制度，形成了较为完整的团队管理规范制度。落实好"五个一"的培育要求规范团队运行，形成了以区级优秀市民自主学习团队为引领和遍布城乡的市民自主学习团队共同发展的格局，进一步提高我区市民自主学习团队建设管理能力和服务社区发展治理的能力。

（四）项目参与，助力基层社会治理

一是引导参与文化惠民项目。积极探索以文化凝聚人的有效方式，引导香城俱乐部、升庵书画院、红湖合唱队、塔西南艺术团等，将团队活动与文明城市建设、基层文化宣传、弘扬传统节日文化等有机结合起来，积极动员辖区居民自主参与。二是引导参与市民公益课堂项目。市民自主学习团队积极承担公益课程，如新繁书画院、升庵书画院、金桂合唱团等团队承担了学院、镇（街道）、村（社区）的书法、绘画、合唱等公益课程。三是引导参与社区营造项目。例如，桂东社区依靠 18 支市民自主学习团队，积极实施"微院落""微景观""微培训""微商城"等项目，破解了老旧院落治理难的问题。四是引导参与"平安社区"创建活动。发挥市民自主学习团队在社区治安综合治理中的积极作用，如大丰街道崇义社区的红湖合唱队助力社区化解矛盾、心理疏导、重点人员帮扶、疫情防控等工作，成为社区平安管理的好助手。

三、特色亮点

（一）壮大了社区教育的实施主体

一是团队数量不断增加，从最初 1 个团队发展到现在区级优秀团队 26 个，其中团队成员百人以上的有 10 个。二是团队覆盖面不断拓宽，从最初只有桂湖街道的香城俱乐部 1 个团队到现在全部 9 个镇（街道）的 200 余个团队，让普通居民更容易参与终身

学习、社区发展治理。三是团队自治管理意识和能力不断提升，制定了较为完整的管理规范制度，如新都兰花协会在学院的指导下，制定了协会章程，成立了兰协办公室，拥有了固定的活动场所——"林丹兰苑"，人员从 30 余人发展到现在的 90 余人，每年定期举办兰花交易会和培训会，参与人数达 1000 余人次。四是团队结构不断优化，从开始单一的文娱类到现在全面开花，音乐舞蹈类、摄影书画类、养生保健类、职业技艺类等多个类别发展多样化。

（二）拓宽了社区教育的实施路径

学院通过"市民自主学习团队展演"等活动，挑选了刘昌力（香城俱乐部负责人）、高秋（新繁书画院院长）等担任社区教育名师工作室的领衔人，通过"院室合作、资源引入"等方式，高质量完成了省级特色课题"'市民自主学习团队'与地方政府在文化建设中'耦合共荣'的实践研究"、市级特色课题"区域特色课程的开发"，开展了社区教育教材读本编写、微课制作等，实现学院与名师工作室共建共享共赢；引入市委党校、区妇联等机关单位资源，开展多领域的课程活动，做到了"每月有主题、每周有活动、每日有安排"，每年开展各类特色活动 100 场以上，参加观摩学习的社区市民达 20万人次，提升了居民的综合素质、生活品质、幸福指数和文明程度，形成了友善亲和、文明祥和的良好社区氛围，为社区教育促进社区治理提供了新思路。

（三）形成了社区教育的品牌特色

学院借力 200 余个团队，充分挖掘区域特色文化资源，打造出了具有鲜明区域特色的市级终身学习活动品牌。例如"新繁棕编传承"品牌项目，通过建立新繁棕编基地，引导市民发现美、享受美、创造美，广泛开展妇女居家灵活就业培训，年培训数在3000 人次数以上。"杨氏家风家训传承"品牌项目，在杨氏宗祠开设《升庵讲堂》，讲授杨氏家学文化和杨氏家风家训，传承"状元故里，翰墨凝香"的"书香"文化，营造积极向上、明礼节、有正气的社会氛围。

四、典型案例

【案例一】

文化建设中努力实现"耦合共荣"

新繁书画院坚持以人民为中心推动社区文化建设，在组建和发展中积极探索在文化建设领域与地方政府的有效合作，实现了共建共赢。一是文化建设共有愿景是"耦合共荣"的思想基础。新繁书画院拥有众多书画及艺术爱好者，需要有一个组织来引领、引导，发挥专业特长。同时，新繁街道希望通过一些文化组织繁荣文化、涵养乡风、构建和谐社会，营造良好的文化艺术环境，在此背景下，与街道的"耦合共荣"局面应运而生。二是文化建设活动内容协同是"耦合共荣"的重要载体。近年来，新繁街道与新繁书画院联手成功开展了一系列主题文化活动，通过文化艺术的独有魅力和感染力，达到

教育人民、鼓舞人民、聚集民心的积极作用。三是文化建设成果及推介平台的搭建是"耦合共荣"的推进动力。文化艺术需要以一种载体形式来表达展示，新繁街道以乡村旅游文化的建设形式与新繁书画院携手合力打造出新繁"拾里庭院""曾家大院"等颇具名气的乡村旅游文化精品。

新繁书画院在与新繁街道的"耦合"中壮大和发展，公开发行摄影专辑等4部，举办书画摄影展40余次，协助地方政府完成文化建设工程10余项，结合廉政建设开展的书画摄影活动与展览得到《人民日报》等媒体宣传报道。

新繁书画院探索出以共同诉求为基础，以任务目标驱动实现内容的统一性，以共同搭建推出展示平台为驱动的有效策略，最终达到与街道"耦合共荣"，对于探索市民自主学习团队在社区治理的融入机制具有借鉴意义。

新繁书画院开展"天府粮仓，乡村振兴"和文化志愿者服务点位建设活动

【案例二】

党建引领市民自主学习团队参与社区治理

桂东社区作为老城市社区，面对社区居民公共空间缺乏、楼宇基础设施差、邻里关系淡漠等问题，需要借助市民自主学习团队开展文娱活动聚人心，让社区居民"由生人到家人"。

桂东社区坚持党建引领，厘清了市民自主学习团队与社区治理的关系，发挥了团队凝聚社区群众、协调社会秩序、提升社区生活品质的积极作用，让其成为社区治理的基础力量。一是抓"三个引领"。抓组织引领，为团队定期开展思政和时事教育，确保所有团队纳入党组织视野；抓制度引领，建立团队负责人任职准入、约谈提醒、从业禁止等制度，确保遵纪守法；抓平台引领，规划改造活动场地、开辟活动室，让团队就近开展活动。二是抓"三项保障"。抓经费保障，社区对已成立党组织并正常运转的团队给予党建经费专项补贴；抓人员保障，让团队党员、党建工作指导员负责团队党建工作，确保每个组织都"有人管事"；抓政策保障，厘清团队责任和服务范围，推动团队更好地融入社区发展和社区治理。三是抓"三个落实"。抓成员职责落实，确定每个团队的核心成员和辐射人员，保证团队始终生气勃勃；抓团队活动落实，着眼文明社区建设，有计划地确保团队特色项目在活动中落实；抓业务支持落实，对培育团队都要为合法

性、团队特色、团队活动、活动场地等给予具体支持和帮助。

　　桂东社区居民自主学习意识和能力得到提升，团队自身价值得到认可，基本形成了"情况了解在院落、问题解决在院落、学习进步在院落、和谐起步在院落、民主自治在院落"的良好局面。桂东社区党建工作充分发挥政治引领作用，切实做好从思想上、政治上、组织上引导市民自主学习团队，为建设团结和谐、繁荣富裕、文明进步、安居乐业的社区、小区打牢坚实基层基础。

新都区桂湖街道桂东社区开展社工评优活动

第三章
"三教"融合与协作

金堂县
"三社联动"培育"三同文化"促进基层社会治理

一、发展综述

金堂县位于成都东北部，辖 16 个镇（街道）、200 个村（社区），常住人口 81.21 万人。金堂县委、县政府高度重视社区教育工作，坚持以公园城市示范区建设为统领，紧紧围绕城乡社区治理、乡村振兴，以建设品质、活力、美丽、人文、和谐的"五大社区"为目标，着力市民"生活品质"的提升，坚持以社区（老年）教育为抓手、以"三社联动"为举措、以培育"三同"社区文化为引领，积极探索适合农村的社区教育新路子，深入推进"无时不学、无处不学、无人不学、励学金堂"学习型社会的建设。

二、经验做法

（一）树立先进的社区教育理念，确保社区教育工作沿着正确的方向发展

社区教育工作是一项重要的民生工程，金堂县确立的社区教育理念是："三社联动"培育"三同文化"，即在政府的统筹领导下，通过社区教育这个平台，将"三社"（即社会组织、社会工作和社区建设）有机的整合起来，为社区居民提供全方位的、专业的、优质的服务，进而逐步培育社区居民广泛认同（同心）、积极主动参与（同行）和满意度极高（同享）的"三同"社区文化，不断提高社区自治和社会治理的水平和质量，提高社区居民的幸福指数。

（二）发扬永不服输的"金堂精神"，为社区教育的深入开展提供源源不断的精神动力

面对困难，金堂有"只要精神不滑坡，办法总比困难多"的奋斗精神；面对落后，

金堂有"跨越发展、尾雁快飞、尾雁赶超"的勇敢精神；面对工作，金堂有"千斤重担人人挑，人人肩上有目标"的担当精神。面对社区教育的新发展、新形势，形成了金堂社区教育的三种精神，那就是"钉子精神"——要用钻的办法为自己寻找空间，"胶水精神"——要用粘的方法为自己增添机会，"祥林嫂精神"——要通过广泛的宣传赢得大众的认同和支持。

（三）建立科学管理运行机制，为社区教育的蓬勃开展提供坚强有力的机制和组织保障

建立了金堂县社区教育联席会议制度。成立了以县委副书记、县长为主任，县人大、县政府、县政协分管教育领导为副主任，县教育、文化等县级部门和 16 个镇（街道）主要负责人为成员的社区教育联席会议制度，每年定期、不定期召开联席会议，研究社区教育工作，推动社区教育的发展。

建立并完善了社区教育三级管理网络。成立了县级社区（老年）开放大学金堂分部 1 所、县级老年大学 1 所，镇（街道）社区（老年）教育学校 16 所以及社区（老年）教育点 53 个，实现了社区教育三级网络的全覆盖。

"三社联动"实现"1＋1＋1＞3"目标。通过社区教育的培育孵化功能，大大提高社会组织的专业化、规范化水平；通过社区教育的教育功能，更好地提升社会工作的政策水平，更加清晰地了解社区居民的需求，从而提高社会工作的质量；通过社区教育的介入，社区居民积极主动地参与到社区的建设中来，把社区建设变成自己的事，把自己真正当成社区的主人，更有利于和谐社区的建设，从而实现"1＋1＋1＞3"的效果，同时也因"三社"的参与让社区教育着力点更加明确，给社区教育注入强大动力。

建立切实可行的政府目标考核机制。金堂县将社区教育工作纳入各级政府年度工作目标考核，年初下达工作目标，年末由县政府教育督导室组织考核评估并将考核结果报县效能中心，纳入县政府对镇（街道）的年度教育工作目标考核，切实调动了各级政府的积极性。

建立多元经费保障机制。金堂县社区教育经费的投入，采取县镇（街道）两级财政投入、村（社区）自筹经费等社区教育多元经费投入保障机制。

建立一支结构合理的专（兼）职队伍。师资队伍由三部分组成：一是专职教师队伍，由教育部门在教师总编制中统筹安排；二是兼职教师队伍，由社区工作人员通过培训来承担，要求每个社区最少有 1 名兼职教师；三是外聘教师，本着按照程序申报、按照实际需要的原则，通过购买服务的方式，把一些能工巧匠聘为临时教师。

三、特色亮点

（一）挖掘丰富的社区教育资源，为我县社区教育的健康可持续发展奠定坚实基础

抓课程建设，促进社区教育内涵质量提升。开发了"食用菌栽培技术""马克思主

义哲学'乡土话传播'讲义"等社区教育课程。《栖贤棲贤》《中国哲学小镇－五凤镇》入选成都市社区教育优秀读本。制作"中药泡脚，让你睡得更好""高血压的自我管理""灿烂的金堂文化"等十几门微课且评为成都市优秀微课。

抓品质引领，推进社区教育品牌化发展。一是根据金堂县特色，挖掘本土文化，如土桥孝善文化、清江川剧座唱、赵家食用菌文化等，打造了三溪现代农业生态游学体验线、栖贤"金堂县种酒文化游学体验项目"游学体验线。二是挖掘、打造实现"一镇一品"社区教育目标，形成金堂社区教育地域文化精品。例如，建设了"五凤溪家风文化学院""百姓星期天学习汇""三江社区社工服务伴我行"等 5 个"成都市终身学习品牌项目"。三是示范引领，深化社区教育。近年来，金堂县被成都市评为"优秀成人继续教育院校"2 所，"规范化社区教育学校"8 所，"优质社区教育学校"2 所，"示范性社区教育工作站"18 个，"学习型示范社区"9 个，"学习型社区"30 个，"老年教育学校"8 个，"老年教育示范点"12 个，这些点位对于深化社区教育职能，发挥了很好的示范引领作用。四是发挥好各区域内的"百姓学习之星"、能者为师"社区英语达人"名师工作室、优秀市民自主学习团队等的辐射作用，助力社区教育高品质提升，提升市民社区教育的参与率与满意度。

（二）开展"三同"社区教育项目，为金堂社区教育的有效开展提供实践经验和理论支持

开展"马克思主义哲学乡土化传播"项目，解决好"同心"的问题。例如，从 2003 年开始，五凤镇通过对社区居民广泛进行马克思主义基本原理及方法论的教育和引导，很好地化解了其面临的各种复杂矛盾，助推了五凤古镇建设和旅游发展。

开展"家社共育"项目营造良好社区教育氛围，解决好"同行"的问题。《以社区教育学校为主阵地充分发挥社区教育功能 助力城乡社区发展治理》在《社区教育》（2021 年 3 月）上发表。

开展"沱江源文化"等讲坛挖掘本土教育资源，解决好"同享"的问题。一是传承和弘扬本土文化；二是传播本土文化，提升社区居民热爱家乡、建设家乡的热情，提升金堂人的自豪感；三是社区居民通过这样一个平台，能够真正感受到共享的快乐。

四、典型案例

【案例一】

共建同享·发展一盘"棋"

中国象棋是中华民族的文化瑰宝，充分利用好金堂县"四川省象棋之乡"的优势，开展市民喜闻乐见的社区教育活动，助推当地的经济发展。"以棋为媒"，共建共享·发展一盘"棋"，大力发展赛事经济，推动梨花村文旅融合全面提质发展。

一是加强象棋文化宣传造势。开展专属国风卡通人物 IP"小栖 & 小贤"原创作品征集，创作歌曲《栖贤美》，利用《三壶家酒》等文学作品打造"琴棋书画、诗酒花茶"

文旅IP。

二是强化象棋文化场景塑造。在梨花沟打造全国唯一"象棋主题文化公园"，融合梨花沟种酒非遗、亲子研学、主题民宿等多元业态，串珠成链推出象棋主题文化体验旅游线路3条。

三是做好象棋文化全域营销。精心策划"大地魂杯"四川省象棋之乡"金峰对决"象棋挑战赛，吸引社会各界广泛参与。每年举办5场月赛和象棋研学活动，近1000余名爱好者参加，已成为成都周边较有影响力的象棋赛事。

栖贤街道"以棋为媒"共建共享·发展一盘"棋"，在加强社区教育和为助农增收方面取得了较大工作成效。一是社区教育取得新突破。通过以棋为媒，发展推动了文化交流和全民素质的提高。二是推动旅游业态"引领新潮"。打造了"赛事＋旅游""营地＋旅游""慢行＋旅游"等旅游业态，丰富文旅业态，刺激旅游消费，有效增加村集体收入，达到了从一盘"棋"到另一盘发展的大"棋"格局的双赢。

梨花沟中国象棋主题文化公园

【案例二】

马克思主义乡土话传播，同心谋发展

2003年，五凤镇确定了发展旅游产业，打造五凤溪景区的目标。鉴于当时部分基层干部的自身素质不高，方法不当，效率低下，部分居民理想信念淡化，国家、集体观念不强，因此，充分利用社区教育平台，加强广大干部群众的中国特色社会主义理想信念教育势在必行。五凤镇以开展马克思主义乡土话传播，助推五凤古镇旅游发展。深入研究当时拆迁安置矛盾纠纷问题，利用马克思主义的基本原理来提高解决问题的能力。

为实现"山江古镇、旅游强镇、农业新镇"目标，实施"一心两区、三园、四带"工程的发展战略新蓝图。五凤镇开展马克思主义乡土话传播教育实践活动，形成了"1＋2＋N"的教育实践活动方式，广泛动员和吸收群众参与，问需于民、问计于民，凝聚民心，集中民智，凝聚古镇建设正能量，实现了"同心""同行""同享"的目标。

无论是古镇建设，还是新农村建设必须解放思想，摒弃个人主义，依靠广大群众，依靠乡土人才和文化资源，走共同富裕道路。开展马克思主义"乡土话"传播，助推当地旅游快速发展，五凤镇是一个成功的案例。五凤镇在推进古镇建设中，先后完成了古镇一、二期建设并投入使用，启动了三期拆迁安置工作，顺利拆迁 1495 户，拆除房屋面积 14.3 万平方米，有序推进了 11 个建设工程项目落地生根，无群访和阻工现象发生。五凤溪景区从 2013 年运营以来，已接待游客 1500 万人次，实现旅游消费收入 15 亿元。2014 年荣获"中国历史文化名镇""国家 4A 级旅游景区"。

马克思主义乡土话讲座

大邑县
职社深度融合，共筑终身教育特色品牌与区域人才高地

一、发展综述

大邑县社区教育学院，自 2015 年成立以来，秉持"终身学习"理念，倡导"人人皆学、处处能学、时时可学"的终身学习观，深度融合大邑县职业高级中学与技工学校的教育资源优势，依托四川省高技能人才培训基地、四川省大邑县农旅乡村振兴高技能人才培育基地（"双高"基地）的雄厚实力，以名师、大师工作室为引领，整合资源，构建了多元化培训体系。通过深耕乡村老年康养研究与实践，温暖夕阳红；启航"雏鹰护航"公益，呵护青少年成长，细心编织"一老一小"的幸福网。同时，广泛开展成人技能培训，精准对接区域文旅、乡村振兴及智能制造需求，强化人才支撑，彰显职教服务社会的核心功能，为构建全民学习型社会注入强劲职教动力。

二、经验做法

（一）职教社教深度融合，共绘乡村老年教育新篇章

面对乡村老年群体在营养健康方面的迫切需求与现实困境，大邑县社区教育学院勇担重任，依托职业学校烹饪技能大师工作室的丰富资源，以"大邑县乡村老年教育'营养知识与健康饮食'课程开发和实施探究"课题为科研引领，积极探索老年健康教育的创新路径。学院联合乡厨协会、餐饮协会等社会力量共同编制《大邑县乡村老年人营养知识与健康饮食手册》及《舌尖上的大邑味道》美食读本，精心录制了一系列营养健康微课，构建起全方位、多层次的老年康养课程资源库。通过"最成都·市民课堂"公益活动平台广泛传播课程资源，有效提升了乡村老年人的营养健康意识，促进了其饮食行为的科学转变，构建起以"健康快乐、聚力联动、开放共享、终身学习"为特色的新型乡村老年教育模式，让老年人在享受美味的同时，也享受到了健康生活的乐趣。

（二）社区雏鹰展翅，为未成年人撑起成长的蓝天

关注未成年人的健康成长，是社会教育不可或缺的一环。大邑县社区教育学院深刻理解这一点，以暑期为契机，精心策划并实施了社区雏鹰公益活动。活动覆盖了全县11个镇（街道）的147个村（社区），以爱国主义、安全教育、家庭教育、科普推广、亲子阅读、手工制作及心理健康教育等丰富内容为抓手，引领未成年人走进博物馆、气象站、消防大队、法院等实践场所，通过亲身体验和互动学习，拓宽了未成年人的视野，增长了知识，培养了良好的道德品质和社会责任感。每年开展不低于15场活动，累计服务青少年儿童超过千人，充分展现了学院在未成年人教育领域的积极作为和显著成效。社区雏鹰系列活动不仅促进了社区教育与学校教育的无缝对接，更为未成年人的全面发展提供了坚实的支撑。

（三）强化职业技能培训，赋能区域高质量发展

面对区域产业发展的多元化需求，大邑县社区教育学院将职业技能培训作为推动地方经济转型升级的关键举措。学院紧跟文旅产业、乡村振兴及智能制造产业的发展脉搏，整合职业院校优质资源，构建了"学历＋技能＋创业"的复合型人才培养模式。通过"建体系、建平台、建队伍"和"送课程、送课本、送课堂"的全方位服务，精准对接各类人群的学习需求，依托旅游服务名师和茶艺技能大师的资源优势，开展了包括茶艺、烹饪、机械加工、电子信息技术等在内的多样化职业技能培训。培训提升了劳动者的就业创业能力，为区域文旅产业的繁荣、乡村振兴的推进以及智能制造产业的崛起输送了宝贵的人才资源，为地方经济的持续健康发展注入了强劲动力。

三、特色亮点

（一）职社协同，点亮终身教育新篇章

基于对区域社区教育需求的深入调研，以乡村老年教育的迫切需求为关注点，以职业学校烹饪专业的专业优势为切入点，聚焦老年康养食疗领域，成功实施了"大邑县乡村老年教育'营养知识与健康饮食'课程开发和实施探究"课题。该课题不仅荣获成德眉资雅乐阿职教联盟科研课题成果鉴定一等奖，更在教育部首批社区教育能者为师实践创新项目中脱颖而出，其中"康养健身——营养食疗"项目榜上有名。2023年，"营养食疗"品牌课程再次入选教育部县域社区教育品牌课程，进一步巩固了其在老年教育领域的影响力。

联动职业院校，匠心打造"雪山乡厨"品牌。通过一系列烹饪实用技术培训，传授技艺，激发乡村美食文化的活力。至今已开展培训10余次，累计培训课时超100节，惠及400余人次，成功助力15名村民获得中式烹调中级技能证书，培育出乡村美食达人13名、县级烹饪技术能手4人，并打造了两名乡村美食工匠，开发出包括大邑血旺、大邑九大碗在内的五道地方特色美食，极大地丰富了乡村饮食文化。

紧密结合区域特色，依托职业学校旅游服务专业，创新编制了《我们知道的安仁——安仁古镇景区创5A社区居民推介读本》和《大邑欢迎您》社区居民英语读本，均获得市级社区教育优秀读本荣誉。利用微课、游学项目等形式，如"茶让生活更美好"传统文化乡村振兴游学项目及"礼仪的光亮·个人的魅力"项目，传播了传统文化，提升了社区居民的文明礼仪素养。多个项目获评成都市终身学习品牌项目，特别是"安仁古镇新消费业态成为自己家的咖啡师培训"项目，作为教育部第二批社区教育能者为师实践创新项目，进一步推动了古镇新消费业态的发展。

（二）构建多元培训体系，提升区域人才质量

在社区教育学院"双高"基地的有力支撑下，积极整合政府、企业、社会等多方资源，建立了东部新城培训基地、青霞街道分水社区讲习所、省级特种作业实操考试点等多个培训平台，形成了多渠道、多层次、多类别、多场域的社区居民职业技能大培训模式。一系列举措不仅紧密对接了人社局、农发局等多个政府部门的需求，更为区域经济的高质量发展提供了坚实的人才保障。

在文旅产业与乡村振兴领域，充分发挥职业学校旅游服务专业和烹饪专业名师、大师工作室的优势，针对安仁古镇、花水湾、西岭雪山等热门景区及鹤鸣镇、悦来镇等乡村振兴重点区域，开展了一系列针对性强、实效性高的技能培训。从旅游从业人员的服务技能提升到民宿经营、烹饪技能、特色餐饮培训，精准对接区域发展的实际需求，有效提升了社区居民的旅游产业从业素质，为大邑县文旅特色产业的持续繁荣奠定了坚实的人才基础。

四、典型案例

【案例一】

服务接待提升培训铸就安仁古镇品牌魅力

在历时多年的安仁古镇国家 5A 级旅游景区创建过程中，社区教育学院作为区域内终身学习的主要平台，协同四川省大邑县职业高级中学旅游服务专业师资力量，充分发挥主人翁精神，从景区推介、居民素养提升、从业人员技能培训等多个维度积极参与创建工作。社区教育学院编撰了《我们知道的安仁——安仁古镇景区创 5A 社区居民推介读本》、爱成都·迎大运《大邑欢迎您》社区居民英语读本，在社区居民中进行发放，并利用"最成都·市民课堂"对景区原住民进行内容宣讲，旨在让每一位古镇居民能更全面地了解自己的家乡，做一名合格的旅游宣传员。先后开展了以"礼育安仁，礼迎天下"为主题的社区居民礼仪素养提升系列培训、"安仁雅韵，铸古镇品牌"主题的景区从业人员服务能力提升系列培训、安仁古镇新消费业态"成为自己家的咖啡师培训"服务技能培训、"茶让生活更美好"古镇茶艺人员技能提升培训、讲解员培训、酒店从业人员服务技能提升培训等专题培训，为安仁古镇国家 5A 级旅游景区的创建成功贡献教育力量。

安仁古镇社区居民旅游接待英语培训

【案例二】

头鹤引领，群雁齐鸣

社区教育学院以职业学校中式烹调技能大师工作室、茶艺技能大师工作室、旅游服务名师工作室为引领，定点入住大邑县鹤鸣镇，通过工作室为村民开展技能培训，寻找以"美食工匠"为代表的乡村振兴建设者，实施"头鹤起飞"当地人才培育计划，以学培能，以能增收，以收引流，激发乡村活力。开展属地居民餐饮服务技能培训，通过"农家乐运营管理""厨艺技能提升""食品营养卫生与安全"等提升村民发展乡村旅游基本技能。带领部分村民外出参访学习农村集体经济运营模式、餐饮农家乐经营、农副食品展销会等，推荐居民参与中式烹调技能考证培训并考取中式烹调师证书。协助政府组织"雪山乡厨"技能大赛，提升村民厨艺技能，增加新民村餐饮从业人员行业竞争力，打造乡村美食工匠，提高新民村美食知名度，以乡村美食名片传承乡村餐饮文化，发展乡村旅游助力乡村振兴。

为充分发挥职业教育服务社会，助力乡村振兴，社区教育学院赴鹤鸣镇开展"旅游业服务技能专题培训""餐饮服务礼仪""餐饮创业培训""茶艺技能培训"，酒店、民宿、露营经营业主、旅游从业人员、社区居民共500余人参加培训，为鹤鸣镇文旅产业发展，加快民宿主题社区建设提供人才保障。

鹤鸣镇"雪山乡厨"烹调师培训

简阳市
紧握基础之匙，解锁城乡协调发展之门

一、发展综述

简阳市建立了学习型城市建设与社区教育联席会议制度。市级设立社区教育与青少

年服务中心，各镇（街道）设立社区教育学校，各村居设立了社区教育工作站，建立了三级架构的办学体系，并将社区教育工作纳入年度目标考核。

广泛开展城乡社区教育，促进社会治理和助力乡村振兴。各社区教育学校和工作站充分整合辖区社会资源，提供了国标舞培训、成人书法、美术班、法律讲堂、茶艺、太极、声乐等76门公益课程，满足了社区居民的终身学习需求，提升了社区居民的素质修养，养成了良好文明习惯，促进了城乡社会治理，服务社区发展。

二、经验做法

由于简阳市社区教育起步较晚，受社会经济发展水平因素影响，城乡社区教育发展水平差异也较大。

（一）加强基础保障建设，保障水平逐步提高

一是推进社区教育和老年教育机构建设。目前已成功创建22个镇（街）老年教育学校和59个老年教育学习点，成都市级规范化社区教育学校2个（优质学校1个），示范性社区教育工作站6个，简阳市级优质校站12个。按照规划每年创建简阳市级优质校3个和优质校站10个，逐步提高全市社区教育机构建设水平。二是不断提高社区教育管理者和专兼职教师队伍素质。召开工作培训会，组织参加国家省市级研修班，参与龙泉·简阳、简阳·新津社区教育联盟互动，共计培训社区教育人员300余人次。举办简阳市"能者为师"大赛，建立简阳市级师资库，目前师资库专兼职教师达96人。三是不断提升社区教育课程供给数量和质量。各社区教育学校、工作站充分利用辖区内的社区教育资源，科学设置"最成都·市民课堂"常态课程。积极宣传动员广大市民线上+线下报名参与学习，开设了沙画、电子琴、太极、腰鼓指导、声乐、茶艺、水彩画、厨师培训、水果种植技术培训等不同类别的公益课程，共计160多门。

（二）真抓实干，持续扩大老年教育供给

一是建立组织机构。成立了教育局副局长任组长，职终科科长、社区教育与青少年服务中心主任为成员的领导小组，落实专人负责。明确工作职责、工作目标、工作措施和工作进度。二是实地调研，掌握第一手资料。对全市22个镇（街）老年教育现状进行实地查勘。调研组与镇（街）的民生服务中心和老龄协会进行全方位沟通，包括确定老年教育学校点位、收集基本情况、协调解决相关问题等。三是召集教育、民政、财政、文体旅、卫健老龄等部门参加的协调会。明确各相关部门的职责，加强沟通，通过规划编制、政策制定、指导监督等措施支持老年教育发展，协调解决老年教育发展中的资源和设备设施共享问题。四是建立老年教育联盟。简阳市老年大学师资队伍丰富，而各老年教育学校的师资相对缺乏，部分课程不能有效开展。为此，初步建立了简阳市老年大学为龙头的老年教育联盟，实现了师资和课程的统筹。五是保障资源和设备设施。积极协调各镇（街）的民政、文体和市老龄委加大对老年教育学校（学习点）创建点位的支持力度，拨付经费解决场地装修、氛围营造和资金添置必要的设备设施。协调解决

新市等镇（街）老年教育发展中的资源和设备设施共享问题。六是提供经费保障。积极推进资金筹措渠道多元化，鼓励各类社会培训机构为老年人提供教育服务。在社区教育专项经费中列支创建经费，用于老年教育改善办学条件、开展教育教学活动和教育成果展示。七是保障师资队伍。积极推动各级各类公共教育机构服务老年教育，以不同形式参与老年教育，鼓励学校教师和学生参与老年教育的志愿服务。简阳市老年大学开展智能手机、"迎大运，学英语"送教活动，配送了优质学习资源、提供人员培训，为老年教育学校提供了师资和课程支援。

三、特色亮点

简阳市持续推进"参与式社区教育助力乡村振兴示范项目"，探索"参与式"方法在开展乡村社区教育工作中的助力作用，积极为基层社区赋能，激发乡村社区教育内在活力，促进乡村社区教育的可持续发展，为乡村振兴战略实施贡献社区教育力量。

（一）改善了当前社区教育工作现状

参与式社区教育助力乡村振兴项目在农村地区开展以来，成效显著。累计开展各类社区教育主题学习活动近60场，其中，针对青少年开展的周末课外体验系列活动30余场，内容涵盖团体游戏、手工、音乐、艺术、国防、戏剧、安全等多个主题。针对村民开展的广场舞学习、玩转智能手机学习活动20余场，丰富了村民的精神文化生活，提升了村民参与终身学习的积极性，累计服务村民6000余人次，带动和影响村民参与学习达500余人。通过鼓励社区居民的有效参与提升居民学习热情，通过能力培训提升了乡村社区教育服务水平。

（二）激发了社区教育活力

通过发挥基层党员干部积极性和创造性，提升了乡村社区居民参与意识和能力，变被动为主动，村民成为社区教育的建设者和获益者。善用外部资源，善于发现、引导和唤醒村民学习和参与意识，让村民和村干部全程参与，呵护村民的每一个学习愿望。

（三）盘活了乡村本土教育资源

从可持续发展的要求看，如何调动和充分利用乡村本土资源，则显得更加关键。目前乡村社区的基础设施一般都具备电脑、农家书屋、投影、会议室、广播等开展社区教育的硬件条件。同时，更应当充分利用乡村区域内现有的各类教育、文化、人文、体育等资源，用有趣的学习活动把这些资源充分利用起来并充分体现乡村文化特色。项目充分挖掘了乡村当地人才资源，如当地的退休教师、退伍回乡的村民、义务制教育学校的老师共同参与乡村社区教育工作。

四、典型案例

【案例一】

老年"乐学"教育项目

平泉街道老年教育学校成立于 2020 年，有学员 1280 人，坚持老有所学、老有所乐、老有所为的宗旨，依据上级要求，全面开展老年人教育、教学活动，推动街道各项事业发展。平泉街道老年教育学校高度重视办学理念，把乐学放在首位，开设英语班、音乐班（包括声乐、合唱、舞蹈），体育班（包括太极拳、柔力球）等课程，注重教学规范，聘请专业的教师，重视学员管理，做到上课有考勤，学习有记录，成绩有评定，学籍有档案，先后培养出优秀学员近 40 人次。为促进老年学校的健康发展，平泉街道老年教育学校还自主建立了腰鼓队、象棋队、广场舞蹈队，这些活跃在平泉街道的自主团队，坚持训练，时常参加比赛和演出。自主团队每年国庆节、重阳节、建党节都参加市级以上和辖区展演活动，先后获市级合唱比赛三等奖，部门比赛奖。为促进乡村振兴，坚持送教下乡，先后到荷桥村、龙王村、协议村、太阳村、敬老院表演精彩节目，深受干群好评，取得了良好的社会满意度。

平泉街道老年教育学校开展智能手机培训课

【案例二】

"麻编环创工作坊"市民终身学习体验基地

简阳市社区教育与青少年服务中心联合射洪坝水东小学建立了"麻编环创工作坊"市民终身学习体验基地，至今参与 8000 余人次。

麻编环创工作坊是以麻线、麻布、棉线为主，结合环创环保理念，充分利用身边的废旧塑料盒、纸盒、衣物等与麻绳、麻布、色彩等美术元素产生碰撞，以编织、粘接、拼贴、绘画等手法进行艺术加工，让这些废旧物品成为各种各样的装饰品、生活实用品。

"麻编环创工作坊"市民终身学习体验基地成立至今，秉持目标先导，多管齐下的原则，不断拓宽实施途径。一是开辟"学校＋家庭＋社区"的路径扩大劳动教育辐射范围，发挥工作坊载体功效，弥补城区劳动教育的缺失，助推家、校、社劳动教育协同育人；二是搭建"校内＋校外"成果展示平台引起各界对劳动教育的重视，通过评选"优秀麻编小能手、麻编家庭、指导教师、技术达人、最受老百姓欢迎的工作坊"等活动，提高麻编劳动教育知晓率和参与度；三是通过艺术节、亲子活动开放日等劳动教育成果展示，推动劳动育人走到校外。

"麻编环创工作坊"市民终身学习体验基地立足教育实际，以劳动为媒，用身边艺术教育资源，发挥载体功效，拓展美术教育边界，传承非遗文化，在环创相融中，赋予非遗文化新的时代活力。构建家庭、学校、社会劳动三位一体相互融合的劳动教育课程体系，不断丰富和拓展劳动教育的内涵和外延。

"麻编环创工作坊"参加非遗比赛现场

文化传承与创新

双流区
社区教育多维拓展，瞿上文化再赋新篇

一、传承创新二十载，铸就独特发展路

双流社区教育发轫于 2003 年，20 余年来，其始终肩负建设学习型社会之重任，以成就人民美好生活为目标，紧密贴合地方党委政府的中心工作，通过社区教育和"瞿上"文化的传承与创新，持续赋能区域经济社会发展和市民终身学习能力。

双流区构建起由区委、区政府领导的"双流区学习型城市建设暨社区教育联席会"，形成了由区社区教育学院、镇（街）社区教育学校、村（居）社教工作站组成的三级社区教育工作体系。通过深度挖掘优秀传统文化精神，唤醒共同记忆，成功实现了传统文化与社会主义核心价值观传播的转化与创新。"永安乡村振兴课堂""瞿上生活美学课堂"等一系列社区教育创新模式与品牌不断涌现，开拓出一条内涵丰富且具有独特文化气质的双流社区教育发展之路。

二、传承"瞿上"文化，赋能美好生活

2018 年，双流社区教育明确提出"15125"发展新思路，即达成"一个目标"：温暖瞿上记忆，奠定人生幸福；立足"五育"教育：新市民教育、家庭教育、老年教育、青少年校外教育、残疾人教育；推进"十二个镇（街）社区教育学校的一街一品一特色"建设；开展"五主题"教育活动：市民文化素养提升、游学体验活动、一村一大戏·月月大舞台文化活动、城乡社区教育品质打造、新型职业农民培训。双流社区教育以"一街一品"社区教育项目实验为载体，传承"瞿上"文化精髓，培育提升双流社区教育特色品质，不断创新"瞿上"社区教育发展模式。

（一）培育"瞿上生活美学"课堂，为市民幸福美好生活赋能

2017年，双流区社区教育教育学院创新开设"瞿上生活美学"课堂。该课堂以人民为中心，以提高市民综合素养、促进社区治理为手段，以市民过上幸福美好生活为目标，推出面向全体人员、涵盖全面内容、贯穿全程的教育课程和活动。

双流区社区教育学院秉持生活审美化、审美生活化的教育原则，为"瞿上生活美学"课堂构建了"五讲、四美、三支撑"的课堂体系以及"纵向生根、横向散叶"多元一体的课堂管理制度。在不断的创新发展中，形成了独特的特色与文化。

自2017年创设以来，"瞿上生活美学"课堂投入经费806万元，开发古法造纸、国画、摄影、剪纸、居家美化、竹编等线上线下课程50多门，总结研发了"瞿上社区教育'平安幸福品质生活'"课程体系指南，参与学习和受益的市民达160万人次，年均线下学习人次达8万人次，线上达145万人次。

"瞿上生活美学"课堂走在成都市社区生活美学教育前列，满足了人民对美好生活的追求，践行了中国式社区教育现代化发展要求，形成了独具地域文化特色和广泛社会影响的社区教育、终身教育品牌。

7年来，"瞿上生活美学"课堂在双流全区产生了广泛的社会影响：一是生活美学课堂成果助力成都市全球学习型城市建设；二是教育部二级巡视员刘英视察并充分肯定了生活美学课堂；三是老年大学创编舞蹈多次荣获全国金奖、银奖；四是有4篇生活美学课堂的创新实验相关研究公开发表在《职教论坛》《社区教育》等全国核心期刊上，提升了课堂的社会知名度和传播影响力。

（二）培育"瞿上好家长"，为家校社协同育人赋能

为构建家庭、学校、社会之间的良好教育生态，协同创新，推动家庭教育事业的高质量发展，2020年，成都市家长学校双流分校会同相关部门创新开展"瞿上好家长"评选活动。

双流分校严格遵循公开、透明、公正的评选程序，从育人观念、言传身教、家校合作、关注孩子生活习惯、关注孩子学习习惯、关注孩子身心健康6个方面对参选家长进行全面、客观的评估。同时在全区终身学习活动周启动仪式上，举行庄重、温馨、感人的表彰活动，更好地传递家庭教育的温度和重要性，激发更多家长参与评选活动。

双流分校还组织专班整理编辑"瞿上好家长"文集，邀请获奖代表参加双流分校"智慧家长优秀家教故事分享"活动，向全社会讲述新时代家教故事，倡导先进的家庭教育理念和方法，积极引导家长树立正确的教育观和价值观。目前，该项活动已成为双流区家庭教育重要的推广宣传方式。

（三）创新开展"瞿上云课堂"，数字赋能社区教育

为进一步提升"互联网＋社区教育"内涵发展水平，积极开展现代化、信息化、数字化系列教育教学活动，双流区社区教育学院于2020年创设了"瞿上云课堂"，开发了实用性强、寓教于乐、丰富多彩的线上课程。

4 年时间里，双流社区教育学院围绕政府中心工作和市民不断发展变化的学习需求，在"瞿上云课堂"平台投放了"生活美学""爱成都·迎大运""双流地方传统文化"等系列课程共计 600 余节，充分营造了"人人皆学，处处能学，时时可学"的学习氛围。每年参与线上学习的市民达 20 万人次。

（四）整合"瞿上"文化资源，建设市民研学优质基地

双流区社区教育学院通过整合双流文清农耕文化博物馆、彭镇老茶馆、广都博物馆等社会学习资源，开展丰富多彩的研学活动，传承创新瞿上文化。近年来，学院创新发掘古法造纸、雕版印刷等体验类课程及川西老茶馆三件套、茶语、艺术摄影等市民研学课程。

三、亮点纷呈，铸就辉煌

近年来，双流区社区教育砥砺前行，成果斐然。4 所院校荣获"全国继续教育优秀院校"称号；3 人获评全国"百姓学习之星"，2 人获评四川省"百姓学习之星"，3 人获评成都市社区教育名师工作室导师。"永安乡村振兴讲堂"先后斩获四川省、全国终身教育品牌项目。"瞿上生活美学"课堂更是荣膺 2024 年全国新时代"特别受百姓喜爱的终身学习品牌项目"。

2018 年，时任四川省分管教育的副省长杨兴平对双流社区教育乡村振兴典型案例签批：双流社区教育富有特色，助力乡村振兴的永安模式值得推广。2019 年，"瞿上生活美学"课堂的优秀成果被选送至在都江堰召开的亚洲教育论坛，呈献给来自 20 多个国家的终身教育代表，得到时任联合国教科文组织终身教育研究所所长戴维、阿乔莱那的充分肯定与认可。近十个品牌荣获成都市终身学习品牌。此外，双流区永安社区教育学校 2 次成为联合国教科文组织农村社区学习中心（CLC）项目实验点，其独具一格的实践经验在全国 CLC 经验交流会郑州会场上分享。

2023 年，双流区还与四川省教科院携手，共同成立了"傅葆琛研究中心"，致力于传承创新平民教育家傅葆琛（祖籍双流区永安镇）的乡村教育思想，深入探寻傅葆琛乡村教育理论与现代乡村振兴战略的创新发展之路。当前，已编撰印刷了《傅葆琛的故事》，还出版了反映地方文化传承创新的散文集《白河船歌》。国内外首部全面呈现平民教育家傅葆琛的传记《傅葆琛》也即将由新华出版社出版发行。

近年来，双流独具特色的老年教育"融合发展"实践成效同样显著：双流区老年大学入选"全国示范老年大学"，并创立了全国老年教育的四大模式之一的"双流模式"和"融合发展"现代终身教育模式。全区积极开展"一街一品一特色"实验，促进区域社区教育、老年教育特色亮点纷呈，在协同创新、共建共治幸福空港双流学习型城市建设的道路上不断迈进。

2019 年，时任教育部职成司二级巡视员兼全国老年大学协会副会长的刘英莅临双流老年大学实地调研，对其办学成果给予高度评价，并推荐其独具特色的教育亮点参加中国教育电视台的拍摄与展播，永安乡村振兴典型案例入选全国创新案例展播。

四、典型案例

【案例一】

"葆琛乡村书画院进新村"品牌项目

随着永安镇"乡村振兴课堂"的持续深入开展，农民的经济收入得到了极大提升。为了让村民在富了钱袋子的同时，充盈自己的脑瓜子，永安社区教育学校充分利用资源，建立了市、区、校三级合作管理的葆琛乡村书画院，成为成都市第一个乡村美学课堂。为发挥书画院助力建设幸福美丽新村作用，营造社区良好文化学习氛围，带动更多的社区居民投入美丽新村的建设中，打造了"葆琛乡村书画院进新村"品牌项目，让带有浓郁地方文化的书画、剪纸、二胡等走进乡村和农家。2020年链接黄龙溪、黄水社区教育学校等，通过进新村送教活动让葆琛文化走出去、活起来。

2020年，葆琛乡村书画院组织进黄水白塔社区、杨公社区、黄龙溪镇嘉禾社区美丽新村活动，让新村居民们切身体会书画魅力，接受传统文化熏陶。项目进入社区后，参与居民上百人，免费送出60多幅作品，让"乡村生活美学"品牌走入了60多户居民家中，走进了几百余人的心中。送画给防疫抗灾期间的优秀居民骨干，鼓励居民正能量的奉献精神，带动更多居民主动参与社区公益活动中来。该项目的实施，丰富了居民们的业余生活，提升了生活品质，进一步体现了社区教育助力乡村振兴和社区治理的作用。

葆琛书画院进永安镇双坝幸福美丽新村

【案例二】

"融高校资源 促全民阅读"特色项目

成都市双流区西航港街道机场路社区教育工作站辖区内有四川大学、西南民族大学、成都信息工程大学等丰富的高校资源，自 2019 年起，充分结合资源优势，共同打造"融高校资源·促全民阅读""一街一品一特色"读书项目，同时整合社区教育培训机构、中小学、社会组织、社区自组织等资源，形成以社区为中心的"1+3+N"多点联动的教育服务主体资源。培育了社区书香悦读会、德艺馨书法公益课堂、绘画爱好者协会等 16 支自组织队伍，开展了书香悦读会、德艺馨书法公益课堂、折纸课堂、家庭教育沙龙、绘画公益课堂、交谊舞公益课堂、中华礼仪培训等常态化公益培训课堂 7 个。充分发挥自组织骨干作用，带领社区居民参加各类文化教育活动，参与人数达 5000 余人。通过学习交流平台的搭建，居民群众的广泛参与，逐步形成了"人人皆学、处处能学、时时可学"的"悦读"和"悦学"圈，提升了市民综合素质，营造了学习型社区的良好氛围。高校助力，让社区居民的阅读活动更有针对性和实效性，居民的需求让高校感受到更多的归属感，也让校地合作落地扎根。

市民"书香悦读"活动

郫都区
打造三级蜀绣学 Yuan，"绣"出多彩社区教育

一、发展综述

郫都区深入贯彻落实习近平总书记来郫视察时关于"将蜀绣作为国礼送出去，让中国的传统非遗文化走向世界"的重要指示精神，坚持"以人为本、一镇一品、惠及全民"的社区教育理念，围绕打造"科创高地　锦绣郫都"的新要求，依托完善的区、街道（镇）、村（社区）三级社区教育体系，联动多个成员部门，以构建"蜀绣学 Yuan"

社区教育课程为抓手，打造"学院绣""学苑绣""学园绣"为阵地，传承蜀绣技艺，弘扬蜀绣文化，让蜀绣走进学校、进社区、进机关、进景区、进监狱，强化社区教育服务地方经济发展的品牌效应。

二、整合区级资源，合力打造学院"绣"

（一）联动成员单位，编织蜀绣技能人才"绣"

根据《成都市蜀绣产业振兴规划纲要》《成都市郫都区推动蜀绣产业创新发展若干政策》，以学习型城市建设与社区教育办公室名义，联动人社、妇联等成员部门，率先研制"蜀绣国家专项职业能力考核规范"，并成功通过人社部立项审定。建立和完善蜀绣技术人才职称评定体系，制定蜀绣高级职业技能鉴定标准，开展蜀绣职业技能和职称评定工作，现有 754 名绣娘取得初级、中级资格认证。建成国家、市、区级蜀绣技能大师工作室 6 个，举办以农村失地、失业、残疾妇女及未就业青年为对象的"蜀绣高级创新人才培训班""成都市蜀绣从业人员品牌技能人才培训示范班"72 期，累计培训绣工 9000 余人次，向蜀绣企业输送 1300 余名优秀人才。

（二）研发专业课程，编创蜀绣教育品牌"绣"

落实《成都社区教育促进条例》，发挥社区教育学院课程建设的示范作用，分类分级研发蜀绣课程：组织蜀绣技能大师，研发《蜀绣工艺》专业课程，成为教育部首批系列推介课程，名列四川省 2022 年"能者为师"特色推介课程；持续孵化、培育社区教育品牌，打造战旗农民夜校、鹃城讲坛等国家级、省市级终身教育品牌项目 5 个；编撰出版《大运声里觅郫都》《蜀绣奇缘》《我爱蜀绣》等社区教育读本 5 本；指导安靖街道社区教育学校组建高校教授、蜀绣大师等 20 余人师资队伍，培育市民自主学习团队"蜀绣之乡艺术团"，开发"蜀绣之乡"特色课程，编印《安靖蜀绣学院培训教材》《蜀绣赏析》《中国蜀绣》等系列规范性教材，依托蜀绣学院、七彩绣坊等，面向市民开展蜀绣技艺培训，每年开课 1000 余节。

（三）健全学习阵地，编制蜀绣活动体验"绣"

印发《成都市郫都区街道（镇）教育工作主要目标》，将街道（镇）常态化开展蜀绣教育工作，列入区政府对街道（镇）教育目标考核，考核结果计入属地街道（镇）绩效评价。选聘 14 位具有中小学管理经验、社区教育工作经历的同志为街道（镇）社区教育学校校长，明确课程开发、活动组织等 6 项工作职责。扎实服务市民终身学习多元化需求，依托蜀绣文化创意公园，创设蜀绣文化创意中心、"绣茶坊·绣之茶"蜀绣体验店等场景，建成成都市"郫都·安靖蜀绣市民游学基地"，每年接待市民游学、学生夏令营近 8 万人次。将蜀绣传承发展作为打造"非遗之都"的重要内容，每年举办全民终身学习活动周，把"蜀绣·绣出生活好风景"作为常设互动体验项目，在省、市、区启动仪式上供市民参与体验。

三、统筹街道力量，合作实施学苑"绣"

（一）提升常规项目，做优蜀绣培训全民"绣"

以"蜀绣+"提升老年教育、家庭教育、青少年校外教育课程内涵，纳入"最成都·市民课堂""社区雏鹰"等常规社区教育项目，融入优质社区教育学校（工作站）、老年教育学校（学习点）创建，着力打造安靖蜀绣学院"共绣一幅蜀绣"、战旗农民夜校"共纳一双布鞋"、绣纺"共舞一把团扇"和水乡绣里"共赏一片桑田"等一批特色品牌课程，让高雅的非遗艺术化作致富的金线、修身的银线、文化的串联线。1464位农村妇女居家就业变身成为职业绣娘，1000余名留守老人通过学习创收，实现了老有所为；2名残疾人掌握一技之长，解决了生活困难的问题；1212名儿童游学探寻，走进了蜀绣的前世今生。充分发挥郫都区安靖街道"蜀绣之乡"文化传统优势，连续成功举办7届"国际非遗节分会场"、4届"蜀绣艺术节"、10届蜀绣技能大赛和2届"金针杯"中国传统工艺刺绣大赛，扩大蜀绣影响力。在解决蜀绣传统工艺传承和发展难题的同时，还缓解了青壮劳动力流失及农村"留守儿童""空巢老人"等社会问题。

（二）面向未成年人，做精蜀绣传承校园"绣"

充分利用、科学整合学校教育资源，面向不同学段共建共享，丰富学校综合实践课程，充实社区教育课程，实现学校教育与社区教育的互补双赢。鼓励23所幼儿园开设编织、区角游戏课程，让自由快乐地欣赏和体验浸润热爱的萌发；支持46所中小学开设蜀绣兴趣班，让指尖飞舞的针头和彩线绣出传承的希望；设立蜀绣工作坊，聘请蜀绣大师工作室领衔人为1所职业学校非遗传承专业指导老师，每周开设4节蜀绣专业课程，让精妙绝伦的技艺与坚守绽放非遗的光彩。实施家庭教育进学校、儿童友好型社区等项目，支持8所中小学、7所幼儿园对口25个社区，开设社区蜀绣教育课程，扩大社区教育覆盖面。

（三）强化校地合作，做深蜀绣发展动力"绣"

加强校地联系，开展人才培训、科研等方面的深度合作，大力培养蜀绣后备人才，探索传统技艺与时代发展、市民需求的结合。与成都纺织高等专科学校签署"蜀绣产学研战略合作协议"，在蜀绣的研发、人才培养等方面进行深度着力。2014年起，首批工业设计（蜀绣与家纺艺术设计）专业启动招生，每年计划招生30名。深化与四川大学轻工工程与科学学院合作，制定蜀绣产品的地方标准，完善针法、绣法、工艺等技术标准、检验方法标准和专家鉴定规范，年检测产品近100件，有力推动蜀绣标准化生产。指导成都纺织高等专科学校"蜀绣兴趣社"、四川工商学院"非遗讲习所"等学生社团，以社团交流为依托，将兴趣与实践结合，育强蜀绣产业生力军动力源。

四、挖掘社区潜能，合育孵化学园 "绣"

（一）拓展教育场所，开设蜀绣学习课堂"绣"

立足终身学习要求，将社区教育植入小区、机关、场馆，着力打造处处可学的微课堂。鼓励各村（社区）社区教育工作站根据市民需求，结合地区实际打造"一村一品"，通过院落党群活动室设置居民小区微课堂，培育"双小柏蜀绣课堂""蜀韵望丛·益学堂""信义石牛""奎星楼·十八匠"等一批品牌项目，延伸社区教育服务半径，扩大蜀绣民众知晓度。每年6-7月，组织蜀绣企业将蜀绣作品、蜀绣技艺送入省市区机关单位，设立蜀绣宣介展点，安排专业绣娘宣传蜀绣文化，展示蜀绣技艺。参与2023年世界科幻大会非遗馆、科幻场馆的布展工作，布置蜀绣作品50余件，完成世界科幻大会1000件伴手礼"凝视"作品设计制作，传统工艺与科幻题材相结合的刺绣作品《星际穿越》完成知识产权申报，让科幻与刺绣碰撞，使传统和现代合作。

（二）服务乡村振兴，开发蜀绣产业致富"绣"

关注不同教育需求，考虑各个学员实际，让一根绣花针，化作传承与帮扶的桥梁，使社区教育成为乡村振兴的助推剂。在温江、龙泉驿、彭州、都江堰、新津、内江、乐山等地建立蜀绣培训生产基地，培训4000余人次，培养了一批传承非遗文化的手艺人，拓宽了家庭增收渠道。以实现脱贫为目的，组织蜀绣技能大师工作室领衔人邬学强、冯桂英等，定期到对口帮扶地区西昌昭觉县和简阳老龙乡、江源镇，开展就业扶贫蜀绣培训1200余人次，参与增收项目推介3场，按照市场标准价格收购合格的学员作品，让蜀绣之艺致富乡村。

（三）赋能服刑改造，开创蜀绣技艺新貌"绣"

聚焦小众群体，根据服刑人员需求，结合蜀绣美在其外，更秀蕴于中；雅在审美，更贵在感染；以及养心、安神和净化心灵特点，创设蜀绣教育新场景，用蜀绣刺绣赋能服刑改造。与司法部门合作共建，将蜀绣引入监狱，作为改造职务犯罪人群的学习项目，秉持分类施策、因人施教的教育理念，把学习蜀绣艺术和静心、思过结合，开设蜀绣实训班，拟定教学计划，安排和组织师资力量开展教育培训，提升服刑人员综合素养和生活技能。

五、典型案例

【案例一】

构建全龄蜀绣课堂，"织"出富民增收新路

三道堰镇位于郫都区西部片区，是成都市最重要的饮用水源地之一。三道堰镇社区教育学校整合辖区内场馆、基地的资源，以蜀绣为媒，打造全龄课堂，传统非遗"织"出富民增收新路子。

一是丰富公益课堂。指导全镇10个村（社区）社区教育工作站丰富课程设置，邀请蜀绣名师大家担任课程教学辅导，每年开设科创及手工制作、艺体才艺培训等精品课程400余门，丰富青少年校外生活。打造具有区域特色的"最成都·市民课堂"，开展"校长上示范课"活动，通过讲蜀绣、画蜀绣、说蜀绣等形式，满足老年人的多样化学习需求。

二是关注重点人群。着力探索社区教育服务重点人群的路径，依托"蓉绣坊生活馆"，引进专业蜀绣公司，为靠打零工为生、身体残疾体弱有病而不能正常劳作的妇女，提供免费专业化、系统化的培训，并以计件的方式收购作品。"培训＋回购作品"的模式，每月能带来1000～2000元的收入，带动妇女居家灵活就业，推动蜀绣的传承与发展。

三是推进全民游学。扎实服务市民终身学习多元化需求，孵化精品市民游学基地"水隐桑田·绣里"，设置蜀绣精品展示、蜀绣技艺培训、桑蚕文化展示及农作体验等场景，全方位体验、感受蜀绣的前世今生。针对本辖区内水乡特色明显、历史积淀深厚、场馆资源富集的特点，串联"水隐桑田·绣里"、超级水工厂、川菜博物馆等场馆和基地，形成全域人人可研蜀绣、处处能学蜀绣游学线路。

绣娘正在刺绣

【案例二】

蜀韵望丛，益学人人

郫筒街道望丛社区是望丛文化园核心区，有望丛祠等地标文化建筑，文化底蕴深厚、教育资源丰富。社区教育工作站打造"蜀韵望丛·益学堂"品牌课程，传播传承古蜀望丛文化、蜀绣文化。丰富多样的社区教育活动，拓宽了"蜀"品牌的影响面，增强了辖区居民文化认同感、社区归属感，提升了文化自信。

一是打造活动阵地。依托望丛文化园地标 IP，以"蜀韵望丛"空间美学为基础，以"蜀绣"为主题元素，设计具有古蜀文化特色的活动空间，搭建可持续发展的教学研一体场馆，同时实现公共服务、空间运营、品牌打造从"输血"到"造血"的转变。

二是建立能人资源库。吸纳书法、美术、篆刻等艺术名家 15 人、非遗传承人 5 人，挖掘蜀绣、茶艺、豆瓣、声乐等领域的 10 余名文化技艺能人，组建"名人堂"，通过线上线下相结合的社区教育活动，搭建"新乡贤"参与社区治理的桥梁。

三是打造品牌课程。立足古蜀文化基础，联合辖区新乡贤，打造"蜀韵望丛·益学堂"品牌课程，打造"非遗·蜀绣""非遗·版画""非遗·蜡染""非遗·扎染""生活美育"等 8 类文化品牌课堂，参加非遗进校园互动 20 场，非遗进社区 30 场，非遗进外籍社区 2 次。

四是开展特色活动。整合历史文化资源，设计社区研学线路，组织蜀绣传承主题研学活动近 100 场；推动居家灵活就业，开展 3 期蜀绣职业培训，解决灵活就业 7 人、新发展 3 名文化从业人员；深化望丛"韵"品牌，借助望丛祠文化影响，开展覆盖成都市范围的"望丛集市""花朝节""汉服出行日"等主题活动 4 场，单场活动居民参与达近万人。

国外家庭体验蜀绣文化活动

彭州市
根植本土筑品牌，特色发展惠民生

一、发展综述

彭州市位于天府之国成都平原西北部，下辖 4 街道 9 镇、202 个村（社区），总人口 78 万，素有"天府金盆""牡丹之乡"的美誉。2018 年，彭州市获评"国家级农村职业教育"和"成人教育示范县"称号。

近年来，在彭州市委、市政府的坚强领导下，彭州市社区教育通过强化机制建设，加强经费保障，以服务全生命周期为目的，把学习品牌建设作为抓手，建设了彭州市市民终身学习体验中心等教育阵地，打造了"共读一本书·点亮一座城"等成都市终身学习品牌，培育了一批学习型组织与学习共同体，发掘了以"葛仙山镇何文才"为代表的四川省级、成都市级"百姓学习之星"和社区教育典型人物，入选了一批教育部、成都市的典型案例和特色课程。

二、经验做法

（一）顶层规划，让学习品牌立起来

制定了《彭州市"一镇一品"学习品牌建设方案》，为学习品牌创建提供组织保障、经费保障。例如，对成功创建成都级和彭州市级终身学习品牌分别给予 8000 元和 4000 元奖补。

（二）深挖特色，让学习品牌靓起来

一是做到了品牌打造有特色。各镇（街）结合镇域文化、经济等因素，深入挖掘独有资源，找准品牌特色。例如，九尺镇依托尹昌衡故居打造了"传承好家训·培育好家风"；通济镇因留守儿童较多，打造了"与爱同行－关爱乡村儿童微笑繁星公益计划"；敖平镇作为"风筝之乡"，依托非遗项目风筝制作，打造了"梦想成筝"非遗文化。二是做到了教育形式有特色。各镇（街）深挖特色，实现品牌实施路径"百花齐放"。例如，桂花龙窑、丽春军事教育基地，以"游学"为实施路径，以游为形，以学为实；天彭街道"翰墨丹青国学经典传习班"，以课程建设为核心的，注重高质量的课程设计和系统化的课程编排；彭州市"共读一本书·点亮一座城"暑期社区雏鹰公益活动，以阵地＋服务＋活动的模式的，借助新媒体，通过线上线下相结合的教育形式，把优质的阅读服务送到青少年身边。

（三）多措并举，让学习品牌创起来

一是学院牵头，多方参与。以彭州市社区教育学院为龙头，各镇（街）为主导，协调多部门参与，充分整合各类资源，发挥各方力量，群策群力推进品牌建设。二是强化阵地，提质增效。彭州市大力拓展整合学校和社会资源，为学习品牌的高品质发展提供硬件支持。近年来，先后新建、打造了彭州市市民终身学习体验中心、全国最美农家书屋——九尺镇昌衡书院等阵地。三是开门纳贤，强师重培。彭州市将非遗传承人、社区贤者、辖区优秀教师等专项人才纳入学习品牌的市级师资库，针对不同学习品牌的学习需要，由社区教育学院牵头开展相关培训和指导。近年来，已完成学习品牌建设的省级课题 1 个，成都市级课题 3 个。

（四）持续深耕，让学习品牌火起来

一是坚持常态开展，提升品牌覆盖面。彭州市学习品牌坚持久久为功，"共读一本书·点亮一座城"品牌，四年来累计参加活动人数 20000 余人，评选学习型家庭 180 个。天彭街道"翰墨丹青国学经典传习班"自 2018 年以来，参加课程学习市民达到 2000 余人次，通济镇"关爱乡村儿童微笑繁星公益计划"累计服务乡村儿童 1 万余人次。通过坚持实施，知晓人数不断扩大，受众群体持续增加。二是加强宣传推广，提高品牌影响力。利用彭州市电视台、彭州市社区教育"学在丹城"报刊等市级媒体对典型学习品牌进行专题报道，每年获评彭州市及以上级别的学习品牌，在全民终身学习活动周向全市集中推介，让品牌在彭州老百姓心中扎根生长。

三、特色亮点

（一）社区教育政策与保障措施不断完善

一是 2017 年彭州市修订了社区教育联席会议制度，相继出台了《彭州市社区教育"十三五"发展规划（2017—2021）》《中共彭州市委机构编制委员会关于设立彭州市社区教育学院的批复》等一系列文件，形成规范的社区教育管理机制和运行机制。二是落实社区教育教师编制，建立健全兼职社区教育教师和社区教育志愿者聘用制度，形成了一支专兼职结合的社区教育教师队伍。全市社区教育专职人员 23 人，为 13 个镇（街）配备了 15 名镇（街道）专职成人教育教师。

（二）社区教育基础能力建设不断提高

一是健全以社区教育学院为龙头，13 个社区教育学校为主阵地，202 个社区教育工作站为基地覆盖城乡的社区教育三级网络。二是推动各类学习型组织与学习共同体建设。创建成都市级学习型（示范）社区 14 个，评选学习型家庭 500 余个，培育自主学习团队 15 个。三是加强阵地建设。2017 年彭州市建设了彭州市市民终身学习体验中心，年培训人数 2000 人次。创建成都市级规范化（示范）社区教育学校（社区教育工作站）11 个、成都市级老年教育（星级）示范点 9 个、成都市级老年教育学校 13 个。四是持续推进"游学线路"建设。目前，彭州市有"桂花陶瓷"和九尺"尹昌衡故居"两条市民游学线路以及无人机孵化中心等六大"湔江研学集群"，借助游学，为不同年龄阶段的家庭交流提供社区教育特色平台。

（三）社区教育资源整合不断加强

一是充分发挥各级各类学校在社区教育工作中的作用，建立学校资源共享机制，推进学校资源向社会有序开放。二是积极培育了 5 个成都市级优秀成人教育继续院校和 6 个成都市级终身学习品牌，充分发挥其参与社区教育的作用。三是深入挖掘百姓学习之星。彭州市获评 2 名四川省级百姓学习之星，7 名成都市级百姓学习之星，他们在社区

教育中的榜样示范作用日益凸显。

（四）社区教育内容与形式不断丰富

一是教育内容融合发展。近年来，成都市家长学校彭州分校、彭州市委教育工委基层党员微党校"中心校"相继在彭州市社区教育学院挂牌，社区教育职能不断增加。彭州市积极推进老年教育、青少年教育、家庭教育、学历教育的融合发展，开展彭州市"村（社区）干部学历素能双提升计划"，为乡村振兴增添动力。二是创新教育载体和学习形式。利用微信公众号等新媒体开展线上教育，已完成自制线上课程80余节。加强彭州市市民终身学习体验中心强课程建设，已建设教育部特色系列课程1个，成都市特色系列课程3个，自建特色课程8个。三是加强理论研究，助力内涵发展。《非遗展魅力·文化创幸福》等两个案例入选教育部能者为师典型案例、《"筑"在南津·社教共育》等5个案例入选成都市级典型案例；"家风游学助推社区治理的实用性研究"等两个省级课题结题，"创新农村社区教育研究之路""自主学习团队与社区治理融于机制的研究"等12个成都市级课题顺利结题。

四、典型案例

【案例一】

"传承好家训·培育好家风"——昌衡·家风教育

为贯彻落实习近平总书记关于家庭教育的重要讲话精神，以彭州市"一镇一品"学习品牌创建为契机，九尺镇昌衡村以昌衡故居为平台，以传统村落为体、农耕文化为魄、田园风光为韵，打造"传承好家训·培育好家风——昌衡·家风教育"终身学习品牌。

昌衡村"传承好家训·培育好家风——昌衡·家风教育"终身学习品牌项目，集"参观、体验、学习"于一体，让"瞻仰英雄传扬家风"变成了"看得见、摸得着"的社区教育活动。一是打造昌衡故居游学线路。游昌衡故居、听家风故事、体验国学课程，感悟家风文化传承；二是访昌衡村落看社区治理，通过挖掘昌衡家风与院落文化的感人事迹，感受共享自治的社区治理模式；三是体验国学课程感悟家风，依托昌衡书院，组织清明诗歌朗诵会等丰富多彩的家风传承体验活动，并通过微信公众号、抖音等新媒体传播，逐步提高昌衡家风课程的影响力。

从2018年品牌实施至今，接待全国各地游学16000人次，开展社区雏鹰、国学讲座等活动100余场。昌衡村形成了"老人宣扬家风，父母示范家风，夫妻掌舵家风，子女继承家风，兄妹竞比家风"的村风民俗。该品牌获评2022年成都市终身学习品牌，昌衡村先后荣获"全国文明村""四川省生态村""成都市游学示范基地"等荣誉称号。

昌衡书院开展"巴蜀家教与家风"讲座

【案例二】

翰墨丹青·国学经典传习班

彭州市天彭街道为中心城区，市民文化学习需求高，为整合区域社区教育资源，2018 年，天彭街道在市社区教育学院指导下，依托彭州市政协诗书画院，打造"翰墨丹青国学经典传习班"学习品牌。

一是做好经费保障，提供硬件支撑。自 2018 年以来，天彭街道投入专项资金 20 万元（含 2020 获评成都市级终身学习品牌，彭州市社区教育学院 8000 元奖补金），在西海社区设置 400 平方米活动场地，整合辖区资源，为品牌建设提供财力物力保障。

二是结合市民需求，注重课程建设。该品牌由最开始的一门书法课，发展成为四大类课程，在市社区教育学院指导下，组织专家做好四大类课程的编写，做到课程适用、实用，提高培训实效。

三是积极组织活动，助力全民学习。近年来，助力南津社区"合悦南津"等品牌打造，开设青少年书法体验班；为学员展示学习成果搭建舞台，组织优秀学员开展"春节送春联"等活动；举办中秋诗歌朗诵会等活动，吸引上千人参与。

自品牌建设至今，参加培训的学员人数达到 2000 余人次，开展培训、展览、送温暖等活动 60 次以上、参加群众 10000 人以上。2019 年，荣获彭州市"终身学习品牌项目"；2020 年荣获成都市"终身学习品牌项目"。该学习品牌的建设，充分发挥了天彭街道主城区人才资源和社区居民高素质的优势，打通居民学习"最后一公里"，以善学促善治，推动和谐社区建设。

156

翰墨丹青·国学经典传习班上课中

邛崃市
充分整合区域社会资源，讲好社区教育"邛崃故事"

一、发展综述

邛崃，古称临邛，是巴蜀四大古城之一，系西汉才女卓文君的故乡，地处成都平原西南部，幅员辽阔。这一方人文宝地，培育了桃李满园，创造了光辉业绩。如今，邛崃市的社区教育延续千年发展的脉络，传承崇文重教的传统，续写新的篇章。邛崃市社区教育以习近平新时代中国特色社会主义思想为指引，以《中国教育现代化2035》"构建服务全民终身学习的教育体系"为遵循，紧紧围绕"以构建终身教育体系和建设学习型城市为目标"的工作思路，充分整合并有效利用各种资源，开展丰富多彩的社区教育活动，不断提高社区居民的整体素质和生活质量，促进邛崃市社区教育高质量发展。

邛崃市现有1所社区教育学院，14所镇（街道）社区教育学校，189个村（社区）教育工作站，10个市民讲堂，4个名师工作室。形成了婴幼儿教育、青少年校外素质教育、老年教育、家庭教育互相衔接、互相促进的终身教育体系和由政府统筹领导、教育部门主管的社区教育管理运行机制。依托市民讲堂，推出"邛崃故事"，传承、传播优秀地方文化。以本地历史文化为背景，开发众多乡土特色课程，开展优秀文化传承教育、新市民培训及多样文化活动，让邛崃的社区教育续写新的辉煌篇章。

二、经验做法

（一）紧抓需求，创新开展社区教育活动

为深入学习贯彻党的二十大精神，落实"推进教育数字化，建设全民终身学习的学习型社会、学习型大国"发展理念。邛崃市社区教育以促进全民终身学习、形成学习型社会为目标，以社区居民的学习需求为导向，每年按计划开展一系列多层次、多内容、多形式的社区教育活动。

邛崃市社区教育紧紧围绕社区建设的中心工作和社区居民的教育培训需求，以市民课堂为抓手，确定相关的培训课程和教学内容，逐步实现有学习能力和学习要求的社区居民"人人皆学、处处能学、时时可学"的目标。邛崃市社区教育在社区学院的业务指导下，各镇（街道）社区教育学校采用树典型、抓落实的方式，以名师工作室为榜样，积极开展各种实用的技能培训，如急救知识培训、智能手机培训等，结合本地特色分别开展了传世竹编、根果艺术等特色课堂，在全市范围掀起了学习传统文化、传承特色工艺的热潮。

（二）挖掘资源，积极打造示范游学基地

邛崃市是成都唯一的革命老区，其"厚重的文化底蕴""得天独厚的自然风光""历史悠久的传统工艺""美丽的灾后新村"都富有特色。邛崃市社区学院成功推出"重描红色印记"游学线路，深受市民游客的欢迎，每年接待市民上万人次。2016 年，该游学线路被成都市教育局评为市级十大游学线路之一。2021 年，邛崃市将自行车生态高速绿道作为成都市特色示范研学基地推向社会。同年 4 月，成都市教育局项目工作组、原成都广播电视大学（成都社区大学）和上海终身教育专家组到邛崃实地调研、指导，最终被成都市教育局评为市级四个"绿道·品学"特色示范研学基地之一。

近年来，邛崃市积极挖掘游学资源，计划打造出一批精品游学基地，如邛崃市"大同书院""邛窑国家考古遗址文化探究·研学基地"等正在精心筹备中。

（三）结合实际，开展特色社区教育主题活动

一是围绕"爱成都·迎大运"主题，开展一系列英语公益活动。邛崃市社区教育学院围绕迎大运主题，开展"学英语，迎大运"活动，促进交流，提高素质，同时推进我市学习型社区建设。例如，2023 年 4 月 12 日，邛崃市社区教育学院邀请退休教师到邛崃市渔箭社区开展英语送教公益活动，该项公益活动提升了社区居民的英语口头表达能力，让居民更好地融入多元化的国际大环境，营造了喜迎大运会的良好氛围，有效地助力了大运会。

二是积极筹备每年"全民终身学习活动周启动仪式"，并开展丰富多彩的学习活动。在邛崃市教育局的领导下，社区教育学院多次承办邛崃市"全民终身学习活动周"启动仪式。对此，学院成立工作领导小组，每次活动通过展板、宣传小册子、体验区等多种

形式，促成市民了解邛崃市社区教育成果，欣赏精彩的文艺节目，体验多项特色课程，得到市级领导的肯定和社区居民的高度赞赏。在学习活动周期间，社区教育学院发挥榜样示范作用，围绕每年学习主题，开展了一系列内容丰富的全民终身学习培训活动，大力提升邛崃市居民的整体素质。

（四）开创新局面，加快老年教育阵地建设

一是积极开展"镇（街道）老年教育学校""村（社区）老年教育学习点"标准化建设工作。为贯彻落实成都市委、市政府工作总体安排部署，完成"全龄友好包容社会营建工程重点工作"中"大力发展城乡社区老年教育"要求，按照市级创建目标任务清单，结合我市老年教育发展实际，多次组织实地调研、走访、座谈、指导，实现了邛崃市镇（街道）老年教育学校全域覆盖率100%。

二是开发老年课程建设。目前，邛崃市14个镇（街道）均依托文化站建立了老年教育学校，在有条件的村（社区）建立了老年教育学习点。截至目前，全市老年教育学员人数6100余人，学习人次达3.8万多人次，开设的科目主要有太极、舞蹈、书法、茶艺、电脑、法律维权课、交通安全课等课程。同时，在日间照料中心加挂老年教育学习点150个，注册学员人数为1.2万余人，学习人次达5.2万多人次，广泛开展学习活动，社会反响良好。

三是打造老年教育各类学习场景。打造老年教育丰富学习场景至关重要。在教室中，配备先进多媒体设备与舒适桌椅，让知识清晰呈现。让公园作为户外课堂，开展自然观察、健身课程等。线上利用直播课堂与学习平台，老人在家就能学习交流。社区活动中心能组织兴趣小组和知识讲座。各社区设学习区，开展手工、文艺活动，让老年教育场景多元且充满活力。

近年来，邛崃市获得了全国"第二批智慧健康养老应用试点示范基地""全国森林康养基地试点建设市"等荣誉。邛崃市高何镇社区教育学校、固驿街道公义村老年活动中心被评为成都市老年教育星级示范点，南宝山镇社区教育学校、大同镇老年大学、天台山镇沙坝社区教育工作站被评为成都市老年教育示范点。

（五）加强金邛联盟，求得互动发展

根据金牛区教育局与邛崃市教育局《金邛教育互动行动计划》，金邛两院每年都会切实有效地开展互动联盟活动。

一是金牛社区教育学院和邛崃社区教育学院每年都要召开联席会议并互访，双方重点围绕"金邛互动发展联盟年度发展计划"进行深入研讨，在"以城带乡""城乡互动""资源共享""联盟发展"等方面达成了共识。

二是信息共享。邛崃社区教育学院每月定时向金牛社区教育学院报送3~5条社区教育信息，金牛在其《社区教育专刊》上开辟"金邛互动"专栏，刊载邛崃信息，并定时向邛崃邮寄相关杂志，从而达到随时交流学习、信息共享的目的。

三是共享金牛数字化平台资源。组织邛崃市民登录"学在金牛"数字化平台，进行网上学习，享受其优质的社区教育资源，参与金牛区组织的相关社区教育活动。

三、典型案例

【案例一】

竹编传统工艺传承与保护特色项目

邛崃平乐镇是中国历史文化名镇，距今已有两千多年历史，其源远流长的历史酝酿了深厚的文化气息，是整个四川瓷胎竹编最大的原料产地，也是传统瓷胎竹编保留较为完整的地方之一。瓷胎竹编又称"竹丝扣瓷"，是流传在四川省邛崃市境内的一种传统民间手工艺，具有"精选料、特细丝、紧贴胎、密藏头、五彩丝"的技艺特色，被誉为"东方艺术之花"。

平乐镇社区教育学校就竹编传统工艺传承与保护进行积极的探索，联合地方竹编技能大师建立了竹编室及展示室，结合本地竹编产业发展现状，组织人员编撰了极具平乐历史文化特色的校本教材——《传世竹编》，在当地学校开设了地方特色课程——竹编课，聘请能工巧匠担任辅导老师，将生活竹编、瓷胎竹编引入课堂，传承祖辈非物质文化遗产，逐步形成了学校鲜明的办学特色。培养了一批技术高超、数量充足的竹编技艺师，实现了就地就业，带动了农民致富，服务于地方旅游产业发展与经济高质量建设；同时增强了邛崃市竹编的知名度和美誉度，可以更有效地对这一古老优秀的传统文化进行保护利用和深度发掘，全面提升邛崃市对国家非物质文化遗产的保护力度，并于2020年成功入选成都市非遗评选优秀名单。"传世竹编"课程的开发，引起了教育部门、社区居民、学校师生的高度重视，多次接受上级部门和兄弟学校的参观指导，得到了上级领导的高度赞誉和社会各界的好评。

"传世竹编"成品

作为全国瓷胎竹编原材料最大的生产基地，平乐古镇年生产销售竹丝达3000斤，全国大部分瓷胎竹编均出自平乐古镇，产品涵盖茶具、花瓶、饰品等多个种类。平乐镇瓷胎竹编品牌积极与各大高校、就业培训机构合作，组织开展企业、校园、返乡创业人员技能培训，累计开展培训 100 余场，培训人次 5000 余人次，带动灵活就业人员 500 余人，平乐竹编工艺年产值 2000 万元，有效促进农民、残疾人、下岗职工再就业。

【案例二】

大同书院社区教育品牌机制

大同书院由中华孔子学会孔子后裔儒学促进委员会在川理事和会员发起、四川孔子后裔捐建、大同孔家山村民委员会协建创立，位于四川省成都市邛崃市大同镇孔家山村二组。大同书院是以培育和践行社会主义核心价值观，弘扬优秀传统文化为主要目标，以弘扬、传承孔子优秀教育思想为要义的公益性社会教育基地。主要服务开展传统文化、传统礼仪等公益国学讲座，开设书法、棋类、绘画、茶道等公益课程，组织开展开笔礼、成人礼、拜师礼等传统礼仪活动，组织开展经典诵读比赛、传统文化知识竞赛、孝亲敬老等活动。2024 年 1 月，"大同书院"建设精品游学基地已通过成都市社区教育专家组初步评审。

学习传统礼仪

第五章

创新特色发展

青羊区

数字赋能，乘云而上，构建青羊"云上学习"

一、发展综述

青羊社区教育在区委、区政府的大力推动下，由"两委"（青羊区学习型城区建设指导委员会、青羊区社区教育委员会）、"联席会议"（青羊区学习型城市建设与社区教育联席会）、区文明办和区教育局以及多级社区教育阵地共同组成了顶层组织架构。先后创建了全委会制度、联席会议制度、年度社区教育考核评估制度，制定了中长期的《社区教育行动计划》，完善了由"区文明办牵头、区教育局协调、街道部门共同参与、服务中心组织实施"的整体推进运行机制，形成了"区级中心主导、街道学校负责、社区工作站实施"的工作模式。近年来，青羊区着力探索发展"线上线下结合、实体虚拟互补"的"云上学习"模式，建立多元互补的"区域协同发展共同体"，进一步构建网络化、数字化、个性化、终身化的教育体系。

二、经验做法

（一）夯实"三中心"实体阵地网络

青羊区全力打造了以"社区学习中心、社会学习中心、校园学习中心"为核心的社区教育服务基础阵地。建立了区、街、居三级社区学习中心，有1所区级社区教育服务中心、12个街道社区教育学校和67个社区教育工作站，实现了区域全覆盖。建立了街社评价机制，以创建"优质校""示范站""精品站"为突破口，推动"一街一品、一社一特"的特色发展。依托驻区企事业单位，如四川省科技馆、成都市文化宫、青羊区图书馆、银龄空间及各类博物馆等创建了21个"市民社会学习中心"；依托区属中小学校创设了19个"市民校园学习体验中心"，共同为市民提供星罗棋布、近在身边的社区教育服务。

（二）建设专业优质的服务队伍

青羊区以"管理队伍专职化、社教专干专业化、社教干事实效化"为目标，培育和充实专业教师队伍，扶持和组建社区教育志愿者队伍。一是建立培训体系。定期以"线上＋线下＋实践"专业讲座、业务研讨、数字技能学习、直播课程评比、主题课程教学竞赛等多种方式开展业务学习，做到"月月有主题，周周有进步"，形成社区教育专兼职教师定期系统培训体系。二是队伍提质升级。在全市首先建立了区级社区教育教师准入制度，创设了区级社区教育教师考评制度、社教专干周学习制度。通过"线上＋线下"综合考评、"网络＋现场"双线学习等，有力提高了队伍服务能力。三是大力推动社区教育名师特优化。通过成立"社区教育名师工作室"，建设了市－区两级社区教育名师层级体系。目前，青羊区建立了由社区教育专兼职教师、学校名师、民间达人、专业人员等组成的社区教育专兼职教师师资库500余人，区级持证准入教师180余人，市级名师工作室6个，区级名师工作室17个。

（三）广开形式丰富的公益课程

自2013年起，青羊区在全区范围内广泛开展市民公益课程，形成了以区、街、居三级学习阵地为基础、实体云端互补的"10分钟社区教育学习圈"。依托扎实的区、街、居三级学习中心，分春秋两季定期开设常态化的市民公益课程，不定期开展菜单定制式的送教课程，涵盖休闲文化、职业技能、艺术运动、公民素质、地域文化等方面。同时，青羊区还依托本土深厚的文化底蕴，开发了"游中学、学中游"的游学课堂，研发了可参与、可共享的全民体验式街巷游线路，打造"乐游少城"等校家社研学服务品牌。目前，青羊区每年开设公益课程班级400余个，学习参与人次约20万人次。每年送教进单位、进企业、进学校、进社区、进院落约100场，直接服务市民约4000人次。开发了"文创文博游学""非遗游学""绿道游学""川剧游学"等多条天府特色游学线路，为市民提供更特色、更高品质的社区教育服务。"保密教育社区课堂""天府文化世界听——熊猫课程进社区"等荣获全国社区教育品牌项目。

（四）组织丰富多元的主题活动

连续开展20余年"青羊学习月"和"全民终身学习活动周"两大社区教育品牌活动，营造区域学习氛围。在区级中心的引领下，先后开展了"书香青羊""国学进社区""学校五进社区""数字化学习""天府游学"等近40场群众性主题学习活动。如2023年第二十届"青羊学习月"就以"阅青羊·悦文明——全龄阅读行动"为主题，通过数字赋能、场景融合，开展跨媒介、多形式的线上线下全龄阅读活动，招募了来自各行各业的200余名阅读指导师和1800名阅读小使者，开展"名家引读""畅学研读"等活动；在全区联动图书馆、阅览室、实体书店、特色书院等设置全龄阅读打卡点；在12个街道开展"相约星期六读书沙龙"约200余场，生动诠释了全民阅读的青羊表达，丰富了"书香成都"内涵。

三、特色亮点

青羊区深入贯彻落实国家、省、市（县、区）相关部署要求，聚焦青羊特色与智慧学习，以新信息技术为手段，以沉浸式学习为方式，以跨域合作为途径，构建了"线上线下结合、实体虚拟互补"的青羊社区教育"云上学习"体系，致力于为广大市民提供更加广域、便捷、智能、多维、灵活的社区教育服务。

一是打造青羊"云上学习"平台。青羊贴合实际，不断迭代学习平台，在历经市民网上学习城—爱学网—学在青羊 App 等阶段后，创立并完善"学在青羊"小程序、"学习型青羊"公众号等多样的学习交流平台，极大地降低市民在信息获取前端的难度，使学习资源的获取变得更加快速、开放、便捷。其中，"学在青羊"小程序包括在线课堂、公益课程、线上书籍、线下活动、学习场馆、学习成果展示等 8 个板块，目前已注册人数 9 万余人，累计访问量 150 万余人次。建立实时的社区教育学习信息数据收集和交互系统"实时数据监测屏"，动态收集用户学习注册数、类型分布、地理分布、每月活动数量、课程播放量和用户活跃度等数据，逐步实现对不同学习场景，不同学习人群的定向细分，为区域社区教育发展策略的优化提供决策依据，构建以"学习者为中心"的学习环境。

二是构建青羊"云上学习"课程体系。通过数字赋能，打造"沉浸式"学习体验。通过开设直播示范课程、数字化优秀课程、开发时事微课等，提供实地场景体验、读本教材、微课程等多元学习方式，现场、微信、直播等多维服务交流方式，为市民提供家门口的社区教育综合服务。近两年，自主开发通识资源 237 个；鼓励市民自制微课，开发数字化微课 170 余个；合作研发"金沙讲坛""阳台生态种植""咖啡""茶艺"等系列课程近 500 个。每年开设线上直播课程 50 余个，提供线上课程、微课共 2300 个，课程总点击量达百万次。依托扎实的市民公益课程基础及"云上学习"体系，探索尝试将优质的课程服务延伸至下班后、周末和夜间，更好地满足市民学习需求。

三是推动"云上学习"跨域合作实践。青羊区作为组长单位，提出了"双头互动、多元互补"的合作思路，先后与阿坝州、攀枝花、巴中、重庆南岸区、陕西渭南区、兰州等省内外十余家兄弟单位初步建立起了"区域协同发展共同体"。从"共建品牌项目、共享课程资源、共展示主题教育活动、共培养专兼职队伍"四方面入手，以数字技术汇聚优质资源，为市民搭建更广阔的学习交流展示平台。先后联动开展了"熊猫课程进社区"品牌活动、"绿色生活 科学种植"直播学习、"同抒爱党情怀 共颂幸福生活"成果展演、"青苍"社区教育专职工作者高级研修班等专题合作，从而推动"共同体"多元协作，实现更广域的"云上学习"。

四、典型案例

【案例一】

发挥人文优势，推出乐游少城游学项目

青羊区少城街道是古蜀成都中心建城的起始之一，被称为"一座3000年城池的人文胎记"。其辖区范围内的红色文化、胡同文化、休闲文化、美食文化等底蕴深厚，为游学线路的可游可学创造了得天独厚的条件。

"乐游少城"游学项目以少城历史文化为基础，以"少城街巷游citywalk，用行走的方式读懂城市"为主题，抛开符号化的城市名片，带领体验者走进少城每一条街巷，揭开尘封的过往，发掘少城的多样性格，感受城市的文化魅力。项目自2022年实施以来，通过社区、教育机构、旅行社、亲子自媒体平台等多方合作，特邀高校教师、教培老师及资深文化学者等共同参与研发少城游学系列线路，致力于打造人人可参与、可共享、可复制、可延续的社区游学项目。从游学队伍上，持发展本地居民作为游学志愿者，邀请少城老居民、社区人员担任人文行走活动领队，开展适龄化游学主题活动，游而有学，不定期特邀辖区学生讲解，带动全龄参与。从社区游学活动执行上，建立了完整的执行流程体系，根据游学人数配备助教安全老师，确保游学安全性。该项目已成立"乐游少城"品牌，打造出3条成熟且可常态化开展的游学线路——走读少城、薪火相传、溯源金河，活动开展至今已有超4000人次参与，并在自媒体微信小程序、抖音、小红书、视频号多家媒体平台同步宣传。

"乐游少城"游学活动

【案例二】

以人为本，照亮市民夜间学习之路

近年来，青羊社区教育聚焦精准需求，积极拓展多方合作模式，延展服务时间和空间，尝试将公益课延伸至下班后、周末和夜间，提供更符合市民美好愿景的课程，营造

全民终身学习的良好氛围。先后开设了周末生态菜园、夜间围棋、美学提升、青少年硬笔书法、成人书画、老年桑巴、拉丁等针对不同人群的课程，尝试探索"夜校"。

青羊社区教育秉承"政府主导、社教引领、教育惠民"的工作理念，以可示范、可借鉴、可推广为准则，稳步推进夜校建设工作。一是"承优启新"完善课程设置。利用多年积累的公益课优势，与夜校课程相结合，延展涵盖领域，包括文化素养、职业技能、健康生活、家庭教育类等，市民可以根据自己的兴趣和需求选择课程。二是用优质师资保障课程质量。除了用好公益课师资库，还特别邀请了来自各行各业的专家和学者，为市民们带来系列高质量的课程，如茶艺、咖啡、红酒品鉴等。三是注重实践教学，为学员们提供丰富的实践机会。学员们可以在课堂上学习理论知识，还能在实践中锻炼技能，提高自己的综合素质。例如"科学小园地　DIY"同步开设有周末线下活动和夜间线上课程，市民不仅可以参加线下体验活动，沉浸式感受种植的乐趣，还可以通过线上课程享受指导服务，在掌上轻松习得种养技巧。截至目前夜校课程共开设有50余门，服务市民15000人次，充分利用青羊"云上学习"不断丰富课程种类，拓展服务时间和空间，实现"时时可学、处处可学"，让不同年龄、不同背景的市民都能找到适合自己的课程，踏上熠熠生辉的学习之路，实现自我提升。

夜间围棋课程教学

锦江区
以青少年社区教育"五大工程"为突破，探索社区治理新路径

一、发展综述

锦江区委、区政府历来高度重视社区教育工作，紧紧围绕"品位锦江·幸福城区"

的发展战略，以"满足需求·幸福民生"为社区教育的目标，改革创新、高位求进，全力推进区域社区教育和学习型城区建设，积极营造学在社区、乐在社区"推门就是美好生活"的终身学习氛围。现有社区教育学院1个，街道社区教育学校11所，社区教育工作站76个，院落学习室300余个。社区居民社区教育参与率始终保持在50％以上，青少年校外教育参与率达74.4％，各类市民培训参与率达40.9％，老年教育参与率达41.2％，居民满意度和认同率达90％以上。先后荣获"全国社区教育示范区"、联合国教科文组织"城市社区学习中心（CLC）能力建设项目"全国首批实验点、全国第一批"家校社协同创新育人实践基地"等殊荣。

二、经验做法

锦江区把青少年社区教育纳入高质量城区建设的重要内容，首创"环境树人、角色强人、家风感人、资源引人、社爱暖人"五大工程，聚力构建"四全三联动"校家社协同育人的社区治理共同体，在全国率先以政府名义出台《成都市锦江区青少年社区教育行动方案》（2022—2024年），《"三教四方"密织学生心理健康防护网》获评全国"2023民生示范工程"优秀案例，系列做法被《人民日报》、人民网等主流媒体报道。

（一）实施"环境树人工程"，打造宜居幸福家园

实施"扮靓家园""金边银角"创设、"最美上学路"打造等六大行动。一是打造"一校一路一景"的社区空间。在全市首创、精心打造"最美上学路"，覆盖100％的中小学、幼儿园。系统推进以学校为核心的片区有效更新，聚焦书院文化、科技创新等特色主题打造"七大美丽学区"。拓展"三教融合"阵地，优化公共服务治理。二是创设"有文化、有烟火味"的生活场景。改造美化小区内闲置空间，为青少年创设活动空间，形成具有锦江特色的"小活动不离开小区、大活动不离开街道"的"5~10分钟活动圈"。三是创设"身边小课堂"的育人环境。在社区绿地、口袋公园等场所，植入中华文化、街巷典故等，创设青少年身边的"小课堂"。新建一批青少年科普、劳动教育实践点，打造青少年健康成长的幸福家园。

（二）实施"资源引人工程"，激活多元服务效能

实施研学基地拓展、阅读空间全覆盖等四大行动。一是打造"一方静室，多元共建"的馆际资源。以博物馆、科普园等为载体，评选出成都百家堂姓氏文化博物馆、许燎源现代艺术设计博物馆等"青少年社区教育基地""家庭教育基地"30余个。二是开发"一米高度，悦童空间"的运动资源。建立青少年校外体育活动中心，全区体育场馆100％向青少年免费或低偿开放。三是拓展"一站服务，精准高效"的阅读资源。开展公共阅读空间"微改造·精提升"计划和"家庭书柜"建设，创新设立"菜市书屋"，建成"总馆+分馆+社区书屋+院落读书亭+企业合作馆+100％个家庭书柜"的全覆盖阅读空间。

（三）实施"角色强人工程"，擦亮宜学锦江名片

实施职业体验、幸福家庭日等"十一大"行动。一是创新打造"青少年基层社区治理者"角色。学校、社区联合推出"红领巾提案"，建立"社区主任小助理"轮值机制，为青少年搭建"社区我当家"的实践舞台。二是合力策划"社会职业体验者"角色。组织青少年走进社区医院、银行等，开展"小小警员护锦江"等职业体验活动500余场。三是躬耕力行"五育融合践行者"角色。挖掘区域本地资源，科学设计形成"润德类""启智类""健体博艺类""尚劳类"等课程，促进青少年"五育"融合发展。

（四）实施"家风感人工程"，构建和谐共育生态

实施家史寻根、优秀父母培养等六大行动。一是打造"讲家风、寻家史"校家社共促生态。通过访前辈、谈家事、写家史等，引导青少年了解家族优良传统。依托汇泉社区百家堂姓氏文化博物馆，开展家风家训研学、大讲堂等活动，培养家国情怀。二是搭建"小家＋大家"线下线上共融生态。出版《智慧家长》家庭教育指导丛书，开发"智慧家长·小课堂""锦江心育"等线上微课程200余节，每月开展"智慧家长·云课堂"，以家庭教育的"小家"为原点，促进城区繁荣的"大家"。三是打造"心理健康教育"全域联动生态。出台《锦江区社会心理服务体系建设实施方案》《"三教四方"全员育心行动计划》等，培育"快乐加油站""锦江心育联盟""社区龙门阵"三大心理健康教育品牌，构建起校、家、社、院"四位一体"的心理健康服务体系。

（五）实施"社爱暖人工程"，弘扬良好社会风尚

实施寻找社区好老师、"智慧妈妈团"培育等七大行动。一是突出"专家引领"，整合"专业能手"资源。建立"青少年社区教育专家工作室"，开展专项研究，为辖区青少年社区教育的高质量发展建言献策。二是注重"专员培育"，充实"友邻教师"力量。创新建立"友邻教师"队伍，共建友邻教师工作坊11个，招募"友邻教师"1000余名，培养区级"家庭教育指导员"1500余名，弘扬"你有所需，我有所长"的互助精神。三是重视"专人挖掘"，打造"能者为师"队伍。每年组织开展"能者为师——寻找社区好老师"活动，充实青少年社区教育师资队伍，传递"积极向上、终身学习"的社会能量。

三、特色亮点

青少年是社区未来的主人，"五大工程"实施，为社区教育更好地服务于青少年及家、更有效地服务于社区发展治理提供了保障。

（一）营造了良好的社区秩序

"五大工程"的实施广泛联动多主体参与社区教育，实现社区中空间、制度有序，改善居民生活环境，有效提升了社区人文素养和环境治理水平。较之前，新建"最美上

学路"28 条，新增"上班的路、回家的路"135 条，共打造邻里美好生活馆等社区微更新点位 60 个，美丽社区花园 32 个，建成"天府之村·成都小院"等社区美空间 22 个，实现了"学区、街区、社区、小区"的无缝衔接。

（二）满足了多元的发展需求

在校家社协同育人的框架中，多主体共同作用于青少年健康成长，精准对接学校、家庭、社区三方的需求，将青少年事务所需要的人、财、物和技术在不同层面进行全方位投放，充分发挥"公共活动、家庭活动、个体活动"功能释放的承载力，有效激活各类资源，畅通相关事务的信息交流等，聚力构建校家社高效联动的协同育人模式及社区治理共同体，为社区治理赋能。

（三）促进了紧密的社区关系

"五大工程"的实施，促进了居民的社区融入，以及社会关系和家庭关系构建。以青少年这一全社会都关心的群体为纽带，"以小见大""小家联动大家"，撬动更多的家庭、社会组织、社会企业等参与到其中，形成制度治理、技术治理和情感治理三位一体的治理体系，提升多元治理主体的责任回应和治理绩效，有效地促进了居民社区认同感和政府信任度。

锦江区创新运用"青少年主体"的基层治理新思维，打造"文化育人、空间暖人、服务感人"的基层治理新模式，构建"党政主导、制度协同、资源整合"的基层治理新机制。"三教融合"，打通社区教育服务青少年的"最后一公里"，让社区成为孩子和家长"可去、可学、可为"的"温暖港湾"，助力青少年全面健康成长，助推基层社区发展治理。未来，我们将继续努力，探索青少年社区教育的新途径、新方法，助力青少年全面健康成长，助推基层社区发展治理。

四、典型案例

【案例一】

"社区龙门阵"：搭建心灵沟通桥梁，深化社区教育服务

锦江区创新开展青少年心理健康护航"社区龙门阵"项目，将家庭教育、心理健康教育融入社区生活，进一步提升青少年社区教育服务的质量。

一是生根社区，打造家庭教育新阵地。"社区龙门阵"，巧妙融合四川传统"摆龙门阵"文化，不仅为孩子提供了倾诉烦恼的场所，也为家长解决了教育困惑，更为家庭提供了解决困扰的切实方案，使社区成为家长和孩子心中的"温暖港湾"。每周，"社区龙门阵"都会聚焦一个家庭教育核心议题，如"亲子关系的建立""校园欺凌的应对"等，为家长和孩子提供专业而实用的家庭教育建议。

二是专业引领，呵护青少年心灵健康。创新建立"友邻教师"队伍，构建了一支来自四川大学、成都市心理健康教育中心、中小学等多个领域的专业人才，他们通过讲

座、沙龙、团体辅导、一对一咨询等多种形式，深度服务社区家庭，真正践行了"人人为师"的终身学习理念。全区共招募"友邻教师"1000余名，其中心理服务团队已扩大至100余人。

三是创新形式，提升社区教育质量。"社区龙门阵"巧妙结合线上线下优势，运用大数据和人工智能技术，精准把握家长需求，提供个性化指导服务。寒暑假专场，通过云端开摆的"社区龙门阵"，友邻教师们与家长们实时互动，共同探讨"如何正确看待期末成绩""亲子沟通技巧"等话题，让家长们足不出户就能享受到专业的指导。开学季，友邻教师走进街道、社区，开展"一对一"专场咨询活动，通过专家级的咨询服务，为儿童青少年及其家庭解决成长中的困惑与挑战。

目前，"社区龙门阵"项目已累计开展近200次活动，服务人次突破20万，覆盖各年龄段青少年。这一成果不仅证明了项目的广泛影响力和深远意义，更使其成为锦江区社区教育和家庭教育的一道亮丽风景线，为构建和谐家庭、促进青少年健康成长贡献了重要力量。

锦江区青少年心理健康护航"社区龙门阵"活动现场

【案例二】

孵化"和善孃孃"自主学习团队

柳江街道椿子树社区，常住人口1.7万余人，安置小区5个、保障性住房1个，形成了院落问题多、拆迁矛盾多、邻里纠纷多，社群互动少、文化活动少、邻里互爱少的"三多三少"问题。

近年来，在锦江区社区教育学院、柳江街道社区教育学校指导下，柳江街道椿子树社区教育工作站围绕"三多三少"问题，坚持党建引领，深耕"和善家"服务品牌，以"熟人治理"模式，挖掘骨干力量，撬动社区内生力，孵化一支80余人"和善孃孃"自主学习团队，助力解决邻里互助、弱势群体关怀、老旧院落改造等公共事务。

建制，梳理服务愿景。建立"入会承诺、志愿宣誓、赋能培训、积分考核"有效机制。凝心，提升公共意识。开展团队培训，让"孃孃"从"普通志愿"转为有"公共意识"的社区内生力。助老，提升邻里温情。针对特殊群体，开展"绿丝带"帮扶行动，结对 80 名空巢独居老人开启"邻里守望"。治难，着眼治理难题。以"熟人好说话"的优势做好社区"调解员"，清理乱停乱放非机动车，筹心筹劳筹资院落微改造，营造和善自治场景。创安，共建平安社区。针对消防、反诈等安全问题，依托"孃孃"在地力量，入户宣传教育，开展"平安行动"，共建平安家园。"和善孃孃"自主学习团队，提升了居民融入感，增进了社区融合，助推了社区治理。荣获市"十佳社区社会组织"，案例编撰入选四川省民政厅"优秀典型案例"。

柳江街道棬子树社区"和善孃孃"自主学习团队合影

四川天府新区
以共享理念探索未来公园社区教育新样态

一、发展综述

四川天府新区是习近平总书记亲临视察、亲切关怀的国家级新区。2018 年 2 月 11 日，习近平总书记视察天府新区，为新区擘画了"一点一园一极一地"的发展战略。作为公园城市首提地，近年来，四川天府新区在省级教育综合改革试验区建设的统揽下，立足社区教育在公园城市示范先行区建设中的功能发挥，坚持以共享理念为引领，秉承"城市即学校 生活即教育"，面向全龄市民开展"大教育"。探索教育场景与未来公园社区各类场景资源叠加融合，精心构建社区教育"3＋X"服务网络，打造"家校社医"协同共育新样态，促进学习型公园城市建设。辖区内布局 1 所区级社区教育学院，9 个街道统筹资源开设有社区教育学校、老年教育学校，119 个社区建有社区教育工作站

（社区学习中心）、社区家长学校。实践项目"公园城市市民数字化学习平台——天府社教学习平台"入选教育部社区教育"能者为师"实践创新项目。

二、经验做法

（一）"三三四"社区教育工作体系

三个共享服务体系。充分发挥区级社区教育学院龙头作用，以"业务指导、培训服务、内涵提升"三大服务体系为抓手，培育街道、社区"未来公园社区学习场景示范课程"社区教育品牌；孵化学习型社区、优秀社会组织、居民自主学习团队、劳动教育校外实践基地；着力老年教育学校标准化建设；建立完善社区教育共享师资库和名师工作室。

三个共享品牌课堂。打造全龄课堂、天府云课堂、游学课堂三个品牌课堂。区级社区教育学院设立青少年发展中心、成人教育培训中心、老年教育中心三中心，倾力打造全龄课堂；开发"冠军云课堂""家庭教育共享教师共享好课""天府银铃学苑"等数字化学习品牌，做大做强"天府云课堂"；挖掘四川天府新区丰富人文自然资源，持续开发"同治龙窑""公园城市探麓之旅"等精品游学课堂。

四个共享教育基地。依托地平村、烈士陵园等打造14个红色社区教育基地。依托新区城市规划馆、公园城市展示厅打造公园城市社区教育基地；率先开发《中小学开展校外劳动教育实践基地标准》，培育10个区级中小学校外劳动教育实践基地；加强校地合作，依托驻区高校建设信息化学习社区教育基地。

（二）"三三四五"家长学校建设体系

三级家长学校。四川天府新区党群工作部、社区治理和社事局联合印发《四川天府新区家长学校建设工作方案》，以四川天府新区社区教育学院为载体，成立区级家长学校（成都市家长学校天府新区分校），以教育集团为载体，成立教育集团家长学校。以学校、社区为载体，成立校园、社区家长学校；逐步构建起"新区—教育集团（街道）—校园（社区）"三级家长学校体系。

三类共享教师。依托教师共享中心和"能者为师"教学大赛，壮大家庭教育共享教师队伍。一是面向全国各地邀请组建家庭教育专家团队；二是从新区内遴选行业专家、优秀校长、优秀班主任、德育工作者、社区老师等，组建名优教师团；三是由新区各学校遴选优秀家长组成家长讲师团。

四类家长学校课程。以"让学习成就更好的父母"为课程理念，统筹推进前置父母、学龄前、学龄段、隔代家庭教育四类课程的建设与实施。分段编制0~18岁家庭教育课程清单，形成《四川天府新区家长学校课程分类指导手册》《幼儿园家庭教育课程指南》；编制印发《四川天府新区市民心理健康知识读本》，普及心理健康知识；与妇联资源共享，推广"家风榜样""家风传承"等家风家教课程。

五类家庭教育实施形式。通过"线上+线下、送教+培育、讲堂+沙龙、通识+专题、课堂＋体验”五类形式，开设"家庭教育大讲堂""青春期大讲堂""家长沙龙"系列课程，覆盖"家长如何引导学生考前情绪压力管理""隔代家庭教育"等 20 个主题，为新区家长搭建学习和交流平台，提升家长家庭教育水平。

（三）"123351"社区教育课程体系

印发《四川天府新区社区教育课程分类指导手册》，以社区青少年教育（家庭教育）、成人教育、老年教育为重点，构建基础普适类、特色定向类和专题培训类三大类 180 门课程。基础普适类为"修身立德（必修）、智慧生活、强身健体、艺术美学、有劳有逸"五大体系，旨在构建终身学习服务供给体系。特色定向类课程根据老年、青年、儿童等不同年龄群体的学习需求设定课程内容，旨在打造内容丰富的全龄课堂。专题培训类课程，结合乡村社区、城镇社区、产业社区实际，开发乡村振兴、社区发展治理人才培训定制课程。通过送教和培育双向发力，形成一批以家庭教育大讲堂、市民心理健康讲堂、天府银铃学苑、居民游学课程、校外劳动教育实践为代表的特色亮点课程。

三、特色亮点

四川天府新区坚持以共享理念为引领、医教融合为抓手，积极打造"校家社医"协同育人新样态。

（一）高位谋划建体系

2022 年 4 月，印发《关于加强四川天府新区家校社协同育人三年行动计划（2022—2024）》。2023 年 5 月，建立四川天府新区家长学校，完善构建"新区—教育集团（街道）—学校（社区）"三级家长学校体系，实现 119 个社区每个社区 1～2 名家庭教育专职教师。吸纳 112 名心理健康专家、家庭共享教师等入驻共享中心平台，做强共享师资库。设立四川天府新区心理健康指导服务中心，为新区市民提供专业心理咨询和干预服务，印发《四川天府新区市民心理健康知识读本》。分段编制 0～18 岁家庭教育课程清单，形成《四川天府新区家长学校课程分类指导手册》《幼儿园家庭教育课程指南》，实施"100 名家庭教育共享教师共享好课"行动，推广"家风榜样""家风传承"等家风家教课程。

（二）突出重点创品牌

创新打造青少年"青春期大讲堂"心育品牌。构建三级（区级—集团级—校级）"青少年青春期大讲堂"活动体系，已开展讲课活动 600 余场，覆盖师生 12 万人次，并逐步形成家长普遍认可、社会反响良好、学生广泛参与的良好发展态势。持续做强"每周五家长进课堂"活动品牌。构建"校级—年级—班级家长进课堂"课程体系，倡导并鼓励有专长的家长进校进课堂，拓展家庭教育的广度和深度。

（三）多方聚力强保障

与成都开放大学签订战略合作协议，举办新时期家庭教育"领航员"计划培训，培育学校、社区家庭教育领航员170人。联动新区党群工作部、检察院、妇联等，开展"育见花开"家校社协同共育沙龙活动8场，覆盖学校20余所。评定家庭教育示范校31所，每年打造社区家长学校示范点位10个；探索家长学分银行，打通学习积分、志愿活动积累转换渠道，开展区级优秀家长评选，调动家长积极性。

（四）创新"慈善＋教育"新模式

为促进未成年人健康成长，为新区学生提供全面、持续、有效的健康关爱和支持，由四川天府新区社区教育学院（四川天府新区家长学校）发起，依托四川天府新区慈善会设立"四川天府新区慈善会学生成长关爱互助基金"。关爱基金设立心理健康关爱、身体健康关爱、成长激励关爱三大项目，接受社会企业、事业单位、社会组织、社会爱心人士、校友的捐赠，同时鼓励师生、家长协同，自愿参加义卖、义演、义赛等公益活动参与筹集资金，以劳动创造价值。通过学生成长关爱互助基金，新区积极探索"慈善＋教育"融合新模式，从教师到学生到家庭，以共享理念为核心的互帮互助成为新区教育的一种精神特质，用向上向善的慈善力量再度赋能家庭教育高质量发展。

四、典型案例

【案例一】

未来公园社区教育新范式

位于四川天府新区的麓湖公园社区，依湖而建，全域空间开放，推窗见景，出门入画，还有红石公园、云朵乐园、麓客岛等五大公园错落点缀其中，是名副其实的"公园社区"。多年来，麓湖公园社区致力于社区教育基础能力建设，创新"一核三育五联"机制。通过塑品牌、育社群、营场景、办活动，打造社区协同育人生态圈，提升社区居民的文明素养，营造多元化的社区教育空间载体50余处，培育孵化环保会、读书会等覆盖全年龄段的居民自组织（社群）200余个，其中麓客手工社、麓湖小记者团、麓客萌宠社、麓客童心绘等青少年社群47个。打造花岛生活节、龙舟节、渔获节、麓客之夜四大社区节日，每年开办各类社区教育及社群活动3600余场次。

麓湖公园社区与麓湖小学校家社协同、资源共享。成立麓湖儿童观察团，解决学校和社区真实问题；设计麓湖儿童友好课程，开展儿童友好活动，让学校教育与家庭教育、社会教育自然接轨、深度融合；整合学校和社区资源，拓展儿童活动空间，构建一条从家庭到学校，从学校到社区，课堂内外融为一体包罗万象的成长路径。

麓湖小学学生参加儿童友好市集

【案例二】

"楹联学会"学习是最好的养老

四川天府新区永兴楹联学会成立于 1986 年，现有会员 124 名，其中，中共党员 39 名，中国楹联学会会员 30 名。学会会员最大年龄 90 岁，平均年龄 65 岁，是一个以老年人为主的学习型组织。学会成立 30 年以来，每年创作楹联作品逾千，永兴楹联文化获四川省和成都市"终身学习品牌项目"，四川天府新区永兴街道因此成为全国第一个乡镇级的"中国最佳楹联之乡"和"中国楹联创作基地"。学会还荣获"天府先锋·党员示范行动"第二批党员示范团队称号。

永兴楹联学会每年开展为村社区书写家风家训家规联等活动

市民课堂"楹联书法课程，学会编写读本《楹联文化》，打造精品楹联文化课程。学会会员在学习交流中掌握楹联诗词及书法创作的基本技巧，会员优秀作品集《山花烂漫》，迄今已编辑21辑。自2011年起共推选30余名会员近千幅楹联作品入选《中国对联作品集》。2018年，中国楹联与群众文化专题论坛在永兴街道成功举办。同时，永兴楹联学会还积极组织会员参与街道精神文明建设，开展为村社区书写家风家训家规联等活动，每年为社区居民书写赠送春联1000余幅，服务社区广大人民群众，获得了地方党委政府与群众的一致好评。

成都高新区
家校社企形成合力，协同发展高新社教

一、发展综述

2019年，成都高新区依托成都开放大学合作办学，高起点创办成都高新区社区学院，确保良好开局。2023年，根据成都市"十四五"教育发展规划精神，成都高新区教育文化体育局决定由四川省成都市中和职业中学领办成都高新区社区学院，发挥资源、课程、师资优势，积极探索职教社教融合，全面提升社区学院的办学水平，承担区级社区教育综合性指导和服务。学院自成立以来，以"家校社企共育"为办学思路，建立健全了"区+街+社"层层覆盖的三级社区教育网络，整合各类资源，开展各类社区教育活动，提升家校社企协同治理水平，助力高新区社区教育高质量发展，已建成7个街道社区教育学校、69个社区教育工作站，实现了高新区社区教育100％全覆盖。

二、经验做法

（一）家校社企助力，精准服务指导

成都高新区充分挖掘辖区丰富的优质教育资源，协同园区、校区、社区"三区融合"，创新打造"家校社企"四位一体社区教育体系，形成以学校为核心，家庭、社区、企业和谐共建的育人新格局。为增强区级统筹指导职能，2020年9月，成都高新区教育文化体育局在学院内设了"成都高新区社区教育家校社企共育指导中心"。中心由政府、学区、家庭、街道办、科研院所、企业以及其他社会力量组成，构建"多元主体共联、多元平台共建、多元组织共商、多元资源共用、多元服务共享"的多元互动式社区教育网络；依托辖区学校、企事业单位、公共场馆等各类社会资源，以医教、警教、文教、体教等为主题建设50个"家校社企共育实践基地"和10个"特色学习活动空间站"，形成了"中心＋基地＋空间站"的立体式教育网络体系。

（二）发挥职校优势，依托中职特色

四川省成都市中和职业中学是国家级重点中等职业学校、国家中等职业教育改革发展示范校，占地 153 亩，建筑面积 11.5 万平方米，实训面积 4.6 万平方米，各专业实训室 117 间，工位数 3447 个，设备总价值 7000 余万元，拥有一支结构搭配合理、专职兼职结合、教学经验丰富、业务能力精湛的师资队伍。学校设施设备和教学环境一流，教育实力强，可充分为社区教育赋能提质，全面提升社区学院办学水平。

（三）整合区域资源，打造研学之旅

学院积极推进职业教育与社区教育深度融合，创新打造高新区职业体验研学活动周。因地制宜，充分发挥高新区产业聚集，配套完美的优势，结合辖区资源特色，打造了以科技创造、社会理解、身心发展、自然生态、劳动教育、职业体验等为主题的社区教育特色研学路线 28 条，特色研学课程 30 余门。旨在通过各类研学活动引导居民游中学、学中研、研中思、思中实践，打造立体生动的学习体验，丰富家校社企共育服务载体，助推"双减"背景下家校社企共育的升级转向。

（四）瞄准特色建设，开发优质课程

学院开设"花样高新"三类特色学堂："教子优方"学堂——服务家长人群，聚焦家庭教育，着力提升家长教育能力；"花漾芬芳"学堂——服务青年人群，旨在打造"精品体验课程+培育自主学习社群"；"睦邻街坊"学堂——服务老年人群，助推社区教育老年教育资源库建设。各类学堂开展课程活动近万场，线上线下服务受众累计超 100 万人次，被省市区级媒体平台宣传报道百余次。学院同时利用宣传栏、文化墙、电子屏、微信公众号、微博等宣传载体进行线上线下氛围营造，打造了"周周学、周周动、周周秀"的活动场景。

（五）聚焦数字平台，构建多元学习体系

学院注重线上平台打造，把教育数字化作为推进学习型社会建设的"倍增器"，搭建学院数字化平台，着力打造"高新社教"小程序，注重从体系建设、资源整合、品牌打造、队伍建设、信息化建设等方面着力，链接优质课程资源，丰富线上课程，积极构建网络化、数字化、个性化、终身化的教育体系。

三、特色亮点

成都高新区作为国家自主创新示范区，为了发扬中华民族重视家庭教育的优良传统，引导全区注重家庭、家教、家风，增进家庭幸福与社会和谐，培养德智体美劳全面发展的社会主义建设者和接班人。"教子优方"学堂打造"三 YOU"体系，丰富家庭教育内涵。

（一）融合发展——教子"有"方是传统文化与高新科技的碰撞

汉字"有"是在中华文化，博大精深的基础之上，引导家长们从名师课程中学习中华文化自信，从家风家教感悟传统文化品格。与此同时，学堂以高新为引领，提高家庭教育质量，在全区开展巡回宣讲，举办送教入企活动50余场、送教入校活动70余场、送教到街道社区80余场，广泛传播家庭教育科学知识与方法，提高家长的家庭教育素养和能力。

（二）知行合一——教子"悠"方是理论学习与实践探索的桥梁

汉字"悠"，充分体现教育是慢人艺术，"育人先育己，育才先自修"。学堂注重在理论学习与实践应用的过程中引导家长于孩子的成长教育中充当一个智慧型、陪伴型的家长角色，高质量帮助家长为孩子提供道德品质、身体素质、生活技能、文化修养、行为习惯等方面的培育、引导和影响。

（三）全面发展——教子"优"方是终身学习与分段教育的交融

汉字"优"代表家长在教育专家智慧的引领下，点燃智慧，生长出教育孩子优秀的理念、方法、行动，学堂根据孩子的不同年龄将课程体系形成四个阶段：情感抚养（0~3岁），性格培养（3~6岁），能力培养（6~12岁），青春期教育（12~18岁）。以培养孩子终身学习能力为总目标，以分段培养为方法，尊重未成年人身心发展规律和个体差异，为家庭教育提供指导、支持和服务。

成都高新区"教子优方"学堂精准面向家长群体，提供入学政策、亲子教育、劳动教育、心理健康、职业启蒙等方面的精品课程，自创设以来，举办活动200余场，课程采取"现场讲授＋同步直播＋精彩回放"的方式开展，帮助2000余家庭解决育儿问题，服务累计达30万余人次，获得家长一致好评。被省市区级媒体平台宣传报道100余次，已形成品牌辐射效应。成都高新区"教子优方"学堂斩获2023年全国新时代"特别受百姓喜爱的终身学习品牌项目"的荣誉。

四、典型案例

【案例一】

家在桂溪·活力地平线，航空科普全民学习活动

党的二十大提出"推进教育数字化，建设全民终身学习的学习型社会、学习型大国"。立巢博物馆积极贯彻落实党的二十大精神以及国家教育数字化战略行动相关要求，以博物馆场馆优势为基础，通过数字化服务建设与创新研发，以模拟飞行运动，开发家在桂溪·活力地平线——航空科普全民学习活动项目。

该项目以航空系列、爱国教育系列、职业教育系列为中心的研学活动、专题临展活动、大咖讲座、公益讲座、互动课程、交流分享会、航空科普进校园（航空嘉年华、特

色课堂、科技周）、航空科普进社区等活动，为各龄段群体带来不一样的航空科普教育体验。在 2019 年已获得模拟飞行授权培训中心资质证书，并开始进行课程研发等工作，围绕教材、实操、培训、赛事等内容制定一套成体系的课程学习内容。截至 2023 年，结合场馆展示及模拟飞行项目发展的需求，博物馆打造模拟飞行运动培训教室，开展模拟飞行培训系列课程，针对青少年、爱好者及模拟飞行教员进行培训。

博物馆也将此项课程在全国、省、市科技周、全国科普教育装备展等活动上进行展示，以体验互动的形式让市民对课程活动有所了解。同期开展了"航空科普进校园""航空科普进社区"等活动，如石室成飞中学、棠湖中学、天府中学等学校学子均有参与，辐射人群上千人并产生持续效应。

立巢博物馆代表成都参加第十五届全国青少年模拟飞行锦标赛

【案例二】

"家在石羊·群享 YOUNG 学——家校社企"共育实践基地品牌项目

为学习贯彻党的二十大精神，以习近平总书记关于教育的重要论述为指引，加快构建服务全民终身学习的教育体系，石羊街道深入挖掘辖区特色企业资源，积极联动，构建家庭、学校、社会、企业"四位一体"立体教育服务体系，打造以"家在石羊·群享 YOUNG 学——家校社企"共育实践基地为特色品牌的社区终身学习教育项目。

品牌项目旨在通过深入挖掘和资源链接，促进"家校社企"的紧密合作，实现社会资源共建共学共享。项目课程作为石羊街道社区教育学校的特色品牌，主要以体验活动的形式召集家长、学生、白领等人群开展活动。通过形式多样的体验活动，吸引辖区居民积极参与进来，真正达到"家校社企"共育目的，促进各方之间的紧密合作和共同发展。社会企业的参与不仅丰富了教育资源，还提升了社区教育的质量和影响力，为社区居民提供了更多学习和成长的机会。

目前，石羊街道社区教育学校已有三处"家校社企"共育实践基地，其中包括以收藏展示老爷车为主的成都三和老爷车博物馆，以阅读和亲子活动为主的文轩亲子书店，以器乐展览和音乐文化的普及为主的石羊里爱乐街，分别涵盖了不同领域、不同层次的企业和课程活动内容。

三和老爷车博物馆场馆内接待辖区居民参观学习

成华区
百尺竿头更进一步，助推社区教育优质服务

一、发展综述

成华区是成都五个中心城区之一，也是国宝大熊猫的城市家园。辖区面积108平方公里，是成都市面积最大的城区。近年来，在省、市教育主管部门的关心指导下，成华区积极发挥"全国社区教育示范区"的示范引领作用，坚持以课程建设为主阵地，以师资培训为主抓手，以活动开展为主载体，服务居民全生命周期教育，着力构建具有成华特色的终身教育体系，增强了社区教育服务能力，辖区社区居民教育获得感、幸福感不断提升。成华区先后荣获"全国社区教育示范区""全国数字化学习先行区""四川省首批社区教育示范区"等荣誉。截至2023年12月，全区共有国家级社区教育示范街道4个，省级优秀社区教育院校2所，市级优秀社区教育院校3所，市级规范化社区教育学校11所，优质社区教育学校4所，市级示范性社区教育工作站27个，国家级优秀课程8门，市级优秀课程9门。

二、经验做法

（一）做好顶层设计，切实落实四项保障

1. 建立体制管理保障

成华区颁布实施《成都市成华区人民政府关于进一步加强社区教育工作的意见》（成华府〔2011〕68号）作为全区社区教育的政策指导性文件。建立了党政统筹领导、教育部门主管、22个有关部门以及全区11个街道共同参与的社区教育管理体制，建立健全了成华区学习型城市建设与社区教育联席会议制度，联席会办公室设在区教育局，负责日常工作，各成员单位按照职责分工，合力推进社区教育，形成了"政府统筹、部门主管、上下联动、多元支撑、全力推进"的工作格局。2018年，成都市教育局在成华区召开全市社区教育经验交流会，对成华区积极发挥学习型城市建设与社区教育联席会议制度作用给予高度评价，向全市推广成华经验。

2. 实体运作机制保障

成华区社区教育学院于2010年成立，是全区范围内组织实施社区教育的业务管理与指导机构。成华区社区教育学院内设办公室、教学培训部、人力资源部、资源建设与管理部、理论研究部、活动部等6个部门。成华区社区教育学院具有专门办公场地，配备专职管理人员，区财政提供专项经费，保障区社区教育学院实体化运行。目前，成华区有区社区教育学院1所、街道社区教育学校11所、社区教育工作站82个，实现了社区教育机构全覆盖。

3. 投入工作经费保障

成华区建立了以政府投入为主，社会多渠道投入为辅的社区教育经费保障机制。区财政按照人均每年不少于2元的标准落实社区教育经费；同时，各相关部门、各街道根据各自职责和所承担的任务，落实好相应的社区教育经费。此外，成华区还积极引入企业及社会性公益组织参与社区教育建设工作，有效拓展社区教育工作经费渠道。据不完全统计，2011年至今，全区累计投入社区教育经费近4000万元。

4. 夯实人才队伍保障

成华区统筹协调各方力量，依托全区各行各业专家、大中小幼教师、公务员、在读大学生、能工巧匠等人力资源，建立了一支涵盖11个大类200余人的以专职人员为骨干，兼职人员和志愿者为主体的适应社区教育需要的管理队伍和师资队伍。现有全国百姓学习之星4人，省级百姓学习之星3人，市级百姓学习之星5人。

（二）提供精准服务，打造全龄周期教育

1. 社区雏鹰，展翅放飞梦想

为丰富中小学生暑假生活，切实满足广大家长需求，解决学生暑期"看护难"问题，成华区积极发挥已有的创新实施的社区教育"学生430项目"工作经验，在各街道开展"社区雏鹰——青少年暑期托管服务"公益活动工作。全区各街道（社区）结合本

区域实际合理安排服务内容，根据实际需求组织提供集体活动、文体活动、阅读指导、综合实践、兴趣拓展、作业辅导等服务。2017年至今，累计开设各类素质拓展课程1847门，累计参与活动的中小学生人数31000余人次。"社区雏鹰"托管中心解除了家长后顾之忧，成为中小学生放飞梦想的地方。

2. 提升素质，实施继续教育

成华区积极做好部门与街道社区教育资源配送工作，对中青年人群实施"点餐制与配餐制"相结合的套餐方式，每年年初，梳理并形成联席会成员单位的社区教育资源及教育培训服务清单。各成员单位清单内容涉及党建教育、普法教育、再就业培训、安全教育、道德教育、食品健康教育、艺术教育、科技教育、环保教育等各类培训。广泛开展从业人员继续教育培训工作，成华区从业人员继续教育参与率达到80％以上。各成员单位形成正向合力，结合本部门的工作实际推进社区教育工作。

3. 服务银发，切实关爱长者

成华区积极加强健全老年教育服务体系，印发了《成都市成华区人民政府办公室关于印发加快老年教育发展工作方案的通知》（成华府办〔2019〕4号），为老年教育工作明确了指导思想、工作原则、工作目标及具体任务。2020年6月，成都老年开放大学全市第一个分部落户成华。目前，全区总共成功创建11所市级街道老年教育学校，实现了区域内街道老年教育学校全覆盖，进一步涵育并丰富了具有成华特色的"老年教育15分钟学习圈"。

4. 整合资源，创新1860市民夜校

为解决18~60岁市民的夜校学习需求，成华区在做好充分准备工作的基础上，从4个方面实施"成华区1860市民夜校"工作。一是发挥成华区学习型城市建设与社区教育联席会议制度优势，商请区级有关部门在社区点位投放市民夜校学习清单；二是发挥成华区名校长、名师的教育优势，在社区点位开展市民夜校家庭教育讲座、沙龙等；三是发挥正规培训机构的资源优势，在社区点位开展受市民喜爱的市民夜校项目培训；四是发挥街道社区教育学校的课程优势，为18~60岁市民在社区点位投放相关夜校课程。

三、特色亮点

（一）率先在全市建立社区教育区级名师工作室

目前成华区拥有市级名师工作室1个，区级名师工作室11个，部分区级名师工作室还有社区分点，充分发挥名师的示范引领辐射作用，探索建立了名师工作室运行机制。

（二）率先在全市首创社区教育教师志愿者任职资格制度

成华区实行了社区教育教师志愿者任职资格准入、培训、管理等制度，获得区社区教育学院颁发的岗位任职资格证书的教师才能上岗执教，且有效期为3年。3年后，经培训、考核合格后，可继续执教社区教育学校。

（三）率先在全市实施社区教育实体化、学期制开班办学

成华区建立和完善了社区教育三级机构建设机制，紧紧把握"以学为纲，内涵发展"的办学思想，抓好教学工作，提升教学质量、扩大教学规模、丰富教学内涵、示范教学模式。成华区按照"有教材、有师资、有场地、有经费，成体系、成规模"的原则，在全市率先推进社区教育实体化办学，全区常年保有 11 个大类的 200 多个教学班，涵盖全区各街道教学点。

（四）率先在全市建立"1＋3＋N"的数字化学习模式

"1＋3＋N"的数字化学习模式，即指 1 个成华社区教育网站、3 级管理平台、N 个学习点位。成华区积极培育具有数字化特色的社区教育模式，以实施"市民素质提升工程"为契机，倾力打造区级、街道级、社区级、居民家庭四级数字化学习平台，实现了社区教育学习方式大转变、大提升。成华区社区教育微课程在全国、市级微课程大赛中多次荣获一二三等奖。

四、典型案例

【案例一】

客家绿色生态游学项目

龙潭街道结合自身特点，积极传承客家精神，振兴"客家文化"。紧扣生态游学教育主题，与重庆九龙坡区等建立了成渝两地四区社区教育合作交流平台，共享优质资源，构建了成渝"区域学习共同体"，积极推动"北湖生态游学项目"建设，以研学课程开设为契机，助推社会和谐发展，推动社区教育服务社区发展治理。2023 年 7 月，开展首次"龙潭客家绿色生态游学"研学活动，以龙潭深厚的客家文化底蕴为依托，以院山客家文化基地＋龙潭水乡为主题路线，学员们通过探访北湖公园的生态景观，感受北湖生态公园独特的水文化、鸟文化、竹文化，探索自然生态奥秘，体验客家文化和美食。针对时间不充足、体力较弱的老年人，学院还特别规划设计了以向龙社区教育工作站为基点的游学体验线路，让学员有重点、有选择地进行深度体验。2023 年 11 月，开展龙潭客家绿色生态游学——"探秘龙潭，礼遇客家"秋日少儿亲子游学活动，通过亲子活动体验客家文化、客家美食，感受绿色、低碳、生态、环保，生态环境绵延不息的文明传承，提升辖区少儿自我文化认同，传承客家传统文化。

本次游学以绿色发展与生态教育为主题，按照国家绿色生态发展理念，以及成都市公园城市示范区建设要求，以提升居民对绿色可持续发展理念的认识为目标，强化党建引领，营造终身学习氛围。结合区内北湖生态公园的自然资源优势和龙潭当地客家的传统文化资源优势，就绿色、低碳、生态、环保、非遗传承等主题，通过沉浸式学习开展社区教育和老年教育游学活动。全面彰显成华社区教育在助力建设学习型幸福美好的公园城市做出贡献，努力将其打造成为成华区社区教育的品牌项目。

成华区龙潭街道客家绿色生态游学

【案例二】

羊子山学堂品牌项目

　　成华区双水碾街道横桥社区 2023 年发展治理专项保障资金支持的"多彩学堂·悦享横桥项目"以羊子山文化结合以教育、儿童友好为运营重点的 724 星球，打造有趣有益、内容新颖丰富的羊子山学堂，提升辖区居民尤其是亲子家庭，关于传统文化、现代美学、自然教育、亲子教育等方面的认知，提升居民素质素养。同时为促进居民和谐，增强社区信任度，羊子山项目鼓励邻居讲师参与，邀请横桥社区内的常住居民分享知识和特长活动。截至目前，"羊子山学堂"文明实践活动已组织开展 89 场，参与人员达5000 人次。

　　2024 年 1 月，在 724 星球开展"动物剪影相框制作"活动，认识树叶，观察树叶形状，发现大自然中的美，利用树叶制作动物剪影相框，邀请了社区 15 组家庭参与，共同参与制作动物剪影相框，培养大家的动手操作能力。3 月，开展"中国历史的起源"褚红学堂历史科普活动，引领青少年探索古蜀文明，旨在通过专业的讲解和趣味的互动，引导社区内的青少年们深入了解中国历史的深厚底蕴。4 月，举办了一场主题为"古蜀人创造的历史"的科普活动，邀请曾在三星堆考古整理基地工作，具有实地考古经验的老师授课，为揭开古蜀文明的神秘面纱贡献力量。

成华区双水碾街道横桥社区羊子山学堂

温江区

构建高品质社区教育体系，赋能温江幸福美好之城建设

一、发展综述

温江区位于成都主城区正西，辖区面积 276.14 平方千米，辖 6 个街道、3 个镇、95 个村（社），总人口 118.25 万。近年来，温江区深入学习贯彻党的二十大精神，紧紧围绕乡村振兴战略，以国家级农村职业教育和成人教育示范县、全国社区教育实验区建设为契机，形成了以"党委领导、政府统筹、部门联动、社会协同、人人参与"的社区教育新格局。先后获评首批国家级农村职业教育和成人教育示范县、全国社区教育实验区、全省农村改革工作先进区、成都市实施乡村振兴战略推进城乡融合发展先进区、四川省优秀社区教育学校等称号。

二、经验做法

（一）加强部门联动，优化社区教育顶层设计

1. 加强组织领导

依据《成都市社区教育促进条例》，成立了由区政府分管副区长任总召集人，财政、人社、教育、民政、卫健、文体旅等 28 个相关职能部门为成员单位的温江区学习型城市与社区教育联席会议制度，明确职责与分工，加强沟通协调，汇集部门职能优势，形

成推进温江社区教育的强大合力。

2. 完善统筹机制

将社区教育作为重要的内容，写入《成都市温江区教育事业发展"十四五"规划》，纳入全区经济社会发展总体规划，明确年度工作目标和推进步骤，全域统筹、整体推进。

3. 强化考核管理

将社区教育工作纳入各镇（街道）和部门工作目标督导考核。通过完善考核指标体系，加强过程管理，注重教育教学质量，提高社区居民参与度，加强资源整合与共享，建立激励机制，加强信息化建设，完善政策法规等方法，对各镇（街道）社区教育工作公平、公正、公开进行督导考核。

（二）实施四大行动，着力社区教育内涵发展

1. 实施校站建设"双满覆盖"行动

制定《温江社区教育校、站建设"双满覆盖"行动方案》，实现市级规范化社区教育学校、区级规范社区教育工作站的"创建满覆盖"，实现示范化社区教育学校、规范社区教育工作站新发展的"督评满覆盖"。

2. 实施队伍培育"四位一体"行动

按照"择优入库、结构合理、动态管理、资源共享、优质服务"原则，整合利用社区各类师资人才力量，建立温江区社区教育师资库，在全区形成结构合理、素质优良的千名社区教育师资队伍，进行校长领导力培育、专职教师队伍培育、兼职教师队伍培育、志愿者队伍培育，为社区教育提供坚实的师资保障，不断推进全民终身学习，满足社区居民多元学习需求，促进居民素质提升，推动社区发展治理，推进学习型温江建设。

3. 实施特色品牌"引领示范"行动

结合区域经济、社会发展特点，挖掘文化底蕴，整合教育资源，以社区居民学习需求为导向，发挥教育引导作用，丰富社区教育服务形式，建立社区教育品牌创建长效机制，体系性构建"1+9+N"社区教育品牌（1个区级龙头教育品牌，9个镇街特色品牌，N个社区微品牌），推进"人人皆学、处处可学、时时能学"的学习型社会建设，聚焦助力乡村产业发展、培养乡村人才、提振乡村文化、培育乡村组织等，赋能乡村振兴成效明显。

4. 实施学习型组织"多阶多元"行动

根据区域实际，大力进行学习型社区创建、学习型组织创建、学习型院落（小区）创建、学习型企业（单位）创建、学习型家庭创建、CLC学习中心创建等，扎实推进"人人皆学、处处可学、时时能学"的学习型社会建设，为人民群众创造优质、便民的学习平台。

（三）构建课程体系，促进社区居民终身学习

做好深入居民群众需求调研，以需求为导向，以培养和践行社会主义核心价值观，

传承中华优秀传统文化，满足社区居民多样化需求和终身学习需求，丰富社区居民精神文化生活，提高社区居民素质、技能和生活质量，增强获得感，助力区域经济发展，助力社区发展治理，助力学习型温江建设等为课程体系建设为目标，构建以养心、养身、养能、养智、养行的"学到温江·五养课程体系"。如寿安镇分校"川派盆景·微盆景制作"入选四川省"能者为师"课程资源库。

三、特色亮点

（一）服务导向，搭建平台，扩大学习团队（社会组织）教育影响力

一是创新供给机制和搭建服务平台。社区教育作为区域社会治理的重要载体，创新了供给机制，搭建了社区教育公共空间服务运营平台。调动和聚集各类资源，推进多元协同供给，以此来丰富和拓展社区教育公共服务功能和内容。二是融入社会治理，明确功能定位和价值取向。社区教育的功能定位和价值取向顺应时代发展，从最初的校外德育补充逐渐过渡到积极参与社会治理的现代转型。社区教育不仅提供了教育服务，还在社区治理中发挥了积极作用。三是构建区域终身教育指导服务公共平台。通过提供一个多功能的终身教育平台，满足不同群体的学习需求，促进人的全面发展，形成了教育服务的多样性和多层次性，以及教育与社会发展的紧密结合。四是强化社区教育的高质量发展。为了提升社区教育的质量，区政府党委重视顶层设计，各相关部门加强统筹规划，教育行政部门强化政策引导。同时，开放大学、中高职院校、社会组织等多元主体发挥各自优势，持续完善了区域社区教育的规章制度建设，改善了社区教育管理体制机制，探索创新了社区教育的学习内容和活动方式。

（二）合作导向，互利共赢，发挥学习型组织的教育功能

一是构建双向互动社区教育模式。新时代的社区教育应与社区治理相互融合，彼此赋能。改变传统的单向推动模式，建立镇（街）与社区居民之间的双向互动。完善了院—镇（街）—村（社）三级社区教育管理体制，建立了决策—工作—保障—督导的运行机制，以及营造了乐学—善学—自学的学习氛围。二是强化社区教育的高质量发展。社区教育的高质量发展是建设学习型大国的重要一环。温江区社区教育面向全体社区居民提供多元服务，包括继续教育、职业培训、特殊教育、休闲教育等，以推动终身教育体系构建和学习型社会建设。三是推动跨部门跨行业合作。根据《中国教育现代化2035》的指导，建立了跨部门跨行业的工作机制和专业化支持体系，扩大社区教育资源供给，加快发展城乡社区教育，推动各类学习型组织建设。四是促进政府与社区、社区与居民间的互动。社区教育不仅成为社区居民实现自身社会化、终身学习的重要载体，还成为政府与社区、社区与居民上下互动、多方协同的重要纽带。

（三）学习导向，培育学习型组织，创建学习型社区，推进学习型温江建设

实施"多阶多元"学习型组织建设行动，探索服务学习型组织成长路径，抓好社区教育两大学习主题活动，营造深厚学习氛围，促进全民终身学习。

（四）激励导向，完善评价机制，促进学习团队不断成长

建立了社区教育工作评估体系，制定了《成都市温江区年度社区教育工作目标任务》，年终执行量化评估。建立了《温江区社区教育工作管理制度》，并举办学习之星、学习型社区、学习型家庭等表彰活动，开展优秀社会组织等评比活动。

四、典型案例

【案例一】

联合国教科文组织农村社区学习中心（CLC）
能力建设项目实验点

温江区川派盆景研学基地位于寿安镇百花社区，占地7700平方米，专注于盆景种植、加工、文化传承、课程研发、人员培训、研学实践及展览销售。自2019年建设以来，基地提升了川派盆景的影响力，并通过开发课程和教材，如《川派盆景文化艺术》，以及开展百余场相关活动，培训了3800多人次，培养了盆景讲师和直播带货主播，输出了大量盆景行业人才。基地的项目和课程获得多项荣誉和宣传，包括成都市终身学习品牌项目和央视报道，以及入围省市课程资源库和获得省级优秀社区教育学校称号。

联合国教科文组织农村社区学习中心（CLC）授牌仪式现场

　　农村社区学习中心将集中于能力建设，重点建设研学基地。首先，整合资源，服务产业发展，如寿安镇盆景研学基地推动乡村振兴，改善农村环境，促进盆景产业发展，增加村民收入。其次，开发线上线下课程，服务乡村振兴，目标是成为知名盆景教育中心，3年内实现销售额5000万元，培育20家盆景企业，输出200名专业人才。最后，继续"能者为师"行动，培养师资，如陈宏宇工作室培育社区教育师资，计划每年吸纳3名新成员，培养2名以上合格师资，确保项目师资的可持续发展。

【案例二】

成都市终身学习品牌"武悦银龄"

　　温江区社区教育学院永宁分校利用当地武术传统和老龄化社会特点，发展以武术为特色的社区文化，创建了"武悦银龄"终身学习品牌。通过支持"汉斌武馆"和开展各类武术活动，学校促进了社区武术文化的建设，培养了多支武术队伍，并通过特色课程和主题活动普及武术知识。该品牌以"点—线—面"的模式，积极影响和带动了老年人群体，至2024年6月，直接受益者超过1000人，参与度和影响力持续增长。

　　温江区社区教育学院永宁街道分校"武悦银龄"成为成都市终身学习品牌项目，接下来将实施以下措施：创新课程内容，满足老年人多样化学习需求；提升教师教学水平，邀请专业人士和志愿者参与；加大宣传力度，提高品牌知名度；组织活动吸引老年人参与，提高学习积极性；建立学习社区，促进老年人交流；整合资源，提供多样化学习服务；定期评估反馈，确保项目持续改进。温江区致力于建设学习型社会，创建示范校站，实现教育满覆盖，推动社区教育品牌发展，促进教育惠民。

永宁街道 2022 年自主学习团队成果展示活动现场

都江堰市
春风沐雨，堰上花开

一、发展综述

都江堰市地处成都平原西北部，辖区面积 1208 平方千米，辖 11 个镇街、166 个社区，总人口 710056 人（截至 2023 年），其中 60 岁及以上人口 170730 人，占总人口的 24.04%，65 岁及以上人口 133653 人，占总人口的 18.82%。都江堰市地理形态多样，文化厚重，是"三遗之城"，美丽宜居生态之城。历史悠久的道教文化，科学智慧的水利文化，多姿多彩的民俗文化，蕴藏着丰富的社区教育资源。

在都江堰市委、市政府领导下，规范化建设社区教育学院 1 所（成都老年开放大学都江堰分部），老年大学 1 所，社区教育学校 11 所，标准化社区教育工作站 166 个，实现社区教育三级网络全覆盖。通过评估验收成都市规范化社区教育学校 6 所（优质 2 所），成都市示范社区教育工作站 22 个，成都市老年教育示范点 9 个（星级 3 个）。

二、经验做法

（一）加强基础建设，完善社区教育服务三级网络软硬件

建设完善成都老年开放大学都江堰分部，全市 11 个镇街均建立社区教育学校，166 个社区均建立社区教育工作站。完善教育培训活动功能室，增添图书、电脑、网络等学习设备，规范宣传栏、标牌标识，为社区居民，特别是老年群体提供功能完善、环境整洁的学习活动场所。成都市教育局建立"i 都江堰教育"、都江堰社区教育微信群等推送社区教育服务信息。各镇街社区教育学校、社区教育工作站利用蓉城先锋、成都市民终身学习平台、智慧社区 App 平台、遇见都江堰等微信公众号，推送社区教育培训学习内容，开展"O2O"网上学习。为市民搭建"时时能学、处处可学"平台，满足市民群众多形式的终身学习需求。

（二）加强队伍建设，引领社区教育教学优质发展

建立社区教育、老年教育师资库，开展送教到镇街。各镇街老年教育学校完善校务委员会，组建各行业专兼职社区教育和志愿者队伍，开展老年教育培训、文化体育、扶老助老等各类活动。开展八届"能者为师"比赛活动，嘉奖 80 余名优秀社区教育教师。通过项目支助，培育建设社区教育王尧名师工作室、李功蓉古琴古韵工作室，以及青城马椅子、青城茶染，聚源竹雕等市民终身学习体验基地，其代表人先后评为省、市级非遗传承人，引领社区教育高质量发展。

（三）挖掘地方社区教育资源，开发社区教育本土教材

挖掘开发出具有本土特色的社区教育资源，编撰社区教育课程读本，《青城武术传习读本（一）》《青城武术·金刀出鞘》《老年健康知识专题讲座》《抚古琴扬古韵——古琴基本知识介绍》"竹蝉乐器制作"等入选 2021 年成都市社区教育特色读本和微课程目录。

（四）实施目标管理，建立社区教育经费保障机制

成都市政府将社区教育工作建设纳入对市教育局、镇（街道）考核的内容，实施目标管理。成都市教育局将镇街老年教育学校、社区老年教育学习点建设作为对社区教育学校和社区教育辅导员工作考核的重要内容，年终对创建工作和社区教育工作完全面评估考核。近 3 年，成都市教育局每年安排不低于 6 万元的社区教育专项经费用于老年教育机构建设。各镇街通过民政、文旅、卫健、人社等部门划拨、上级部门拨款、社区公共经费开支、社会组织捐赠等渠道筹措不低于 100 万元用于社区教育，确保社区教育工作的顺利开展。

（五）常态化开展社区教育重点工作，实现社区教育全民普惠性

充分利用每年重要节假日举办"清明放水节""灌县开城"旅游活动，中秋节"包粽子""田园诗歌节"诗歌会等各种文化教育活动，每年开展活动 200 余场，覆盖 8 万余人次以上。搭建居民自主参与平台，先后组织发动老年志愿者 1.5 万余人参与城市环境整治，参与助老扶幼、文明劝导、文化讲堂等活动和社区治理服务，破解城市治理难题。积极组织艺术团、合唱队、健身队等参加省、市级比赛和表演。其中，劲美柔力球队 2020 年 11 月在云南参加中国首届柔力球运动会获得团队明星奖、2021 年 10 月参加"艺路同心·文艺北京"——全国文艺艺术交流会演获得金奖。组建家庭教育讲师团，提供"预约式点单"教学服务，开展家庭教育指导。开展老年智能技术培训，逐月向成都市上报开展智能技术培训数据。组织开展国家老年大学数字化学习平台注册及线上学习。广泛开展"全民终身学习活动"，助推学习型城市建设。近三年，评选出全国新时代"百姓学习之星"1 人、四川省"百姓学习之星"2 人、成都市"百姓学习之星"15人、都江堰市"百姓学习之星"100 余人、"学习型社区"90 余个、成都市最美志愿者12 人。

三、特色亮点

（一）开放公益性设施，为市民参与社区教育创造便利条件

成都市联席会议办公室积极协调市级相关部门，推动驻都江堰市大中专院校、中小学幼儿园及各类地方图书馆、文化馆、体育场所、传统教育基地等向市民开放，积极举办各类公益课堂。建立 200 多处书院、农家书屋、社区书屋、农民夜校等公共文化服务

设施，为市民终身学习活动提供多渠道学习平台。

（二）扩大社区资源优势，吸引广大群众参与社区教育活动

加强学习型组织建设，常态化开展社区教育活动，人员在 50 人以上、团队在 360 个以上的文化协会，广泛开展遍布城乡的广场舞蹈、书画、太极等活动，全市参与群众 10 万人。人员在 30 人以上、团队 420 个以上的种植、养殖，民宿旅游接待、行业技术支持协会，对都江堰市水果蔬菜、道地药材、手工制作、旅游接待、行业技术支持产生强大作用，涌现出行业带头人，技术能手 1.3 万人。都江堰市猕猴桃种植协会、林下药材协会、厨师协会、民宿协会、文创协会等均享有较好口碑。

（三）加强学习型基地建设，不断辐射社区教育力量

大力抓好社区教育示范性学习型基地建设，发展文化体育、旅游休闲、特色种植养殖，吸引社区群众广泛参与。天马镇聚焦乡村旅游，形成以金阳社区为代表的乡村民宿集群；石羊镇建设柳风岛、青城湖、朱家湾、川西音乐林盘、猪圈咖啡屋、花蕊故里等多处学习型基地；青城山镇宿仙红梅社区、龙池镇望江虹口社区，先后建设林下中药材种植基地，促进农户增收；灌口、幸福、银杏、奎光等城区街道充分挖掘文创人才，形成文创基地，建设了"文创"一条街，成为展示都江堰市的窗口。

（四）着力社区教育品牌建设，促进乡村振兴

石羊镇建设柳风农民诗社，以老年文化人为骨干，以田园生活为背景，创作大量富有农村生活气息的诗词歌谣，"七里诗乡"成为远近闻名的乡村田园诗歌体验基地，成为中国农民诗歌永久会址。青城山镇依托青城山幽美的自然风光、深厚的文化遗产，打造青城康养、青城武术、安龙盆景等社区教育特色项目，促进乡村旅游发展。玉堂街道构建 15 分钟市民学习圈，创建文创公园、都江堰市第一家公园城市示范社区，以非遗皮影研学，三月三采茶节、川剧坐唱、非遗喊山瑶等特色品牌，促进文化繁荣。天马镇培育蔬菜、猕猴桃、蓝莓种植品牌，与玫瑰花溪谷、红色众行国防教育基地、天马红色教育馆、民间艺术"二郎担山赶太阳"等，形成天马特色社区教育品牌。银杏街道"惠民课堂"、青城山镇"欣禾耕读讲堂"，10 多年来，常态化开展教育教学活动，受到各级党委政府表彰，被评为成都市优秀社区教育项目。

四、典型案例

青城山镇石桥社区"青城武术"课程

位于青城山镇石桥社区的青城武术传承基地，长期开办各类武术班，与成都东软学院、四川省工商职业技术学院、四川省旅游学校、都江堰市各中小学校开展"武术进校园"活动，每年教授学生上千人次。

2018 年，成都社区大学在青城武术传承基地拍摄《青城太极站功六式》的 10 节微

课教学视频，在网上授课平台推出，供广大市民免费学习。2020年，青城山镇石桥社区青城武术传承基地挂牌组建"社区教育名师王尧工作室"，青城武术作为社区教育品牌项目走进社区、学校。2020年起，都江堰市大学、中专院校、中小学校广泛开展"武术进校园公益课堂"，获得了较好成绩。

青城武术传承基地积极参与社区教育读本研发、微课开发，利用微视频传播非遗项目——青城武术。其中，"青城太极环功养生"获2019年成都市社区教育微课程设计大赛一等奖。《青城武术传习读本（一）》"青城武术金刀出鞘"入选2021年成都市社区教育（老年教育）特色读本和微课程。2021年，青城武术项目获"成都市全民终身学习项目品牌"。2023年，青城青城武术传承基地负责人、青城武术代表性传承人王尧荣获全国新时代"百姓学习之星"称号。

青城小学教学青城武术

第三部分

调研分析

调研方案设计概况

　　为客观、真实、全面地掌握成都市社区教育发展现状、市民参与社区教育情况、市民对社区教育工作的满意度及未来社区教育学习需求，发现目前社区教育发展中存在的问题并提出未来发展建议等，在成都市教育局指导下，成都开放大学组织专业调研团队，通过深度访谈、问卷调查、专题会议等形式，对全市市级层面及 23 个区（市）县展开了实地调研。总体来说，市民终身学习需求呈现多元化、多样化特征，绝大多数社区工作者表示社区教育培训有必要，且对教育事业未来发展比较乐观；市民和社区工作者均认为社区教育整体情况处于"满意"水平；通过构建多元回归模式和结构方程模型发现，影响社区教育各因素之间存在强相关性；社区教育组织机构的能力对社区教育的发展起到十分关键的作用。

第一节　调研范围与对象

一、调研范围

　　本次调查范围为成都市 23 个区（市）县，包括"5+1"主城区（成都高新区、锦江区、青羊区、金牛区、武侯区、成华区）及中心城区①（四川天府新区、龙泉驿区、青白江区、新都区、温江区、双流区、郫都区和新津区）和郊区新城（都江堰市、彭州市、邛崃市、崇州市、简阳市、金堂县、大邑县、蒲江县和成都东部新区），见图3-1。

二、调研对象

　　本报告调研对象包括成都市社区教育工作相关负责人、各区（市）县社区教育管理者［含教育主管部门、乡镇（街道）社区教育学校、村（社区）教育工作站等相关负责

---

　　① 本报告为深入分析主城区与其他中心城区差距，将成都市中心城区中主城区剥离出来，故本报告中心城区不包括主城区。

人）、社区教育工作者、参与社区教育的市民等。

图 3-1　调研范围

第二节　调研方法与内容

一、调研方法

本项目调查与研究方法以定性和定量相结合。定性研究包括文案研究法、材料收集、个案研究法等，其中文案研究通过图书馆、档案馆、互联网等渠道收集、整理有关社区教育理论和统计研究的文献资料。材料收集主要通过收集区（市）县报送材料进行修改提炼。个案研究是指针对不同地区社区教育发展现状进行案例研究。

定量研究主要采用问卷调查，面向市民和社区教育工作者获得基础数据，根据需要采取总体分析、比较分析、回归分析、因素分析法、结构方程模型等，综合反映全市社区教育发展现状。同时配合使用深度访谈、专题会议等方法获取一手资料，对问卷中的相关情况进行补充说明。深度访谈主要针对市级、区（市）县、乡镇（街道）、村（社区）社区教育管理者设计深度访谈提纲，挖掘全市社区教育发展现状、存在的问题，提出对策建议。专题会议主要以会议讨论形式，以区（市）县为单位，组织区（市）县、乡镇（街道）、村（社区）社区教育管理者对社区教育发展现状情况进行汇报。

二、调研内容

本次调研针对不同对象设计不同调研内容，具体如下：
一是深度访谈成都市级社区教育工作相关负责人，旨在掌握全市社区教育发展现状，具体包括社区教育政策、制度建设、管理运行机制、组织体系、市级社区教育阵地建设、经费投入、队伍建设与管理情况、数字化平台建设、课程体系建设、社区教育资源整合、学习型组织、学习共同体等情况；同时，收集整理社区教育工作中亮点成效、特色成果，掌握社区教育发展存在的问题及下一步工作打算。

二是深度访谈各区（市）县社区教育管理者，以了解区（市）县社区教育具体政策、课程体系设计、基础设施、师资队伍、社区教育机构办学水平、教育质量评估情况、为居民提供的学习支持服务情况、当地特色活动，并提出存在的问题及建议等。

三是以问卷形式调查基层社区教育工作者，收集社区工作者基本信息、社区科研、资源开发与整合情况，对社区教育工作政策的知晓及满意度评价，对社区教育事业发展态势的评价及提出存在的问题和建议等。

四是对参与社区教育的市民开展问卷调查，掌握市民参与社区教育的基本情况（含学习认知、学习动机、学习方式、学习效果、学习需求等），对开展社区教育的组织机构、学习场地、课程内容、师资情况、活动宣传等情况进行满意度评价，并提出目前社区教育存在的问题和相关意见建议。

调研具体内容与方法见表3-1。

表3-1　调研具体内容与方法

调查对象	调查一级指标	二级指标	调研方法
社区教育管理者［含市级及各区（市）县］	社区教育基本情况	社区教育学院（中心）数量	深度访谈、材料收集
		社区教育学校数量	
		社区教育工作站数量	
		市级优质社区教育学校数量	
		市级示范社区教育工作站数量	
		全国社区教育示范区数量	
		全国社区教育实验区数量	
		市级学习型社区数量	
		市级学习型示范社区数量	
		市级老年示范点数量	
	机制与阵地建设	制度建设	
		组织体系	
		运行机制	
		经费投入	
		阵地建设	
	队伍建设	管理者队伍建设	
		师资队伍建设	
		志愿者、学习型团队和组织建设	

调查对象	调查一级指标	二级指标	调研方法
社区教育管理者〔含市级及各区（市）县〕	课程平台资源建设	课程资源建设	深度访谈、材料收集
		社区资源整合利用	
		数字化平台建设	
	亮点工作	亮点成效	
		特色成果	
	问题及建议	存在的问题	深度访谈
		相关建议	
社区教育工作者	被访者基本情况	所在街道、社区地址	问卷调查
		性别	
		年龄	
		文化程度	
		专业	
		工作年限	
		岗位类型	
	社区教育基本情况	开展社区教育活动频次	
		开展社区教育的主要对象	
		开展社区教育的主要形式	
		开展社区教育的主要内容	
	社区教育工作需求	对社区教育培训的需求	
		希望社区教育培训方式	
		希望社区教育培训内容	
	社区科研、资源开发、整合情况	开发社区教育科研课题	
		开发社区教育资源情况	
		社区教育资源整合情况	
	对社区教育工作满意度评价	对社区教育相关政策制度了解情况	
		对社区教育开展方式满意度评价	
		对社区教育相关课程体系内容满意度评价	
		对社区教育学习资源充足程度评价	
		当地政府对社区教育发展的重视程度	
	特色活动情况	开展特色社区教育活动情况	
	问题及建议	工作中面临的主要问题	
		相关建议（如政策、人才、场所、培训等方面）	

调查对象	调查一级指标	二级指标	调研方法
参与社区 教育的市民	市民知晓、 学习动机情况	了解社区教育的途径	问卷调查
		参与过哪些形式的社区教育活动	
		积极主动参与社区教育活动的因素	
		付费上课意愿	
		愿意付费来上课的主要课程是	
		当地政府对社区教育发展的重视程度	
		社区教育服务对学习和工作是否有帮助	
		对"活到老、学到老"终身学习理念认同感	
	社区教育组织 机构满意度评价	了解社区教育的途径	
		参与过哪些形式的社区教育活动	
		积极主动参与社区教育活动的因素	
		付费上课意愿	
		愿意付费来上课的主要课程是	
	社区教育学习 课程所使用的 学习场地评价	当地政府对社区教育发展的重视程度	
		社区教育服务对学习和工作是否有帮助	
		对"活到老、学到老"终身学习理念认同感	
		社区教育组织机构（工作站）开展各种形式教育活动丰富度情况	
		社区教育组织机构（工作站）管理服务人员工作态度、工作热情情况及不满意的原因	
		社区教育组织机构（工作站）收费方式合理性及不满意的原因	
		到达学习场地的便利性及不满意的原因	
		学习场地的设施设备完备（含图书、桌椅、电脑等）状况及不满意的原因	
		学习场地的环境卫生整洁度状况及不满意的原因	
		学习场地的秩序维持良好状况及不满意的原因	
		学习场地的学习（文化）氛围状况及不满意的原因	
	社区教育学习资 源充足度评价	社区教育学习资源充足度评价	

调查对象	调查一级指标	二级指标	调研方法
参与社区教育的市民	开展社区教育课程内容评价	课程内容门类满足市民需求情况及不满意的原因	问卷调查
		课程内容新颖性及不满意的原因	
		课程内容难易程度及不满意的原因	
		课程内容实用性及不满意的原因	
		课程内容呈现形式及不满意的原因	
		课程内容开展形式及不满意的原因	
		课程内容开展的常态性、常规性及不满意的原因	
		课程内容时间安排及不满意的原因	
		课程内容学习需求征集的及时性及不满意的原因	
参与社区教育的市民	社区教育师资情况评价	社区教育教师人员配备情况及不满意的原因	问卷调查
		教师的专业水平及不满意的原因	
		教师的授课能力及不满意的原因	
		教师的工作服务态度及不满意的原因	
		教师的教学方式（课堂讲授式、研讨式、参与式、体验式、指导式等）多样化及不满意的原因	
		教师与学员的互动合理性情况及不满意的原因	
	社区教育活动宣传情况	活动宣传方式多样化及不满意的原因	
		活动宣传内容（活动内容丰富、生动吸引人）及不满意的原因	
		活动宣传覆盖面情况及不满意的原因	
		活动宣传效果评价及不满意的原因	
	问题及建议	社区教育工作存在的问题	
		相关对策建议	

第三节　调研样本与分布

本报告调研了成都市全部23个区（市）县。每个区（市）县完成5位社区教育管理者［含教育主管部门、乡镇（街道）社区教育中心、社区教育机构等相关负责人］的深度访谈，不少于10名社区工作者及不少于60名参与社区教育市民的问卷调查，共收集721份社区教育工作者有效问卷，共收集1492份市民有效问卷，且涵盖城区和农村地区。调研样本量及分布见表3-2。

表 3—2　调研样本量及分布

区域分类	区（市）县	社区教育管理者深度访谈样本量	社区教育工作者问卷调查样本量	参与社区教育市民问卷调查样本量
主城区	成都高新区	5	170	60
	锦江区	5	10	61
	青羊区	5	10	66
	金牛区	5	13	83
	武侯区	5	11	61
	成华区	5	54	63
中心城区	四川天府新区	5	20	61
	龙泉驿区	5	12	62
	青白江区	5	33	60
	新都区	5	35	88
	温江区	5	11	63
	双流区	5	20	63
	郫都区	5	40	65
	新津区	5	10	60
郊区新城	成都东部新区	5	16	61
	都江堰市	5	10	68
	彭州市	5	163	71
	邛崃市	5	11	61
	崇州市	5	10	70
	简阳市	5	30	65
	金堂县	5	10	60
	大邑县	5	12	60
	蒲江县	5	10	60
总计		115	721	1492

第四节　满意度计分方式

社区教育评价的研究与探索，是引领并促进社区教育健康、积极发展的关键路径。其根本宗旨在于强化社区教育对市民生活与学习的支持作用，确保市民需求的充分满足，并作为推动社区教育自我革新及与社会各界协同创新的核心策略。满意度是指用数值来表征人心理满意状态和体验的指数。本研究聚焦于社区教育的两大核心群体——供给方（即社区教育工作者）与主要消费方（市民），深入剖析社区教育在供给效率与满足市民需求方面的满意度评价。因此，满意度指标设计不仅考虑供给方的基础能力和服务水平，同时也从消费方即用户角度考虑对社区所提供服务的评价，并注重社区教育工作者自评和市民评价的相互验证、相互补充，其目的在于更好地满足人们的终身学习需求，提高社区教育的服务质量和社会效益。

依据受访者对各具体调查指标的打分情况，结合李克特五级量表（即非常满意为100分，满意为80分，一般为60分，不太满意40分，不满意为20分），选项"不清楚"不计分，计算出某项具体指标的满意度得分（简单平均计算）；各项一级指标满意度得分如下：

$$满意度得分 = \sum Y_i \times P_i$$

式中，Y_i 为一级指标得分，$Y_i = \sum x_{ij}/n$，其中，P_i 为一级指标所占权重，本报告满意度一级指标权重由一级指标数量 k 确定，即 $P_i = 1/k$。其中，x_{ij} 为各一级指标对应下的各具体二级指标得分总和，n 为各一级指标对应下的具体二级指标数量。

市民需求与满意度

本章主要通过参与社区教育的市民问卷调查，运用描述性统计分析、关联分析、对应分析等方法掌握市民学习现状、学习动机、学习需求状况，同时通过满意度评分掌握市民社区教育满意度现状，再运用多元回归分析、结构方程模型等方法分析影响社区教育满意度因素。

通过综合分析得出，绝大多数市民认为社区教育对其学习和工作有帮助，对"活到老、学到老"的理念认同度高。其参与社区教育主要动机为提升生活品质、陶冶情操、提升个人综合素质。喜欢的培训方式以课堂讲授、讲座培训、主题活动为主。喜欢的课程内容广泛，不同特征群体喜欢不同课程内容。总体来说，市民终身学习需求呈现多元化、多样化特征，市民对社区教育整体满意度处于"满意"水平，影响社区教育各因素之间存在强相关性，社区教育组织机构的能力对社区教育的发展起到十分关键的作用。

第一节 市民学习现状

市民的学习认知水平影响着社区教育活动开展。本次通过调研市民的学习认知情况，包括市民参与社区教育的途径、参与的活动形式、对社区教育活动的看法等，掌握不同特征市民学习认知状况，为提升社区教育服务水平提供数据支撑和指导方向。

一、参与途径

村、社区教育工作站是知晓社区教育的主要途径。调研数据显示，67.44%的被访市民通过村、社区教育工作站知晓社区教育活动；49.52%通过街道、镇社区教育学校知晓社区教育活动；此外通过亲朋好友告知、网络（电脑/手机）、区（市）县社区教育学院（中心）、成都开放大学、成都市市民终身学习公共服务平台等途径占比均超过10%。具体见图3-2。

图 3-2　市民知晓社区教育活动的主要途径

　　年龄越小、学历越高，越倾向网络（电脑/手机）途径；年龄越大、文化程度越低，通过亲朋好友告知途径越明显。从不同年龄段人群看，均以村、社区教育工作站和街道、镇社区教育学校途经知晓社区教育活动为主，其中年龄越小，通过网络（电脑/手机）途经占比越高，46 岁以上市民通过亲朋好友告知途径占比较高。具体见图 3-3。

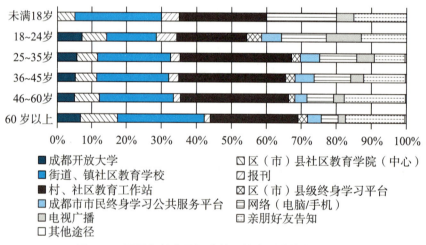

图 3-3　不同年龄市民知晓社区教育活动的主要途径

　　从不同文化程度的市民看，高中及以下市民相比其他群体通过亲朋好友告知途径占比较高，大专及以上市民相比其他群体通过网络（电脑/手机）途径占比较高。具体见图 3-4。

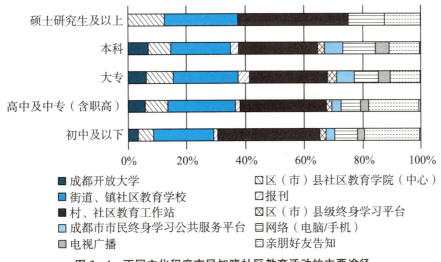

图 3-4　不同文化程度市民知晓社区教育活动的主要途径

二、学习形式

课堂讲授、讲座培训、主题活动为市民参与学习的主要形式。调研数据显示，市民参与社区教育活动形式以课堂讲授、讲座培训、主题活动为主，占比均达 55% 以上。具体见图 3-5。

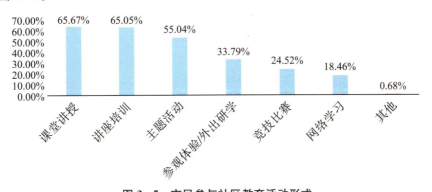

图 3-5　市民参与社区教育活动形式

市民对学习形式的偏好因年龄而呈现明显差异。调研数据显示，相比来说，45 岁以上的中老年人最喜欢的学习形式是课堂讲授，25~45 岁中青年更偏向于讲座培训，18~24 岁青年比较喜欢讲座培训和主题活动，未满 18 岁的青少年更喜欢主题活动、讲座培训和课堂讲授。外出研学形式各年龄段人群参与比例相差不大。具体见图 3-6。

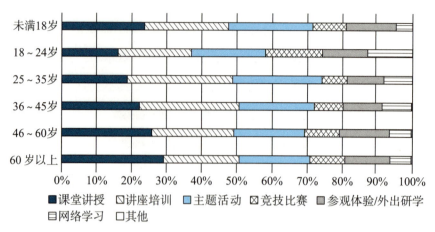

图 3-6　不同年龄市民参与社区教育活动形式

对学习形式的偏好在不同职业群体当中也有所不同。农民、退休人员、工人、事业单位/公务员/政府工作人员等群体更偏向于课堂讲授方式，公司职业/管理者、自由职业者、服务业人员、教师/医生/律师等通常以参与讲座培训为主，学生相比其他群体更偏向于主题活动和参与竞技比赛方式。具体见图 3-7。

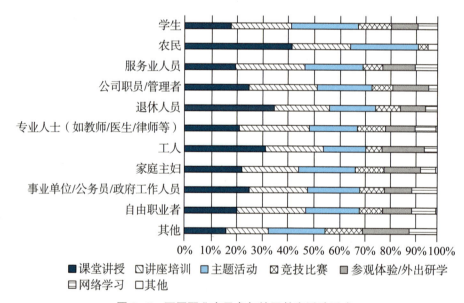

图 3-7　不同职业市民参与社区教育活动形式

三、认知反馈

超过 90% 的市民认为社区教育服务对其学习和工作有帮助。调研数据显示，92.51% 的被访市民表示，社区教育服务对其学习和工作有所帮助（含非常有帮助），其中 48.30% 的被访市民表示"非常有帮助"，44.21% 的被访市民表示"有帮助"。具体见图 3-8。

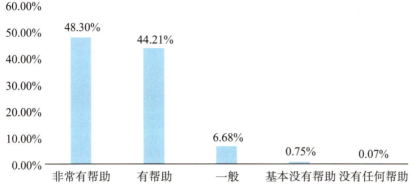

图3-8　市民认为社区教育服务对其学习和工作帮助情况

　　市民对"活到老、学到老"的理念认同度高。调研数据显示，96.18％的被访市民表示认同（含比较认同和非常认同）"活到老、学到老"的终身学习理念，其中63.35％的被访市民表示"非常认同"，32.83％的被访市民表示"比较认同"。具体见图3-9。

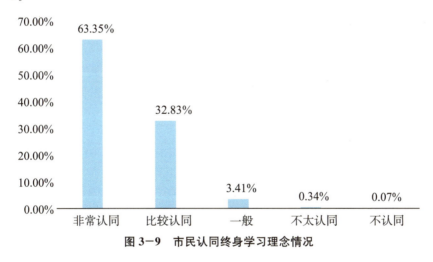

图3-9　市民认同终身学习理念情况

第二节　市民学习动机

　　通过市民问卷调查，掌握和分析不同特征市民参与社区教育的目的、是否愿意付费参与社区教育培训、愿意付费的课程内容、市民的学习动机等诸多具体问题，方便制订更有针对性的社区教育课程体系、培训方式等，更好地满足不同特征群众的终身学习需求。

一、学习目的

　　提升生活品质、陶冶情操和提升个人综合素质是市民参与社区教育的主要目的。调研数据显示，超五成以上被访市民表示，参与社区教育主要是为了"提升生活品质和幸福感""陶冶情操，培养兴趣，增强生活乐趣""通过学习，全面提高个人综合素质"。具体见图 3-10。

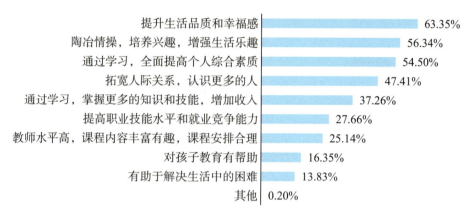

图 3-10　市民参与社区教育的各种目的

"提升生活品质和幸福感"是男女共同的首选。调研数据显示，男、女性均以"提升生活品质和幸福感"为主，但也存在不同差异，男性参与社区教育较女性更偏向于"提高职业技能水平和就业竞争能力""拓宽人际关系，认识更多的人"，女性参与社区教育较男性更偏向于"陶冶情操，培养兴趣，增强生活乐趣"。具体见图 3-11。

图 3-11　不同性别市民参与社区教育的目的差异

一老一小更重视提升生活品质和陶冶情操。调研数据显示，老年人和未满 18 岁的青少年主要更偏向于"提升生活品质和幸福感""陶冶情操，培养兴趣，增强生活乐趣"。具体见图 3-12。

学历越高越重视与职业相关的学习。调研数据显示，本科以下各级学历市民相对来说都更重视"提升生活品质和幸福感"，本科学历市民相比其他学历则更重视"提高职业技能水平和就业竞争能力""通过学习，掌握更多的知识和技能，增加收入"（硕士研究生及以上样本代表性不足，不予以分析）。具体见图 3-13。

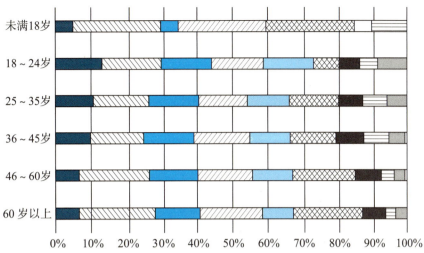

图例：
- ■ 提高职业技能水平和就业竞争能力　　◨ 提升生活品质和幸福感
- ■ 拓宽人际关系，认识更多的人　　◨ 通过学习，全面提高个人综合素质
- ▨ 通过学习，掌握更多的知识和技能，增加收入
- ⊠ 陶冶情操，培养兴趣，增强生活乐趣
- ■ 教师水平高，课程内容丰富有趣，课程安排合理
- ▨ 有助于解决生活中的困难　　▤ 对孩子教育有帮助　　□ 其他

图3-12　不同年龄市民参与社区教育的目的差异

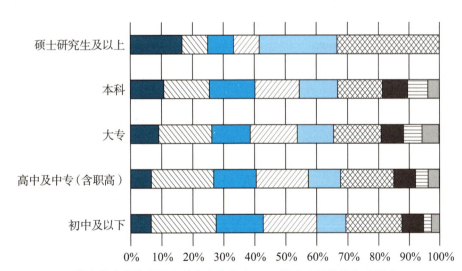

图例：
- ■ 提高职业技能水平和就业竞争能力　　◨ 提升生活品质和幸福感
- ■ 拓宽人际关系，认识更多的人　　◨ 通过学习，全面提高个人综合素质
- ▨ 通过学习，掌握更多的知识和技能，增加收入
- ⊠ 陶冶情操，培养兴趣，增强生活乐趣
- ■ 教师水平高，课程内容丰富有趣，课程安排合理
- ▨ 有助于解决生活中的困难　　▤ 对孩子教育有帮助　　□ 其他

图3-13　不同学历市民参与社区教育的目的差异

不同职业群体参与社区教育的目的也有差异。具体而言，退休人员、农民、公司职员/管理者、家庭主妇更注重"提升生活品质和幸福感"，学生更重视"通过学习，全面

提高个人综合素质"，退休人员、公司职员/管理者更注重"陶冶情操，培养兴趣，增强生活乐趣"。具体见图3-14。

中间收入段人群更注重提高职业技能水平，高收入人群更注重拓宽人际关系。调研数据显示，月均收入低于6000元或高于16000元的人群比中间收入段人群更注重"提高职业技能水平和就业竞争能力"，月均8000~15999元中高收入群体更注重"提升生活品质和幸福感"，月均16000~19999元高收入人群更注重"拓宽人际关系，认识更多的人"，月均10000~19999元中高收入人群更注重"陶冶情操，培养兴趣，增强生活乐趣"。

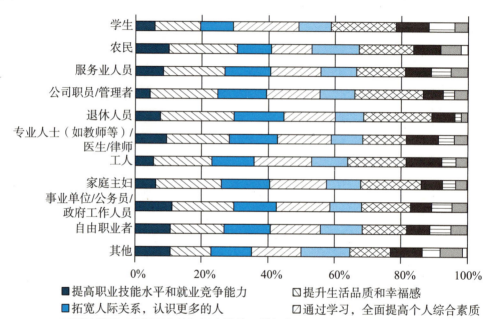

图3-14 不同职业市民参与社区教育的目的差异

提高职业技能水平和就业竞争能力　　□提升生活品质和幸福感
拓宽人际关系，认识更多的人　　□通过学习，全面提高个人综合素质
通过学习，掌握更多的知识和技能，增加收入
陶冶情操，培养兴趣，增强生活乐趣
教师水平高，课程内容丰富有趣，课程安排合理
□对孩子教育有帮助　　□有助于解决生活中的困难　　□其他

图 3-15　不同月收入市民参与社区教育的目的差异

二、付费意愿

市民付费参与社区教育的意愿有待提升，且绝大多数愿意支付的费用每年低于3000元。调研数据显示，27.86％的被访市民表示愿意付费来上课，其中92.91％的市民表示愿意花3000元以下费用培训，6.36％的市民表示愿意花3000~5000元，而愿意花5000元以上的占比仅为0.73％。

60岁以上老年人付费意愿最高。调研数据显示，60岁以上老年人的付费意愿最明显，其次是18~35岁的年轻人。36~60岁年龄段的人群里大多上有老下有小，生活和工作压力普遍比较大，所以付费学习的意愿最低。18岁以下群体多为青少年，无收入来源，付费意愿也不高。具体见图3-16。

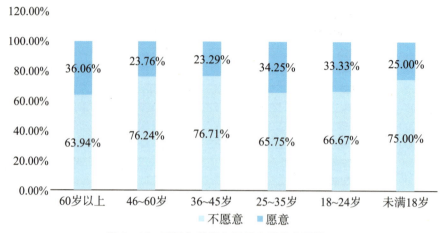

图 3-16 不同年龄段市民愿意付费上课情况

城镇居民比农村居民付费意愿高。调研数据显示，城镇居民相比农村居民更愿意付费培训，其中 29.98% 的城镇居民愿意付费培训，21.66% 的农村居民愿意付费培训。具体见图 3-17。

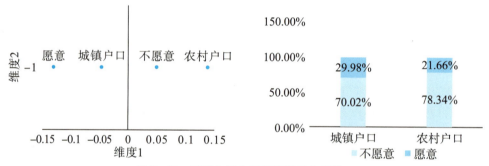

图 3-17 不同户籍市民愿意付费上课情况

学历越高越愿意付费培训。高中、大专、本科学历的被访市民更愿意付费来培训，初中及以下学历偏向于不愿意付费，愿意付费占比仅为 15.26%。（硕士研究生样本量少，不足有代表性，不予以分析。）具体见图 3-18。

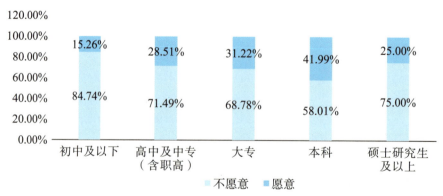

图 3-18 不同学历市民愿意付费上课情况

不同职业付费上课意愿差异明显。调研数据显示，学生、专业人士（如教师/医生/

律师等）愿意付费来上课占比较高，而农民、家庭主妇、退休人员、服务业人员、工人等绝大部分都不愿意付费上课。具体见图 3-19。

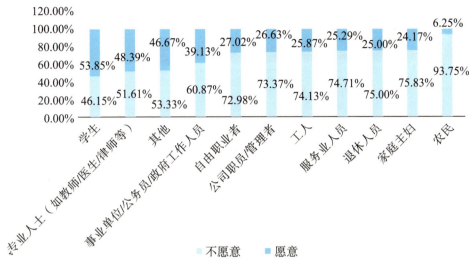

图 3-19　不同职业市民愿意付费上课情况

三、付费课程

人文艺术类是最愿意付费培训的课程。在愿意付费的市民中，近七成愿意付费上人文艺术类课程，25% 以上愿意付费上养生保健类、生活休闲类和职业技能类课程。具体见图 3-20。

图 3-20　愿意付费上课程类型情况

不同性别、年龄市民愿意付费课程呈现差异化。男性更愿意付费上职业技能类、体育类、学历教育类课程，女性更愿意付费上人文艺术类、养生保健类课程。18~24 岁年轻群体更愿意付费上职业技能类课程，不太愿意付费上养生保健类课程；60 岁以上老年人更愿意付费上人文艺术类课程（未满 18 岁样本代表性不足，不予以分析）。具体见图 3-21 和图 3-22。

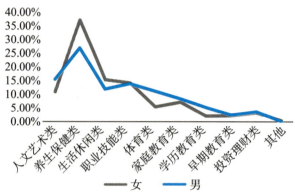

图3-21　不同性别市民愿意选择付费的课程类型

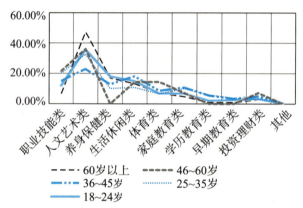

图3-22　不同年龄段市民愿意选择付费的课程类型

城镇和农村居民愿意付费课程类型有差异。城镇居民更愿意付费上人文艺术类、养生保健类课程，农村居民更愿意付费上职业技能类培训、家庭教育类课程。具体见图3-23。

不同学历人群愿意付费上课程类别没有明显差异（硕士研究生及以上学历样本代表性不足，不予以分析）。具体见图3-24。

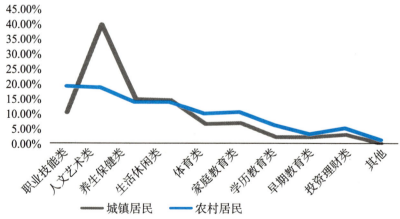

图3-23　不同户籍市民愿意选择付费的课程类型

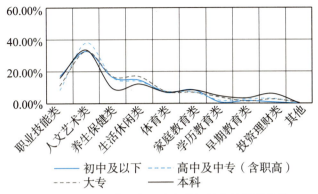

图 3—24 不同学历市民愿意选择付费的课程类型

第三节 市民学习需求

通过市民问卷调查，多维度分析不同特征市民喜欢的课程内容、希望增加的课程内容、喜欢的授课方式及宣传方式等，全面掌握市民的学习需求，提供更有针对性的社区教育学习服务。

一、课程内容

市民喜欢的课程内容广泛，不同特征群体喜欢课程内容略有差异。整体上看，被访市民 74.39％喜欢人文艺术类课程，超 35％以上喜欢生活休闲类和养生保健类课程。

从性别看，男女均最喜欢人文艺术类课程，其中女性更为突出，而男性相比女性选择职业技能类和体育类课程占比较高。

从户籍看，城镇和农村均以人文艺术类课程为主，其中城镇更为突出，农村相比城镇选择职业技能类课程占比较高。随着年龄增长，越偏爱人文艺术类课程，60 岁以上老年群体更为凸显，选择家庭教育课程以未满 18 岁及 25~45 岁人群居多，18~24 岁群体相比其他群体选择学历教育、早期教育、投资理财类课程占比较高。

学历越低，选择人文艺术类课程占比越高，学历越高，选择职业技能类课程占比越高（硕士及以上学历样本代表性不足，不予以分析）；家庭主妇、退休人员和农民相比其他职业选择人文艺术类课程占比较高。

不同特征的市民喜欢的课程类型见图 3—25。

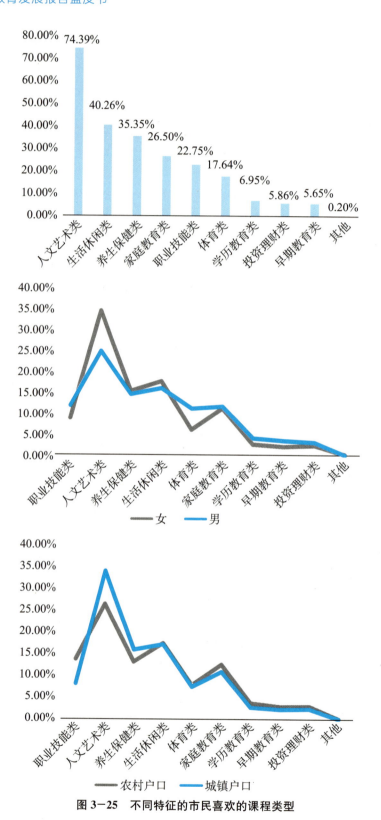

图 3-25　不同特征的市民喜欢的课程类型

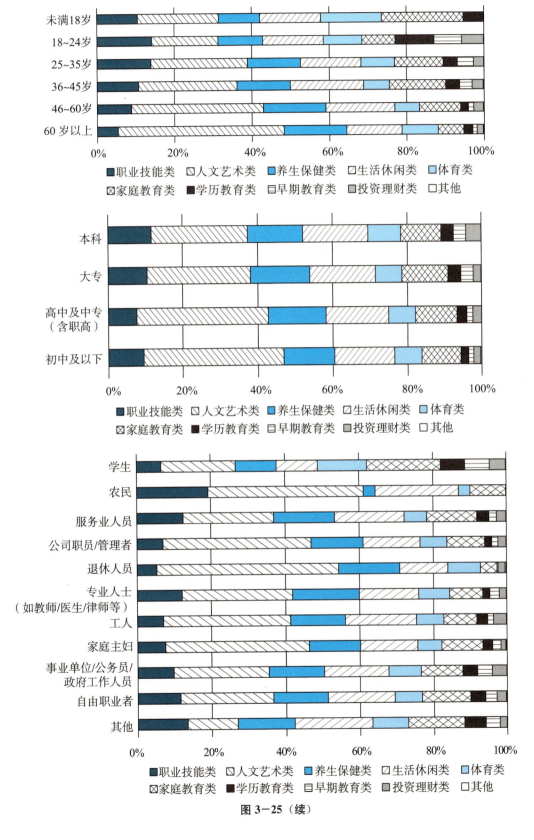

图 3—25（续）

　　根据市民在问卷中"您希望今后增加的课程是什么?"一题的反馈,课题组制作了一份关于社区教育中希望增加的课程词云图(见图3-26),直观地展示了市民对于社区教育课程的需求和期望。词云图中,词语的大小和颜色代表了不同课程被提及的频率和重要性。较大的词语表示更多市民希望增加的课程类别,其中"舞蹈""瑜伽""插花"等人文艺术类课程、"太极""乒乓球""羽毛球"等体育类课程都是市民普遍希望增加的课程。

图3-26　市民希望增加的课程内容

二、授课方式

　　课堂讲授、讲座培训、主题活动为主要培训形式。整体上看,被访市民一半以上喜欢课堂讲授、讲座培训和主题活动形式。从性别看,女性更偏向于课堂讲授,男性更偏向于主题活动。从户籍看,城镇和农村居民都普遍喜欢课堂讲授方式。18~24岁年轻群体喜欢网络学习方式,不太喜欢课堂讲授方式;25~45岁青中年人群更偏向于讲座培训;25岁以下群体,年龄越小越喜欢主题活动和竞技比赛;除未满18岁青少年外,年龄越大越偏好课堂讲授。具体见图3-27。

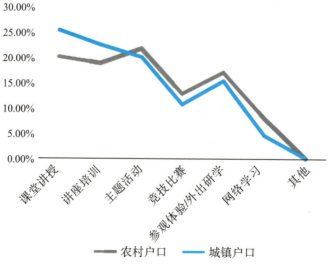

图3-27　不同特征的市民喜欢的授课方式

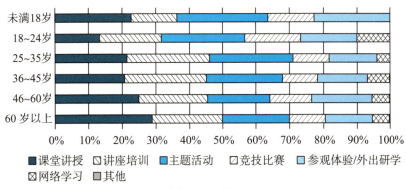

图 3-27（续）

三、宣传方式

社区教育官方网站为主流宣传方式。整体上看，68.53%的被访市民喜欢通过社区教育相关官方网站（含微信、公众号、微博等）了解社区教育活动情况，其次是社区公告栏和LED屏等方式。18~24岁年轻群体喜欢电视宣传方式，25~45岁中青年群体更多的是通过海报来了解社区教育相关信息。具体见图3-28。

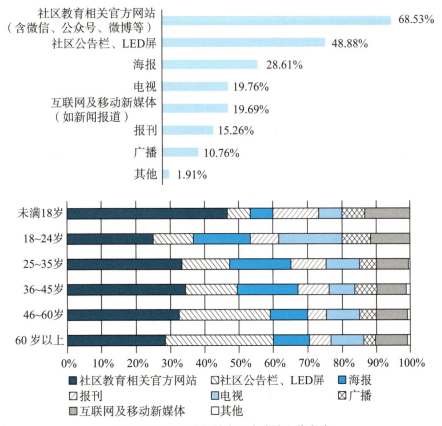

图 3-28 不同特征的市民喜欢的宣传方式

四、新型趋势

（一）夜校成为市民学习的新去处

据调研了解，近年来，成都市"夜校"逐步成为热点，吸引众多市民关注。例如，青羊区社区教育利用多年积累的公益课优势，与"夜校"课程相结合，延展涵盖领域，包括文化素养、职业技能、健康生活、家庭教育等，市民可以根据自己的兴趣和需求选择课程。四川天府新区华阳街道龙河社区青年夜校，以其普惠性、高品质的课程赢得了市民们的广泛关注。龙河社区通过整合社会、社区资源，利用公共空间，为辖区青年提供"家门口"的学习平台，激发青年群体积极向上的生活热情与蓬勃向上的精神风貌。锦江市民夜校在多个街道社区"遍地开花"，如三圣街道"星光夜校"以喜树路社区综合体为依托，设立市民夜校教学点，按需开设了器乐、舞蹈、手工体验、绘画等常规课程，并针对年轻人需求，增加收纳整理、美妆、八段锦、经络瑜伽等特色课程。此外，通过夜校学习和培训还成功培育了一批有专业技能的年轻人服务于社区和院落，累计促进 50 余人自主创业或再就业。例如，东湖街道翡翠城社区开设有"夜充电客厅"；春熙路街道开办"春熙青年夜校"，推出文化艺术类、职业发展类、社会融入类等特色课程，深受市民喜爱。

（二）新业态从业群体实现"心"归属

随着新兴产业蓬勃兴起，依托互联网平台就业的货车司机、网约车司机、快递员、外卖配送员等新就业形态劳动者（简称新业态群体）近些年大幅增加。新业态群体因劳动关系的特殊性和劳动者法律认定的复杂性，在身心健康保障、权益维护等方面面临诸多障碍。实地调研中发现，成都市部分社区为新业态群体提供暖心驿站服务，如彭州市天彭街道西海社区为货车司机、网约车司机、快递员、外卖配送员等在内的新业态群体提供服务驿站，驿站内提供了休息充电、饮水热饭设备、书籍报刊、急救药箱等配套服务设施。此外，部分社区组织辖区内快递小哥、外卖员等新业态群体认真开展理论学习，让新业态群体能够紧紧聚集在党组织的周围，提升城市归属感和职业认同感，激发干事创业热情。

（三）聚焦青年群体成为新趋势

据调研了解，成都市多个区（市）县聚焦青年群体的实际需求，积极链接社会资源，不断丰富课程内容，推出更多接地气、有深度的青年课程，提高青年参与社区治理的能力，不断提升市民群众的获得感、幸福感、安全感。

1. 呈现的基本特征

从青年群体（18~35 岁）样本分析看，被访青年群体以大专和本科为主，其职业以自由职业者为主；从家庭月收入看，中心城区青年群体以 2000~3999 元居多，郊区新城青年群体高、中、低水平均相差不太明显；自由职业者普遍家庭收入月收入偏低，

4000 元以下占比较高。具体见表 3-3 至表 3-5。

表 3-3 青年群体受教育程度与职业关系表（单位：%）

学历＼职业	自由职业者	事业单位/公务员/政府工作人员	工人	服务业人员	专业人士（如教师/医生/律师等）	公司职员/管理者	家庭主妇	学生	其他
初中及以下	0.99	0.00	0.50	0.99	0.50	0.00	1.49	0.00	0.00
高中及中专（含职高）	6.44	0.00	1.98	4.46	0.00	1.49	1.98	1.49	0.00
大专	14.36	1.49	0.00	3.96	4.95	10.40	2.97	1.49	0.50
本科	12.38	6.93	2.97	4.95	0.99	4.46	1.49	0.00	2.48
硕士研究生及以上	0.99	0.00	0.00	0.00	0.00	0.00	0.00	0.00	0.00

表 3-4 青年群体家庭月收入与职业关系表（单位：%）

职业＼收入	2000 元以下	2000～3999 元	4000～5999 元	6000～7999 元	8000～9999 元	10000～11999 元	12000～13999 元	14000～15999 元	16000～17999 元	20000 元及以上
服务业人员	2.48	4.95	1.98	2.48	1.49	0.50	0.00	0.00	0.00	0.50
家庭主妇	1.98	0.99	0.50	1.49	0.50	1.49	0.00	0.50	0.50	0.00
自由职业者	4.95	10.89	6.93	3.96	5.45	1.98	0.00	0.00	0.00	0.99
专业人士	0.99	1.98	1.49	0.50	0.00	0.99	0.50	0.00	0.00	0.00
公司职员/管理者	0.50	1.49	0.99	1.49	4.46	3.96	3.47	0.00	0.00	0.00
学生	0.99	0.99	0.00	0.99	0.00	0.00	0.00	0.00	0.00	0.00
工人	1.49	0.50	1.49	0.00	0.99	0.99	0.00	0.00	0.00	0.00
事业单位/公务员	0.99	1.98	1.49	0.50	2.48	0.00	0.00	0.00	0.00	0.99
其他	0.50	0.99	0.50	0.99	0.00	0.00	0.00	0.00	0.00	0.00

表 3-5 青年群体家庭月收入与区域关系表（单位：%）

区域＼收入	2000 元以下	2000～3999 元	4000～5999 元	6000～7999 元	8000～9999 元	10000～11999 元	12000～13999 元	14000～15999 元	16000～17999 元	20000 元及以上
主城区	2.48	3.96	3.47	0.50	0.99	1.49	0.50	0.00	0.00	0.00
中心城区	3.96	13.86	8.42	5.45	4.95	1.98	0.50	0.00	0.00	1.98
郊区新城	8.42	6.93	3.47	6.44	9.41	6.44	2.97	0.50	0.50	0.50

2. 知晓途径

调研数据显示，青年群体通过村、社区教育工作站途径知晓社区教育活动占比最高，达 77.23%，其次是通过街道、镇社区教育学校途径，再次是网络（电脑/手机）途径。具体见图 3-29。

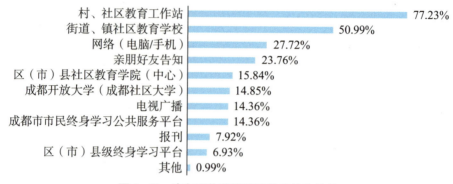

图 3-29　青年群体获取社区教育信息途径

3. 参与因素

对于青年群体参与社区教育的主要因素，一半以上为"提升生活品质和幸福感""拓宽人际关系，认识更多的人""通过学习，全面提高个人综合素质"。值得注意的是，40.10% 的青年群体参与社区教育的因素是提高职业技能水平和就业竞争能力。具体见图 3-30。

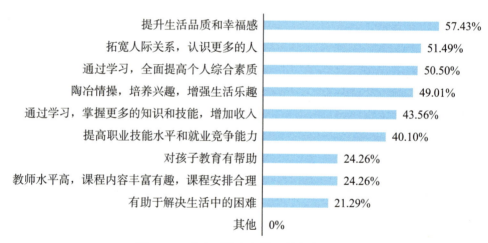

图 3-30　青年群体参与社区教育主要因素

4. 学习需求特征

从区域看，各区域青年群体喜欢的课程均以人文艺术类为主，其中郊区新城青年群体较少选择养生保健类，反而对家庭教育类课程需求更高。此外，不同区域的青年群体均对职业技能类课程有较高的需求。具体见图 3-31。

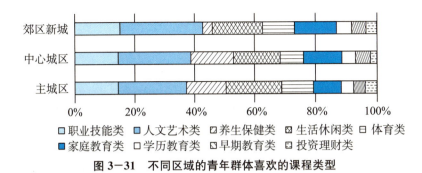

图 3-31　不同区域的青年群体喜欢的课程类型

　　从受教育程度看，初中以下青年群体对人文艺术类课程选择比例偏小，且几乎不会选择家庭教育类课程，反而更偏向于体育类课程；高中及中专（含职高）以上学历（不含硕士研究生及以上）青年群体除喜欢选择人文艺术类课程外，还比较重视家庭教育类课程（硕士研究生及以上学历样本代表性不足，不予以分析）。具体见图 3-32。

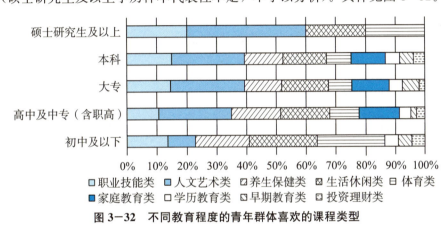

图 3-32　不同教育程度的青年群体喜欢的课程类型

　　从家庭月收入看，不同收入青年群体均选择人文艺术类课程为主，低收入和高收入青年群体更倾向于职业技能类课程，不同收入的青年群体均对家庭教育类课程有较高需求，尤其是 6000～7999 元的青年群体（14000～17999 元样本代表性不足，不予以分析）。具体见图 3-33。

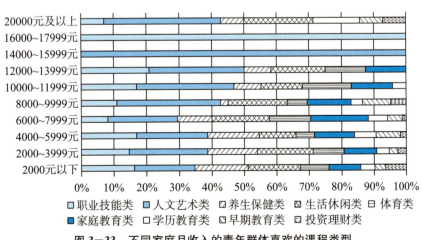

图 3-33　不同家庭月收入的青年群体喜欢的课程类型

从职业类型看，家庭主妇、公司职员/管理者对人文艺术类课程需求相对较高，专业人士、服务业人员对职业技能类课程需求相对较高，学生、家庭主妇对家庭教育类课程需求相对较高。具体见图3-34。

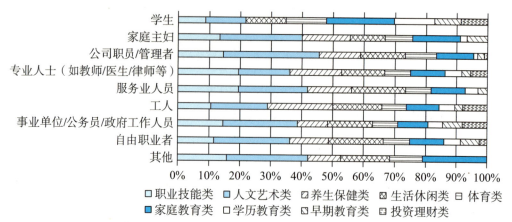

图3-34 不同职业类型的青年群体喜欢的课程类型

5. 不同特征评价差异性

针对青年群体不同职业分组，通过进行 Kruskal-Wallis 检验分析，对于"活到老、学到老"的终身学习理念认同情况，不同职业存在显著性差异（$P=0.003<0.05$）；对于"社区教育组织机构满意度""社区教育学习场地满意度""社区教育学习资源充足度""社区教育课程内容满意度""社区教育师资满意度""社区教育活动宣传满意度"6个维度满意度看，除"社区教育活动宣传满意度"外，不同职业的青年群体对其他5个满意度指标具有显著性影响。具体见表3-6。

表3-6 不同职业的青年群体评价影响情况

分析项	政府对社区教育发展的重视程度	对您学习和工作有无帮助	认同"活到老、学到老"的终身学习理念	组织机构的总体满意度	学习场地的总体满意度	学习资源的充足度评价	课程内容的总体满意度	教育师资的总体满意度	活动宣传的总体满意度
P 值	0.254	0.167	0.003***	0.062*	0.010**	0.004***	0.022**	0.006***	0.246

注："***""**""*"分别代表1%、5%、10%的显著性水平，下同。

针对青年群体不同户籍分组，通过进行 Kruskal-Wallis 检验分析，对于"社区教育服务对您学习和工作有没有帮助"，不同户籍存在显著性差异（$P=0.043<0.05$）；对于"社区教育组织机构满意度""社区教育学习场地满意度""社区教育学习资源充足度""社区教育课程内容满意度""社区教育师资情况满意度""社区教育宣传情况满意度"6个维度满意度看，除"社区教育师资情况满意度"外，不同户籍的青年群体对其他5个满意度指标具有显著性影响。具体见表3-7。

表3-7 不同户籍的青年群体评价影响情况

分析项	政府对社区教育发展的重视程度	对您学习和工作有无帮助	认同"活到老、学到老"的终身学习理念	组织机构的总体满意度	学习场地的总体满意度	学习资源的充足度评价	课程内容的总体满意度	教育师资的总体满意度	活动宣传的总体满意度
P 值	0.859	0.043**	0.472	0.090*	0.049**	0.038**	0.010**	0.111	0.053*

针对青年群体不同教育分组，通过进行 Kruskal-Wallis 检验分析，对于"社区教育服务对您学习和工作有没有帮助"，不同教育程度存在显著性差异（$P=0.030<0.05$）；不同教育程度的青年群体对"社区教育组织机构满意度""社区教育学习场地满意度""社区教育学习资源充足度""社区教育师资满意度"4 个维度满意度指标具有显著性影响。具体见表3-8。

表3-8 不同教育程度的青年群体评价影响情况

分析项	政府对社区教育发展的重视程度	对您学习和工作有无帮助	认同"活到老、学到老"的终身学习理念	组织机构的总体满意度	学习场地的总体满意度	学习资源的充足度评价	课程内容的总体满意度	教育师资的总体满意度	活动宣传的总体满意度
P 值	0.137	0.030**	0.71	0.003***	0.001***	0.062*	0.199	0.003***	0.107

针对青年群体不同家庭月收入分组，通过进行 Kruskal-Wallis 检验分析，对于"社区教育服务对您学习和工作有没有帮助"，不同收入存在显著性差异（$P=0.043<0.05$）；不同家庭月收入的青年群体对"社区教育学习场地满意度""社区教育学习资源充足度""社区教育活动宣传满意度"3 个维度满意度指标具有显著性影响。具体见表3-9。

表3-9 不同家庭月收入的青年群体评价影响情况

分析项	政府对社区教育发展的重视程度	对您学习和工作有无帮助	认同"活到老、学到老"的终身学习理念	组织机构的总体满意度	学习场地的总体满意度	学习资源的充足度评价	课程内容的总体满意度	教育师资的总体满意度	活动宣传的总体满意度
P 值	0.555	0.043**	0.093*	0.1	0.048**	0.047**	0.11	0.143	0.032**

针对青年群体不同区域分组，通过进行 Kruskal-Wallis 检验分析，对于"当地政府对社区教育发展的重视程度"，不同区域青年群体存在显著性差异（$P=0.016<0.05$）；不同区域的青年群体对"社区教育组织机构满意度""社区教育学习场地满意度""社区教育学习资源充足度""社区教育课程内容满意度""社区教育师资满意度""社区教育活动宣传满意度"6 个维度满意度指标均具有显著性影响。具体见表3-10。

表3-10 不同区域的青年群体评价影响情况

分析项	政府对社区教育发展的重视程度	对您学习和工作有无帮助	认同"活到老、学到老"的终身学习理念	组织机构的总体满意度	学习场地的总体满意度	学习资源的充足度评价	课程内容的总体满意度	教育师资的总体满意度	活动宣传的总体满意度
P 值	0.016**	0.419	0.164	0.000***	0.001***	0.001***	0.008***	0.001***	0.007***

第四节　市民满意度评价及影响因素分析

通过市民满意度评价，了解市民对社区教育"社区教育组织机构满意度""社区教育学习场地满意度""社区教育学习资源充足度""社区教育课程内容满意度""社区教育师资满意度""社区教育活动宣传满意度"等方面满意度评价，并挖掘不满意的原因；同时通过多元回归分析、结构方程模型等方法分析影响社区教育满意度的因素，提出在社区教育工作中应关注的重点方向。

一、市民满意度评价综述

（一）问卷一致性检验

市民满意度评价从"社区教育组织机构满意度""社区教育学习场地满意度""社区教育学习资源充足度""社区教育课程内容满意度""社区教育师资满意度""社区教育活动宣传满意度"6个维度及其涉及的具体内容共32道满意度量表题目进行测评。同时通过问卷满意度信度分析，所有样本均通过了检验，其中模型的Cronbachs'α值为0.976，说明该问卷的信度非常好，见图3-35。

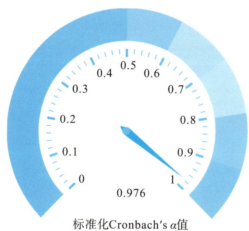

标准化Cronbach's α值

图3-35　市民问卷信度分析结果

（二）社区教育市民满意度总体得分

采用满意度评分计算方法，对通过市民问卷调查得出的成都市民对社区教育的组织机构、课程内容、学习场地等方面的满意度得分进行计算，见图3-36。从总体情况来看，成都市社区教育整体满意度得分为86.00分。其中，对社区教育组织机构的满意度最高，达到87.51分，显示了市民对于教育管理和运作机制的较高认可。除学习资源充足度评价外，其他各方面的满意度也普遍在85分以上，显示了成都市民对课程内容、学习场地、活动宣传、教育师资的整体满意度较高。尽管学习资源充足度的分数稍低于其他方面，但整体仍然保持在较高水平。这些数据反映了成都市在社区教育方面取得的一定成绩，并且为未来改进和提升社区教育质量提供了有价值的参考依据。

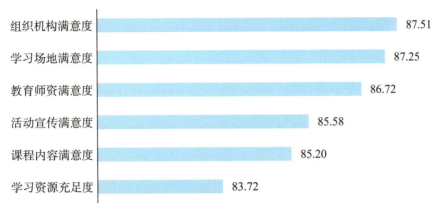

图3-36　社区教育市民满意度情况

　　从居民户籍性质来看，城镇和农村居民在组织机构、课程内容、教育宣传三方面满意度得分比较相近。城镇居民对学习资源的充足度满意度显著高于农村居民。这可能反映了农村地区在教育资源分配上的劣势，需要特别关注和改进。而农村在学习场地和师资满意度上略高。具体见图3-37。

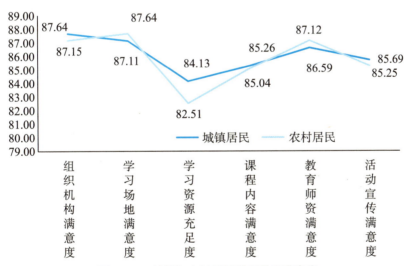

图3-37　城镇和农村居民社区教育满意度

（三）社区教育市民满意度分析

1. 社区教育组织机构满意度

　　调查显示，成都市民对所在地区社区教育组织机构的总体满意度得分为87.51分。具体见图3-38。

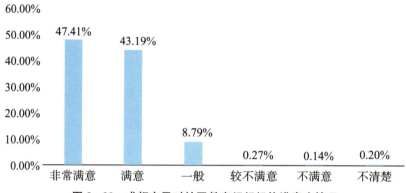

图 3-38　成都市民对社区教育组织机构满意度情况

分区域来看，中心城区市民对社区教育组织机构满意度最高，郊区新城市民满意度相对较低。具体见图 3-39。按年龄结构来看，未成年市民和老年市民满意度相对较高，中青年市民满意度相对较低，可能由于目前社区教育对象主要是退休老人、居家宝妈等群体，工作群体的社区教育获得感较少。具体见图 3-40。

图 3-39　社会教育组织机构
分区域满意度情况

图 3-40　社会教育组织机构
分年龄满意度情况

具体来看，成都市民对社区教育组织机构（工作站）管理服务人员工作态度、工作热情情况的满意度最高，教育活动丰富度满意度较低，部分市民认为活动形式较为单一、不够新颖，且活动与自身情况适配较低。同时，个别市民反映收费标准不够透明，需要加强宣传。具体见图 3-41。

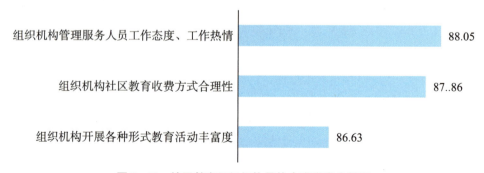

图 3-41　社区教育组织机构具体内容满意度情况

2. 社区教育学习场地满意度

调查显示，成都市民对所在地区社区开展社区教育学习场地的总体满意度得分为87.25分。具体见图3—42。

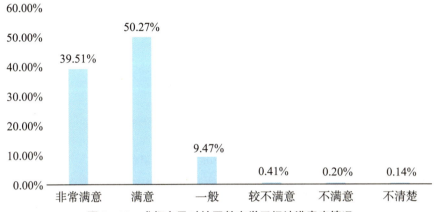

图3—42　成都市民对社区教育学习场地满意度情况

分区域来看，中心城区市民对社区教育组织机构满意度最高，郊区新城市民满意度相对较低。具体见图3—43。按年龄结构来看，年轻市民和60岁以上老年满意度较高，36~60岁中年市民满意度较低。具体见图3—44。

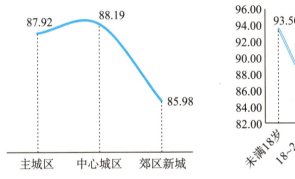

图3—43　社区教育学习场地
分区域满意度情况

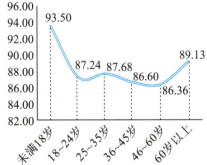

图3—44　社区教育学习场地
分年龄满意度情况

具体来看，成都市民对学习氛围和学习设施满意度相对较低，部分市民反馈学习场地设施不足、设备陈旧，课堂纪律较差。授课教师多为社区达人，课堂管理经验不足可能是课堂纪律差的主要原因。此外，还有部分市民提出场地偏远、停车困难、公共交通难以到达等问题。具体见图3—45。

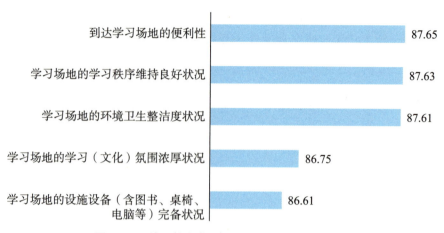

图3-45　社区教育学习场地具体内容满意度情况

3. 社区教育学习资源充足度

调查显示，成都市民对所在地区开展社区教育学习资源充足度的评价得分为83.72分。具体见图3-46。

分区域来看，郊区新城学习资源相较中心城区和主城区明显不足。具体见图3-47。按年龄结构来看，25～60岁中青年市民满意度较低，可能受课程开设情况影响，相对应的学习资源较少，市民对健身器材、书画用具、电脑、摄影设备等方面资源需求较高。具体见图3-48。

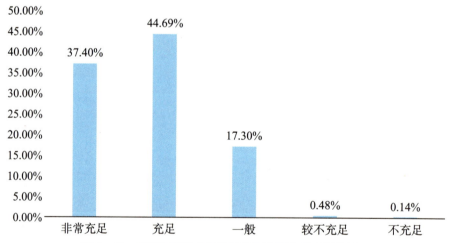

图3-46　成都市民对社区教育学习资源充足度评价情况

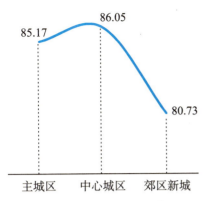

图3-47 社区教育学习资源
分区域满意度情况

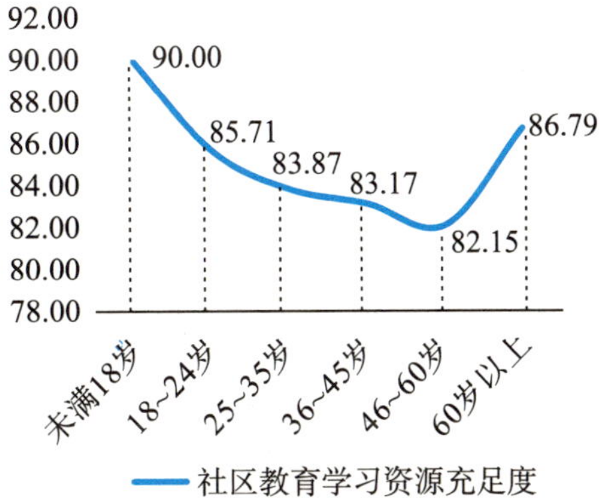

图3-48 社区教育学习资源
分年龄满意度情况

4. 社区教育课程内容满意度

调查显示，成都市民对所在地区社区开展社区教育课程内容的总体满意度得分为85.20分。具体见图3-49。

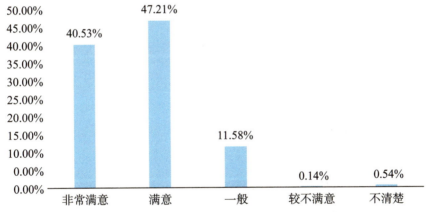

图3-49 成都市民对社区教育课程内容满意度情况

分区域来看，受城市资源分配影响，中心城区课程资源更为丰富，满意度更高。具体见图3-50。按年龄结构来看，课程内容满意度随年龄的增长逐步下降，46~60岁满意度最低，为83.83分。但在60岁以上市民的满意度出现转折，增至87.24分。具体见图3-51。

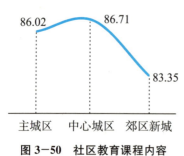

图3-50 社区教育课程内容
分区域满意度情况

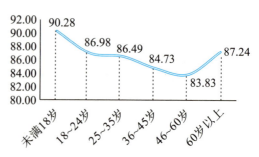

图3-51 社区教育课程内容
分年龄满意度情况

具体来看，成都市民对课程内容实用性满意度最高，但课程内容门类还不够丰富，没有及时征集市民需求，部分市民反馈课程内容老旧、更新不及时，希望根据学员情况分班授课，区分课程难易度，课程呈现方式较为单一，为满足普及性导致课程内容针对性不强，过于理论化，课程开展频次较少，没有形成常态化课程，需求征集未落到实处，征集时间分隔较长。具体见图3-52。

图3-52 社区教育课程内容具体内容满意度

5. 社区教育师资满意度

调查显示，成都市民对所在地区社区教育师资的总体满意度得分为86.72分。具体见图3-53。

分区域来看，中心城区市民对教育师资满意度最高，郊区新城市民满意度相对较低。具体见图3-54。按年龄结构来看，36~45岁市民对教育师资满意度最低，青少年和老年市民满意度较高。具体见图3-55。

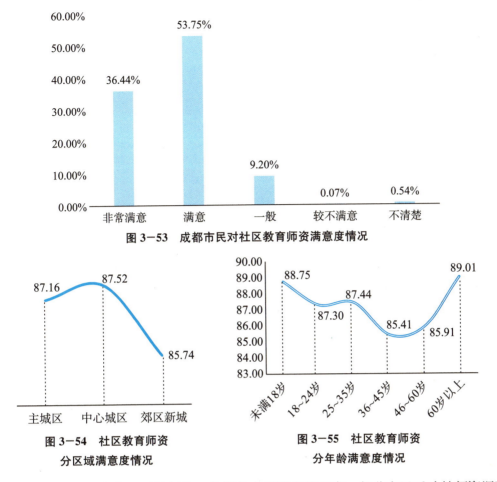

图 3-53 成都市民对社区教育师资满意度情况

图 3-54 社区教育师资
分区域满意度情况

图 3-55 社区教育师资
分年龄满意度情况

　　具体来看，成都市民对教师的工作服务态度满意度最高，部分市民反映教师资源配备不均，且数量较少，教师专业水平相差较大，授课形式较为单一，师生互动较少。具体见图 3-56。

图 3-56 社区教育师资具体内容满意度情况

6. 社区教育活动宣传满意度

调查显示，成都市对所在地区社区教育活动宣传的总体满意度得分为 85.58 分。具体见图 3-57。

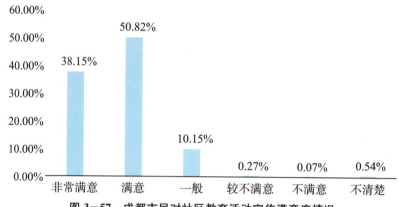

图 3-57　成都市民对社区教育活动宣传满意度情况

分区域来看，中心城区和主城区社区教育活动宣传满意度较高，可能受市民结构影响，郊区新城部分农村居民收取手机、电脑等媒体信息较为困难。具体见图 3-58。按年龄结构来看，40～46 岁市民对社区教育活动宣传满意度最低，青年和老年市民满意度较高。具体见图 3-59。

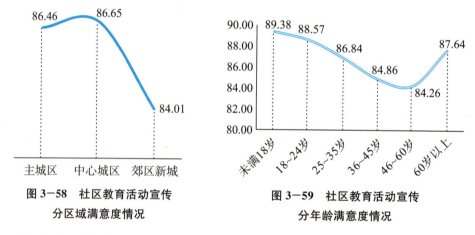

图 3-58　社区教育活动宣传
分区域满意度情况

图 3-59　社区教育活动宣传
分年龄满意度情况

具体来看，成都市民对活动宣传满意度最高，社区教育网站建设相对较早，资源齐全，是最受市民喜爱宣传方式，报刊、广播等老牌媒体接受度相对较低，微信公众号、微信群是一些市民获取信息的主要方式。除列举的几种新媒体宣传方式外，部分市民通过朋友告知得知社区教育相关信息。具体见图 3-60 和图 3-61。

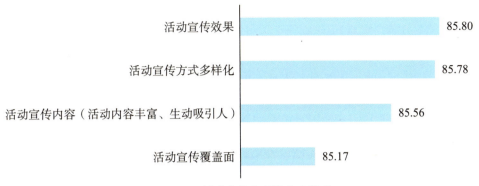

图 3-60　活动宣传各项满意度情况

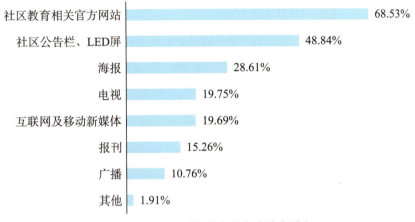

图 3-61　市民对各类宣传方式的喜爱度

二、多元回归模型因素分析

(一) 模型研究理论

社会经济现象的变化往往受到多个因素的影响，因此，一般要进行多元回归分析，我们把包括两个或两个以上自变量的回归称为多元线性回归。

多元线性回归模型一般表达式如下：

$$Y = \beta_0 + \beta_1 X_1 + \beta_2 X_2 + \cdots + \beta_k X_k + \mu \tag{3.1}$$

式中，Y 为因变量，X 为自变量，上式中共有 k 个自变量和一个常数项。如果自变量经过标准化处理，则上式没有常数项。换句话说，Y 的期望值与自变量的函数关系如下：

$$E(Y) = \beta_0 + \beta_1 X_1 + \beta_2 X_2 + \cdots + \beta_k X_k \tag{3.2}$$

式 (3.2) 也被称为多元总体线性回归方程。

如果有 n 组观测数据，则可以采用如下方程组形式表示：

$$Y_i, X_{1i}, X_{2i}, \cdots, X_{ki} (i = 1, 2, \cdots, n) \tag{3.3}$$

多元线性回归方程组：

$$\begin{cases} Y_1 = \beta_0 + \beta_1 X_{11} + \beta_2 X_{21} + \cdots + \beta_k X_{k1} + \mu_1 \\ Y_2 = \beta_0 + \beta_1 X_{12} + \beta_2 X_{22} + \cdots + \beta_k X_{k2} + \mu_2 \\ \qquad\qquad\qquad\quad \vdots \\ Y_n = \beta_0 + \beta_1 X_{1n} + \beta_2 X_{2n} + \cdots + \beta_k X_{kn} + \mu_n \end{cases}$$

其矩阵形式为：

$$\begin{bmatrix} Y_1 \\ Y_2 \\ \vdots \\ Y_n \end{bmatrix} = \begin{bmatrix} 1 & X_{11} & X_{21} & \cdots & X_{k1} \\ 1 & X_{12} & X_{22} & \cdots & X_{k2} \\ \vdots & \vdots & \vdots & \vdots & \vdots \\ 1 & X_{1n} & X_{2n} & \cdots & X_{kn} \end{bmatrix} \begin{bmatrix} \beta_0 \\ \beta_1 \\ \beta_2 \\ \vdots \\ Y_n \end{bmatrix} + \begin{bmatrix} \mu_1 \\ \mu_2 \\ \vdots \\ \mu_n \end{bmatrix}$$

简化矩阵形式如下：

$$\boldsymbol{Y} = \boldsymbol{X}\boldsymbol{\beta} + \boldsymbol{\mu} \tag{3.4}$$

多元线性回归方程有 $k+1$ 个待估计的系数，利用一组观测值可以对它们进行估计，常用的参数估计方法是最小二乘法。普通最小二乘法通过最小化误差的平方和寻找最佳函数，常用矩阵运算求解系数矩阵，其计算公式如下：

$$\hat{\boldsymbol{\beta}} = (\boldsymbol{X}^{\mathrm{T}}\boldsymbol{X})^{-1}\boldsymbol{X}^{\mathrm{T}}\boldsymbol{y} = \left(\sum \boldsymbol{x}_i \boldsymbol{x}_i^{\mathrm{T}}\right)^{-1} \left(\sum \boldsymbol{x}_i \boldsymbol{y}_i\right) \tag{3.5}$$

假设利用上式计算得到了估计的系数矩阵 $\boldsymbol{\beta}$，则可以进一步计算样本拟合值或回归值。

其中，$\boldsymbol{Y}$ 的某个分量的拟合函数为：

$$\hat{Y}_i = \hat{\beta}_0 + \hat{\beta}_1 X_{1i} + \hat{\beta}_2 X_{2i} + \cdots + \hat{\beta}_k X_{kn} \tag{3.6}$$

（二）多元回归分析影响因素

1. 社区教育组织机构满意度影响因素分析

根据回归分析[①]可知，社区教育组织机构总体满意度 $y = 17.777 + 0.284 \times$ 组织机构开展各种形式教育活动丰富度 $+ 0.353 \times$ 组织机构管理服务人员工作态度、工作热情 $+ 0.162 \times$ 组织机构社区教育收费方式合理性。由此说明，组织机构管理服务人员工作态度、工作热情情况对社区教育组织机构总体满意度影响最大，在社区教育组织工作中，要注重服务人员工作态度。具体见表 3—11 和图 3—62 及图 3—63。

---

① 本部分研究缺失值进行删除处理。

表 3-11　社区教育组织机构满意度影响因素分析

影响因素	非标准化系数		标准化系数	t	P	VIF	F
	B	标准误差	Beta				
常数	17.777	2.146	—	8.282	0.000***	—	
组织机构开展各种形式教育活动丰富度	0.284	0.023	0.295	12.149	0.000***	1.497	
组织机构管理服务人员工作态度、工作热情	0.353	0.024	0.343	14.408	0.000***	1.440	F=367.605 P=0.000***
组织机构社区教育收费方式合理性	0.162	0.022	0.173	7.502	0.000***	1.345	
因变量：您对所在地区社区教育组织机构的总体满意度							

注："***""**""*"分别代表 1%、5%、10% 的显著性水平，下同。

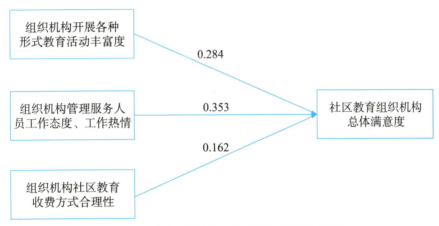

图 3-62　社区教育组织机构影响因素路径图

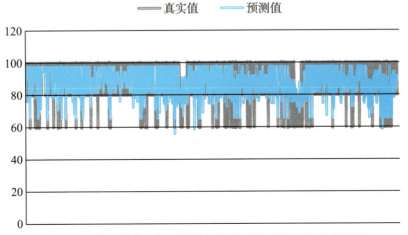

图 3-63　社区教育组织机构影响因素多元回归模型拟合效果图

2. 社区教育学习场地满意度影响因素

根据回归分析可知，社区教育学习场地总体满意度 $y=8.511+0.111×$到达学习场地的便利性$+0.167×$学习场地的设施设备（含图书、桌椅、电脑等）完备状况$+0.186×$学习场地的环境卫生整洁度状况$+0.243×$学习场地的学习秩序维持良好状况$+0.180×$学习场地的学习（文化）氛围浓厚状况。由此说明，学习秩序维护良好状况对学习场地总体满意度影响较大，其次是学习场地的环境卫生整洁度状况和学习场地的学习（文化）氛围浓厚状况。因此在社区教育学习场地建设中，要注重学习秩序维护、学习环境卫生整洁及学习氛围的营造。具体见表3-12和图3-64及图3-65。

表3-12 社区教育学习场地满意度影响因素分析

影响因素	非标准化系数		标准化系数	t	P	VIF	F
	B	标准误差	Beta				
常数	8.511	1.932	—	4.404	0.000***	—	
到达学习场地的便利性	0.111	0.023	0.116	4.759	0.000***	1.854	
学习场地的设施设备（含图书、桌椅、电脑等）完备状况	0.167	0.022	0.182	7.581	0.000***	1.775	
学习场地的环境卫生整洁度状况	0.186	0.025	0.182	7.379	0.000***	1.880	$F=330.115$ $P=0.000***$
学习场地的学习秩序维持良好状况	0.243	0.025	0.239	9.636	0.000***	1.896	
学习场地的学习（文化）氛围浓厚状况	0.180	0.025	0.186	7.273	0.000***	2.029	
因变量：您对所在地区社区教育学习场地的总体满意度							

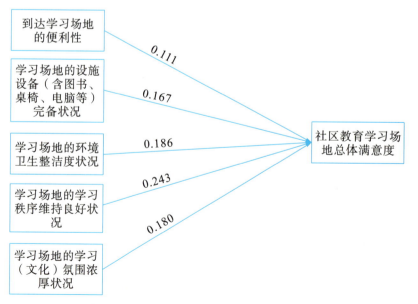

图3-64 社区教育学习场地影响因素路径图

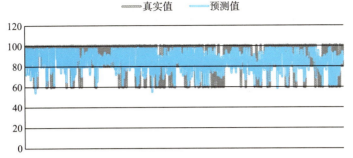

图 3-65　社区教育学习场地影响因素多元回归模型拟合效果图

3. 社区教育课程内容满意度影响因素分析

根据回归分析可知,社区教育课程内容总体满意度 $y=9.795+0.134\times$ 课程内容门类满足市民需求情况 $+0.195\times$ 课程内容新颖性 $+0.118\times$ 课程内容实用性 $+0.082\times$ 课程内容开展形式(如公益课堂、讲座培训、主题活动、竞技比赛、参观体验、网络学习等)丰富度 $+0.071\times$ 课程内容开展的常态性、常规性 $+0.132\times$ 课程内容时间安排合理性 $+0.162\times$ 课程内容学习需求征集的及时性。由此看出,课程内容新颖性、课程内容学习需求征集的及时性、课程内容门类满足市民需求情况对课程内容总体满意度影响较大,要加强社区教育课程内容特色、新颖度开发,提供满足群众需求的优质课程。具体见表 3-13 及表 3-14 和图 3-66 及图 3-67。

表 3-13　社区教育课程内容所有影响因素分析

影响因素	非标准化系数		标准化系数	t	P	VIF	F
	B	标准误差	Beta				
常数	9.286	1.781	—	5.213	0.000 ***	—	
课程内容门类满足市民需求情况	0.121	0.028	0.118	4.304	0.000 ***	2.557	
课程内容新颖性	0.188	0.026	0.199	7.27	0.000 ***	2.532	
课程内容难易程度	0.034	0.026	0.034	1.285	0.199	2.390	
课程内容实用性	0.114	0.026	0.115	4.432	0.000 ***	2.258	
课程内容呈现方式(如教材、读本、PPT、视频等)多样化	0.04	0.026	0.042	1.528	0.127	2.612	$F=216.567$ $P=0.000$ ***
课程内容开展形式(如公益课堂、讲座培训、主题活动、竞技比赛、参观体验、网络学习等)丰富度	0.072	0.026	0.075	2.755	0.006 ***	2.533	
课程内容开展的常态性、常规性	0.059	0.026	0.06	2.231	0.026 **	2.437	
课程内容时间安排合理性	0.119	0.027	0.119	4.451	0.000 ***	2.407	
课程内容学习需求征集的及时性	0.152	0.028	0.154	5.487	0.000 ***	2.671	
因变量:您对所在地区社区教育课程内容的总体满意度							

表 3-14　社区教育课程内容影响因素优化结果

影响因素	非标准化系数		标准化系数	t	P	VIF	F
	B	标准误差	Beta				
常数	9.795	1.769	—	5.539	0.000***	—	
课程内容门类满足市民需求情况	0.134	0.027	0.131	4.889	0.000***	2.427	
课程内容新颖性	0.195	0.025	0.206	7.667	0.000***	2.446	
课程内容实用性	0.118	0.025	0.119	4.643	0.000***	2.205	
课程内容开展形式（如公益课堂、讲座培训、主题活动、竞技比赛、参观体验、网络学习等）丰富度	0.082	0.026	0.087	3.219	0.001***	2.436	F=276.89 P=0.000***
课程内容开展的常态性、常规性	0.071	0.026	0.072	2.726	0.006***	2.356	
课程内容时间安排合理性	0.132	0.026	0.132	5.064	0.000***	2.282	
课程内容学习需求征集的及时性	0.162	0.028	0.164	5.88	0.000***	2.622	
因变量：您对所在地区社区教育课程内容的总体满意度							

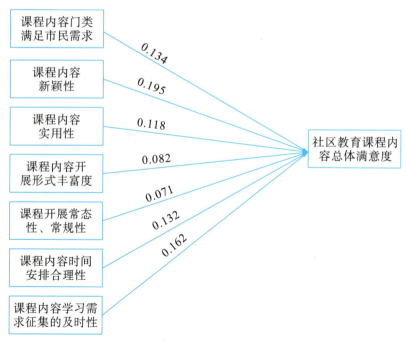

图 3-66　社区教育课程内容影响因素路径图

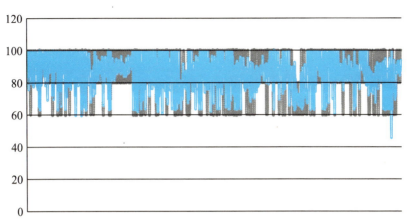

图 3－67　社区教育课程内容影响因素多元回归模型拟合效果图

4. 社区教育师资满意度影响因素分析

根据回归分析可知，社区教育师资总体满意度 $y=8.077+0.125\times$ 教师人员配备情况 $+0.155\times$ 教师的专业水平 $+0.140\times$ 教师的授课能力 $+0.169\times$ 教师的工作服务态度 $+0.190\times$ 教师的教学方式（如课堂讲授式、研讨式、参与式、体验式、指导式等）多样化 $+0.113\times$ 教师与学员的互动合理性。由此说明，教师的教学方式（如课堂讲授式、研讨式、参与式、体验式、指导式等）多样化、教师的工作服务态度、教师的专业水平对社区教育师资总体满意度影响较大。具体见表 3－15 和图 3－68 及图 3－69。

表 3－15　社区教育师资满意度影响因素分析

影响因素	非标准化系数		标准化系数	t	P	VIF	F
	B	标准误差	Beta				
常数	8.077	1.909	—	4.23	0.000 ***	—	
教师人员配备情况	0.125	0.025	0.129	4.979	0.000 ***	2.094	
教师的专业水平	0.155	0.026	0.154	6.007	0.000 ***	2.071	
教师的授课能力	0.140	0.025	0.143	5.544	0.000 ***	2.083	$F=281.606$ $P=0.000$ ***
教师的工作服务态度	0.169	0.026	0.167	6.595	0.000 ***	2.021	
教师的教学方式（如课堂讲授式、研讨式、参与式、体验式、指导式等）多样化	0.190	0.023	0.206	8.357	0.000 ***	1.908	
教师与学员的互动合理性	0.113	0.026	0.112	4.304	0.000 ***	2.137	
因变量：您对所在地区社区教育师资的总体满意度							

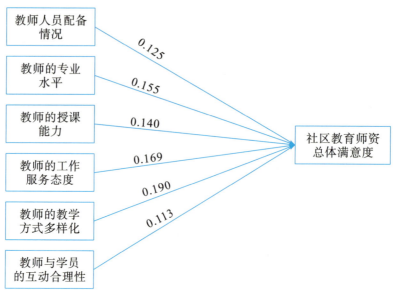

图 3-68　社区教育师资影响因素路径图

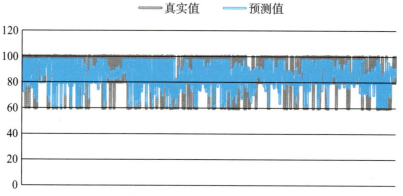

图 3-69　社区教育师资影响因素多元回归模型拟合效果图

5. 社区教育活动宣传满意度影响因素分析

根据回归分析可知，社区教育活动宣传总体满意度 $y=17.104+0.129\times$活动宣传方式多样化$+0.283\times$活动宣传内容（活动内容丰富、生动吸引人）$+0.184\times$活动宣传覆盖面$+0.210\times$活动宣传效果。由此说明，活动宣传内容丰富、生动吸引人，活动宣传效果对社区教育活动宣传总体满意度影响较大，要注重社区教育活动宣传内容的丰富性、生动性，注重活动的宣传效果。具体见表 3-16 和图 3-70 及图 3-71。

表 3-16　社区教育宣传情况满意度影响因素分析

影响因素	非标准化系数		标准化系数	t	P	VIF	F
	B	标准误差	Beta				
常数	17.104	1.623	—	10.538	0.000***	—	F=463.449 P=0.000***
活动宣传方式多样化	0.129	0.023	0.143	5.68	0.000***	2.086	
活动宣传内容（活动内容丰富、生动吸引人）	0.283	0.024	0.304	11.553	0.000***	2.263	
活动宣传覆盖面	0.184	0.025	0.201	7.469	0.000***	2.361	
活动宣传效果	0.210	0.025	0.225	8.516	0.000***	2.295	
因变量：您对所在地区社区教育活动宣传的总体满意度							

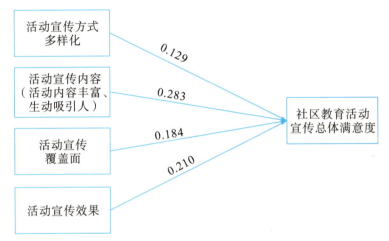

图 3-70　社区教育活动宣传影响因素路径图

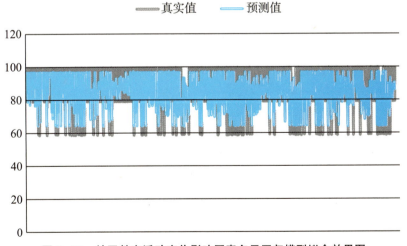

图 3-71　社区教育活动宣传影响因素多元回归模型拟合效果图

三、结构方程模型因素分析

（一）模型研究理论

1. 结构方程模型的基本概念

结构方程模型（Structural Equation Modeling，SEM）是一种多变量统计分析技术，用于分析变量之间的复杂关系。SEM 结合了因子分析和路径分析的优点，可以同时处理测量模型和结构模型，从而全面了解变量之间的关系。SEM 不仅能够处理直接观测变量，还能处理潜在变量，并通过测量指标间接观测。在 SEM 中，模型通常由测量模型和结构模型组成。

测量模型（Measurement model）：用于描述潜在变量和观测变量之间的关系，即如何通过一组观测变量来测量潜在变量。测量模型通常使用因子分析技术。

结构模型（Structural model）：用于描述潜在变量之间的关系，通常使用路径分析技术。结构模型揭示了各潜在变量之间的因果关系和相互影响。

2. 结构方程模型的基本原理

SEM 的基本原理是通过对协方差矩阵进行拟合，找出最符合实际数据的模型。具体来说，SEM 通过以下几个步骤实现其分析过程。

模型设定（Model specification）：根据理论和实际情况，设定测量模型和结构模型。这个过程涉及确定潜在变量及其对应的观测变量，以及潜在变量之间的路径关系。

模型识别（Model identification）：确保模型的参数可以唯一确定。模型识别通常要求参数个数不超过独立方程个数。

模型估计（Model estimation）：使用统计方法（如最大似然估计）估计模型参数。常见的估计方法还有一般最小二乘法、加权最小二乘法等。

模型检验（Model testing）：通过拟合优度指标（如卡方检验、CFI、TLI、RMSEA 等）检验模型的拟合程度，评估模型的有效性和合理性。

模型修改（Model modification）：根据检验结果对模型进行修改和优化，以提高模型的拟合度。

3. 选择结构方程模型的原因

SEM 能够同时处理多个因变量和自变量之间的复杂关系，适用于多因多果的研究情境。在社区教育满意度的研究中，多个因素（如社区教育机构、师资情况、场地、课程等）对满意度的影响复杂交织，SEM 可以有效地捕捉这些复杂关系。同时，SEM 可以处理潜在变量，通过多个观测指标间接测量这些无法直接观测的变量，提供一个理想的分析框架。此外，SEM 能够控制测量误差，提高模型的可靠性和有效性，并提供系统的模型拟合与检验方法，帮助研究者评估和改进模型。通过验证已有理论和发现新潜在因素，SEM 不仅验证了理论，还推动了理论的发展，因此在社区教育满意度影响因素的研究中，SEM 的应用显得尤为适宜。

（二）变量与指标设计

1. 研究对象与数据

本研究对象为参与社区教育的市民，采用市民调查问卷中满意度调查的部分，包括社区教育组织机构、学习场地、课程内容、教育师资及总体满意度等问卷结果。在实际调查中，部分市民存在对相关情况了解不清楚，导致满意度赋值为空值的情况，因空值较少且分布随机，采用均值插补的方法对空值进行补充。

2. 变量与指标的选择

根据市民问卷社区教育满意度部分设计结构，学习资源评价由于影响因素仅设置一项，此处不予以分析，将其他一级指标组织机构、学习场地、课程内容、教育师资和总体满意度纳入分析，将具体评价内容设为组成因子的变量。具体见表3-17。

表 3-17　市民社区教育满意度评价指标

因子	变量
组织机构	组织机构开展各种形式教育活动丰富度
	组织机构管理服务人员工作态度、工作热情
	组织机构社区教育收费方式合理性
学习场地	到达学习场地的便利性
	学习场地的设施设备（含图书、桌椅、电脑等）完备状况
	学习场地的环境卫生整洁度状况
	学习场地的学习秩序维持良好状况
	学习场地的学习（文化）氛围浓厚状况
课程内容	课程内容门类满足市民需求情况
	课程内容新颖性
	课程内容难易程度
	课程内容实用性
	课程内容呈现方式（教材、读本、PPT、视频等）多样化
	课程内容开展形式（如公益课堂、讲座培训、主题活动、竞技比赛、参观体验、网络学习等）丰富度
	课程内容开展的常态性、常规性
	课程内容时间安排合理性
	课程内容学习需求征集的及时性

续表3-17

因子	变量
教育师资	教师人员配备情况
	教师的专业水平
	教师的授课能力
	教师的工作服务态度
	教师的教学方式（如课堂讲授式、研讨式、参与式、体验式、指导式等）多样化
	教师与学员的互动合理性
活动宣传	活动宣传方式多样化
	活动宣传内容（活动内容丰富、生动吸引人）
	活动宣传覆盖面
	活动宣传效果
总体满意度	社区教育组织机构的总体满意度
	社区教育学习场地的总体满意度
	社区教育课程内容的总体满意度
	社区教育师资的总体满意度
	社区教育宣传活动的总体满意度

3. 路径关系

基于理论分析和多次实验计算，去除不显著路径，进一步优化模型，本研究设定以下路径关系。具体见图3-72。

路径1：组织机构→学习场地

路径2：组织机构→课程内容

路径3：组织机构→教育师资

路径4：组织机构→活动宣传

路径5：教育师资→课程内容

路径6：教育师资→活动宣传

路径7：课程内容→总体满意度

路径8：学习场地→总体满意度

路径9：活动宣传→总体满意度

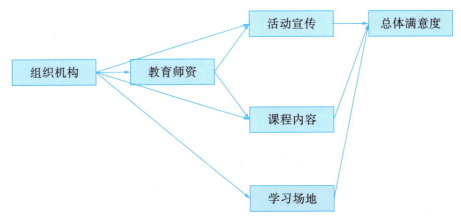

图 3—72 居民社区教育满意度路径关系图

（三）结构方程模型的构建及主要发现

社区教育结构方程模型构建关系见表 3—18。

表 3—18 社区教育结构方程模型构建关系

Factor（潜变量）	→	分析项（显变量）	非标准化系数	标准化系数	标准误	Z	P
组织机构	→	学习场地	0.977	0.989	0.035	27.943	0.000***
组织机构	→	课程内容	0.462	0.446	0.04	11.453	0.000***
教育师资	→	课程内容	0.579	0.542	0.043	13.599	0.000***
组织机构	→	活动宣传	0.369	0.351	0.051	7.194	0.000***
教育师资	→	活动宣传	0.638	0.589	0.055	11.599	0.000***
组织机构	→	教育师资	0.856	0.884	0.031	27.215	0.000***
活动宣传	→	总体满意度	0.202	0.224	0.031	6.48	0.000***
课程内容	→	总体满意度	0.293	0.321	0.042	7.037	0.000***
学习场地	→	总体满意度	0.468	0.489	0.046	10.281	0.000***

基于结构方程模型的分析结果，可以得出以下几点发现。

组织机构对学习场地的影响：组织机构对学习场地有显著的正向影响，标准化系数为 0.989，表明社区教育组织机构的管理和服务直接决定了学习场地的质量和便利性。

组织机构对教育师资的影响：组织机构对教育师资有显著的正向影响，标准化系数为 0.884，表明组织机构在很大程度上决定了教育师资的质量和配置。

教育师资对活动效果的影响：教育师资对活动宣传有显著的正向影响，标准化系数为 0.589，说明教师的专业水平和授课能力是影响活动宣传效果的重要因素。

教育师资对课程内容的影响：教育师资对课程内容有显著的正向影响，标准化系数为 0.542，说明教师的专业水平和授课能力是影响课程质量的重要因素。

综上所述，社区教育组织机构通过提升学习场地质量、丰富课程内容和提高教育师资水平，能够显著提高社区教育参与者的总体满意度。而课程内容、学习场地、活动宣传在提升总体满意度方面也起到了重要作用。因此，改进社区教育管理服务、优化课程设置和提高教师专业水平是提升社区教育满意度的有效途径。

（四）结构方程模型的拟合与验证

结构方程模型的拟合与验证见表 3-19。

表 3-19　结构方程模型拟合与验证

χ^2	df	P	卡方自由度比	GFI	RMSEA	CFI	NFI	NNFI
—	—	>0.05	<3	>0.9	<0.10	>0.9	>0.9	>0.9
1826.906	455	0.000***	4.015	0.948	0.045	0.960	0.948	0.957

卡方检验（χ^2）：卡方检验的结果为 1826.906，自由度为 455，P 值为 0.000，表明模型与数据的拟合存在显著差异。然而，由于卡方检验对样本量较为敏感，所以在大样本情况下，卡方检验通常会显示显著结果。因此，需要结合其他拟合指标来全面评估模型拟合度。

卡方自由度比：卡方自由度比（χ^2/df）为 4.015，虽然略高于理想值（<3），但仍在可接受范围内，表明模型拟合尚可。

拟合优度指数（GFI）：GFI 值为 0.948，大于 0.9，表明模型具有较好的拟合优度，说明模型可以较好地解释数据。

均方根误差近似（RMSEA）：RMSEA 值为 0.045，低于 0.10，表明模型拟合较好，误差在可接受范围内。

比较拟合指数（CFI）：CFI 值为 0.960，大于 0.9，表明模型拟合较好，模型解释了大部分的协方差结构。

规范拟合指数（NFI）：NFI 值为 0.948，大于 0.9，表明模型具有较好的拟合度，说明模型与数据的匹配度较高。

非规范拟合指数（NNFI）：NNFI 值为 0.957，大于 0.9，进一步证明模型拟合较好。

综上所述，尽管卡方检验结果显示模型与数据之间存在显著差异，但结合卡方自由度比、GFI、RMSEA、CFI、NFI 和 NNFI 等多项指标的结果来看，模型总体拟合较好，能够较为合理地解释社区教育满意度的影响因素及其相互关系。因此，模型具有较高的解释力和可靠性，可以为社区教育满意度的提升提供有价值的理论依据和实证支持。

社区教育工作者认知与评价

要实现社区教育可持续发展，就必须重视社区教育的队伍建设，要发展优质的社区教育，就必须建设高素质的社区教育队伍，这是做好社区教育的重要保障之一。本章主要通过问卷调查，了解全市各区（市）县社区教育工作者（含社区教育管理人员、专兼职教师、志愿者）的基本情况、对社区教育工作的基本理念认知、社区教育工作者满意度评价等。在此基础上，将调查结果和市民需求调查情况进行对应分析，旨在更全面和准确地掌握全市社区教育工作开展状况。

第一节 社区教育工作者的基本信息

通过描述性统计、关联分析等方法掌握社区教育工作者的基本情况，分析社区教育管理人员、专兼职教师、志愿者等不同背景特征，为社区教育工作者队伍组建和后续管理提供指导性方向。同时，掌握社区教育工作者对社区教育工作的看法，分析不同岗位、不同区域社区教育工作者对社区教育事业未来发展建议等，为今后社区教育相关政策制定提供参考方向。

一、基础信息

从受访的对象来看，当前成都市社区教育工作者队伍以女性为主，占比达73.65%；45岁以上的年龄人口占比达37.17%；超过70%的社区教育工作者具有大专和本科文化程度；58.11%的工作者在社区教育机构的工作年限在3年以下；从事社区教育前，19.28%为自由职业者，16.23%为事业单位/公务员/政府工作人员，16.09%为服务业人员。具体见表3-20。

表3-20 社区教育工作者基础情况

名称	选项	频数	百分比（%）
性别	女	531	73.65
	男	190	26.35

名称	选项	频数	百分比（%）
年龄	45 岁以上	268	37.17
	36～45 岁	208	28.85
	26～35 岁	201	27.88
	25 岁及以下	44	6.10
文化程度	本科	292	40.50
	大专	230	31.90
	高中/中专及以下	183	25.38
	硕士及以上	16	2.22
工作年限	1～3 年	273	37.86
	7 年及以上	168	23.30
	不足 1 年	146	20.25
	4～6 年	134	18.59
从事社区教育工作前的主要职业	自由职业者	139	19.28
	事业单位/公务员/政府工作人员	117	16.23
	服务业人员	116	16.09
	专业人士（如教师/医生/律师等）	104	14.42
	公司职员/管理者	77	10.68
	其他	63	8.74
	家庭主妇	59	8.18
	学生	24	3.33
	工人	22	3.05

从不同人群工作年限看，女性较男性工作年限短，3 年以下占比较男性高。年龄越大者在社区教育机构工作的年限越长，年轻人工作年限普遍偏低。本科学历者工作年限多在 1～3 年或 4～6 年，较多高中/中专及以下学历者工作年限不足一年。专业人士工作年限往往较长，多达 7 年以上，事业单位/公务员/政府工作人员工作年限多在 4～6 年，其他人群 1～3 年偏多。具体见图 3—73。

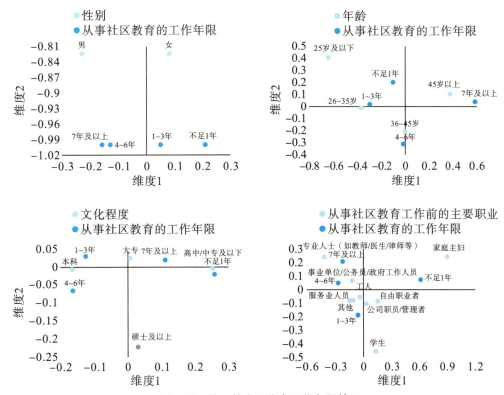

图 3-73　社区教育工作者工作年限情况

管理人员中，男性、年龄 35 岁以下、硕士学历占比较多。志愿者中，女性、年龄 36 岁以上、高中/中专及以下占比较多。从从事社区教育的工作岗位看，事业单位/公务员/政府工作人员、学生从事社区教育管理人员较多，专业人士从事教师较多，家庭主妇、自由职业者和服务业人员从事志愿者较多。具体见图 3-74。

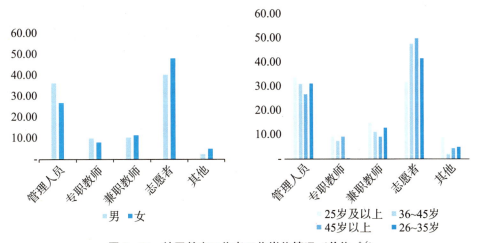

图 3-74　社区教育工作者工作岗位情况（单位：%）

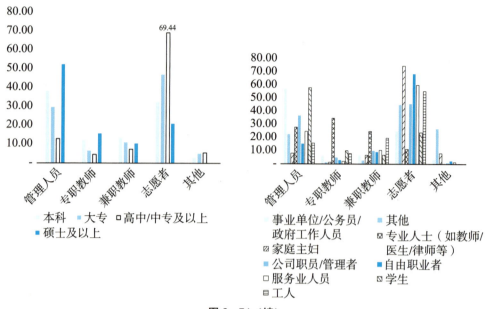

图 3-74（续）

二、理念认知

（一）服务理念认知

93.76％的社区工作者表示社区教育机构为市民提供的社区教育培训有必要，从不同岗位看，管理人员和兼职教师占比分别达 97.29％和 96.91％。分区域看，中心城区 95.03％的被访者认为社区教育机构需要为市民开展社区教育培训。对于希望培训的方式，超 65％的受访者希望采用讲座培训或主题活动形式。此外，也应加强社区教育工作者专业培训，74.06％的受访者希望加强业务指导，超 50％以上的受访者希望培训政策分析与解读和社区教育资源开发、社区教育研究方面。具体见图 3-75 和图 3-76。

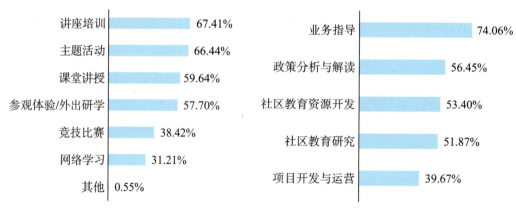

图 3-75　社区教育工作者希望的培训方式　　图 3-76　社区教育工作者希望的培训内容

（二）政策制度知晓度

74.90％的社区工作者表示了解社区教育相关政策制度，其中管理人员、专职教师、兼职教师均有80％以上表示了解社区教育相关政策制度，志愿者和其他人群相对偏低。分区域看，中心城区被访社区教育工作者表示了解社区教育相关政策制度占比相对较高。具体见图3－77。

图3－77　社区教育工作者对政策制度了解情况（单位：％）

对于政策制度情况，60.06％的社区教育工作者表示制度对社区教育的对象与目标等做了明确规定，对社区教育监督制度经费、设施、场所保障制度还不够明确。具体见图3－78。

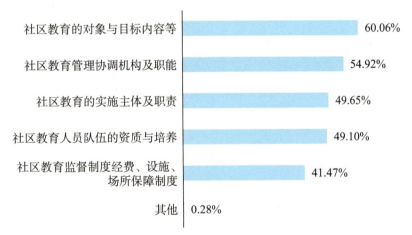

图3－78　社区教育工作者反馈制度政策制定情况

（三）对社区教育事业未来发展的认识

87.79％的被访社区教育工作者对社区教育事业未来发展比较乐观，11.37％的被访者表示社区教育事业未来发展一般，仅0.83％的被访者认为社区教育事业未来发展不太乐观。从不同特征的社区教育工作者看，36～45岁中年、本科学历人群认为社区教育未来发展乐观程度相对较高。分区域看，中心城区对社区教育未来发展乐观程度更大，郊区新城对社区教育未来发展乐观程度相对偏低。具体见图3-79。

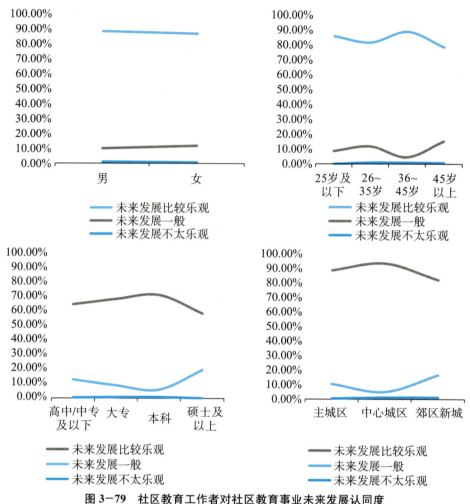

图3-79　社区教育工作者对社区教育事业未来发展认同度

第二节　社区教育工作供需现状比对

通过社区教育工作者反馈的授课形式、课程内容、课程资源开发与整合等情况，与市民需求调查相应情况进行对比分析，挖掘不同区域在授课形式、课程内容、课程资源开发与整合中供需匹配情况及需要改进的方向。

一、社区教育授课方式双方基本匹配

从社区教育工作者反馈开展社区教育主要形式与市民喜欢的授课方式来看，供需双方基本匹配，均以课堂讲授、讲座培训和主题活动为主要形式。具体见图3-80。

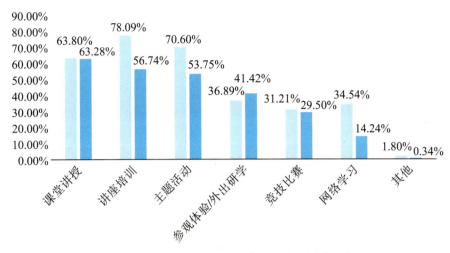

图 3—80　社区教育开展的主要形式

二、社区教育多元化课程内容满足群众需求

调研反馈，社区教育开展的主要内容以人文艺术类、生活休闲类、养生保健类、家庭教育类为主，占比均达 50％以上，且各区域提供的课程内容相差不大。具体见图 3—81。

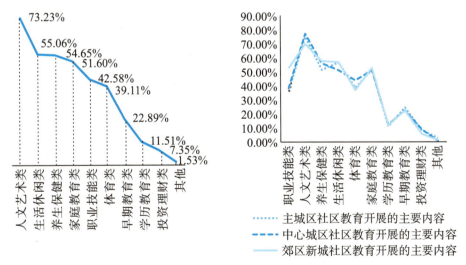

图 3—81　社区教育开展的主要内容

社区教育工作者反馈的社区教育开展的主要内容与市民喜欢的课程内容供需基本吻合，且能反映出区（市）县注重社区教育人文艺术类、生活休闲类、养生保健类和家庭教育类等课程开发，同时职业技能类、体育类和早教类课程也比较充足。分区域看，主城区需适当增加人文艺术类课程供给，而在其他各类课程类型方面，各区域在供给与市民需求的匹配性方面都需要优化。具体见图 3—82。

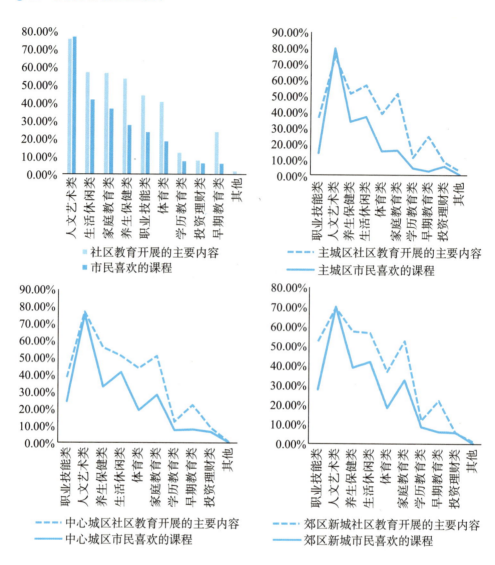

图3-82　社区教育开展的主要内容与市民喜欢的课程供需匹配情况

第三节 课程资源开发及整合

一、科研主题呈现多元化

据调研数据显示，仅 7.49％ 的被访社区教育工作者表示开展了社区教育科研课题，其开展社区教育科研课题主要聚焦在家庭教育、老年人教育、非遗、亲子教育、公益早教、舞蹈、合唱等。具体见图 3－83。

图 3－83　社区教育科研主要方向

二、课程资源开发形式多样

26.91％ 的被访社区教育工作者表示开发过或正在开发社区教育资源，其中中心城区占比达 29.83％，而主城区和郊区新城课程资源开发程度相差不大。在开发的社区教育资源中，一半以上是以教学视频、教材、资源微课程形式呈现。分区域看，中心城区教材类的资源相对较多，主城区教学视频类社区资源相对较多，郊区新城资源微课程相对较多。具体见图 3－84。

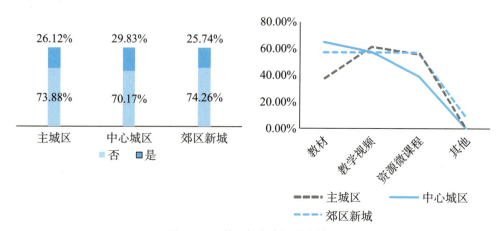

图 3-84　社区教育资源整合情况

三、社区资源整合程度大

据调研数据显示，81.28％的被访者表示所在的地区进行了图书馆、社区活动中心等社区资源整合，65.33％的被访者表示进行了社区教育课程资源整合，此外还有部分地区进行了师资整合和项目资源整合等。分区域看，中心城区社区教育课程资源和师资方面的整合程度高于主城区和郊区新城，各区域在其他方面资源的整合程度基本保持一致。具体见图 3-85。

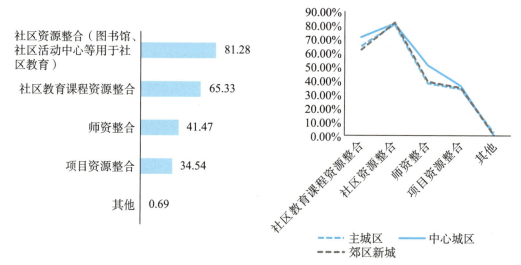

图 3-85　社区教育资源整合情况（单位：％）

第四节　社区教育工作者满意度分析

社区教育工作者满意度评价从"课程内容体系""学习资源充足程度""开展形式"

"政府重视程度" 4 个维度进行测评。同时通过问卷满意度信度分析，所有样本均通过了检验，其中信度分析标准化的 Cronbach's α 值为 0.905（大于 0.9，说明该问卷的信度非常好），见图 3-86。

图 3-86 社区工作者问卷信度分析结果

统计结果显示，从全市整体情况看，社区教育工作者对社区教育工作整体评价处于比较满意水平，满意度综合得分为 86.39 分，其中对课程内容体系满意度得分为 88.43 分，在 4 个测评指标中得分最高。其次为对社区教育开展方式评价，得分为 88.40 分。对社区教育学习资源充足程度评价得分为 82.25 分。从区域看，中心城区满意度相对最高，其次为主城区，再次为郊区新城（郊区新城对社区教育学习资源充足度评价得分为 79.19 分，是唯一一个低于 80 分的指标）。具体见图 3-87。

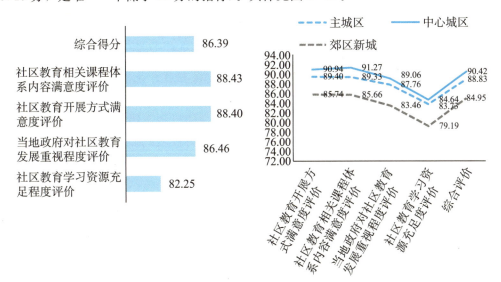

图 3-87 社区教育工作者满意度得分情况（单位：%）

基本结论与对策建议

第一节　基本结论

本节综合全部调研访谈和问卷数据结果等资料，从数据资料分析角度进一步整体呈现和分析成都市社区教育各方面发展概况。分析发现，成都市社区教育成效显著，群众整体评价高，社区教育工作者、市民对社区教育工作提出了新期待。

一、体系机制

成都市颁布实施全国首部社区教育地方性法规《成都市社区教育促进条例》，开创了全国社区教育立法先河，建立了市级部门共同参与的市级学习型城市建设与社区教育联席会制度，完善了社区教育工作阵地体系化保障机制、整合多方面资源统筹发展社区教育等各类支撑保障体系，形成了以社区大学、社区教育学院、社区教育学校、社区教育工作站四级社区教育机构为主体，各级各类面向社区居民的社会教育培训机构为补充的社区教育综合体系。区（市）县社区教育制度建设多点开花，形成政府部门统筹管理、社会广泛参与、学校社区互动、社区实体办学等多元化运行机制。同时，成都市加强经费管理，明确了市区两级要建立社区教育经费保障机制。建立健全政府投入、社会捐赠、学习者合理分担等多种渠道筹措经费的社区教育投入机制，拓宽社区教育经费来源渠道，对各级各类教育提供了经费保障。

调查数据显示，市民对社区教育组织机构满意度得分最高，为 87.51 分，其中对社区教育组织机构管理服务人员工作态度、工作热情满意度达 88.05 分，可见成都市社区教育组织机构提供了高质量的社区教育服务。

此外，社区教育管理以下方面需要加强改进：一是社区教育工作重视程度有待提升。各级部门对社区教育比较重视，但在具体项目支持和推动方面需优化加强，期望继续将社区教育工作纳入各级政府工作重点或民生需求。二是新时代下社区教育发展定位与站位需与时俱进。市、区（市）县、镇街、社区各级相应部门要把社区教育工作主动融入相应各级政府的工作中，重新找到社区教育工作的着力点，促进各级政府工作的开展。三是社区教育发展模式有待多样化。目前社区教育绝大部分是公益性质，对其他创新模式处于谨慎探索阶段，如成都高新区桂溪街道交子公园社区对"市场化＋公益"发展模式持肯定态度，但由于缺乏顶层政策性指导文件，大部分地区对市场化运作模式持谨慎、观望态度。同时，农村居民对付费活动参与度低，难以实现自我造血功能以推进有机循环。四是社区教育机构的性质需进一步明确。市级层面的业务指导、统筹工作及资源整合等具体落实工作需优化，区（市）县社区教育学院（中心）、镇街社区学校、社区工作站等存在形式多样，如社区教育学院是否应该是独立的法人单位，成都市级层面暂无标准指导文件。五是经费保障机制有待优化。目前村（社区）层面主要依靠政府送课、社区保障资金、企业捐赠资金等渠道筹集，缺少财政专项资金，社区教育各项设施建设相对滞后。同时，课程收费、志愿者补贴等无明确指导文件，部分区（市）县因经费使用监管机制缺乏，资金拨付流程复杂，导致资金使用不畅，项目推进受阻、进程缓慢。六是区（市）县联动机制需进一步激活。目前区（市）县形成了三级机制，但因各相关单位级别较低，职能权限比较有限，导致社区教育工作推动受限，联动合作存在困难，难以有效开展工作。七是社区教育定期评价与监测机制需尽快确立。市级层面还未建立起规范、统一的评价体系与机制，定期掌握社区教育实际情况，了解和监测城乡教育资源的分布情况、社区教育发展水平的能力不足，导致无法基于有效的大数据和分析工具来定期监测和分析本市社区教育学习需求和相关发展状况，为社区教育政策调整提供充分依据。

二、阵地建设

截至目前，全市形成了由1个开放大学、23个社区教育学院、216个社区教育学校和3034个社区教育工作站组成的管理机构和社区教育服务体系，基本形成了覆盖城乡、吸纳全民的社区教育服务体系，优化了社区教育便民服务"最后一公里"。从市民问卷数据看，村、社区教育工作站是知晓社区教育的主要途径，其次是街道、镇社区教育学校途径，社区教育活动阵地发挥作用较明显。市民对学习场地满意度评价得分为87.25分，处于"满意"水平，其中中心城区满意度得分为88.19分，比郊区新城（85.98分）高2.21分；从细分项看，到达学习场地便利性、学习秩序维护良好、学习场地环境卫生整洁方面得分均超过87.5分。

此外，活动阵地建设以下方面需要加强改进：一是活动阵地有待拓宽或完善。调研中武侯区红牌楼街道、成华区龙潭街道及龙潭街道的同乐社区、金堂县赵镇十里社区等均提到专门开展社区教育教学或活动阵地场馆受限，能容纳市民有限；大邑县提到普遍缺乏固定教学场所；蒲江县缺少实际办学的场地场馆。二是教育设施设备不足、老化，需补充或更换。调研中新津区提到学院无规范化的功能室，无最基本的标准化图书室；郫都区部分社区教育设施较为老化，存在安全隐患，需进行更新改造，以提升教育环境；另据部分市民反馈学习场地设施不足、设备陈旧。三是数字化建设利用率有待提升。部分区（市）县存在线上学习资源利用率低，宣传不足，推行数字化教育发展资金不足等问题。四是场地设施和交通可达性需进一步改善。据市民问卷反馈，成都市民对学习设施满意度相对较低，存在场地偏远、停车困难、公共交通难以到达等问题。

三、队伍建设

据调研了解，截至目前，成都市建立和完善了社区教育队伍管理制度。从各区（市）县来看，23 个区（市）县社区教育管理者数量超过 3000 人，专兼职比例接近2∶8。全市师资队伍除聘请专职教师外，多数区（市）县、街（镇）、村（社区）因人员经费、地理位置等因素限制，日常社区教育工作开展更多由兼职师资队伍组成。志愿者队伍庞大，学习型团队和组织建设持续推进。

据不完全统计，全市 23 个区（市）县志愿者数量超 17 万人，创建了新模式的学习型组织，并积极探索市民自主学习团队，持续推进学习型社区建设。市民对社区教育师资满意度得分为 86.72 分，处于"满意"水平，其中对社区教育教师的工作服务态度满意度最高，为 87.62 分。同时，管理人员队伍建设、教师队伍建设等方面存在需改进之处。

管理人员队伍建设。一是基层人力资源需进行补充。较多的区（市）县、镇街负责人提到人力资源相对匮乏，人员编制不足，兼职人员多，专职人员少，部分区（市）县即使网格员参与社区教育也无法满足工作需求。二是社区教育管理队伍急需补充年轻化、专业化的人才，如双流区、新津区、温江区、金堂县等均提到教师队伍人员年龄大问题。三是社区教育人员的职称评定和奖励机制不明确，影响工作积极性。四是社区教育专职人员培训不到位，缺少日常专业培训与进修的机会，造成专业队伍水平参差不齐。

教师队伍建设。一是教师队伍建设仍需加强，师资队伍参差不齐，部分教师专业素质不足，工作能力有待提高。专业性教师资源需要补强，促进社区教育更加专业化、规范化，如社区教育工作者提到"我们的教师属于半路出家，不是专门跳舞、唱歌的，他们的专业性有待提高"；同时存在教师资源配置不均、教师专业水平相差较大、授课形式较为单一、师生互动较少等现象。二是教师晋升渠道未完全打通，如双流区与成都东部新区均提到教师职称晋升通道不足。三是部分地区人才严重不足，缺乏专职教师，较多的镇街、村（社区）甚至没有专职教师队伍，且教育资源分散，难以形成系统性和持久性。四是部分社区教育机构存在师资队伍不稳定、教师流动性较大问题，导致教学质量难以保障。五是缺乏有偿聘请的教师，大部分教师为退休人员，无正式薪酬体系，仅靠年终补贴和礼品维持。

四、课程资源

成都市紧跟国家、省级课程建设和开发步伐，从实施意见、行动计划、重要工作任务等方面引导和指导各区（市）县积极开展课程建设和开发，打造区域品牌课程。成都市教育局高度重视社区教育的课程和资源建设，探索出多样的资源建设方式，目前主要包括自建、购买、比赛遴选及评选转化。课程资源渠道丰富多样，市级统筹特色课程项目主题鲜明，区域特色课程亮点十足。

通过市民满意度及需求调研看出，市民对社区教育课程内容满意度评价得分为85.20分，处于"满意"水平；从喜欢的课程内容看，74.39%喜欢人文艺术类课程，超35%以上喜欢生活休闲类和养生保健类课程，不同特征群体喜欢课程内容略有差异；对于今后希望增加的课程，较多市民希望增加"舞蹈""瑜伽""插花"等人文艺术类课程以及"太极""乒乓球""羽毛球"等体育类课程。对于授课方式，课堂讲授、讲座培训、主题活动为主要形式。同时，课程开发、供需匹配等方面存在有改进之处。

课程开发方面。一是课程资源相对不足，辖区学习资源有限、课程种类设置有限，特别是农村居民，接触新鲜事物相对较少，需要更多的学习支持服务。二是课程内容门类不够丰富、更新慢，部分机构未及时征集市民需求，部分市民反馈课程内容老旧、更新不及时，希望根据学员情况分班授课，区分课程难易度。三是课程内容特色不鲜明，为满足普识性导致课程内容针对性不强，过于理论化，缺乏吸引力，可持续性不足，难以激发市民参与热情。四是社区教育科研建设薄弱，缺乏相关科研人才。据调研数据显示，仅7.49%的被访社区教育工作者表示开展了社区教育科研课题，郊区这一比例仅为5.88%。五是教育效果问题，部分课程学员流失率较高，存在教学效果不佳的问题。

供需匹配方面。一是年轻群体参与社区教育活动较少，针对年轻群体还未全面普及社区教育活动。二是课程供需有待优化，某些学习点报名人数较少，与市民实际需求不匹配。三是部分课程受经费限制无法常态化开展，影响社区教育的连续性与稳定性。四是自费课程无法匹配，青羊区提到"到现在为止，市民有自愿缴费上品质课的需求，但供给确实无法满足群众终身学习需求，限制着社区教育进一步发展"。五是部分市民认为活动形式较为单一、不够新颖，且活动与自身情况适配较低。

五、课题研究

成都市高度重视社区教育发展方面课题及研究，早在2005年，成都市教育局联合市文明办、市妇联、市民政局等印发的《关于进一步推进社区教育工作的意见》中提出要"加强社区教育的理论和实践研究，学习借鉴国内外的有益经验和成果做法"；市促进办印发的《2019年成都市社区教育工作要点》中提出要"探索多平台课题研究模式，理论指导实践"。成都市各区（市）县也积极开展课题研究，与辖区系列实践探索结果相结合，开展相应的课题研究。例如，金牛区先后创新研究国家、省、市级科研课题共15项；武侯区近三年已结题国家级课题1个、省级课题2个、市级科研规划课题1个。从社区教育工作者问卷数据看，科研主题呈现多元化，其开展社区教育科研课题主要聚焦在家庭教育、老年人教育、非遗、亲子教育、公益早教、舞蹈、合唱等。然而调研发现，仅7.49%的被访社区教育工作者表示开展过社区教育课题研究，尤其是郊区新城占比仅为5.88%，基层社区工作者参与社区教育课题研究还不够深入。

六、资源整合

成都市积极贯彻落实国家、省整合社区教育资源要求，加强社区教育资源与部门、学校资源、公共服务场所、社会组织、企业等资源整合。一是整合社区教育可利用资源，拓展社区综合服务中心（站）的社区教育功能，推动社区教育工作站与社区综合服务中心（站）设施统筹、信息共享、服务联动，实现一个场所、多种功能，促进基层公共服务资源效益最大化。二是开放学校资源，鼓励各级各类学校在不影响正常教学前提下，充分利用各自资源优势，在师资、设施、场所等方面为社区教育提供便利，开展社区教育活动。三是充分利用社会文化资源，鼓励图书馆、博物馆、文化馆、青少年宫、妇女儿童活动中心等公益性设施为社区教育活动提供便利。

从社区教育工作者问卷调查看，81.28%的被访者表示所在地区进行了图书馆、社区活动中心等社区资源整合，65.33%的被访者表示进行了社区教育课程资源整合，同时还有部分地区进行了师资整合和项目资源整合等。

此外，在资源整合方面存在以下方面需要加强改进：一是各部门间缺乏有效的协调与整合，区（市）县建立了社区教育联席会议制度，但存在工作壁垒，有些部门配合程度有待提高，在合作机制、人员协同等方面存在问题；各部门活动存在重复，导致资源浪费，影响了社区教育工作的效果。二是高品质的社会资源引入不足，很多社会组织机构、民营企业力量单薄且良莠不齐，难以找到优质的资源。三是资源分配均衡性和利用效率有待提升，如金堂县提到"镇（街道）老年教育学校及村（社区）老年教育学习点位中需要多部门参与，整合资源，形成合力，而不是出于应付"。四是社区教育资源整合不足，缺乏共享机制，存在学习支持服务不足、资源共享机制匮乏、资源认可机制缺乏等问题，尤其是郊区新城对此反馈较为明显。

七、数字化应用

成都市初步建成"成都市终身学习教育资源库"和"成都市民终身学习公共服务平台——蓉e学"，已形成"1库N网"公共服务平台架构。鼓励数字化教育创新，指导引领区（市）县积极开展区域实践，推动数字化在终身教育学习环境构建、学习资源整合、学习支持服务等方面的应用和发展。区（市）县数字化发展途径方式多样，如依托成都市民终身学习平台数字化学习阵地开展在线学习，自建平台或网站，或建立微信公众号、小程序以及其他数字化渠道等。据调研了解，成华区率先在全市建立"1+3+N"的数字化学习模式，武侯区在中西部县（市、区）级社区学院中率先启动终身教育学分银行建设，金牛区2020年提出建设数字化学习线上学院，龙泉驿区的"尚学龙泉"数字化学习资源库，双流区2023年社区教育在全市率先创建了"双流e站"市民学习网站，新都区建设了"学在新都——新都区市民终身学习平台"等。

调研发现，基层数字化平台建设、使用以及线上学习资源利用率等有待提升。一是部分地区仅通过微信群开展社区教育工作，未建立本地社区教育学习服务平台，数字化程度不高。二是部分地区自身开发平台使用不便捷。三是线上学习资源利用率及宣传不足，需要加强探索市民线上学习新途径。

八、　城乡均衡

城乡社区教育发展均衡性方面存在以下方面需要加强改进：一是教育资源存在城乡分配不均衡情况，城区学习资源相对较丰富，而乡村地区学习资源较为匮乏。二是基础设备存在差距，农村社区教育服务、资金筹备能力与城区相比有限，高精尖设备缺乏，部分农村社区教育服务机构未发挥本质功能。三是参与农村社区教育的力量不足，受生活条件与发展前景限制，有经验、能力强、专业水平和学历较高的教师更集中于城区，造成农村师资资源匮乏。四是城乡居民思维差异导致学习热情不一，农村居民文化层次相对较低，学员整体水平不高。例如，成华区龙潭街道提到"尤其是从农村社区转化为城市社区，市民受教育的观念意识不够强，有闲暇的时间只会想着要不要去多种点什么，而不会想着要去多提升自己，受更多的教育"；郫都区三道堰镇钓鱼台社区提到"农村教育活动组织难以开展，因为市民对于学习需求有限，更倾向于简单易学的活动，而高层次的文化教育活动难度较大"；龙泉驿区提到"龙泉分为南北片区，南片即老城区，包括大面街道，高精尖、高素质人才较多，居民积极性、需求都很高，北片多为山区，市民意识、文化层次、综合素质都低一些，其积极性差"。五是农村老年线上学习难度较高，农村留守老人智能手机普及度不高，完成线上学习压力比较大。

九、　活动宣传

从市民问卷数据看，村、社区教育工作站是知晓社区教育的主要途径，其次是街道、镇社区教育学校知晓社区教育活动，因此要继续积极发挥社区教育活动阵地作用，加强社区教育活动宣传。从市民满意度看，活动宣传满意度为85.58分，处于"满意"水平，其中"5+1"主城区满意得分86.65分，比郊区新城满意度（84.01分）高出2.64分。从活动宣传各细分项看，活动宣传效果满意度最高，相比活动宣传覆盖面得分略低，但整体均处于85分以上。对于市民喜欢的宣传方式，68.53%喜欢通过社区教育相关官方网站获取，48.84%希望通过社区公告栏、LED屏方式获取。

此外，宣传方面存在以下方面需要加强改进：一是社区教育知晓度、宣传力度不足，区级层面宣传力度有待加强，大多仅在微信群之间流通。二是有些地区无正规、官方公众号或网址进行宣传，如蒲江县朝阳湖街道仙阁村提到"生态农业的健康问题，宣传推广不到位，不被广大消费者认可，希望有正规、官方途径宣传"。

十、　市民参与

近年来，成都市精准定位服务全市居民，积极开展课程建设和开发，打造区域品牌课程，市级统筹特色课程项目主题鲜明、区（市）县区域特色课程亮点十足，市民参与率高。例如"最成都·市民课堂"项目，每年开设2000余门课程，市民采用线上线下相结合的报名方式，参与实体课堂量达到1200多万人次；双流区"瞿上生活美学"课堂，自 2017 年以来，开发了古法造纸、国画、摄影、剪纸、居家美化、竹编等线上线下课程 50 多门，参与学习和受益的市民达 160 万人次。

此外，中间年龄段群体和城乡居民参与度方面存在以下方面需要加强：一是中间年龄段群体覆盖率不高，当前社区教育课程服务对象以儿童、老年人为主，成年人普遍因为工作性质等原因参与率较低，应逐步丰富社区教育服务内容与方式，满足不同人群需求。二是市民参与度、区域分布不均匀，有些区域市民参与度高、活跃，而有些辖区内市民参与度低，尤其是农村中老年人由于需照顾孩子或从事农活导致参与度不高，甚至需要通过发放小礼物等形式激发积极性，保持活动的持续性。

第二节　对策建议

基于上述调研与访谈基本结果发现，结合访谈中收集的各方建议、当前成都市社区教育发展趋势和国家对社区教育发展的最新指导要求，提出以下对策建议。

一、优化体系机制

一是强化社区教育领导。市和区（市）县人民政府加强对社区教育的领导，重视社区教育发展，统筹社区教育资源，优化社区教育资源整合机制，提高社区教育资源的使用效率，促进社区教育事业均衡发展。二是建立更加有效的管理机制。市级各行业主管部门强化组织机构建设，理清权责，建立统一标准，强化师资培训，建立考核评价、激励机制等，同时加强对区（市）县指导，提升管理水平。三是加强经费保障。从市级层面出台政策，明确县镇村三级保障专项财政经费，将社区教育建设作为专项工作纳入各级财政拨款；针对社区教育课程收费问题，市级相关部门应设置公开明确的指导文件，同时落实兼职人员的补贴发放工作。四是强化人员保障。市和区（市）县人民政府制定相关政策，明确各层级社区工作管理者编制底线，完善社区教育队伍激励制度，出台政策保障社区教育工作者的晋升晋级、评优评先等权利、渠道或方式，通过政策鼓励更多人才参与社区教育。五是统筹兼顾缩小地区差异。针对经济条件相对落后的地区，市级相关部门给予品牌推送、案例推送、评优评先等方面保障。

二、强化基础阵地

一是加强活动阵地建设。县镇村各级广泛征求群众意见，综合考虑地理位置、人口结构、群众生产生活等因素，坚持以"为民、亲民、便民、利民"为出发点，建设集党群服务中心、综治中心、新时代文明实践站为一体的党群服务综合体；改造升级网格阵地及室外活动场所，科学设置便民服务大厅、红色书屋、党员活动室、教育培训室等功能布局，实现一室多用、多室共用，打造集党员教育、便民服务、休闲娱乐、运动健身等功能为一体的综合服务站。二是完善基础设施。县镇村各级加强社区图书馆、文化活动中心等基础设施建设，为市民提供良好的学习和交流场所。三是优化数字化平台。市级各行业主管部门依托现有社区公共服务综合信息平台，建设优化城乡共享的社区教育公共服务平台，完善三级网络建设，尤其是老年教育学习点的建设；社区教育机构优化课程及教学手段，提升社区教育的信息化水平。

三、建强教育队伍

一是加强社区教育工作者培训。区（市）县政府定期加强对所属社区教育体系的培训支持力度。在业务培训上，增加基层社区教育管理者外出学习机会，通过市场学术性指导，提升基层管理者的专业素养和管理意识。二是以标准文件形式明确地方人员编制。区（市）县人民政府制定标准文件，包括明确街道层面社区教育人员编制情况，同时相关部门加强人力资源管理。三是落实补贴措施。落实社区工作者、兼职人员等补贴措施，优化基层社区教育工作者待遇问题。四是加强名师区域化建设。对于名师资源匮乏的地区，市级层面建立名师流动授课制度，为市民提供多样的学习体验。五是优化专业团队管理。各地区结合实际情况，引进专业的社区教育管理团队，规划社区教育项目。六是市级层面共享师资库。市级层面应统筹汇聚全市乃至市外优秀专家，建立名师师资库，实现跨区域选择优秀教师，实现师资库共享。

四、加大课程开发

一是优化课程体系。市级各行业主管部门结合当前市民新需求，针对社区内不同教育对象，针对性开发优质课程，优化全市社区教育课程体系。二是建立明确的课程大纲。市级层面统一组织和收纳更高档次更高质量的课程，提供菜单式课程表，区（市）县进行课程选择，并推送至社区市民。三是整合系统性课程资源。市级层面统筹社区教育课程资源，并实现跨区域共享，助力擦亮、打响基层品牌。四是强化课程指导。市级各行业主管部门强化对区（市）县品牌课程建设指导和项目资金的支持力度，定期开展课程指导培训。

五、加强资源整合

一是发挥各地区资源优势。市级各行业行政主管部门充分激励各区（市）县发挥各自的优势，使各区（市）县各具特色，链接和整合区（市）县辖区资源，如整合高校、公共文化场馆等资源。二是以项目方式整合资源。市、县通过项目形式提供资源，促进社区教育的可持续发展。三是建立合作共享机制。市、县部门与部门、企业之间资金、人财物等方面统筹合作，同时，在资源整合过程中，创新学习支持服务、优化资源共享机制、资源认可机制，提升发挥优质资源效用。

六、促进供需平衡

一是合理配置课程频率。各级社区教育机构根据学习点报名人数、喜欢的课程需求，合理设置课程频次。二是灵活授课方式。各级社区教育机构根据市民需求和特征，提供不同授课方式，如18~24岁年轻群体更喜欢主题活动和网络学习方式，60岁以上老年人最喜欢课堂讲授。三是丰富课程内容。针对市民反馈的活动形式较为单一、不够新颖，且活动与自身情况适配较低的情况，各级社区教育机构进一步丰富课程内容，因地制宜，增加群众喜欢的如"舞蹈""瑜伽""插花"等人文艺术类课程以及"太极""乒乓球""羽毛球"等体育类课程，加大年轻群体社区教育覆盖面，增加成人夜校、学历提升培训以及年轻人减压等课程。

七、均衡城乡发展

一是健全农村社区教育网络体系。农村地区要拓展学习空间，建好、用好农家书屋、社区学习沙龙、农村游学体验基地、宅基课堂等。二是传承提升乡村文明。农村地区可广泛征集和挖掘一批反映当地农村文明、文化的民谣、手艺、传说、节庆风俗、活动、器具等素材进行保护、传承与发扬。三是提高农村教师的待遇。各级人民政府应提高农村教师的工资待遇，改善其职业发展和生活条件，吸引和留住更多优秀教师。四是提升乡村教师专业化水平。要加强农村教师的培训和专业化水平的提升，为其提供更多的培训机会和专业发展渠道。五是推动教育资源的共享与互联互通。通过建立城市与农村地区学校之间的教育合作、交流与互动机制，实现资源的共享和优势互补，帮助农村学校提高教育质量。城市地区中优秀的学校可与农村地区的学校开展教育合作、讲座、教学实践等活动，助力农村地区的学校提升教学水平和教育质量。

八、强化宣传引导

一是营造积极的宣传氛围。市县镇村各级通过各方面途经宣传、总结和推广提升社区教育的知名度和影响力。如可广泛宣传各村社、社区教育学校以及社区教育工作站的工作成果，扩大工作成果知晓覆盖面和影响力，从而提高对社区教育的关注和支持程度。二是加强农村地区宣传。市级层面加强对农村实用技术成功的案例的推送，进一步增强居民对社区教育的参与和认可，县镇村各级根据实际情况开发本地公众号，推送日常重要会议内容、社区活动开展情况等。针对农村中老年人的活动吸引力不足问题，通过设置奖励机制吸引更多人参与。

九、完善评价机制

一是委托第三方专业调研机构，下沉基层，定期掌握社区教育实际情况，挖掘市民的痛点和需求，为社区教育发展提供指导方向。二是兼顾区域差距，如主城区与郊区应合理建立监督考核机制，注重差异，呈现特色，同时为更好地了解和监测城乡教育资源的分布情况，建议政府应建立完善的城乡社区教育资源监测与评估体系，通过对城乡社区教育资源的全面统计和评估，及时发现、解决教育资源不均衡的问题。三是市级层面开展社区教育学院（中心）评先推优工作，通过评定，树典型，共享好的工作经验，并发现问题与不足。四是充分关注平台信息，从中了解城乡居民线上参与社区教育的情况及网络评价。

第四部分

发展展望

成都市社区教育发展经验

近年来，成都市不断建立完善社区教育领导体制与管理制度、构建覆盖全面的法规政策支持保障体系、建立健全各类支撑保障体系，建设了以社区大学、社区教育学院、社区教育学校、社区教育工作站四级社区教育机构为主体，各级老年大学和各类面向社区居民的社会教育培训机构为补充的社区教育综合体系。经过多年的发展，全市社区教育工作已建立完善"党政统筹领导、教育部门主管、有关部门配合、社会积极支持、社区自主活动、市场有效介入、群众广泛参与"的社区教育协同治理的体制和运行机制。同时，加大课程资源开发，紧跟国家、省级课程建设和开发步伐，从实施意见、行动计划、重要工作任务等方面引导和指导各区（市）县积极开展课程建设和开发，打造区域品牌课程，全面展现成都市各区（市）县"各美其美、美美与共"的社区教育课程资源建设面貌。

第一节　成都市社区教育发展意蕴

一、紧跟国家社区教育形势

社区教育的发展强调构建服务全民终身学习的教育体系，形成全民学习、终身学习的学习型社会，促进人的全面发展，实现民族复兴伟业。教育部发布的《学习型社会建设重点任务》明确了 2023 年至 2025 年的建设目标，包括全面推进县域社区学习中心建设，2025 年基本实现县（市、区）社区学习中心全覆盖，社区教育发展趋势和目标共同指向了更加普及、多元化和高质量的社区教育体系，以满足不同群体的学习需求，促进社会和谐与个人全面发展。未来社区教育的发展趋势体现在加强平台间的对接与融通、数字化学习全覆盖、资源整合与创新模式应用、扩大传播与品牌建设，以及强化师资队伍建设等方面。在加强平台间的对接与融通方面，通过加强不同平台之间的上下对接和横向融通，实现数字化学习全覆盖，强化覆盖全省的社区教育网络体系间的"链接"，利用学分银行促进创新集成，形成良好的应用机制。在资源整合与创新模式应用方面，积极争取政府支持，发现并吸引社会教育力量，促进各类资源交叉融合，共同推动社会教育发展；运用新技术、适应新领域，满足社会社群学习多样化的需求。在扩大传播与品牌建设方面，发掘流量优势，创设新品牌，充分应用生活和教育场景，提升社会教育影响力。健全社区教育品牌"培育＋管理＋遴选＋推介"的流程，立项一批社区教育实验项目，遴选一批覆盖面广、影响力强的社区教育品牌项目。在强化师资队伍建设方面，强化高素质社区教育工作者队伍建设，发挥社区教育工作者的学习引领作用。强化社区教育"能者为师"，提升社区教育管理队伍领导力，组织全省社区教育师资队伍专题培训。成都市应紧跟国家社区教育未来发展规划、发展趋势，结合国家数字化、智慧化以及新技术场景应用发展趋势，适应新市民新需求，不断探索新领域社区教育蓬勃发展。

二、贯彻国家社区教育政策

教育部印发《学习型社会建设重点任务》，明确 2023 年全面推进县域社区学习中心建设，2025 年基本实现县（市、区）社区学习中心全覆盖。任务清单细化了 2023 年至 2025 年的建设目标。其中，2024 年将以直辖市、省会及计划单列市为引领，稳步扩大新时代学习型城市建设覆盖面，2025 年基本实现县（市、区）社区学习中心全覆盖。要求各地将依托开放大学、职业院校、社区教育机构等，构建资源融通与共建共享的终身学习公共服务平台，促进优质资源整合与共享开放；推进各类教育融通发展，探索建立学分银行制度，开展市民学习成果认证、积累和转换研究试点；增强社区教育和老年教育资源供给，加强对在职职工、再就业人员、农民工和新型职业农民等各类群体的职业培训和学习服务。成都市作为计划单列市之一，应紧扣国家目标，进一步加强成都市社区教育顶层设计，巩固成都市社区教育发展成果，总结经验，制定成都市社区教育发展高质量提升行动计划或方案，将国家、省、市政策落到实处。

三、夯实社区教育发展基础

在社区教育发展过程中，阵地建设是基本要求，也是各项社区教育活动、社区教育课程开展的载体。社区教育阵地建设能够为居民提供多样化的学习机会，促进全民终身学习，提高国民素质，同时也在推动文化传承和发展方面发挥着重要作用。社区教育阵地的建设涉及制度保障、阵地建设、内容供给等多个方面，目前从各地社区教育阵地发展基础来看，大部分社区教育阵地建设与发展均与当地的社区公共文化服务设施（中心）、学校、文化场所等紧密联系，协同发展。例如杭州着力打造的城市"公共客厅"，加大机关、企业、事业、社会机构等的相关设施设备、场地向公众开放的基础上，加以设计和更新，盘活闲置资源，将一个个社区"客厅"变成居民互相学习、拉近彼此距离的平台，成为居民特定时段、特有方式的社区学习共同体的学习场地，相应的学习设施设备成为大家的公共学习工具。成都市为进一步加快建设践行新发展理念的公园城市示范区，规划了未来公园社区建设发展，印发了《成都市未来公园社区规划导则》（以下简称《规划导则》）和《成都市未来公园社区指标体系》（以下简称《指标体系》）以建设成都未来公园社区。未来公园社区是一种集公园城市形态、现代城市功能、新兴产业业态、市民生活体验的空间载体和试验场景，其中《规划导则》中明确要打造"全民共享文化服务、处处可辨文化特色、人人可享教育资源、随处可用学习平台"的未来人文教育场景，《指标体系》中在人文教育场景的特色指标中纳入了社区教育发展指标。因此，成都市社区教育要推动教育场景与未来社区其他场景资源叠加融合，转化为市民可参与、可共享、可服务的多功能场景，使其为终身学习服务，为建成优质高效、泛在共享的学习型未来社区服务。

第二节 成都市社区教育发展特色

一、权威立法先行， 实现社区教育规范化

2017 年 2 月 1 日，《成都市社区教育促进条例》（以下简称《条例》）正式实施。该《条例》是全国城市首部社区教育地方性法规，开创了全国社区教育立法先河，实现了社区教育进入法治化保障轨道。《条例》针对社区教育立法，具有很好的针对性和实效性；同时，社区教育定位具有前瞻性，也开创性地提出了公益目标与市场机制相结合的指导原则。该《条例》定位于促进社区教育发展、推进城乡社区治理，将立法目的确定为"促进社区教育发展，满足社区居民终身学习需求，促进人的全面发展，推进城乡社区建设和治理"，从而为成都市社区教育发展明确了方向和内涵。为推进社区教育专业化、标准化建设，提升社区教育服务品质，2024 年 1 月 30 日，成都市在全国率先发布实施《成都市社区教育服务规范》（以下简称《服务规范》）地方标准。针对社区教育提供主体多元、服务对象类型众多、服务内容丰富、服务形式多样等特点，该《服务规范》紧贴成都市社区教育发展需求，重点考虑了社区教育服务内容和形式、服务资源、服务要求，明确了各类社区教育服务提供者应满足的条件。该《服务规范》旨在通过规范社区教育服务行为，进而推进全市社区教育服务行业规范化、高质量、可持续发展，更加有效促进了成都市在全国首个发布《成都市社区教育促进条例》的落实和执行。

二、社校协同参与， 助力双向赋能常态化

2017 年 3 月，设立了"成都市学习型城市建设与社区教育联席会议"制度，并配套了"社区教育资源和教育培训服务清单年度发布"制度，充分发挥职能部门、群团组织的引领协调功能，目前成都市已建立"党政统筹领导、教育部门主管、职能部门配合、行业社团支持、社区自主活动、市民广泛参与"的社校协同化治理体制。部分区（县）已构建了成熟的"四位一体"社区教育模式，即"家庭、学校、社区、企业"立体协同育人模式，旨在充分挖掘、整合社区内优质资源。例如，成都高新区协同园区、校区、社区，打造社区教育特色品牌，建设丰富的社区教育"花 young 高新"课程体系；蒲江县成佳社区教育学校建立"学校＋家庭＋企业＋社区""四位一体"的茶乡教

育模式，借智借力助力乡村振兴、促进社区治理。目前成都市最突出的协同发展是高校与社区教育发展。例如，双流区与成都信息工程大学签订全市首个校地合作协议，拉开地方社区教育发展的序幕；金牛区、郫都区、新都区等区的各级社区教育服务机构充分与高校合作，包括高校学校师资、教学方式、专业、研究、教育课程等方面资源，社区教育为其高校提供实践基地、提升平台等资源，形成双赢局面。通过校地合作、协同治理的方式，带动社会组织、企业事业单位、社区居民等多元主体共同参与社区教育事务，以社区教育赋能社区治理，以此推动社区教育与社区治理的规范化、可持续、高质量的发展。支持鼓励企业、公益组织、志愿者队伍等社会力量以多种形式参与社区教育。例如，新津区依托水韵科普读书协会打造"新津水韵书会"项目；大邑县聚合大邑县乡厨协会、大邑县餐饮协会等社会力量编制社区居民美食读本《舌尖上的大邑味道》、印制《大邑县乡村老年人营养知识与健康饮食手册》；双流区与禾木美呈文化创意公司、彭镇老茶馆及香楠苑川西农耕文化博物馆等企事业合作开发社区教育课程以及游学线路。完善"成都市终身教育学分银行"建设，建立了开放灵活的学分积累、学习成果认证和转换制度。构建开放共享的社会参与平台，实施学校体育设施开放项目奖补，中小学、九年一贯制学校和职业学校的体育设施定时向市民开放，全市多所高校图书馆向市民开放。例如，武侯区开展"校社共建"深度融合工作，制定《校社联动发展工作方案》，促进学校、社区资源共建共享；青羊区、锦江区、金牛区、天府新区、都江堰市、龙泉驿区等区依托学校、图书馆、博物馆、美术馆、文化中心等场馆，创建了面向全体市民开放的多样化学习平台，如"市民社会学习中心""青少年社区教育基地""家庭教育基地""老年教学点""书院""农民夜校""10 分钟便民学习服务圈"等，提升公共教育资源的利用效率，实现辖区内教育资源共建共享。

三、服务体系完备，创新学习形式多元化

在工作体系上，确立了以市级社区大学为龙头，以区（市）县级社区教育学院为主体，以街道（镇）社区教育学校（成人学校）为骨干，以社区（村）教育工作站为基础的常规"四级"社区教育办学网络。此外，部分区（市）县青出于蓝更胜于蓝，除建立和完善了常规社区教育办学服务体系外，还建立了院落学习室，逐步形成了"五级"社区教育办学体系，如锦江区的院落学习室始于 2010 年，建立了《特色院落学习室评选标准》，并与区社工委、文明办、民政局联合开展"特色院落"的评选活动等工作。在学习方式上，经过不断创新，成都已建立课堂学习＋团队学习＋数字化学习＋游学体验的多元化社区教育学习方式。各区（县）通过创设学习条件、提供经费扶持、加强培育指导、搭建发展平台、制定评估标准等系列措施积极探索市民自主学习团队的建设，不断激发全民学习的自觉性、主动性。例如，武侯区编制《武侯区星级居民自主学习团队评价指标体系》《武侯区星级居民自主学习团队管理指导手册》《武侯区星级居民自主学习团队培育指导手册》，率先在中西部地区开展星级居民自主学习团队的培育工作；龙泉驿区发布《成都市龙泉驿区学习型社区建设认定评价标准定稿》《龙泉驿区学习型家庭认定标准》《服务学习型社区建设学研员考核办法（试行）》《龙泉驿区学习型团队认

定评价标准》等文件，持续培育特色型学习团队、组织、社区等；新都区自 2015 年起每年组织十佳学习型组织评选活动；金堂县于 2023 年启动首届市民自主学习团队展演活动。在数字化学习方面，早在 2011 年，中城协社区教育专业委员会公布了"全国数字化学习先行区"，成都市青羊区、金牛区、锦江区、成华区、龙泉驿区五大区入选。目前，成都已建成"成都市终身学习教育资源库"和"成都市民终身学习公共服务平台"，已形成"1 库 N 网"公共服务平台架构。各区（市）县也积极开展数字化创新发展，推动数字化在终身教育学习环境构建、学习资源整合、学习支持服务等方面的应用和发展，如青羊区的"云上学习"模式、双流区的"瞿上云课堂"模式、成华区的"1+3+N"数字化学习模式、金牛区的数字化学习线上学院、龙泉驿区的"尚学龙泉"数字化学习资源库、新都区的"学在新都——新都区市民终身学习平台"。整体来看，目前区（市）县数字化学习途径主要分为三类：依托成都市民终身学习平台数字化学习阵地，推送社区教育、老年教育知识和信息，开展在线学习；有条件的自建平台或网站；微信公众号、小程序以及直播等其他新兴数字化形式。此外，成都市各级将研学、游学等体验学习方式引入社区教育学习，不仅精心打造了如"绿道·品学"课堂、青羊区"Hi 游·青羊街巷游"、锦江区"青少年城市探秘行"以及"蒲江·甘溪文创游学"等地域性研学、游学品牌项目，还立足实践基地平台，依托社会力量的资源开设了多门研学旅行路线与特色研学课程。例如，成都高新区联合高新档案馆、消防队、航天科创企业等主体开发集基地参观和职业体验为一体的"环保高新""探秘财商"等 5 条研学旅行路线，开设"货币的前世今生""我是小小消防员"等 10 门研学旅行课程。武侯区依托"水韵园综合教育实践基地"打造民族危机档案、科技创想营地等五大核心课程体系。

四、课程指南引领， 助推课程体系标准化

2011 年，原成都广播电视大学（成都社区大学）编撰出版了《成都社区教育课程建设指导性纲要》（以下简称《纲要》），成都市教育局在锦江区举办了"最成都·市民课堂"启动仪式，正式拉开了全市开展"最成都·市民课堂"的序幕。在《纲要》的指导下，各区（市）县纷纷开设市民公益课堂，锦江区根据区域特色开了"濯锦讲堂"，涵盖传统文化、生命健康、职业技能等六大课程体系，同时开发了 20 余本区级社区教育读本。青羊区整合辖区资源编印了《市民课堂选课手册》，成华区创立了"1+X"的市民课堂建设模式。自 2014 年起，"最成都·市民课堂"每年分春秋两季发布《学习地图》，扩大招生宣传。自 2016 年起，"最成都·市民课堂"采用线上报名、线下确认的报名方式，畅通参与渠道。"最成都·市民课堂"以最具成都特色、最受市民欢迎、最体现主流文化倡导为特征，在全市各级社区教育机构蓬勃开展，弘扬了社会主义核心价值观，传承了中华优秀传统文化和成都特色地域文化，帮助居民形成了科学文明的生活消费方式。

五、品牌项目开发， 凸显课程建设特色化

成都市植根区域实际、学习对象和学习需求，打造特色的精准服务载体和项目。联

动区（市）县积极开设线下课程，聚焦大政方针、通识知识、天府文化、非遗传承等主题内容，开展多种形式的线下教学班和教学活动。市级层面统筹建成"蓉e学"在线学习平台，整合各类终身教育资源学习，广泛衔接"天府市民云"等城市公共服务平台，实现多线上维度的终身教育服务，创新开展各类特色品牌活动，如"能者为师"打开了社区教育吸纳社会贤达，遴选兼职教师的新途径；"社区微学堂""最成都市民课堂""市民游学""社区雏鹰"等品牌项目向市民提供优质多元的终身学习体验。各区（市）县结合地方特色和市民需求，也纷纷打造了受市民喜爱的社区教育品牌，如成都高新区的"花YONG高新"、锦江区的"社区龙门阵"、金牛区的"慧育之家·金牛早教"、武侯区的"武侯市民·云课堂"、双流区的"瞿上生活美学"等特色各异。

六、多种措施并举，推动教育队伍专业化

成都市及各区（县）深刻意识到，高素质的社区教育队伍是社区教育发展的重要保障。为此，各地通过规范队伍建设标准、整合专业人力资源、优化人员待遇福利、创新师资培育模式等措施，积极推进社区教育兼职教师及教育工作者队伍的标准化、体系化、规范化建设。武侯区于2024年4月正式印发《关于发布实施武侯区社区教育兼职教师师资库建设系列标准（试行）的通知》，在全国率先发布和实施社区教育兼职教师队伍建设系列标准。金牛区开展"能者为师"活动，不断挖掘和培养"社区能人""草根领秀"充实兼职教师队伍，并加强与民政、妇联、卫健等多部门的合作，建立家庭教育专家、指导师队伍。成华区统筹协调各方力量，依托全区各行各业专家、大中小幼教师、公务员、在读大学生、能工巧匠等人力资源，建立了适应社区教育需要的管理队伍和师资队伍。蒲江县从2017年开始，连续开展了3批家庭教育指导师选拔活动，共选拔了36名本科家庭教育和心理健康教育专家。成都东部新区制定社区教育工作者的职业体系建设方案，岗位薪酬和职业资格补贴制度涵盖薪酬体系、职业发展路径等，给予社区教育人员合理的待遇和发展空间；同时，通过积分制度、合作超市等方式，鼓励教师和志愿者参与社区教育活动。新都区创新实施"三匠"共育、优化师资，"三强"推进、特色发展，"三步"发力、筑牢根基的"三三三"模式，广泛挖掘和培育出一批"类别丰富、结构合理、经验充足"的基层社区教育名师工作室师资队伍。彭州市打破在学校寻找老师的思路，面向全社会挖掘、发现公益课授课教师，并将其吸引到中心参加公益课的教学，其中包括中国书法家学会会员、成都市美术协会会员、文化馆馆长、社会广受赞誉的人才等，并在各类活动引入优秀第三方，有效地提升了社区教育的师资力量和整体发展水平。

七、内外交流密切，追求教育发展均衡化

对外，2016年，成都加入联合国教科文组织全球学习型城市网络，积极参与国际学习型城市建设相关活动和研究。2019年9月，成都获得联合国教科文组织全球学习型城市奖，同年10月，在联合国教科文组织中国全委会的推介下，原成都广播电视大

学（成都社区大学）与联合国教科文组织终身教育研究所成功签订《合作意向书》。先后承办"2018 亚洲教育论坛'互联网＋教育'分论坛""2019 联合国教科文组织终身学习研究所《终身学习：政策与实践》国际专家咨询论证会"等，持续提升学院国际影响力。对内，加强沪蓉城际交流，继续贯彻落实《成渝地区双城经济圈建设规划纲要》要求，推动成渝地区学习型城市建设、社区教育等共建共享，推动成德眉资终身教育协同发展；2020 年 6 月，成渝地区双城经济圈电大教育联盟成立；2010 年 10 月，首届"成渝地区双城经济圈学习型城市建设高峰对话"在蓉举行；2022 年 7 月，首届成渝地区终身教育"院长论坛"活动，有力地促进了区域学习型城市建设经验交流互鉴。充分总结国内外社区教育发展经验，努力所辖县域和城乡之间社区教育发展差异和差距，推动区（市）县域的社区教育均衡发展，促进全域社区教育优质发展。2013 年起，成都市教育局按照"以城带乡、城乡互动"的思路，启动了锦江－金堂、青羊－蒲江、金牛－邛崃、武侯－新津、成华－大邑、简阳－龙泉驿社区教育互动发展联盟工作，深入探索联盟间在社区教育课程建设、项目实践、教育科研、队伍培养、数字化学习等方面的互动交流，实现联盟间优质资源的共建共享、优势互补，提升了各地社区教育办学质量和服务水平。

八、 时空年龄突破， 绘就全龄学堂愿景化

成都市社区教育早期主要以青少年校外实体教育和各类讲座培训为主要形式，实施区域性素质教育，活动时间白天居多。在年龄、群体方面，实现了从"服务群体化"向"全龄化"转变，成都市以社区教育发展为切入点，聚焦婴幼儿、青年、老年等不同年龄段，推进社区教育与家庭教育、学校教育、老年教育的相互衔接和融合发展；在时空方面，实现了从"定时段教育"向"全时段教育"转变，社区教育服务时间实现了"白＋黑""工作日＋周末"工作模式，目前，针对年轻人抢课上"市民夜校"现象，成都也积极响应，部分调整上课时间或在夜间开设特色夜课，如东湖街道翡翠城社区"夜充电客厅"、三圣街道"星光夜校"、成龙路街道"R29 社区生活空间"、春熙路街道"春熙青年夜校"等点亮青年人新的"夜"生活。在空间方面，实现了"实体线下"向"线上线下相结合"模式转变，成都市各级社区教育工作除了实体线下教学开展活动外，还通过自建微信公众号、网站，采用直播、视频号、录播、小程序等，以及依托成都市级"成都市民终身学习平台——蓉 e 学"在线平台发布课程、资讯。为进一步满足中青年和老年人十分旺盛的学习需求，解决终身学习者和优质教育资源之间供需矛盾问题，成都市教育局和成都传媒集团正式签署"成都全龄学堂"项目合作协议，将同成都开放大学等一道，携手构建成都全龄教育公共服务平台，创新学习资源供给方式，重点服务中青年及老年人的社会化学习，全面提升成都市民群体的学习氛围和学习体验，以"成都全龄学堂"线上平台为抓手，聚合老年大学、社区学院、职业院校和青年夜校的教育和场所资源，实现公益教育资源向社会公众开放；同时，整合各级各类社会教育资源，搭建公众与资源的对接桥梁，高效推动社会力量开放办学。

成都市社区教育未来展望

"当我们谈论未来时，我们所指的只是对未来的一种表现、一种形象、一种想法。这个形象，我们认为是希望、情景、预测或远见，始终是'真实'地存在，是对未来的当前期待。"① 未来社区教育的展望需立足于已有社区教育发展经验做出合理性期待。结合已有社区教育发展经验来看，成都市未来社区教育应以人本化、数字化、生态化为价值导向，以优质的教育服务供给与智慧化学习场景为支撑，进而满足多元化参与者的多样性学习需求，促进社区整体性发展。

第一节　社区教育全纳性特色日益凸显

1994 年，"世界特殊需要教育大会"创造性提出"全纳教育"理念，强调每个人都有受教育的基本权利；每个人都有独特的特性、兴趣、能力和学习需要；学习要容纳全体儿童并满足他们的特殊需要。随后，该理念在全球范围内和各教育领域内都得到了广泛运用，成为保障个体受教育权，确保教育民主化的必要手段，同时也是确保个体接受优质教育，维护个性化公平的重要途径。2015 年，联合国教科文组织发布的"教育2030 行动框架"拓宽了教育愿景边界，将教育使命深化为全纳、公平和全民的终身学习，致力实现"确保全纳、公平的优质教育，使人人可以获得终身学习的机会"这一总体目标。2019 年第四届全球学习型城市大会、2021 年第五届全球学习型城市大会，都进一步强调终身教育的包容性，不断强调对全民终身学习，尤其是相关弱势群体的终身学习的重视与支持。在此背景下，社区教育作为终身教育服务体系的重要组成部分，应当凸显民主、平等、开放、多元、包容的教育文化，确保每个人，无论其年龄、性别、种族、经济状况或能力水平，都能够公平地获得学习机会和教育资源，允许全体居民能够在包容的环境中接受优质的教育，充分发挥个体的潜力和个性，鼓励全区所有成员紧密合作，形成教育合力，共同构建和谐共处、包容并进的社区环境。

---

　　① 卜玉华. 当前国际社会对未来教育的四种探究进路及其启示［J］. 南京师大学报（社会科学版），2022（3）：13－24.

一、筑牢社区教育全龄化

国家统计局一般将我国人口年龄划分为三个阶段：0~14岁为少年儿童人口，15~64岁为劳动年龄人口，65岁以上为老年人口。实际上，金堂县五凤镇"三龄生"这一说法形象地描述了以上3个阶段特质，即"低龄"在校生、"中龄"奋拼群、"老龄"茶话帮。据第七次全国人口普查数据，成都市全市常住人口中，0~14岁人口为2780827人，占13.28%；15~59岁人口为14392861人，占68.74%；60岁及以上人口为3764069人，占17.98%，其中65岁及以上人口为2851183人，占13.62%。与第六次全国人口普查数据相比，仅有15~59岁人口比重下降，其余年龄层人口比重均有上升趋势。在此背景下，成都市社区教育应当继续深化全龄教育理念，以多元的教育供给吸纳更多的低龄、中龄与老龄群体，完善覆盖全生命周期的教育服务体系。

（一）关切"一老一小"，增进代际融合

2021年，成都市《关于实施幸福美好生活十大工程的意见》下达"全龄友好包容社会营建工程"的主要任务，强调彰显"全龄共享·友善公益"的城市气质，聚焦"一老一小"和特殊群体，把柔性关照渗透到城市规建管运各个环节中，把人文关怀落实到衣食住行育教医养每个细微处，让每一个生活工作在成都的人都能感受到城市的温度、社会的温暖。成都市各区（市）县聚焦治理政府关心、百姓关切、社会关注的教育热点和难点问题，竭力推进全龄友好"一老一小"教育服务供给，在早期教育、青少年家庭教育、老年教育等领域先后取得显著成效。例如，金牛区的"金牛道·全龄学"终身学习服务体系，以及"金牛道·银龄学""慧育之家·金牛早教"等全国终身学习品牌；四川天府新区的全龄覆盖的社区教育示范点位，及其全方位的社区教育课程体系；成华区"社区雏鹰——青少年暑期托管服务"公益活动；青羊区的"全民、全程、全面'三全'阅读服务体系"。

在数字化浪潮和银发世纪交叠而来的时代，代际共学已成为社区教育领域的关键议题。2020年，《可持续社会的终身学习》指出"可持续发展教育的跨教育领域性不仅需要跨学科合作，也需要跨学习部门合作，从而促成学习者形成更全面、更长远的看法，超越特定环境或年龄范围，实现更创新、更包容的教育方式。代际学习是跨学习部门合作的重要组成部分，在疫情期间，其价值也得到了进一步凸显"。此类超越年龄界限的代际关系互动学习模式，不仅引导和协助老年人增进家庭互动，增进年长一代与年轻一代的相互了解与接纳，还有助于年长一代与年轻一代在"互来互往"对话讨论过程中，实现信息的相互传递与理解，促进彼此间认知性"双赢"。未来，成都市将树立"人人皆资源"意识，重视年老一代和年轻一代本身具备的知识经验，实施"一对一"或"一对多"邻里志愿帮扶小组，有针对性地回应年老一代和年轻一代的学习需求。以体验学习视角关注代际学习全过程，通过主题设计、创设情境、反思建构、实践应用等环节增强了代际学习的趣味性和系统性，促进年长一代与年轻一代的深度互动，鼓励在志愿服务活动中将所得的知识技能进行实践与验证，实现螺旋式上升的学习历程。例如，"欧

洲生活体验"项目主要面向 14~22 岁的年轻群体，围绕讲述、分享、游戏和学习四大模块进行设计与实施，通过年轻人"体验"老年人讲述的真实故事来学习老年人的人生经验和职业知识，并通过反思逐步建构和内化为自身经验。[①] 同时，采用"线上＋线下"相结合方式，搭建学习云平台，拓展代际学习的形式，打破代际学习的时空限制，扩大代际学习平台的开放性，帮助年老一代和年轻一代构建个人的"非面对面""全社会"相互交织且多元并存的代际学习网络。

（二）关爱"中龄"心理，缓解生存压力

2024 年，"成都全龄学堂"通过构建成都全龄教育公共服务平台，创新学习资源供给方式，重点服务中青年及老年人的社会化学习，全面提升成都市民群体的学习氛围和学习体验。"白天上班，晚上学艺"成为当代"奋拼族"新的生活方式。锦华区的"11＋22＋N"个市民夜校教学点及其 15 分钟市民夜校服务圈、成华区"东郊记忆·成都青年夜校"、龙泉驿区公园路社区的"睦邻夜校"、成都高新区的"高新青年汇·青春 Yeah 校"、金牛区的"混龄夜校·周末学堂"等"夜校"正在"遍地开花"，引领中青年终身学习新风潮，解锁丰富多彩的"夜生活"。从成都市"市民夜校"的"一课难求""一座难求"的火爆场面来看，中青年群体具备旺盛的学习活力与强烈的学习需求。夜校主要承担社交属性与学习属性，不再是传统意义的学习场所，而是中青年建立社交、疗愈身心的"乌托邦"。然而，从课程设置来看，目前中青年社区教育服务多集中于该群体的兴趣爱好与生活习惯，主要提供传统文化、体育健康、生活休闲等类课程。

据《中国国民心理健康发展报告（2021—2022）》显示，我国国民抑郁风险检出率为 10.6％，焦虑风险检出率为 15.8％。18~24 岁年龄组的抑郁风险检出率高达 24.1％，显著高于其他年龄组。25~34 岁年龄组的抑郁风险检出率为 12.3％，显著高于 35 岁及以上各年龄组。同时，抑郁风险检出率在收入水平与职业群体亦呈曲线变化趋势。《2022Blibili 青年心理健康报告》显示，在过去一年内，约 9776 万人在 B 站学习心理健康知识，76％为 24 岁以下的年轻人。站内心理健康相关视频播放量超 76 亿次，"焦虑""抑郁""压力"等心理相关词汇搜索量达 9930 万。"青年群体、低收入群体心理健康风险较高，抑郁与焦虑风险检出率高于其他群体；无业、失业人群的抑郁风险约为其他职业人群的 3 倍以上"，且工作、家庭与社会支持、运动状况等均与心理健康密切关联。在此背景下，成都市社区教育将格外重视"中龄"群体的心理问题，尽力协助市民克服心理困扰与纾解心理压力。

第一，从课程设置来看，一方面，需增加对"中龄"群体的就业咨询与指导，为失业、无业及求职困难的居民提供职业规划、简历制作、面试技巧等课程，并组织各类职业技能培训课程，提升居民的就业竞争力；另一方面，需开设心理调适类课程，帮助居民识别并应对抑郁、焦虑等负面情绪，并邀请心理专家以讲座、沙龙等形式组织开展情绪管理、压力管理、自我肯定等专项训练，增强个体应对能力与自我意识。此外，社区

---

① 林晓琳，关晶. 基于体验学习圈的代际学习过程设计——以国外代际学习项目为例〔J〕. 河北大学成人教育学院学报，2023，25（1）：14—19.

教育还可引入高质量的禅修、瑜伽、颂钵、芳疗、正念、冥想等新兴疗愈服务来精准对接"中龄"群体减压需求，有效缓解他们的生存压力。例如，禅修与冥想课程可教授居民通过静坐冥想、呼吸控制等方法达到心灵平静与自我专注，声音疗愈课程可教授居民借助颂钵音波放松身心，芳疗课程可教授居民通过嗅觉刺激改善情绪与提升睡眠质量。

第二，从社群搭建来看，研究表明，老年学习团队具有"疗愈效应"，帮助老年成员减少了因角色丧失、角色转变、环境变化、生活变化等带来的消极情绪，以求乐求趣丰富心理体验。[1] 成都市各区（市）县可借鉴老年学习团队的成功经验，鼓励居民基于共同兴趣或共同境遇自发成立学习团队与互助小组，通过朋辈交流、兴趣学习及志愿服务等方式完善个人的社会支持网络。

第三，从空间布局来看，各社区需要优化社区内绿地、花园等自然空间，在宁静美丽的自然环境中巧妙设计减压空间和设立多功能共享休闲区，吸引居民走出家门，提升生活质量和幸福感。

二、巩固社区教育全员化

《中共中央关于坚持和完善中国特色社会主义制度　推进国家治理体系和治理能力现代化若干重大问题的决定》明确要求"加快发展面向每个人、适合每个人、更加开放灵活的教育体系，建设学习型社会"。当基于以人民为中心的发展思想构建"面向每个人、适合每个人"的教育体系时，不仅需要在个体意义上进行思考，更需要在社会结构意义上进行追问，即对各类社会人群及其生活条件进行具体而细微的系统研究。

（一）聚焦新兴业态，创新教育服务

互联网平台催生的新就业形态，已经发展成为我国吸纳就业的重要渠道。2023 年，人力资源和社会保障部办公厅印发《新就业形态劳动者休息和劳动报酬权益保障指引》《新就业形态劳动者劳动规则公示指引》《新就业形态劳动者权益维护服务指南》等文件将"新就业形态劳动者"界定为"线上接受互联网平台发布的配送、出行、运输、家政服务等工作任务，按照平台要求提供平台网约服务，通过劳动获取劳动报酬的劳动者"。

以快递行业为例，2018 年《关于分类推进人才评价机制改革的指导意见》、2019 年《国务院办公厅关于印发职业技能提升行动方案（2019—2021）的通知》相继出台，为我国人才评价与培养指明新的方向，推动快递行业职业技能培训计划的生成，在此基础上形成了全国邮政行业人才培养寄递遴选和管理办法、快递员国家职业技能标准、快件处理员国家职业技能标准等，推出职称评审，加强快递行业从业人员的教育培训工作，促进其职业发展。在此背景下，我们不得不正视一个现实：未来社区教育在人文关怀的基础上需要更加关注这一群体的职业培训与个体发展，这不仅是提升他们职业竞争力的关键，更是推动快递行业乃至整个社会的可持续发展的重要途径。

---

① 邵聪祎. 老年学习团队参与成效研究——以上海市老年教育星级学习团队为例［D］. 上海：华东师范大学，2024.

首先，快递行业从业人员存在两大问题：一是一线员工学历水平低，综合素养有限；二是高层次专业知识人才缺失，主要表现在物流相关专业设置少，且以大专为主。[①] 上海市于 2016 年推出《关于开展百万在岗职工学历提升计划的通知》，与餐饮、物流、物业、家政等八大行业共同促进行业技能人才培养，通过与社区学院、高校继续教育学院、开放大学合作，开发课程。未来，成都市将通过政府、社区与企业网点合作，共同探索快递基层员工学历提升计划的相关标准与课程开发，着重关注综合素质、通用基本能力培养，如职场心理调适、基本行业规范、人际沟通技能、读写计算能力等，提高快递基层从业人员职场应对能力。

其次，在积极响应快递小哥这一新兴职业群体的多元化发展需求上，重庆市启动首期"网约配送员"新职业培训班，培训主题涵盖"快递员作业安全操作""快件内部处理技巧""快递员服务礼仪及服务规范演练""突发异常情况紧急处理"等，全面提升从业者的专业素养与实践能力。上海市宝山区由区委组织部牵头，联合区总工会、区交通委、区商务委等部门，依托社区治理学院丰富的师资和课程资源，为快递小哥、货车司机等新就业群体精心设计生活技能、职业提升、地区文化、亲子教育、健身锻炼等课程。浙江省台州市路桥区数字商贸技能赋能中心为快递小哥量身定制从理论到实践的全流程培训体系，聚焦 AI 直播、抖店运营、短视频剪辑等在内的前沿直播技能培育，为快递小哥职业发展开辟新道路。未来，成都市将参照国家发布的快递从业资格、国家资格标准，联合相关企业与行业协会，制定符合不同阶段、不同岗位的针对性技能培训计划。同时，借鉴重庆、上海、台州等地的创新举措，全方位关爱快递小哥的生存需求与城市融入需求，依托丰富的社区教育课程资源，灵活调整授课时间与活动方式，如开设"夜间课堂""周末充电站"等，确保他们兼顾工作与学习，丰富生活体验，从而提升他们的生活幸福感与城市归属感。

最后，国家邮政局联合相关部门于 2023 年举办第四届全国邮政行业职业技能竞赛与第八届全国"互联网＋"快递业创新创业大赛，组织开展第一批和第三批全国邮政行业人才培养基地评估，推动共建学院和行业职业教育发展。2024 年，成都市新都区成功举办"2024 年成都百万职工技能大赛新都区快递员技能比赛"，辖区内中通快递、圆通快递、韵达快递、京东快递等企业及网点的近 60 名快递员参与比赛。未来，成都市将秉持"以赛促学，评奖树优"核心理念，持续策划并举办系列兼具实效性与创新性的快递行业职业技能竞赛与创新创业大赛，紧密围绕行业发展的前沿需求，深度融合最新技术、服务标准和管理理念，采用线上线下相结合的方式拓宽参与渠道，激发广大快递从业者的参与热情与创造潜能。同时，加大对优秀选手和项目的表彰与奖励力度，以荣誉与激励双轮驱动提升从业者的心理体验。

（二）优化学历教育，提升工作素养

OECD 自 2022 年起面向 25～64 岁人口开展就业率统计数据显示，2023 年未完成高

---

① 华晓月. 风雨速递：我国快递行业及群体发展刍议［A］//上海终身教育研究院. 中国终身教育研究（第二辑）［C］. 上海：上海交通大学出版社，2022：56.

中教育、完成高中和中学后非高等教育、完成高等教育的平均就业率分别为 59％、77％和 86％。数据表明，学历层次与就业率存在正相关关系，就业率随受教育程度提高而提高。2023 年，OECD 国家拥有高等教育学历的成年人的失业率比没有高中和中学后非高等教育学历的成年人低 8％，且失业时长也相较其他学历层次最短。这表明失业率和失业时长与学历层次存在负相关关系，两者随受教育程度提高而降低或减少。此外，《教育概览》还深入剖析了受教育程度对就业稳定性、劳动力市场差异及收入变化等多维度的影响，进一步强化了教育与就业之间不可分割的紧密联系，揭示了教育在促进个人职业发展中的关键作用。

学历提升是新就业群体开启新职业生涯和迈入更高职业发展阶段的基础。在知识技能快速迭代更新的智能化时代，无论学历层次高低，每个人都应该在不同阶段更新自己的知识，在掌握专业知识的同时科学合理优化知识结构，强化知识储备，及早形成不懈追求的专业发展动力。

《成都统计年鉴（2023 年）》数据显示，2022 年城镇新增就业人数 25.31 万人，同比减少 4.2％；失业人员再就业人数 9.01 万人，同比减少 24.5％；城镇登记失业人数 17.79 万人，同比减少 7.7％，城镇登记失业率为 1.95％。面对在职群体与择业群体的就业境况，未来，成都市将通过创新指引成人学历教育的长远发展，为成人学员开辟更多发展渠道。通过整合辖区内提供学历教育的相关机构及其专业力量，撤销部分尚不符合标准的助学机构，优化办学系统，提升已有资源的利用效率，并从考核、招生、教学等方面提升学历教育的规范水平。借鉴办学主体借助企业资源发展成人教育的成功经验，加强与企业的合作，为学员提供实践机会，促进实践能力提升。在互联网与成人高等教育深度融合背景下，积极引入微课、慕课等信息化资源，引导学员充分利用信息技术了解行业发展现状，拓宽学习视野，掌握利用信息工具解决问题的能力，通过融入新思路、变革传统工作方法形成成熟的工作模式。

三、夯实社区教育全域化

为实现城乡处处都能"有学上""上好学"，成都市出台《关于统筹推进城乡义务教育一体化促进全域优质均衡发展的实施意见》，统筹解决"乡村难""城镇挤"问题，促进全域成都义务教育优质均衡发展。从此来看，"全域"作为地理概念，涵盖成都市行政管辖范围内的所有区域，包括城市核心区、郊区、远郊乡镇及农村地区，强调地理空间上的无差别、全覆盖的教育资源配置理念。

（一）覆盖城乡全域，深入基层群众

目前，成都市形成了由 1 个开放大学、23 个社区教育学院、216 个社区教育学校和 3034 个社区教育工作站组成的管理机构，基本形成了覆盖城乡、吸纳全民的社区教育服务体系，优化了社区教育便民服务"最后一公里"。坚持协同均衡发展，大力推进院落学习、楼组学习，形成便民、惠民学习圈，因地制宜开展针对性学习项目，精准对接市民与区域发展需求。例如，成都东部新区高明镇提出"留守儿童在哪儿，就把活动开

到哪儿"的口号,在居民小区、农村院落、山野绿地等空间创造性开展"行走的课堂",让教育服务扎根基层、活跃基层。蒲江县依托乡镇的文化站开展社会教育活动,利用闲置的村社区办公场所建公益早教室建立 28 个村(社区)早教中心,每个早教中心全年常态化开课不少于 30 次,年均 3.5 万人次受益。

教育部发布的《学习型社会建设重点任务》明确了 2023 年至 2025 年的建设目标,包括全面推进县域社区学习中心建设,2025 年基本实现县(市、区)社区学习中心全覆盖,社区教育发展趋势和目标共同指向了更加普及、多元化和高质量的社区教育体系,以满足不同群体的学习需求,促进社会和谐与个人全面发展。未来,基于四级社区教育服务体系,成都市将增设如睦邻学习点、人文行走学习点、社会学习点等多个"学习点",将其作为终身教育、社区教育的下沉场所,为广大市民提供更加便捷、灵活地享有终身学习机会。同时,成都将依托于"未来公园社区"建设事业,推动教育场景与未来社区其他场景资源叠加融合,转化为市民可参与、可共享、可服务的多功能场景,使其为终身学习服务,为建成优质高效、泛在共享的学习型未来社区服务。

(二) 培育学习团队,激发基层活力

社区学习团队是社会治理和社区教育的重要载体,也是城乡居民实现美好生活的草根组织单位和社会凝聚的黏合剂。① 2016 年,《教育部等九部门关于进一步推进社区教育发展的意见》将"推动各类学习型组织与学习共同体建设"作为加强社区教育基础能力建设的主要任务之一,明确指出"鼓励和引导社区居民自发组建形式多样的学习团队、活动小组等学习共同体,实现自我组织、自我教育、自我管理、自我服务"。上海市自《2012 年上海市终身教育工作要点》提出,完成 600 个老年人学习点的建设,完成培育 2000 个老年人学习团队,举办社区优秀学习型团队经验交流会。多年来,在"万"个老年学习团队培育规划的引领,以及老年教育星级学习团队评选活动的激励下,2022 年,全市 16 个区共有 2 万余个星级学习团队,全市星级学习团队学员总数达 48 万余人。如此如火如荼的建设盛况充分表明,老年学习团队作为深受市民欢迎的一种颇具创新活力的学习模式,成为社区教育、老年教育"重心下移"的重要环节,引导老年人从传统学校教育模式下的接受式学习转向自导式学习,即从被动、单向的个体学习转向主动、互助的群体学习。

成都市早在 2015 年就深刻意识到市民自主学习团队对推进学习型城市的重要作用,在《成都市关于推进学习型城市建设的意见》中指出,打造遍布城乡的市民自主学习团队,培育积极向上的组织文化和学习文化,增强各类组织、团队的凝聚力和创新力。2016 年,《成都市社区教育促进条例》明确"社区教育机构应当加强对社区教育学习团队的指导,促进社区居民自主学习团队的建设"。2018 年,成都市人民政府办公厅印发的《关于加快老年教育发展的实施意见》提出,要探索老年人学习团队的成长发展规律,培养凝聚力强、有影响力的学习型团队领袖,扶持培育自主学习示范团队。截至目前,成都市先后培育了近 2000 个社区居民自主学习团队。

---

① 张永,汪国新. 社区学习团队的概念丛林及突围 [J]. 终身教育研究,2019,30 (1):34—40.

未来，成都市将深化市民自主学习团队建设理念，正视社区学习团队作为社区教育办学网络的重要组成部分，制定地方性政策文件，明确市民自主学习团队的性质、地位、职能、权利、义务及设立条件、运行机制等，建立健全市民自主学习团队的服务保障制度与团队经费资助制度，以项目经费或人均经费等形式按期分级提供资金补助。在鼓励广大市民自发组建多样化自主学习团队的同时，发挥政府主导作用，成立成都市市民自主学习团队指导中心，遵循《成都社区居民自主学习团队培训指南》落实学习团队的培育工作，根据各区（县）的教育情况、区域特点、人口数量等维度差异化制定市民自主学习团队的建设数量，全市市民自主学习团队总数翻一番，惠及人数翻一番。定期组织团队内的带领人、骨干成员开展有目标、有计划的培训活动，引导他们分层次、分步骤、分阶段地开展理论学习，提高他们的理论素养与实践能力，深化团队内涵式发展的认识，掌控好团队前进方向。与专业研究力量展开深度合作，共同探索市民自主学习团队的成长规律，以专业力量与成熟模式联合培养具有凝聚力和影响力的团队领袖。

第二节 社区教育数字化水平显著提升

2023 年，习近平总书记在黑龙江考察期间首次提到"新质生产力"概念，强调"积极培育新能源、新材料、先进制造、电子信息等战略性新兴产业，积极培育未来产业，加快形成新质生产力，增强发展新动能"。所谓"新质生产力"，是指由技术革命性突破、生产要素创新性配置、产业深度转型升级而催生的先进生产力质态，是创新其主导作用，摆脱传统经济增长方式、生产力发展路径，具有高科技、高效能、高质量特征，符合新发展理念的先进生产力质态，是以劳动者、劳动资料、劳动对象及其优化组合的跃升为基本内涵。在此时代背景下，教育与新质生产力之间产生了一种既相互依存又相互驱动的共生关系：一方面，教育塑造高素质人才、激发人才创新活力直接服务与新质生产力的发展；另一方面，新质生产力的形成和发展为教育孕育了先进的信息技术、人工智能等条件，教育领域迎来了前所未有的变革，"要把人工智能技术深入到教育教学和管理全过程、全环节"。鉴于此，成都市社区教育需要深化教育变革，拥抱数字化时代，着力提升数字化水平：一要引进先进的信息技术和人工智能手段实现教育教学的智能化；二要捕获大量的学习行为数据，优化教育资源个性化配置与教育教学精准化服务，提高教育服务效率和质量；三要创设多种智慧学习场景，以具身化、体验性、沉浸性、引导性服务促进生活与学习的有效融通。

一、推进社区教育技术手段应用

自 2004 年起，教育部积极倡导并推进社区教育信息化、数字化建设，发布的《教育部关于推进社区教育工作的若干意见》提出要积极创造条件，充分运用播放教学光盘、收视卫星电视教育节目等现代远程教育手段，使有条件的街道（乡镇）都能够开展现代远程教育，构筑起社区居民全民学习、终身学习的平台。2010 年，《社区教育示范区评估标准（试行）》纳入"五类社区"创建指标，强调数字社区的重要性。2014 年，《关于推进学习型城市建设的意见》进一步强调，有效应用现代信息技术，拓展学习时空，将促进全民终身学习安如城市信息化建设；加强终身学习网站、数字图书馆、数字文化馆等公共学习服务平台建设。2016 年，《教育部等九部门关于进一步推进社区教育发展的意见》明确要求推进社区教育信息化，充分利用现代远程教育体系，结合或依托社区公共服务综合信息平台建设，建立覆盖城乡、开放便捷的社区数字化学习公共服务平台及体系。2019 年，《中国教育现代化 2035》强调，加快信息化时代教育变革，智能化校园与一体化教学、管理与服务平台的建设成为重点，同时鼓励数字教育资源共建共享，创新教育服务模式。

（一）优化在线平台，改善应用性能

成都市作为实践先锋，其"成都市民终身学习平台"于 2011 年被教育部授予"终身学习公共服务平台模式研究及示范应用"项目。随后，通过《成都市构建和完善覆盖城乡吸纳全民的终身教育体系实施方案》《成都市社区教育促进条例》《成都市学习型城市建设提升行动计划（2019—2022 年）》等系列文件持续推动数字化学习，加大数字化资源供给，强化数字学习资源能力建设，构建全民数字化学习网络。目前，成都市初步建成"成都市终身学习教育资源库"和"成都市民终身学习公共服务平台——蓉 e 学"，已形成"1 库 N 网"公共服务平台架构。各区（市）县结合自身实际，通过依托市级学习平台推送教育资源，自建平台或网站，运用微信公众号、小程序及直播等数字化学习形式等路径推进数字化教育。

数字化学习模式主张利用现代远程教育技术手段，充分挖掘区域内各类教育资源，最大限度地整合满足市民需求的优质学习资源，及时提供终身学习的各类学习资讯，搭建起内容丰富、使用灵活、高效开放的集自主学习、理论研究、品牌推介、互动交流、课程展播、信息发布、学习成果认证与学分转换为一体的"市民学习公共服务平台"，如"成都市民终身学习平台——蓉 e 学"。值得注意的是，社区教育平台的建设要将服务作为安身立命之本，应当有效利用卫星电视和计算机网络等现代远程教育手段，建立网络教室、电子阅览室等现代教学设施，收集教育教学资源，特别是优秀教师的课堂教学实录、多媒体课件、试题库、拓展性阅读资料及与课堂教学有关的课改资料等，建立教育信息资源库，实现更大范围内和更高意义上的优质教育资源的共享，满足不同层次学习者的需要，使学习资源中心成为学习者接受现代远程教育的工作站或教学点，成为优质教学资源的集散地。[①]

未来，成都市既要始终围绕用户体验优化平台设计，尤其是考虑老年人的特点和需求，开发适老性高的在线互助学习平台，确保学员学习系统简洁直观、操作便捷，又要充分利用数字化学习管理平台的统计功能，将学习时间、学习进度、完成度、互动参与度等多个维度纳入评价体系中，设立学习排行榜，识别并表彰优秀学习者，并设置相应的奖励机制，鼓励"用学习成果换取再学习机会"。同时，高度重视数据安全与隐私保

---

① 张永. 社区教育内涵发展论［M］. 上海：上海教育出版社，2018：190.

护，采用先进加密技术与安全协议确保学习数据和用户信息的安全传输和存储，建立完善的数据管理制度和隐私保护政策，保障学习者的合法权益。

（二）扩充资源储备，严控资源质量

社区教育资源随着信息技术发展、数字化学习普及也突破传统教育资源在人员、地域、时间等方面的多重限制，处于不断扩充和更新状态中。成都市在社区教育数字化资源建设上已取得卓越成就，构建了规模宏大、内容丰富的资源库。目前来看，社区教育数字化资源主要表现为数字文献资源、课件学习资源、视频学习资源等。例如，"成都市民终身学习平台——蓉 e 学""线上学习"发布课程资源 10953 门，涵盖公民素养、文化涵养、艺术修养、体育运动、实用技能、家庭与生活、健康与养生、特色课程八大系列 45 类。"数字图书馆"专栏引入电子书 130 万种，有全国 1000 多家专业图书馆的大量珍本、善本图书等稀缺文献资源，目前收录期刊总量 6500 种，其中核心期刊 1000种。"线下课堂"利用互联网＋搭建"人民优学"社区教育平台，整合各类社会资源，入驻社会教育师资 160 个，图书馆、博物馆等公共学习资源 5 个，总上传课程 224 门，为学员提供包含公民教育、艺术才能、生活兴趣、运动健身、职业技能、教育学习六大类学习资源，课程形式多样，包含游览学习、课堂学习、户外实践、亲子互动等形式。此外，各区（县）积极将传统课程转化为微课资源的同时，更广泛激发市民创作热情，鼓励自制微课并上传至数字化学习平台。青羊区市民已成功开发出 70 余门微课，其中不乏荣获全国社区教育优秀微课程的佳作。

鉴于社区教育数字化资源建设本质上是一个持续演进、迭代优化的动态过程，未来，成都市将首要梳理各区（县）已建的数字化学习资源，建立资源共享机制，打破资源壁垒，将优质资源面向全社会提供开放性服务，消除各资源库之间的孤立、松散状态，避免重复、低效建设，实现资源间的互联互通与优势互补，促进数字化学习资源的均衡发展。其次，通过多种渠道搜集并筛选优质的教学微课资源，为教师构建集学习、交流、分享于一体的微课程资源库，不仅收录高质量的视频资源，还配套提供教学设计、教学反思、作业示例等材料，帮助教师全面理解并灵活运用微课资源。待资源库建设成熟后，将在全市范围内进行推广，并举行线上线下相结合的培训会与研讨会引导教师认识并充分利用资源库，加强他们的微课开发技术。最后，借鉴上海市长宁区"五全"资源审核工作机制及信息技术赋能数字化学习资源审核的工作经验，成都市编撰出版《成都社区教育数字化课程建设指导性纲要》，明确数字化学习资源建设标准与规范，构建全面的数字化资源质量保障体系，进而确保选题的科学性、内容的准确性、编排的合理性、教育的适用性。同时，采用先进技术辅助内容筛查，提高审核效率，并建立专家评审机制，对资源进行专业评估，确保资源的权威性和专业性，整体推动数字化资源建设实现从单纯追求"量"的累积向全面关注"质"的飞跃的转型。

二、强化社区教育数据要素赋能

2019 年，《中共中央关于坚持和完善中国特色社会主义制度 推进国家治理体系和

治理能力现代化若干重大问题的决定》将数据作为与劳动、资本、土地、技术、管理并列的生产要素。不同于传统生产要素，数据要素具有虚拟替代性、多元共享性、跨界融合性、智能即时性等特征①，缓解了传统生产要素的短缺性难题，保证了数据的即时处理、分析和反馈，动态应对消费者多样化的需求，以便提供快速、灵活弹性的供给。大数据时代，数据要素已经渗透到人类生产和生活的方方面面。在教育数字化转型中，数据要素扮演着核心角色，已成为推动教育变革、提升教学质量、优化资源配置、实现个性化教学的重要驱动力。

（一）收集动态数据，投送精准服务

首届学习分析与知识大会将学习分析定义为"测量、收集、分析和报告有关学生及其学习环境的数据，用以理解和优化学习及其产生的环境的技术"，相关研究主要集中于学习分析服务（包括开放数据集服务）框架、分析方法、工具与可视化工具领域。其中，学习分析也被称为教育数据挖掘，自 2008 年以来已经成为一个专门的领域。同时，学习分析技术对学生、教师、管理者、研究者等的重要价值已得到国内外多项研究证实。

学习分析技术基于学习行为数据的分析为学习者精准投送教育资源与服务，便于开展适应性、个性化、自我导向式学习。在实践中，青羊区借助"互联网＋"、5G 等新技术建立实时、完整的社区教育学习信息数据收集和交互系统"实时数据监测屏"，动态收集用户学习注册数、类型分布、地理分布、每月活动数量、课程播放量和用户活跃度等数据，逐步实现对不同学习场景，不同学习人群的定向细分，为社区教育发展策略的优化提供决策依据，构建以"学习者为中心"的学习环境。

展望未来，学习分析技术的应用前景依旧广阔。一方面，通过无缝对接大数据分析系统与学习数据实时记录机制，实现学习者教育信息化平台之间的数据互联互通，细化每一位学习者的学习数据，深入剖析每位学习者的个性化需求，以便不断优化网上学堂的支持服务，深化数字化资源的挖掘，以丰富的学习体验吸引市民参与智慧学习中；另一方面，"因与学和人有关，因此数字化学习资源的建设注定不能以流水线式的刻板工程化流程来进行，它需要有'活'的灵魂"②。通过前期介入、内容筛查和实时监控管理，为学习者定制个性化学习路径，还可以针对人群的特点及其差异设计多样化资源，将适合不同人群的资源安装到相应的网站或对资源进行合理分类编目，确保资源便捷且精准地投送每一位学习者面前。

（二）培养数据思维，强化数据驱动

学习分析技术可基于学习行为与教学行为的数据分析为教师及管理者提供评估课程资源和教学活动的有力工具，促进教育及学习全过程的精细化监控，从而调整教学策略

---

① 李海舰，赵丽. 数据成为生产要素：特征、机制与价值形态演进 [J]. 上海经济研究，2021（8）：48－59.

② 张银，王兴玲，刘鹏. 数字化学习资源建设的问题与对策 [J]. 计算机教育，2012（1）：10－13.

和管理决策，确保一切教育活动和学习资源更加贴合学习者需求，进而提升社区教育质量与增强终身学习成效。学习分析技术的核心在于对数据的分析和应用，这与"以数据为驱动、注重数据洞察力"的数据思维不谋而合，二者之间存在密切关系。数据思维是人们在数据基础上获得新认知和创造新价值的源泉，涉及数据采集、数据关联分析、用户画像以及预测等能力。从本质上讲，它是人类利用数据创造价值的思维能力。[①] 教育数据思维是指教师以教育数据为基础，运用数据科学、统计学相关知识对数据进行分析、比较、应用，创造性地形成解决教育问题的思路与方法，以实现教育模式的创新与变革的思维活动，具体可由数据量化思维、数据关联思维、数据驱动思维、数据反馈思维四个要素构成，凸显关联性思考、基于数据的决策、数据结果的辩证审视、数据的价值创造等特征。[②]

未来，为引导教师将数据转化为有意义教学信息、全面提升教育服务质量，成都市将从以下方面着力培养教师教育数据思维和学习分析技术：

第一，开展系列培训活动组织教师系统学习教育数据的概念、结构、特征、来源等内容，明晰教育数据的价值认识，树立数据驱动教学意识，强化数据素养。教师的视频研究学习指向于沟通理论与实践的双向学习、基于实践证据的新型合作学习、记录真实场景的可视化学习。通过视频的形式记录真实的课堂情况，捕捉教学中的关键事件和细节，并借助相关的视频标注软件，实现同事、专家的分析解读与课堂实践活动交融。[③]

第二，依托信息化教学平台、公共数字化学习平台，收集和整理学习者学习行为和教师教学行为数据，并运用数据处理软件对其进行存储、加工、变换等基本处理后，通过描述统计、相关分析、回归分析等挖掘数据内在价值，建立教与学之间的数据联系。同时，尝试从管理者、学习者、研究者等视角解读数据，挖掘数据的深层次价值，寻求社区教育教学实践的新出路。

第三，搭建数据可视化平台，精准描绘学习者画像，为教学策略选择、教学资源准备、教学流程设计等提供有力支撑。同时，强化软硬件维护，建立专业运维体系，设立专职团队负责在线教学管理、软件应用培训、视频剪辑等方面的技术支持，确保教师在线教学无压力，技术难题即时解决，有力保障在线学习的顺畅开展。

三、打造社区教育智慧学习场景

互联网、大数据、云计算、人工智能等新兴技术的发展与融合不仅促进人与物、物与物之间实现互联互通，还引发教育者、学习者、学习资源、学习环境、教学方式等要素发生深刻变革，丰富了教育场景的维度，推动了教育改革与教育信息化过程。"未来

① 李新，杨现民. 教育数据思维的内涵、构成与培养路径 [J]. 现代远程教育研究，2019，31（6）：61－67.
② 李新，杨现民. 教育数据思维的内涵、构成与培养路径 [J]. 现代远程教育研究，2019，31（6）：61－67.
③ 周亚东. 论教师学习的视频研究转向 [J]. 首都师范大学学报（社会科学版），2019（4）：161－167.

学校与教育模式的改变，不仅需要转变学习内容和学习经验，也必须创新教学方法"[①]，当传统的教室无法满足学生的学习需求时，学习场景的重新设计将至关重要[②]。如何将先进的信息技术融入日常学习生活中，打造沉浸式、互动式的学习环境，将成为未来成都市各区（县）社区教育办学机构及相关部门共同探索与实践的重要方向。

（一）融合虚拟技术，增强体验学习

在数字时代背景下，社区教育的场景化服务亦将成为新时期社区教育探索的重要议题。社区数字化学习多表现为基于平台的学习或基于资源的学习，而当引入"场景"要素时，可在虚拟空间模拟和再现各类现实真实事件与情境，以仿真的学习体验增强学习的趣味性与生活化。例如，上海市静安区"3D创意屋"让市民通过动手实践与虚拟设计的双重体验，了解如传统的金工、机床、钻铣台等工业加工过程，还可以亲手运用3D计算机软件自由创作。[③]

《2019年成都市社区教育工作要点》提出要拓展社会学习阵地，支持各区（市）县整合高校、中职学校的人力资源、课程资源和实训场地资源，开展社区教育工作，建立市民学习体验基地。这些特色鲜明的市民学习体验基地已成为社区教育的重要载体，成为推动终身学习、构建学习型社会的重要力量。

未来，在借鉴成功项目经验基础上，成都市将充分利用各个市民学习体验基地的数字资源，主动贴合社区教育数字化转型的实际需求。在打破传统课堂式学习束缚的同时，引入如虚拟现实（VR）、增强现实（AR）等前沿技术，并研发支持人机互动、仿真交互的数字化学习小程序，打造一个集趣味性、互动性和实效性于一体的学习生态系统，深化"做中学、学中做"的教学理念。在此基础上，成都市将精心构建一系列如"虚拟博物馆""虚拟陶艺馆"等数字化学习空间，让学习者在沉浸式的体验中，深刻理解并掌握理论知识与操作技能。

（二）创设智慧场景，复现生活情境

智慧学习场景将知识与场景相结合，使之成为信息表征和内容组织的主要方式，并通过模拟真实场景，将生活与教学相融通。2020年，成都市高新区与上海市长宁区教育局签订了"合作办学协议"，挂牌建立"上海市长宁区社区学院成都基地"，协同推进"上海市终身教育数字化学习协作组"项目，依托"数字长宁"品牌，共建高新市民学习云空间，探索智慧学习场景新运用，着力开展社区教育管理、干部培养交流等工作。

上海市长宁区社区学院在长宁市民学习中心、新泾镇文化中心、仙霞新村街道社区为老综合服务中心等5个社区老年人集中活动的场所，着力建设接近真实、深度沉浸的智慧学习场景，"智慧金融""智慧厨房""智慧客厅""智慧康养""智慧生活"五大学习场景成为老年教育数字教育进社区行动的有效载体和重要阵地。例如，"智慧金融"

① 王永固，许家奇，丁继红. 教育4.0全球框架：未来学校教育与模式转变——世界经济论坛《未来学校：为第四次工业革命定义新的教育模式》之报告解读［J］. 远程教育杂志，2020，38（3）：3-14.
② 宋亦芳. 场景化设计：社区数字化学习路径重构［J］. 职教论坛，2022，38（3）：73-82.
③ 宋亦芳. 场景化设计：社区数字化学习路径重构［J］. 职教论坛，2022，38（3）：73-82.

学习场景以"智慧金融畅享美好生活"为主题，内设智慧生活教学区、移动支付交互区、自助购物体验区，将日常生活中数字金融情境引入展厅，将数字金融生活与教学融通，提升市民数字金融素养。上海老年大学钦州书院"智慧生活体验教室"建立了"科技岛""金融交通岛""生活岛""快乐岛"等智能应用场景，根据老年人在出行、就医、消费、文娱、办事等方面的高频事项和服务场景中所遇到的实际困难，开发了"安心支付，智能出行""健康体验与智能就医""视频拍摄与制作"等多门体验课程。同时，依托"智慧生活""智慧阅读"等体验设备，将"瀑布流"电子图书借阅机、手机支付无人售货机、智能自助咖啡机、智能自助咖啡机、智能机器人等设置在各个楼层多个区域，让老年人在校园中可以随时触摸、学习和使用。①

未来，成都市将紧密结合"智慧蓉城""智慧社区"建设事业，借鉴他市的成功经验，在社区公共场所、文化活动中心落实"智慧学习场景"建设工作。社区教育办学机构将增设智慧教室，形成智慧学习场景，或依托社区各类市民智慧学习点位与相关部门合作因地制宜增加智慧学习场景，优化全市智慧学习场景布局。同时，秉持"从生活中来，到生活中去"的理念，挖掘市民日常生活事件，凝练市民生活场景的多元主题，紧密围绕"适应生活"目的，通过简化、合并、优化等处理对场景主题及内容进行改造与升级，令学习内容更加贴近实际，增强学习者的参与感与共鸣。此外，在构建智慧学习场景时，不仅要注重实体空间的舒适性与功能性，还要增加虚拟空间的仿真度，并在此基础上，探索实体空间与虚拟空间的联动性，增强对学习者的吸引力和感染力。

第三节 社区教育共生体建设持续优化

"'共生'作为一种关系型思维方式，不但承认'自我'，还要肯定'他者'的独立价值，以及'自我'与'他者'之间不容忽视的相互依存关系。"② 在此视角下，共生强调超越个体界限、基于相互理解和尊重的共存状态，强调关联物之间的依存关系，强调异质关联物基于共生价值的互补进化③，以达到彼此独立而又相互依赖、相互促进的互惠发展状态④。在教育领域，共生理念不仅促进了教育资源的高效配置与利用，更为构建开放、包容、可持续的教育生态系统提供了可能。未来的社区教育在共生理念的引领下，将以全新的生态视角审视教育的本质、价值、动力，试图超越传统的教育模式与框架，关注内部各主体间的协调共生以及与外部环境的深度融合，持续优化社区教育共生体建设。

① 宋亦芳. 场景化设计：社区数字化学习路径重构 [J]. 职教论坛，2022，38（3）：73-82.
② 刘远杰. 城乡教育共生：一项教育哲学探索 [J]. 教育学术月刊，2017（3）：3-15.
③ 刘远杰. 城乡教育共生：一项教育哲学探索 [J]. 教育学术月刊，2017（3）：3-15.
④ 赵斌，杨银. 共生理论视域下我国融合教育发展的困境与反思 [J]. 教师教育学报，2018，5（6）：1-7.

一、做实社区教育系统共生体建设

2004 年，《关于推进社区教育工作的若干意见》指出，要充分利用、拓展和开发各类教育资源，形成社区教育培训网络，强调"要在整合、利用现有教育资源基础上，形成以区（县）社区教育学院或社区教育中心为龙头，以街道（乡镇）社区教育学校为骨干，以居委会（村）社区教育教学点等为基础的社区教育网络，满足社区居民多样化的教育需求"。2016 年，《关于进一步推进社区教育发展的意见》提出，"通过整合资源，建立健全城乡一体的社区教育县（市、区）、乡镇（街道）、村（社区）三级办学网络"，并强调"各省、市（地）可依托开放大学、广播电视大学、农业广播电视学校、职业院校以及社区科普学校等设立社区教育指导机构，统筹指导本区域社区教育工作的开展"。社区教育办学网络是指社区教育指导管理、教学服务任务的，由各级各类办学机构通过整合形成并在社区全面布局的办学体系，确保社区教育既要能满足纵向延伸的有效性，又要能满足横向扩展的整合性。[①]

（一）立足办学网络，提升管理素养

纵向来看，成都市已确立了以市级社区大学为龙头，以区（市）县级社区教育学院为主体，以街道（镇）社区教育学校（成人学校）为骨干，以社区（村）教育工作站为基础的常规"四级"社区教育办学网络。社区大学、社区教育学院负责课程开发、教育示范、业务指导等；社区教育学校负责组织实施社区教育活动，指导社区教育工作站；社区教育工作站为居民提供灵活便捷的社区教育服务。如锦江区等部分区（市）县在此基础上增设院落学习室，逐步形成了"五级"社区教育办学体系。整体而言，全市 23 个区（市）县均已健全区、街、居三级社区教育组织机构，形成了学院、社区教育学校和社区教育工作站三级办学网络。横向来看，全市致力于构建了"多元主体共联、多元平台共建、多元组织共商、多元资源共用、多元服务共享"的多元互动式社区教育网络，联合家庭、学校、社会、企业多方力量共建育人新生态。例如，成都高新区着力构建家庭、学校、社会、企业"四位一体"的教育服务体系；金牛区逐步形成了"1＋7＋N"的"一校多点"办学格局；新都区重视高校与社区教育"双赢"合作模式。

经过多年实践，成都市深刻认识到，一个高效、稳健运转的社区教育办学网络离不开科学合理的管理决策与前瞻性的规划部署，而这些关键要素与各级办学机构管理人员的专业素养紧密关联。未来，成都市将格外注重管理人员的素养提升与能力培养，通过组织定期性、系统化培训项目，传授先进的教育理念与管理知识，深化管理人员对社区教育的认识，了解社区教育发展的新趋势，洞悉社区教育发展的未来走向。此外，成都市还将引入科学、全面的评价体系，对管理人员的专业素养与管理成效进行多维度评估，确保结果的客观性、公正性，并及时反馈结果，帮助管理人员精准识别自身不足，明确改进方向。对于表现优异的管理人员，成都市将给予表彰与奖励，以此激发管理人

---

① 宋亦芳. 教育现代化视域下社区教育办学网络的重构 [J]. 职教论坛，2019（9）：102−110.

员及团队的积极性与创造力。

（二）完善管理体制，重视制度匹配

实际上，社区教育的推进与发展是一项涉及多个部门协同、多类人群参与、多种行业交织的复杂系统工程。面对这样的局面，实施科学合理的社区教育管理显得尤为重要，它不仅是提升工作效率、增强工作效果的必要手段，更是确保社区教育能够持续、健康、有序发展的关键所在。

管理体制对管理效能往往具有决定性作用，通常包括管理组织机构设置、隶属关系和权限划分等管理组织制度。[①] 2017年，《成都市社区教育促进条例》在"组织与实施"和"合作与参与"部分明确了市及区（县）人民政府、教育主管部门、行政管理部门、企事业单位、社会团队、社会组织、公民等主体开展社区教育的职责与要求。同年3月，设立了"成都市学习型城市建设与社区教育联席会议"制度，并配套"社区教育资源和教育培训服务清单年度发布"制度，充分发挥职能部门、群团组织的引领协调功能。2024年，《成都市社区教育服务规范》明列社区教育机构、社会组织、社会企业、公民个人和其他组织等服务提供者的条件，推进全市社区教育服务行业规范化、高质量、可持续发展。目前，成都市已建立"党政统筹领导、教育部门主管、职能部门配合、行业社团支持、社区自主活动、市民广泛参与"的社校协同化治理体制。

制度匹配包含了制度互补性和制度替代性，前者是指一种政治经济制度的存在（或效率）可以增加（或提高）另一种制度的收益，后者是指一种政治经济制度的缺失（或非效率）可以增加（或提高）另一种制度的收益（或效率）。[②] 简言之，当其他领域制度与社区教育领域制度具有制度互补性时，社区教育的推进与发展的效率将大大增加；而若其他制度与其具有制度替代性时，则社区教育的推进和发展将会遇到一定程度的阻碍或停滞。从此视角来看，成都市通过在社区教育管理体制上的创新性实践探索已形成政府、教育部门、职能部门、企业、社会团体、社会组织及公民等多元主体共建共治共享的良好局面，制度文件之间具有较高的制度互补性，凸显制度之间的衔接与配合，既强化宏观层面的政策制定与落实，又细化为微观层面的资源整合与服务规范。然而，从横向网络来看，社区教育作为纵横交错的教育大系统，立体交错着教育社会化、社会教育化的各个子系统，单纯从教育视角进行制度建设尚不足以支撑横向联合的社区教育办学网络，针对多元主体的人员调配、经费使用、资源提供、过程监管、权益保障、成果激励等制度尚未确立，多元主体参与社区教育的长效机制有待健全。

未来，成都将基于多元主体在社区教育推进与发展过程中的平等地位与沟通平台，遵循"自上而下"与"自下而上"双轨并行的决策路径，破除制度壁垒，全面考虑社区教育制度与其他制度的关联性、互补性，引导多元主体共同协商建立资源整合共享、利益补偿、评价督查、经费保障、人员培养等制度，解决主体间"越位"与"错位"现

① 张永. 社区教育内涵发展论 ［M］. 上海：上海教育出版社，2018：133.
② 张永，谢启政. 中国学习型社会的制度建构：基于制度匹配的视角 ［A］//上海终身教育研究院. 中国终身教育研究（第三辑）［C］. 上海：上海交通大学出版社，2024：85.

象，实现资源的有效配置与社区教育的协同发展。

二、加强社区教育区域共生体建设

1999 年，《面向 21 世纪教育振兴行动计划》明确提出"开展社区试验工作，逐步建立和完善终身教育体系，努力提高国民素质"。2000 年，教育部开始部署社区教育实验工作，批准成立 8 个全国社区教育示范区。自此，社区教育开始迎来实验推进、推广发展的新阶段，逐步形成以京津沪等发达城市为龙头，东部沿海发达地区为主干，中西部地区有重点推进，以城带乡、城乡联动的区域性推进的新局面。[①] 然而，地区间经济发展不平衡与城乡二元结构所导致的社区教育资源分配不均、教育质量参差不齐等问题依然是我国社区教育均衡发展亟待破解的难题。总体而言，中西部社区教育发展滞后于东部地区，农村社区教育发展滞后于城市地区。在此背景下，构建区域共生体成为实现社区教育均衡发展的关键路径，这不仅能够促进教育资源的优化配置，实现优质教育资源的共享，还能够促进区域间协同发展，形成优势互补、互利共赢的良好局面。

（一）巩固城乡互动，实现以城带乡

"良好的社区教育能够加强社区建设，只有通过社区教育，才能使社会持续协调发展。"[②] 2009 年，成都市教育局印发了《成都市规范化社区教育学校（工作站）设置标准（试行）》的通知，要求各区（市）县教育局按照标准认真建设社区教育学校（工作站），并利用该平台不断提高社区居民的文化和道德素质，促进和谐社区建设，为全面深入推进城乡统筹做出积极贡献。为进一步贯彻落实市委、市政府关于统筹城乡、"四位一体"科学发展的基本方针，充分发挥成人教育、社区教育在成都市建设统筹城乡综合配套改革试验区、构建和谐成都中的重要作用，成都市明确规定市和区（市）县政府将社区教育场所和设施纳入社区建设和规划，统筹推进社区教育机构标准化建设，注重缩小城乡之间、区域之间差距。自 2013 年起，成都市按照"以城带乡、城乡互动"的思路，启动锦江-金堂、青羊-浦江、金牛-邛崃、武侯-新津、成华-大邑、简阳-龙泉驿社区教育互动发展联盟工作，深入探索联盟间在社区教育课程建设、项目实践、教育科研、队伍培养、数字化学习等方面的互动交流，实现联盟间优质资源的共建共享、优势互补，提升了各地社区教育办学质量和服务水平。

未来，基于"一对一"城乡社区教育互动发展联盟，成都市将从以下方面努力改善乡村社区教育在发展理念、资金投入、实践模式、资源分配等方面的滞后问题：

第一，通过理论学习、参观交流等形式加强对乡村党员干部的培训，令其充分认识到社区教育对乡村建设的正向作用，加大对乡村社区教育的投入，在辖区内健全多级社区教育体系，开展灵活多样的学习活动。

---

① 刘尧. 我国社区教育发展现状、问题及对策 [J]. 华中师范大学学报（人文社会科学版），2010，49（4）：143-148.

② 孙玲. 社区教育与社会的持续发展——第七届国际社区教育大会综述 [J]. 教育研究，1995（11）：74-77.

第二，增强教育与农村生活的关联，教育教学内容贴近乡村生活，增加涉农的教育内容，满足民众的教育生活化需求。结合城镇化发展要求，开展居民市民化教育与职业技能教育，培养新型职业农民，推动农业增效、农民增收、农村稳定。

第三，优化乡村社区教育场所与设施，升级教学设施与学习设备，为学习者提供舒适、先进的学习环境。开发简洁、便捷的数字化学习应用，链接丰富且优质的学习资源，例如，浙江省浦江县上河村基于乡村实际，提出"一应用两空间"的未来乡村教育场景建设思路，打造"仙华学堂"应用和实体学习空间、网络学习空间，构建起未来乡村教育场景，令村民实现"足不出户"的学习。

第四，以互动发展联盟为单位开展围绕"社区教育师资队伍建设""社区教育志愿者队伍建设"开展系列主题研讨和课题研究，探索区域性人才队伍建设举措与路径，建立高水平的乡村社区教育师资队伍和志愿者队伍，为乡村社区教育发展注入强劲动力。

（二）深化城际合作，凝聚集体智慧

为加快推进社区教育建设进程，持续提升成都市社区教育发展水平，成都市积极同省域内城市建立伙伴关系，加强城际交流与合作。自2016年起，成都市每年都由全市23个区（市）县的社区教育管理人员、专职工作者、社区书记等百余人组成的"学习型城市建设"研修班，分赴上海、江苏等地开展专题研修培训。为贯彻落实《成渝地区双城经济圈建设规划纲要》要求，2020年，成渝地区双城经济圈电大教育联盟成立；首届"成渝地区双城经济圈学习型城市建设高峰对话"在蓉举行；川渝蓉社区教育联动推进会在位于四川天府新区的国家检察官学院四川分院举行，积极推进成渝地区学习型城市建设，建立教育联动发展共同体，促进川渝蓉终身教育的经验交流和优秀案例分享；成德眉资区域社区教育合作研讨会在成都广播电视大学建设北路校区会议室举行，初步形成《成德眉资社区教育联盟章程》，确定了成德眉资社区教育联盟日常工作机制。2021年，"中国教育发展战略学会终身学习专业委员会西南终身学习研究基地"揭牌仪式暨成德眉资学习型城市建设专题培训会助力成德眉资同城化建设中终身教育发展；"资源同享·共促发展"2021年成渝地区双城经济圈社区教育和老年教育示范培训班前往蒲江考察学习。2022年，首届成渝地区终身教育"院长论坛"活动，有力地促进了区域学习型城市、社区教育建设经验交流互鉴；成都老年开放教育联盟成立大会首批共计28家老年教育机构、银发企业、社会组织、医疗机构、公立养老院、民营养老机构等组织加入，共同推动成德眉资四城老年教育同城化发展。2023年，全民终身学习活动周全国总开幕式暨第二届成渝地区双城经济圈学习型城市建设研讨会在重庆召开。

未来，成都市将继续秉持开放、协同、创新的理念，深化与省内外城市的合作交流，构建更加紧密的学习型城市、社区教育及老年教育区域发展网络。紧跟时代步伐，密切关注新兴的研究热点与教育实践动态，定期组织广泛的集中研讨活动，共同探索教育事业的未来发展。同时，还将积极搭建城际间、跨学科、跨领域的合作平台，形成多元化、开放式的教育创新生态，推动教育理论与实践的深度融合，为学习型城市建设、社区教育、老年教育注入强劲动力。

三、拓展社区教育全球共生体建设

学习型城市建设既是城市发展观念变革的必然产物，又是贯彻"终身学习"理念实现"学习型社会"的必要途径。1973 年，OECD 首次提出建设学习型城市的设想，加拿大埃德蒙顿、澳大利亚阿德莱德、奥地利维也纳、日本挂川、苏格兰爱丁堡、美国匹兹堡、瑞典哥德堡等成为首批 7 座"创建学习型城市"试点城市。1992 年，OECD 发布《为了终身学习的城市战略》研究报告，总结首批 7 座学习型城市的实践经验，提出学习型城市建设的五大原则。步入 21 世纪，学习型城市建设成为世界范围内的普遍现象。UNESCO 为了促进学习型城市建设，于 2012 年开始构建全球学习型城市网络，试图以更实用的方法推广终身学习理念，构建政策对话平台，建设先进案例的信息中心。2015 年，UNESCO 设立全球学习型城市奖，旨在表彰为推进联合国可持续发展目标，特别是在"全民教育与终身学习"领域做出突出贡献的城市。

中国学习型城市建设经历了准备起步（1990 年至 2002 年）、积极探索（2003 年至 2010 年）、发展提升（2011 年至今）三个阶段[①]，其间系列涉及终身教育、终身学习和学习型社会的法律法规及政策文件为学习型城市建设奠定了坚实基础。上海、北京、大连、常州、南京等城市率先提出学习型城市建设的总体目标，拉开了我国学习型城市建设序幕，此后重庆、武汉、杭州等城市陆续加入学习型城市建设的热潮之中。2014 年，教育部等七部门联合发布《关于推进学习型城市建设的意见》指出"在全国各类城市广泛开展学习型城市创建工作，形成一大批终身教育体系基本完善、各级各类教育协调发展、学习机会开放多样、学习资源丰富共享的学习型城市，充分发挥这些城市在学习型社会建设中的引领和示范作用"，对学习型城市建设做出了具体要求和详细部署，为各地推进学习型城市建设提供了明确的指导和行动框架。

（一）弘扬成都品牌，讲述成都故事

2015 年，成都市政府出台的《成都市关于推进学习型城市建设的意见》将学习型城市建设纳入成都经济社会发展规划，提出"全市广泛开展学习型城市建设，形成政府主导、部门协同、多方参与的学习型城市建设工作体制，统合协调推进学习型城市建设"总体目标，明确和细化成都市学习型城市建设的目标、任务、路径及步骤，形成政府统筹、部门联动、社会协同的推进合力，立志"到 2020 年，建成具有成都特色、中西部领先、全国一流的学习之都，推动成都成为全国领先的创业之城、创新之都"。2017 年，成都市政府印发《关于建立成都市学习型城市建设与社区教育联席会议制度的通知》决定建立成都市学习型城市和社区教育联席会议制度。自此，成都市学习型城市建设进入了快速发展期。2019 年，市学社联办印发了《成都市学习型城市建设提升行动计划（2019—2022 年）》，再次明确"构建灵活开放、衔接沟通、覆盖城乡、吸纳

---

① 叶忠海，张永，马丽华. 中国学习型城市建设十年：历程、特点与规律性 [J]. 开放教育研究，2013，19（4）：26-31.

全民的终身学习服务体系，推动形成'人人皆学、处处能学、时时可学'的终身学习格局，为市民创造多元、开放的学习机会""到 2022 年，建成具有成都特色、全国一流、极具世界影响力的学习型城市，助力'三城三都'建设，促进成都城市包容、繁荣与可持续"，进一步明确学习型区（市）县建设计划、社区教育品质提升计划、市民公共素养修身计划、老年教育融合推进计划、"绿道·品学"系列教育计划、职场教育素质提升计划、家庭教育普惠推广计划、市民数字化学习提升计划等八大重点任务。多年来，成都市在顶层规范引领下建立和完善学习型城市建设与社区教育联席会议制度、全市学习型城市建设体制机制，逐步形成部门联动、多元参与、共建共享的良性格局及覆盖城乡、吸纳全民的终身教育服务体系。

2016 年，成都市加入联合国教科文组织全球学习型城市网络，积极参与国际学习型城市建设的相关活动和研究，推进联合国可持续发展目标，并于 2019 年荣获联合国教科文组织全球学习型城市奖。同年，原成都广播电视大学（成都社区大学）与联合国教科文组织终身教育研究所成功签订《合作意向书》，先后承办"2018 亚洲教育论坛'互联网＋教育'分论坛""2019 联合国教科文组织终身学习研究所《终身学习：政策与实践》国际专家咨询论证会"、都江堰国际论坛之"全球视角下的学习型城市建设与社区教育"分论坛、全球学习型城市网络"创新创业"主题集群协调城市工作通气会等活动，并就相关主题进行深度交流。

未来，成都市不仅将进一步优化和提升学习型城市的发展目标，巩固和加强学习型城市建设的成效，继续发挥都江堰国际论坛、亚洲教育论坛等国际教育会议品牌效应，积极参与国际交流项目，尤其是全球学习型城市网络的各项活动，吸引各国学习型城市代表来成都进行调研，还将总结成都学习型城市建设的特色，提炼学习型城市建设的"成都模式"，并面向全球发表《成都市学习型城市建设的案例集》，讲好成都故事，提升成都城市文化及教育的美誉度和国际影响力。

（二）借鉴他山之石，完善监测体系

"建设学习型城市不是抽象的理论，而需要落实到具体的措施；要建设学习型城市，不仅需要坚定的意愿和承诺，还需要一套关键指标，以监测建设过程。"[①] 尽管 OECD、EU、UNESCO 等国际组织早已尝试开发出学习型城市监测的评价指标体系，但鉴于学习型城市建设的独特性和差异性，这些评价标准的适切性和应用性仍需通过系列实证研究证据进行验证和完善。北京早在 2001 年开展创建学习型企业、学习型社区、学习型区（市）县的评估工作，并于 2010 年率先编制学习型城市监测指标体系。2017 年，北京、上海、杭州、成都、武汉、长沙、宁波、太原等 8 个城市启动首批学习型城市建设监测工作。2019 年、2022 年相关部门继续跟进学习型城市建设监测工作，并制定了包含背景性指标、基础性指标、发展性指标、特色性指标等 4 个一级指标及 36 个二级指标的《全国学习型城市建设监测指导性指标体系（试行）》。上海也尝试开发《上海学习型城区创建监测指导标准（2020 年调研试用版）》《上海市学习型城区创建监测相关数

---

① 联合国教科文组织终身学习研究所. 学习型城市主要特征 [J]. 职业技术教育，2013，34（33）：44-48.

据指标（2020调研试用版）》，试图将学习型城市监测工作纳入常态化轨道。2021年，上海市教委等十部门联合发布《关于开展上海学习型城市监测工作的通知》确立了"十四五"时期上海学习型城市监测的基本框架、总体规划和重点任务。上海学习型城市监测体系由学习型城区、学习型组织和市民终身学习等三大板块构成。

　　未来，成都市将积极借鉴国际和国内学习型城市监测的有效经验，立足成都经验，因地制宜开发出《成都市学习型城市建设质量评估指标体系》，并通过数据收集和信息监测，对成都市学习型城市建设进展进行动态评估，及时发现实践中存在的问题与不足，为学习型城市建设决策提供证据支撑，切实推进和深化成都市学习型城市建设。

参考文献

[1] 卜玉华. 当前国际社会对未来教育的四种探究进路及其启示 [J]. 南京师大学报（社会科学版），2022（3）：13－24.

[2] 陈乃林. 终身教育理念观照下的社区教育 [J]. 成人教育，2008（10）：16－18.

[3] 杜幼文. 社区教育的社会效益评价问题 [J]. 现代远程教育研究，2012（6）：3－9.

[4] 高宣扬. 布迪厄的社会理论 [M]. 上海：同济大学出版社，2004.

[5] 华晓月. 风雨速递：我国快递行业及群体发展刍议 [A] //上海终身教育研究院. 中国终身教育研究（第二辑）[C]. 上海：上海交通大学出版社，2022：49－65.

[6] 黄云龙. 用生活教育理论构建社区教育的科学基础 [J]. 教育研究，1996（1）：54－58.

[7] 李海舰，赵丽. 数据成为生产要素：特征、机制与价值形态演进 [J]. 上海经济研究，2021（8）：48－59.

[8] 李家成，匡颖，江娜，等.“社区教育”三大话语体系的起伏与集成 [J]. 终身教育研究，2022，33（5）：3－12.

[9] 李新，杨现民. 教育数据思维的内涵、构成与培养路径 [J]. 现代远程教育研究，2019，31（6）：61－67.

[10] 厉以贤. 社区教育、社区发展、教育体制改革 [J]. 教育研究，1994（1）：13－16.

[11] 厉以贤. 社区教育本土化 [J]. 中国远程教育，2004（2）：70.

[12] 联合国教科文组织终身学习研究所. 学习型城市主要特征 [J]. 职业技术教育，2013，34（33）：44－48.

[13] 梁春涛. 21世纪中国社区教育前瞻 [J]. 天津教科院学报，2001（1）：17－20.

[14] 林晓琳，关晶. 基于体验学习圈的代际学习过程设计——以国外代际学习项目为例 [J]. 河北大学成人教育学院学报，2023，25（1）：14－19.

[15] 刘尧. 我国社区教育发展现状、问题及对策 [J]. 华中师范大学学报（人文社会科学版），2010，49（4）：143－148.

[16] 刘远杰. 城乡教育共生：一项教育哲学探索 [J]. 教育学术月刊，2017（3）：3－15.

[17] 马丽华，刘静，李正连. 韩国“自上而下”和“自下而上”相结合的终身教育推展框架及思考 [J]，外国教育研究，2018（11）：112－128.

[18] 马丽华. 公平取向的社区教育：政策影响因素和实践改进路径 [J]. 教育发展研究，2019，38（9）：55－62.

［19］桑丁霞. 社区教育概论［M］. 北京：中国社会科学出版社，2002.

［20］尚瑞茜，侯怀银. 中国共产党领导下社区教育的发展和展望［J］. 终身教育研究，2021，32（4）：17－25

［21］邵艾群，王练练. 美国社区学院对我国城市弱势群体社区教育的启示［J］. 成人教育，2023，43（6）：88－93.

［22］邵聪祎. 老年学习团队参与成效研究——以上海市老年教育星级学习团队为例［D］. 上海：华东师范大学，2024.

［23］沈光辉. 转型发展中的社区教育问题研究［M］. 北京：国家开放大学出版社，2016.

［24］师海玲，范燕宁. 社会生态系统理论阐释下的人类行为与社会环境——2004 年查尔斯扎斯特罗关于人类行为与社会环境的新探讨［J］. 首都师范大学学报（社会科学版），2005（4）：94－97.

［25］宋亦芳. 场景化设计：社区数字化学习路径重构［J］. 职教论坛，2022，38（3）：73－82.

［26］宋亦芳. 教育现代化视域下社区教育办学网络的重构［J］. 职教论坛，2019（9）：102－110.

［27］孙玲. 社区教育与社会的持续发展——第七届国际社区教育大会综述［J］. 教育研究，1995（11）：74－77.

［28］王永固，许家奇，丁继红. 教育 4.0 全球框架：未来学校教育与模式转变——世界经济论坛《未来学校：为第四次工业革命定义新的教育模式》之报告解读［J］. 远程教育杂志，2020，38（3）：3－14.

［29］吴遵民. 关于对我国社区教育本质特征的若干研究和思考——试从国际比较的视野出发［J］. 华东师范大学学报（教育科学版），2003（3）：25－35.

［30］向德平，苏海. "社会治理"的理论内涵和实践路径［J］. 新疆师范大学学报（哲学社会科学版），2014，35（6）：19－25.

［31］叶忠海，张永，马丽华. 中国学习型城市建设十年：历程、特点与规律性［J］. 开放教育研究，2013，19（4）：26－31.

［32］叶忠海，朱涛. 社区教育学［M］. 北京：高等教育出版社，2009.

［33］叶忠海. 社区教育基础［M］. 上海：上海大学出版社，2000.

［34］俞可平. 全球化：全球治理［M］. 北京：社会科学文献出版社，2003.

［35］张银，王兴玲，刘鹏. 数字化学习资源建设的问题与对策［J］. 计算机教育，2012（1）：10－13.

［36］张永，汪国新. 社区学习团队的概念丛林及突围［J］. 终身教育研究，2019，30（1）：34－40.

［37］张永，谢启政. 中国学习型社会的制度建构：基于制度匹配的视角［A］//上海终身教育研究院. 中国终身教育研究（第三辑）［C］. 上海：上海交通大学出版社，2024：85.

［38］张永. 社区教育内涵发展论［M］. 上海：上海教育出版社，2018.

［39］赵斌，杨银. 共生理论视域下我国融合教育发展的困境与反思［J］. 教师教育学

报，2018，5（6）：1－7.

［40］郑柱泉. 21 世纪初中国社区教育发展前瞻［J］. 成人教育，2004（8）：64－65.

［41］周亚东. 论教师学习的视频研究转向［J］. 首都师范大学学报（社会科学版），
2019（4）：161－167.

［42］朱敏. 包容是终身学习与可持续城市发展的基本原则——第四届国际学习型城市
大会成果《麦德林宣言》解读［J］. 终身教育研究，2019，30（6）：3－9.

［43］布迪厄，华康德. 实践与反思——反思社会学导引［M］. 李猛，李康，译. 北
京：中央编译出版社，1998.

［44］布尔迪厄. 文化资本与社会炼金术：布尔迪厄访谈录［M］. 包亚明，译. 上海：
上海人民出版社，1997.

［45］黄宗建，小林文人，伊藤长和. 韓国の社会教育・生涯学習：市民社会の創造に
向けて［M］. 東京：エイデル研究所，2007.

［46］罗伯特・费尔德曼. 发展心理学 人的毕生发展［M］. 苏彦捷，邹丹，等译. 北
京：世界图书北京出版公司，2013.

［47］大村隆史. 社会事業的社会教育の実践構造に関する史的考察：―金沢市方面委
員の活動と学習を事例として―［J］. 社会教育学研究，2019，55（0）：11－20.

［48］宮原誠一編. 社会教育［M］. 東京：光文社，1950.

［49］日本社会教育学会. 教育法体系的整頓和社会教育、终身学习（日本社会教育第
54 集）［M］. 東京：東洋館出版社，2010.

［50］志賀文哉. 社会教育の地域社会における役割と意義：新称号の創設と関連して
［J］. とやま発達福祉学年報，2022：133－137.

［51］格里・斯托克. 作为理论的治理：五个论点［J］. 国外社会科学，2000（4）：19.

［52］Martin J. Community Education：Towards a theoretical analysis［C］//Allen G，
et al. Community Education Milton Keynes. London：Open University Press，
1987：19.

［53］Menec V H，Means R，Keating N，et al. Conceptuali-zing age－friendly
communities［J］. Canadianjournalon aging/La revue canadienne du vieillissement，
2011，30（3）：479－493.

［54］Muchammadun M. Exploring the integration－interconnection paradigm in the
indonesian context of community education and practice［J］. Ulumuna，2020，
24（1）：57－76.

［55］Zastrow C H，Kirst－Ashman K K. Understanding Human Behavior and Social
Envionment［M］. Toronto：Thomson Brooks/ Cole，2004.

附录　成都市社区教育大事记

1. 2000 年 8 月，成都市第一家区级社区教育学院——青羊社区教育学院成立。

2. 2001 年 11 月，青羊区被确立为全国首批"社区教育试验区"。

3. 2005 年 11 月，成都市教育局等五部门联合颁发《关于进一步推进社区教育工作的意见》（成教〔2005〕32 号）。

4. 2008 年 2 月，青羊区被确定为全国首批"社区教育示范区"。

5. 2009 年 4 月，成都市教育局印发《成都市规范化社区教育学校（工作站）设置标准（试行)》的通知（成教成〔2009〕2 号）。

6. 2009 年 11 月，成都市委、市政府依托成都广播电视大学成立成都社区大学（成委办发电〔2009〕50 号）。

7. 2010 年 1 月，成都市教育局等五部门联合印发《成都市学校体育设施向市民开放使用管理办法》的通知（成教〔2010〕15 号）。

8. 2009 年 12 月，成都市教育局作为会长单位，联合陕西、甘肃、广西、新疆、重庆等西部地区成立了中国西部社区教育协作会，创办《社区教育》杂志，为我国西部地区社区教育搭建更加广泛的交流平台。

9. 2011 年 2 月，创立"最成都·市民课堂"，发布《关于举办 50 个"最成都·市民课堂"的实施方案》。

10. 2012 年 4 月，出版《成都市社区教育课程建设指导性纲要》。

11. 2012 年 10 月，承办全国全民终身学习活动周总开幕式。

12. 2013 年 3 月，成都市教育局印发《成都市规范化（示范）社区教育学校（工作站）建设评估指标体系（试行）》（成教函〔2013〕67 号）。

13. 2014 年 9 月，开展首届"学习型示范社区"创建月活动及 2014 年"学习型（示范）社区"建设评估。

14. 2014 年 12 月，成都市教育局在原成都广播电视大学（成都社区大学）设立成都市终身教育促进办公室。

15. 2015 年 12 月，成都市教育局等七部门联合印发《成都市关于推进学习型城市建设的意见》（成教办〔2015〕16 号）。

16. 2016 年 1 月，原成都广播电视大学（成都社区大学）被中国侨联确认为"中国华侨国际文化交流基地"。

17. 2016 年 7 月，开展首届"社区雏鹰"公益活动。

18. 2016 年 9 月，由教育部职业教育与成人教育司主办的社区教育与老年教育工作专题培训班在成都举行。

19. 2016年11月，为展示国家开放大学办学体系开展社区教育情况，"国开之旅——走进社区教育"记者团赴成都，对成都市社区教育进行深入考察和采访报道。

20. 2016年12月，原成都广播电视大学（成都社区大学）获得"中国现代远程教育（1998—2016）'终身教育特别贡献奖'"。

21. 2016年12月，成都市举办以"社区教育数字化学习资源建设与共享"为主题的第二届"全国社区教育数字化学习研究论坛"。

22. 2017年1月，成都市人大常委会召开《成都市社区教育促进条例》颁布实施新闻发布会。

23. 2017年2月，《成都市社区教育促进条例》正式颁布实施。

24. 2017年3月，建立成都市学习型城市建设与社区教育联席会议制度。

25. 2017年5月，教育部社区教育研究培训中心开展了社区教育研究及论文征集活动，成都市共获1个一等奖、2个三等奖、2个优秀奖、1个优秀组织奖。

26. 2017年5月，"第三届NERC杯全国社区教育优秀微课程评选"中，成都市共获1个一等奖、2个二等奖、5个三等奖、16个优秀、2个优秀组织奖。

27. 2017年6月，成都市蒲江县入选第二批"国家级农村职业教育和成人教育示范县"，成都市彭州市入围第四批"国家级农村职业教育和成人教育示范县"创建入围名单。

28. 2017年8月，为了更好地宣传终身教育理念，深入了解成都市社区教育发展情况，搭建成都和台湾社区教育交流合作平台，台湾成人及终身教育学会率新北市终身学习辅导团一行来成都参访交流。

29. 2017年10月，成都市政府组织召开了贯彻落实《成都市社区教育促进条例》座谈会。

30. 2017年11月，成都广播电视大学、武侯社区学院、青羊社区学院、双流社区学院入选中国成人教育协会开展了2017年"优秀成人继续教育院校（培训机构）"评选；原成都广播电视大学（成都社区大学）荣获2017年"事迹特别突出的优秀成人继续教育院校（培训机构）"。

31. 2017年11月，成都市举办首届"2017年全国社区教育青年论坛"。

32. 2018年5月，"成都市第三期学习型城市建设专项培训"在江苏省常州市举办。

33. 2018年5月，教育部社区教育专家组资深专家、中国成人教育协会原副会长兼社区教育专业委员会理事长陈乃林莅临双流区指导全国社区教育实验区创建工作。

34. 2018年5月，成立成都市终身教育学分银行。

35. 2018年7月，成都市政府印发《关于加快老年教育发展的实施意见》（成办发〔2018〕22号）。

36. 2018年10月，成都市召开"沪蓉高校服务社区教育研讨会"。

37. 2018年10月，联合国教科文组织终身学习研究所来蓉调研暨学习型城市建设研讨会在成都市召开，成都市作题为"学习让生活更精彩 学习让城市更美好"的成都市学习型城市建设主题报告。

38. 2018 年 10 月，成都市参加学习型城市联盟合作与发展论坛，并作了题为"学习让成都更美好"的成都市学习型城市建设情况汇报。

39. 2018 年 11 月，成都市人大常委会调研组对《成都市社区教育促进条例》贯彻实施情况开展专题调研。

40. 2018 年 11 月，成都市召开"社区教育助力乡村振兴"工作研讨会。

41. 2019 年 1 月，成都市荣获"2019 年联合国教科文组织学习型城市奖"。

42. 2019 年 3 月，成都市彭州市第四批"国家级农村职业教育和成人教育示范县"。

43. 2019 年 7 月，成都市教育局依托成都开放大学和成都市老年大学成立成都老年开放大学。

44. 2019 年 7 月，举办 2019 都江堰国际论坛之"全球视角下的学习型城市建设与社区教育"分论坛。

45. 2019 年 7 月，联合国教科文组织终身学习研究所和联合国教科文组织政策与终身学习系统司联合主办、成都市教育局与原成都广播电视大学（成都社区大学）联合承办的"终身学习政策国际咨询会议"在成都市都江堰市举行。

46. 2019 年 8 月，成都市学习型城市建设区社区教育联席会议办公室印发《成都市学习型城市建设提升行动计划（2019—2022 年)》（市学社联办〔2019〕5 号）。

47. 2019 年 9 月，成立成都老年开放大学，揭牌仪式在成都广播电视大学隆重举行。

48. 2019 年 11 月，成都市举行"2019 年学习型城市建设监测项目研讨会"。

49. 2019 年 12 月，成都市教育局组织召开了全球学习型城市网络"创新创业"主题集群协调城市工作通气会。

50. 2019 年 12 月，成都市参加中国联合国教科文组织全国委员会合作伙伴座谈会，并作学习型城市建设主题发言。

51. 2020 年 6 月，"成都市首批区（市）县级老年开放大学挂牌仪式暨老年教育研讨会"在青羊区举行。

52. 2020 年 6 月，成渝地区双城经济圈电大教育联盟成立。

53. 2020 年 7 月，成都市召开终身教育学分银行建设研讨会。

54. 2020 年 9 月，成都市政协召开"发展社区教育，助力社区发展治理"对口协商会议。

55. 2020 年 10 月，成都市举办首届成渝地区双城经济圈学习型城市建设高峰对话。

56. 2020 年 10 月，川渝蓉社区教育联动推进会在位于四川天府新区的国家检察官学院四川分院举行，积极推进成渝地区学习型城市建设，建立教育联动发展共同体，促进川渝蓉终身教育的经验交流和优秀案例分享。

57. 2020 年 11 月，成德眉资区域社区教育合作研讨会在成都举行。

58. 2020 年 11 月，举办 2020 年成都市社区教育和老年教育管理者高级研修班暨第二批成都老年开放大学区县分部挂牌仪式。

59. 2020 年 12 月,召开 2020 年成都市市民游学项目建设研讨会暨天府绿道游学线路发布会。

60. 2021 年 3 月,由成都市教育局、成都市城市管理委员会、成都开放大学(成都社区大学)、青羊区教育局共同主办的成都市 2021 年社区教育主题活动之"成都市生活垃圾分类宣传暨'生活垃圾分类市民微信学堂'发布活动"在青羊区隆重举行。

61. 2021 年 3 月,成都老年开放大学组织召开成都市老年教育点位标准化建设研讨会,学习借鉴全国老年教育先进地区的经验和做法,整合社区教育系统资源,强化老年开放大学体系与社区教育体系的融合发展,积极推进老年教育点位标准化建设。

62. 2021 年 4 月,为推动西南地区终身教育的创新发展,进一步助力成德眉资同城化建设中终身教育发展,促进地区共享学习型城市建设经验与成果,举办了"中国教育发展战略学会终身学习专业委员会西南终身学习研究基地"揭牌仪式暨成德眉资学习型城市建设专题培训会。

63. 2021 年 5 月,为进一步推进成都市老年教育机构标准化建设,加快构建覆盖城乡、吸纳全民的老年教育体系,不断满足老年人多样化的学习需求,提升成都市老年教育的整体水平和老年人生活品质,召开了成都市老年教育机构建设标准研讨会。

64. 2021 年 6 月,成都市教育局印发《成都老年开放大学区(市)县分部建设标准(试行)》《镇(街道)老年教育学校建设标准(试行)》(成教函〔2021〕74 号)。

65. 2021 年 7 月,成都市在全国社区教育工作推进及成果展示会上做经验交流。

66. 2021 年 7 月,2021 年度"区域终身学习发展共同体项目"组长工作会议暨首届组长论坛在成都龙泉驿区社区教育中心召开。

67. 2021 年 10 月,"资源同享·共促发展"2021 年成渝地区双城经济圈社区教育和老年教育示范培训班在成都市举行。

68. 2021 年 10 月,成都市教育局参加联合国教科文组织第五届国际学习型城市大会,并作主题发言。

69. 2021 年 11 月,四川省教育科研课题"成渝地区双城经济圈背景下'老年教育+互联网'学习支持体系建设研究"开题会在成都开放大学召开。

70. 2021 年 11 月,在国家开放大学首届全国老年教育教学成果展(第二批)的优秀作品评选活动中,成都老年开放大学在声乐类、器乐类和优秀组织单位等大类评选中斩获多个奖项。

71. 2021 年 12 月,成都市民政局等十五部门联合印发《成都市关爱居家和社区老年人工作实施方案》(成民发〔2021〕37 号)。

72. 2022 年 4 月,成都开放大学团队申报的"社区教育阵地标准化建设"项目荣获 2021 年四川省人民政府颁发的四川省职业教育教学成果二等奖。

73. 2022 年 5 月,成都市社区教育"能者为师"名师工作室等 9 个重点项目入选教育部首批启动的社区教育"能者为师"实践创新项目。

74. 2022 年 5 月,成都市教育局召开社区教育机构内涵建设标准研制研讨会,进一步完善成都市社区教育体制机制和标准建设工程,构建和完善全域、全员、全生命周期的终身教育体系,推动学习型城市建设高质量发展,助力成都市建设践行新发展理念公园城市示范区。

75. 2022 年 6 月，成都老年开放教育联盟成立大会在成都开放大学天府新区校区举行，首批加入联盟的 28 家老年教育机构、银发企业、社会组织、医疗机构、公立养老院、民营养老机构相关领导参加了本次活动，德阳市、眉山市和资阳市通过视频直播方式参与，共同推动成德眉资四城老年教育同城化发展。

76. 2022 年 6 月，由国家开放大学指导、成都开放大学和保山开放学院联合举办的国家开放大学"康养学游"项目推进暨游学资源规划研讨会在保山市召开。

77. 2022 年 7 月，2022 年成渝地区首届终身教育院长论坛暨"能者为师"成果展示活动在成都市锦江区社区教育学院举行，有力地促进了区域学习型城市建设经验交流互鉴。

78. 2022 年 9 月，联合国教科文组织终身学习研究所主办的"终身学习促进健康：学习型城市推进《延寿宣言》"主题研讨会通过线上方式举行，来自全球 30 余个国家和地区的百余位代表线上参加了会议，成都市受邀参会并作主题发言。

79. 2022 年 9 月，由教育部职业教育与成人教育司、国家开放大学指导，教育部社区教育研究培训中心、国家开放大学学术委员会管理学分委会承办的第二届社区教育工作推进及成果展示活动以线上线下相结合的方式举行，成都市以"能者为师名师工作室"创新项目为主题在会上进行了经验交流。

80. 2022 年 9 月，成都市"管＋教＋用多维度融合发展""智慧助老 幸福锦江""老年大学智能技术应用培训"等 16 个优质工作案例、教育培训项目及课程资源入选教育部"智慧助老"第二批推介名单。

81. 2022 年 11 月，成都市教育局印发《成都市社区教育"能者为师"名师工作室建设及管理办法》（成教函〔2022〕121 号）。

82. 2022 年 11 月，成都市教育局印发《成都市三级（区街居）社区教育机构内涵建设指南（试行）》（成教函〔2022〕122 号）。

83. 2022 年 12 月，成都市组织首届社区教育服务公园城市示范区建设优秀创新案例评选活动。

84. 2023 年 9 月，成都市文明办会同市新闻出版局、市文广旅局、各区以及成都益民集团，共同打造首批菜市书屋。

85. 2023 年 11 月，2023 年全民终身学习活动周全国总开幕式暨第二届成渝地区双城经济圈学习型城市建设研讨会在重庆召开。

86. 2023 年 12 月，成都市教育局完成 2023 年度镇（街道）老年教育学校建设评估，评估确定四川天府新区万安街道老年教育学校等 77 个点位达到成都市镇（街道）老年教育学校建设标准，四川天府新区籍田街道大林社区老年教育学习点等 693 个点位达到成都市村（社区）老年教育学习点建设标准。

87. 2023 年 12 月，成都市申报的"温江区川派盆景研学基地""双流区民族优秀传统文化传承"两个建设项目入选第四期联合国教科文组织"农村社区学习中心（CLC）能力建设项目"实验点。

88. 2024 年 1 月，国家老年大学印发 2024 年 1 号文件《关于设立国家老年大学成都分部的通知》正式批复成都开放大学设立国家老年大学成都分部。

89．2024 年 1 月，成都市发布地方标准《成都市社区教育服务规范》，标志着成都市社区教育步入了规范发展建设新阶段，为终身教育发展提供了可学习借鉴的经验。

90．2024 年 3 月，成都市入选全国第一批学习型城市网络城市。

91．2024 年 4 月，中国成人教育协会主办的"数字化终身学习平台"推介研讨会在成都召开。

92．2024 年 4 月，成都市共有 11 个区（市）县的 5 个典型案例和 20 门品牌课程获得教育部 2023 年县域社区学习中心典型案例和社区教育品牌课程推介。

93．2024 年 5 月，成都市"百姓学习之星""终身学习品牌项目"多项工作获 2024 年全国新时代"百姓学习之星"和"终身学习品牌项目"推介。

94．2024 年 5 月，成都市教育局与成都传媒集团正式签署"成都全龄学堂"项目合作协议，将与成都开放大学等携手构建成都全龄教育公共服务平台。

95．2024 年 5 月，中国教育科学研究院来蓉调研成都学习型城市建设工作。

后 记

　　《成都市社区教育发展报告蓝皮书》的诞生，是成都市广大社区教育工作者的共同心愿和期待！从本书编著工作的提出、立项、撰写到即将付梓，历时一年有余。在此时，回望这段辛勤付出但伴随着快乐的过程，我们感到满满的成就感。在成都市教育局、成都开放大学的组织指导下，全体编著人员历经寒暑、孜孜不倦地交流探讨、总结提炼了成都社区教育近 40 年的探索历程；同时又从理性的视角，升华了对社区教育的内涵与发展、建模分析、未来展望等理论研讨，共同完成了这部文本量达 50 万字的著作。回望这份共同奋斗的历程与成果，我们既惊讶于团队竟迸发出如此能量，能在不长的时间中形成一份体例完备的作品；又忐忑于这份成果中可能还有一些不尽完善之处，有赖各位读者批评指正。当然，此时此刻我们最想表达的是感谢之情！

　　感谢华东师范大学专家团队对本书学术工作的倾情指导，张永、马丽华、朱敏、李家成四位专家不辞辛劳地对书中的学术内容进行了全面认真负责的审定。感谢四川西部民生研究院为本书编写项目的支撑服务和调研分析，共同开展了扎实高效的工作。感谢四川大学出版社为本书出版工作提供了高效专业的支持。

　　在此，我们特别要感谢成都市各区（市）县教育行政主管部门，社区教育学院（中心）。他们为本书编写的全过程提供了鼎力支持：本书得以编写的基础是因为有他们数十年如一日地坚守和开拓成都社区教育阵地。本书的取材编写凝结着他们丰富的智慧，调研走访工作的顺利推进也有赖于他们妥善周到地组织协调。最令人敬佩和感动的是，他们毫无保留地奉献了各自区域社区教育最为精华的实践经验，形成了本书中的重要篇目，充分彰显了成都社区教育工作体系的巨大凝聚力。

　　还有许多未能一一致谢的街道（镇）文教分管同志和干事、社区教育教师、社区工作者为本书的编写工作提供了宝贵帮助，这些充满温度的教育情怀和有效行动正是本书得以成形的重要支柱，更是成都社区教育事业持续发展前进的不竭动力！

全体编著人员

2024 年 10 月

　　《成都市社区教育发展报告蓝皮书》论证研讨会。成都市教育局副局长沈鹏（左排左起第二位）和国家开放大学第四届（2024—2027 年）学术委员会副主任委员、成都开放大学校长、教授黄兴国（左排左起第三位）听取各区（市）县意见。

　　《成都市社区教育发展报告蓝皮书》编制推进会。国家开放大学第四届（2024—2027 年）学术委员会副主任委员、成都开放大学校长、教授黄兴国（右排右起第四位）主持推进会。

　　《成都市社区教育发展报告蓝皮书》出版稿（送审稿）评审会议。成都市教育局副局长沈鹏（左排左起第五位）和国家开放大学第四届（2024—2027年）学术委员会副主任委员、成都开放大学校长、教授黄兴国（左排左起第六位）及评审专家评审书稿。

　　《成都市社区教育发展报告蓝皮书》撰写组赴温江区等成都市所属23个区（市）县逐一开展座谈调研和深度访谈。

成都开放大学始创于 1979 年，前身是成都广播电视大学，是成都市人民政府举办的市属高校。2020 年 12 月，经四川省人民政府批准更名为成都开放大学。2009 年 12 月，加挂"成都社区大学"；2019 年 9 月，加挂"成都老年开放大学"；2023 年 6 月，"成都市家长学校"在我校揭牌，成都市家长学校总校设在我校；2024 年 1 月，国家开放大学在我校设立国家老年大学成都分部。

学校现有建设路和天府新区两个校区，总建筑面积 5.1 万平方米。形成了 1 个直属学院、17 个区（市）县级公办学院、10 个学习中心在内的开放教育办学系统，以及 23 个区（市）县级社区教育学院、261 所乡镇（街道）社区教育学校、3043 个村（社区）教育工作站四级社区教育和老年教育服务体系。

学校立足服务成都乡村振兴、社区治理、产业转型升级和市民终身学习，坚持"五教并举、融合发展"，努力建设一流城市开放大学。学校以开放学历教育为基石，构建起"成都开放大学+17 所地方学院+10 个民办学习中心"覆盖城乡的全域办学体系，累计培养应用型本专科人才 45 万人；以成人学历教育为依托，创新"学历+技能"培养模式，为成都社会经济发展培养高素质人才；以社区教育为载体，推动出台全国首部社区教育地方性法规《成都市社区教育促进条例》，年服务市民终身学习 100 余万人次；以老年教育为抓手，全域镇（街道）老年教育学校覆盖率达 100%，充分满足老年群体的学习需求；以家庭教育为突破，举办"成都市家长学校总校"，构建"总校+分校+子校"三级家长学校办学体系，通过举办"家长开学周""放假季"系列公益讲座活动吸引近 10 万家庭参与，每年服务家长 400 余万人次。学校还建成成都地区规模最大的终身学习远程教育网络和多媒体学习资源，各类学习平台服务实名学习者 150 余万人。近年来，学校各项工作受到省、市、国家开放大学多项奖励。

站在新的起点，学校始终坚持以习近平新时代中国特色社会主义思想为指导，落实立德树人根本任务，按照"五教并举、融合发展"的工作思路，稳中求进优化开放学历教育，转型提质推进成人学历教育，守正创新拓展社区教育，把握机遇扩容老年教育，乘势而上开拓家庭教育，全面提升学校办学能力、治理能力和社会服务能力，努力建设成为成都终身教育和在线教育的主要平台，以及灵活教育和对外合作的平台，积极建设与成都城市位势能级相匹配的一流城市开放大学，助力成都国际学习型城市建设。

成都开放大学天府校区

成都开放大学天府校区学术报告厅